1979 级校友赵久然

1979 级校友汤洁

1979 级校友靳建疆

1979 级校友李振茹

彩插

1979 级校友张丽

1979 级校友郭怀顺

1980 级校友吴新生

1981 级校友潘永杰

1981 级校友周宝贵

1982 级校友陈宗光

1982 级校友杨旭

1982 级校友秦青

1982 级校友孙素芬　　　　　　　　1982 级校友杨春山

1983 级校友唐文杰　　　　　　　　1983 级校友郑禾

1984 级校友刘长清　　　　　　　1984 级校友孙仲军

彩插

5

1985 级校友丁明

1985 级校友任荣

1986 级校友李红岺

1986 级校友郭仰东

1986 级校友黄秀生

1987 级校友邓志新

1987 级校友陈汝军

彩插

1988 级校友张艳

1988 级校友余文

1989 级校友孙春清

1989 级校友易健春

1990 级校友叶晓旻

1990 级校友刘秀春

彩插

1992 级校友董轶

1991 级校友刘福军

1991 级校友裴育公

1991 级校友孙敬先

1991 级校友王蕾   1992 级校友禹拥军

1992 级校友张海鑫

彩插

1993 级校友王立华

1996 级校友魏公铭

1998 级校友张劲硕

1998 级校友罗立华

1998 级校友靳晶

1999 级校友杜进军

彩插

1999 级校友刘博

1999 级校友魏颖

1000 级校友程久余

2000 级校友关伟

1000 级校友朱保灵

2000 级校友韩蕊

彩插

1001 级校友苏学友

2001 级校友冯强

2001 级校友李冬津

2002级校友李海涛

2002级校友郑宇

2002级校友赵婧

2002级校友胡海文

彩插

2002级校友刘乐

2002级校友刘子健

2003级校友李新亮

2003级校友李琲

2003级校友王鑫

2003级校友陈琛

2003级校友胡明宇

彩插

2003级校友王依祎

2004级校友刘醴君

2005级校友肖硕

2005级校友赫晖

2005级校友韩雪

2005级校友郑丝雨

2006级校友李娜

2006级校友孙应龙

彩插

2006级校友刘纪雷

2006级校友闵杰

2007级校友陈慧君

2007级校友夏楠

2007级校友于寒

2008级校友王胤

2007级校友任翼

彩插

2008级校友祝宁

2008级校友申震

2008级校友曹郭莹

2008级校友刘兴明

2009级校友周波

2009级校友许光勇

彩插

2009 级校友彭明森

2010 级校友张莹

2010 级校友丛容

2011 级校友刘静媛

2012 级校友李铁彪

2012 级校友孟亚丽

彩插

2012 级校友李秀堂

2012 级校友邸天昱

2013 级校友甄建雷

2014 级校友林楠　　　　　　　2015 级校友许晨

2015 级校友刘舜轩

彩插

2015 级校友张立桓

2016 级校友郭翙锋

2016 级校友祖鲁合玛尔·亚克亚

北京农学院

校友访谈录

Beijing University
of Agriculture

北京农学院校友访谈录编写组 编

马俊云 主编

中国林业出版社
China Forestry Publishing House

图书在版编目(CIP)数据

北京农学院校友访谈录/北京农学院校友访谈录编写组编；马俊云主编. —北京：中国林业出版社，2022.8

ISBN 978-7-5219-1827-4

Ⅰ.①北…　Ⅱ.①北…②马…　Ⅲ.①北京农学院-校友-访问记　Ⅳ.①K820.7

中国版本图书馆CIP数据核字（2022）第151933号

中国林业出版社·自然保护分社（国家公园分社）

策划、责任编辑： 许　玮

电　话： (010) 83143576

出版发行 中国林业出版社（100009　北京市西城区德内大街刘海胡同7号）

　　　　　http://www.forestry.gov.cn/lycb.html

印　　刷 河北京平诚乾印刷有限公司

版　　次 2022年8月第1版

印　　次 2022年8月第1次印刷

开　　本 787mm×1092mm　1/16

印　　张 25.5　彩页　32

字　　数 640千字

定　　价 100.00元

北京农学院校友访谈录编写组成员名单

主　　　任：仲丛生

副　主　任：马俊云

编委会成员：（以姓氏笔画为序）

王　雪　牛　奔　龙　瑶　宁　宁　刘京威

李云乐　李国政　杨　刚　吴　瞳　谷　薇

张思明　张晓凤　罗　蕊　周旭平　俞　涛

贾慧敏　郭传真　霍春艳

主　　　编：马俊云

副　主　编：刘　柳　石　磊　龙　瑶

2021 年，是不平凡的一年——我们迎来了伟大中国共产党的百年华诞，同时也迎来了北京农学院（简称北农）建校 65 周年。为了深入推进党史学习教育，回顾总结北农 65 年筚路蓝缕、辛勤耕耘、不断奋进的育人成果与社会贡献，学校开展了"百名校友访谈"大学生暑期社会实践活动。活动中，在校学子与往届校友进行了心灵的沟通，有温馨的回忆，有灿烂的展望，有会心的微笑，有获益的沉思……通过访谈，跟随校友们往昔的记忆，我们重温了学校图强奋进的历程；我们为校友们取得的优异成绩欢呼喝彩，将共同的深切祝福献给我们共同的挚爱——北京农学院。

恢复高考以来，40 多个寒暑春秋如白驹过隙。春华秋实，桃李满园——5 万余名北京农学院毕业生满怀知识的收获深情挥别母校，走上服务社会特别是服务京郊、服务"三农"的工作岗位。他们以有目共睹的行动和令人瞩目的成绩，让北农"厚德笃行、博学尚农"的校训精神真真切切落到实处；他们志承神农、魂系桑麻，积极投身于服务"三农"的广阔舞台，谱忠诚、献青春，挥汗水、奉智慧，为实现农业高质高效、乡村宜居宜业、农民富裕富足的伟大目标笃行不息，真正把质量过硬的论文书写在了祖国大地上、京郊大地上。正是他们令人欣喜的业绩，成就了北农一页页光辉熠熠的历史篇章！他们，是北农人脸上的笑靥；他们，是北农人心中的赞美；他们，堪称北农的德育素材，写就了所有北农人的光荣与骄傲！

本书的访谈对象中，有十几位校友较为特殊，他们的就读时间，恰逢北京农学院刚刚恢复建校之际。当时的北农，百废待兴，教学、生活条件简陋，但这些校友们对母校没有丝毫的嫌弃和埋怨，字里行间流露的，只有依依母校情、浓浓北农爱；他们立志从北农启航，努力拼搏、力争上游，对未来服务社会、报效国家充满了向往与期待。校友们的思想境界与北农的校训精神同频共振，相信亦能引起读者的共鸣。

立德树人是高校的根本任务，德才兼备优秀者的榜样力量是无穷的。孜孜以求、敬业奉献、脚踏实地的北农校友们，永远是激励青年学子的光荣标杆。在此次访谈实践活动中，同学们有机会与当年就读于不同院系、而今奋战在不同工作领域的各年龄段校友们面对面交流，学长学姐与学弟学妹畅谈校园生活，分享职场经验，探讨成功秘诀，充分释疑解惑，憧憬美好未来。对于在校大学生而言，真可谓一次生动的专业学习教育，同时也是一次灵动的就业创业"取经"。在重视"思政课程"与"课程思政"协同育人的今天，这种校友间真诚亲切的互动，为莘莘学子的内心注入了坚定的专业自信，让那颗投身"乡村振兴"的种子在心田牢牢生根，于不久的将来必会发芽成长，繁花簇簇、硕果累累……

北京农学院办学六十多年的历程充分证明，校友是学校行走的靓丽名片，是学校办学质量的闪耀明镜，是学校教育教学的宝贵资源。天然的纽带割不断，校友与学校是休戚与共、血脉相连的命运共同体。学校的建设与发展离不开广大校友的关心、支持与帮助。此次校友访谈录的编写与出版，可谓一次良好的契机：一方面，我们广泛开展校友事迹的宣传，及时收集校友对母校的需求信息和对学校发展建设的宝贵意见建议；另一方面，我们坚信，学校人才培养、科学研究、社会服务、文化传承与创新事业等诸多方面，都会因优秀校友们带来的广泛资源力量而获得长足进步。

踏遍青山人未老，风景这边独好。六十五载淬火跋涉，百炼成钢，步履稳健。今天的北农，前途似锦，未来可期。让我们携手奋进，为北农愈加美好的明天添砖加瓦；让我们踔厉奋发，共同谱写北京农学院的崭新篇章！

北京农学院党委书记 赵锋

2022 年 4 月 22 日

前言
PREFACE

　　自 1978 年恢复建校以来，北京农学院在京郊大地孜孜深耕，勤勉育人，迄今已为社会输送了 5 万多名毕业生。走出北农美丽校园的学子们，践行着母校的优秀精神，也交上了让母校满意和自豪的答卷：他们在各行各业发光发热，为国家的建设、特别是为首都农林业的发展作出了重要贡献，也籍此积累了宝贵的人生经验。《北京农学院校友访谈录》以北农毕业生的视角娓娓道来，记录了整整 100 位校友深挚隽永的情怀与难以忘却的经历。那是他们与北京农学院结缘的浓浓师生情、深深同窗情、长长校园情，那是他们带着这份烙印于生命的情怀走向未来的奋斗历程与人生感悟。

　　本书的访谈过程中，正值百年不遇的新冠疫情，但这并未阻断学校与校友们的联系。学校二级学院的多位辅导员教师和学生志愿者，以敬业爱岗、高度负责的热忱积极投入此项工作，灵活采取线上线下相结合的交流方式，让疫情对访谈工作带来的诸多不便尽可能消减。他们与广大校友反复沟通，获取大量可贵素材，加之精心撰写、数易其稿，为访谈录的最终成书奠定了坚实的基础。

　　按照校友的工作岗位与业务特点，本书分为"科技创新""管理服务""企业创业""投身公益""求学深造"五个板块，每个板块均按照校友入学时间先后排序，从中既可一览校友的人生履历，也可一窥学校办学的发展轨迹。希望本书的出版能够有力配合学校的思想政治教育工作，成为影响北农学子人生观、价值观的生动读物；也期待每位阅读校友事迹的北农学子都能从中得到情感的共鸣，寻到思想的启迪，找到自己奋斗启航的现实坐标，让自己成为母校未来的骄傲！

编　者

2022 年 6 月

目录
CONTENTS

科技创新

企业创业

投身公益

求学深造

科技创新

在赵久然办公室的桌子上、窗台上都摆放着不同品种的玉米棒，书柜里陈列着玉米种子做的手工拼图，名片上赫然印着一只卡通超级玉米。玉米，融入了赵久然的生活，已成为他生命中不可或缺的一部分。

赵久然：玉米科研高峰的攀登者

赵久然，男，1983 年毕业于北京农学院（本篇下称"农学院"）农学专业，现任北京市农林科学院二级研究员，玉米 DNA 指纹及分子育种重点实验室主任，兼任农业农村部玉米专家指导组组长、国家"农作物品种 DNA 分子身份体系构建"重点项目首席科学家等职务。当选中国作物学会副理事长、北京作物学会理事长等；入选全国杰出专业技术人才、全国农业杰出科研人才等；获国务院全国粮食生产先进工作者、全国创先争优优秀党员、中国种业十大杰出人物等荣誉；荣获国家科技进步奖一等奖 1 项、二等奖 1 项。

忆往事，铭记母校恩

光阴如梭，弹指一挥间，大学毕业近四十年的赵久然回想起农学院的求学经历，深有感触地说："农学院培养了我，教给了我扎实的专业知识；我也因农学院与农业结缘，为我的职业生涯和事业发展奠定了基础。"

赵久然的老家，在京郊一个偏远山村——平谷区熊儿寨乡。1979 年，他考入北京农学院。当时的北京农学院，因为刚刚恢复高考招生，各方面条件都比较简陋，但对于赵久然这个上大学之前从没有走出过县域的农村大学生而言，学校的一草一木、一事一物都让他充满了新奇。教学楼旁的丁香、连翘、珍珠梅灌木丛，高大挺拔的白杨树，时至今日，还令他记忆深刻。对当年的授课老师他依旧记忆犹新，比如，教植物学的万悸燕老师，教遗传学的聂依农老师，教植物生理学的刘基厚老师，教作物育种的蒋作甫老师、王寒老师、翟凤林老师，教作物栽培和耕作的尹建豪老师、冯树桐老师、陈学珍老师……1979 年学校食堂伙食和现在相比可能不算太好，但相比赵久然小时候在家里吃的则好太多了，良好的伙食也让他从入学时的 1 米 55 长到大三时的 1 米 75。

赵久然是踩着录取分数线考入农学院的,与其他同学相比,在许多方面都有不小差距。特别是在英语方面,在他 26 个字母还没有认全的时候,很多同学已经在看全英文小说了,还有的同学啃起了厚如砖头一样的托福(TOFEL)英文书籍。但不服输的赵久然通过学习追赶,在四年级的研究生入学考试中,取得了良好的成绩,成为全班唯一考上硕士研究生的学生。

下乡蹲点,科研为生产服务

1986 年研究生毕业后,赵久然被分配到北京市农林科学院作物所从事玉米科研工作。他没有赶潮流出国,而是主动提出到玉米主产区的北京市延庆县下乡蹲点,搞玉米科研,一干就是 6 年。6 年间,他不但出色完成了研究所交给他的多项任务,而且从生产中获得了很多切身体会和思考,也让他树立了"理论与实践结合,科研为生产服务"的理念和"从生产实践中寻找研究课题,再将研究结果及时反馈于生产实践"的科研思路。他在与农户的广泛接触和深入交流中,切身体会到在所有的农业技术之中,农户对良种的需求是最迫切和持久的。在同一块地,同样的栽培方法和投入,使用优良品种和优质种子,就能够让农户每亩①增产几百斤;反之,如果买到假冒伪劣种子,就可能导致农户严重减产甚至绝收。因此他萌生了想法:将未来的主要研究方向定位到良种培育和种子真伪鉴定这两方面上,这也正是他日后取得突出成绩的两个方面:一是培育 100 多个玉米优良品种,通过国家审定,并通过科企合作的方式,都在生产上得到了大面积推广,成为培育品种和在生产上应用品种数量最多的玉米育种家;二是构建了已有十万多个样品的全球数量最大的玉米 DNA 指纹库,并在品种试验、审定、品种权保护、司法鉴定等多方面得到应用。

建设玉米研究中心,成为全国科研育种强所

1996 年,北京市农林科学院为了加强玉米育种和产业化,决定成立玉米研究中心,筹建工作由赵久然负责。他主动提出不要事业费,想探索出一条由科研成果转化产生效益再反哺科研发展的思路。很多人一听没有事业费,都打了退堂鼓,到 1997 年 4 月玉米中心正式成立时,只有 4 名科技人员愿意和他一起到"自收自支"的玉米中心。他带领团队从无到有,求实创新。到 2000 年时,首批 2 个育成品种通过了审定,之后加大示范和产业化力度,也逐步产生了效益,形成了自我造血的良性循环机制。

在研究中心发展过程中,他提出了"以科研为基础,以需求为导向,以创造价值为核心"的理念和"立足北京,面向全国,紧盯国际前沿"的发展思路。到"十一五"时期,研究中心已基本建立起自己的玉米创新体系,并经农业部有关部门评估,入选全国农业百强所,在全国 1000 多个农业科研院所之中位列第 54 位。

近十年来,赵久然又在北京、三亚等地建立起多个育种试验站和鉴定点,育成并通过

---

① 1 亩 = ⅟₁₅公顷,下同。

国家审定的玉米品种有 100 多个，并都通过科企合作的方式实现了产业化和大面积推广应用。累计已超 3 亿亩，增产粮食 200 多亿千克，成为全国育成和在生产上推广玉米品种数量最多的单位，居全国同行业之首位。其中，"京科 968" 连续多年种植超 2000 万亩，累计超过亿亩，成为当前春玉米生产面积最大的品种；"京科糯 2000" 成为我国种植范围最广、面积最大的鲜食玉米品种，并在越南、韩国等国家广泛种植，其种子和产品已出口到全球 50 多个国家和地区；"农科糯 336" 等系列甜加糯高叶酸新型鲜食玉米，被业界专家和广大消费者赞誉为"最好吃的玉米"。这些新品种在创造巨大社会效益的同时，也使单位

自身获得了可观的成果转化收益，科研育种人员获得了相应的成果收益，职工收入得到显著提高。

顶天立地，面向国际前沿

赵久然的玉米研究，既重视面向生产实际，也紧盯国际前沿。他以通讯作者的身份，在 NP、MP、GB、PBJ 等国际知名学术期刊发表研究论文 20 多篇，研究进展多次被《科技日报》在头版报道。他带领团队，在全球率先对我国特有的唐四平头核心种质骨干自交系黄早四完成了 denovo 测序和基因组解析，发现了 264 个黄早四特有基因家族，并破解了黄早四的来源之谜。该研究结果在国际著名学术期刊《Molecular Plant》发表；他是较早认识到基因编辑技术将在未来生物育种中发挥重要作用的，并于 2017 年组建团队，在玉米研究中心成立作物基因编辑研究室。经过几年的潜心研究，在基因的编辑效率、编辑范围和精准性等方面已取得多项突破，研究结果已经在《Nature Plants》等国际著名学术期刊发表，并申报了 30 多项国家发明专利。

为我国玉米生产和产业献计献策作贡献

赵久然除了带领本单位的团队搞好种质创新和品种培育工作以外，还有多项兼职工作。他自 2006 年以来一直兼任农业部玉米专家指导组组长，每年都组织专家对玉米产业和生产进行调研分析与形势研判，为政府相关部门和领导决策提供参考和依据。例如，他通过组织专家调研之后提出的玉米"一增四改"集成关键技术，十多年来一直是生产上的主导技术。作为北京市政府农业顾问专家，他建议玉米实施"雨养旱作零灌溉"生产和示范，得到市领导的高度重视，并在全市大范围示范和推广。作为国家重点项目"种子分子指纹技术研究与应用"以及农业部项目"农作物分子身份体系构建"的首席专家，他研发了作物标准 DNA 指纹分子身份证构建的关键技术，研制了玉米 6H60K 芯片，构建了已有 6 万多品种、全球数量最大的玉米标准 DNA 指纹库，并在多方面得到广泛应用。

既培育品种，又培养人才

相较于很多单位的"掐尖挖人"、自外引进高端人才，赵久然更注重团队现有成员的人才培养和潜力发挥。"人才不是从别处挖来的，而是在适合的岗位上，在科研实践中锻炼培养出来的。"赵久然特别注重人才队伍建设，尤其是年轻团队成员的培养。"我是'玉米团长'，要带领团队发展，要为年轻人成长提供尽可能多的机遇和尽量好的发展平台。"他笑着说。团队中只有他是"60 后"，其他都是 1997 年玉米中心成立以后毕业的年轻人，是"原生态"的人才队伍。赵久然向他们传授育种理念和方法，随时随地交流讨论，充分发挥每个人的特长，使其施展才华。正是这样，玉米团队的事业才得以传承和创新。多年来，赵久然带领团队培育出玉米新品种 100 多个，为实现"中国碗装中国粮、中国粮用中国种"作出了重要贡献。

他的团队育种骨干大部分是本科毕业，他给每一个人提供平台和独当一面的机会，让他们在实践中锻炼成长。他强调学以致用、学有所长，以人为本、人尽其才，发挥每个人的潜力和特长。他的团队里面也有许多北京农学院毕业的校友,都在玉米中心的这个平台做出了突出成绩。例如,1995年本科毕业的卢柏山,现任玉米研究中心鲜食玉米育种室主任、研究员,已育成鲜食玉米品种30多个,成为全国知名的鲜食玉米育种家,获得"全国鲜食玉米育种领军人物"等荣誉称号;1998年本科毕业的邢锦丰,现任玉米研究中心育种基地主任、研究员,也已育成品种20多个;2014年毕业的张如养,是赵久然指导过的硕士研究生,毕业后,赵久然就亲自带他从事育种工作,现已很快成长为分子育种研究室副主任、副研究员,也育成了多个品种,成为能够独当一面的年轻育种专家。

赵久然也寄语母校在校的同学们:珍惜大学美好时光,努力学习,为未来工作打好坚实基础!将自己的努力方向和奋斗目标,与国家和社会需求紧密结合,为国家和社会作出应有的贡献。

获得推动北京创造十大科技人物(右数第五)

访谈感悟

在采访中,我们了解到赵久然老师与玉米互相成就的故事,他的经历启迪了我们的思想,那种深刻的体会和感悟是书本所不能给予的。我们从他身上看到了吃苦耐劳、艰苦朴素、团结奋进的北农魂,激励着我们在学习道路上乃至今后的工作中奋勇向前。赵久然的成功在于他始终坚定信念,踏实努力,勇往直前。作为新时代的大学生,美丽中国的建设者,我们应该切实增强荣誉感和责任感,把专业知识学精学专,要肯吃苦,不怕困难,把爱国热情化为学习动力,严于律己,用实际行动在实现民族复兴的赛道上奋勇争先,在新时代担当新使命、展现新作为。

采访人:胡蝶 杨琪嘉 韩雪莹

作为中国研究海藻生物技术在农业应用的第一人，汤洁曾经于2012年和雷军一起荣获中关村国家自主创新示范区高端产业领军人才。作为中国藻源生物刺激素的领航企业，雷力一直致力于海藻生物技术的开发，将其应用在农业、家庭园艺以及海洋蔬菜开发等各个领域。产品已经推广到80个国家和地区。23年的积淀，更让汤洁觉得雷力在每个阶段都在创业、在摸索。

汤洁：探索海藻奥秘　引领创新发展

汤洁，女，1983年毕业于北京农学院果树专业，教授级高级工程师，从事海藻生物技术、生化工程和海藻利用学研究，曾荣获首都劳动奖章、北京市三八红旗手、北京市科学技术奖、中国民营企业科学技术奖和农业部"神农奖"等荣誉，现任北京雷力海洋生物新产业股份有限公司总经理、总工程师，中国优质农产品开发服务协会副会长。

巾帼不让须眉创立雷力海藻肥王国

汤洁是改革开放后第一批农业大学毕业生，毕业后留校任教4年，之后进入农影频道担任5年农业科教片编导。正是这5年的农业媒体人经验，让她看到了海藻植物营养剂和海藻生物活性物质的广阔前景。1993年汤洁毅然辞职下海，投身海藻肥事业，创立了现今的北京雷力集团。

在大多数人看来，农用投入品制造行业绝对不是工作的最佳选择，脏、累、苦是其代名词，更有"女人当男人使，男人当驴用"的说法。汤洁创业以来，做过研发、搞过技术，还跑过业务。她认为，农业投入品制造行业其实没有什么不同，只是服务对象是农民用户这一弱势群体，付出的辛苦要比别的行业多一些。尤其是年轻女性，容易被业内一些人轻视和不信任，"刚开始压力会大一些"，汤洁说，其实进入这个行业没有觉得有多苦多累，只是创业的过程异常艰辛。

　　"一无项目，二无资金，三无资源，压力可想而知。"谈到创业时的艰难，汤洁记忆犹新。当时企业全部的资金都用于研发，现金流就要断了，唯一的希望就是海藻肥科技成果要通过鉴定，才能有自己的技术。最终，功夫不负有心人，1998 年"雷力 2000"海藻肥的科技成果填补了国内市场空白，并在 2001 年得到了国家发展和改革委员会 500 万元科技成果转化资金，这对当时的雷力来说是"久旱逢甘霖"，也奠定了雷力发展的基础。到目前为止，雷力的海藻肥年销量已超过 30 多万吨，销往全球 80 个国家。

　　对于创业，汤洁总结就像登山：攀登的山越小，看到的越近；而攀登的山越高、越艰险，也就能看到别人无法看到的美景，"尽管很艰辛，但这种感觉还是挺好的"。

坚持原创研究引领创新发展

　　"我们必须要有自己的核心竞争力，而技术就是最好的竞争力。"

　　作为企业总工程师，她始终坚持技术研发才能引领企业创新发展，一直亲力亲为，带领技术团队攻克一项又一项技术难关。

　　在中国海藻肥领域，汤洁致力研究海洋褐藻酶解与海藻肥创制关键技术，发明了以海洋褐藻为新资源的环保型肥料系列产品，解决了养分缓释、抗蒸腾、土壤水分保持、土壤重金属钝化和作物生理缺素矫正技术难题。

　　围绕加强北京科技创新中心和国际交流中心的功能定位，推动企业技术创新升级发展，汤洁成立了"汤洁创新工作室"，带领技术研发团队完成了首都食品安全重大专项《褐藻双寡糖作物免疫调节剂的创制》。该专项通过高通量迭代驯化与复合诱变、高活性寡糖工具酶育种技术，选育了高酶活和高扩繁能力的褐藻酸裂解酶和岩藻多糖裂解酶菌株。

　　她还带领团队研制出具有免疫抗性功能互补和叠加的褐藻双寡糖作物免疫调节剂 70%可溶性粉剂和 7%褐藻双寡糖作物免疫调节剂水剂，实现对作物病害预防、产量增加和化学农药减施作用，开辟了寡糖对作物生物刺激和生物防控结合的新途径。

　　汤洁以雷力的核心技术独创了"技术同心圆"法则，将雷力打造成为一家引领行业技术水平的高科技企业，用不断迭代升级的高品质产品和专业化服务证明，藻源生物刺激素将成为精准农业的一个重要解决方案。她推动农业投入品的供给侧结构性改革，大力推广海藻肥和微生物肥料，每年到全国各地农业种植基地亲自进行技术指导服务20余次，推广新型海藻生物制剂使用面积达4000多万亩/次，解决了诸多种植难题，助力千万农民增产增收，改良土壤品质。

同时，汤洁非常注重农业产业链的发展，推广以雷力优势的藻源生物刺激素为基础的作物提质增效解决方案，推动上下游的产业链发展形成新发展格局。2021年，她策划的藻娃果蔬荟优质农产品生鲜电商云平台上线了，这是一个汇集了诸多雷力的优质客户和使用雷力产品打造的高品质水果以及其他农产品的生鲜云平台，实现了从农场到消费者的直接对接，一经上线就受到了广大用户的喜爱，既能给客户送去好吃不贵的绿色农产品，还能直接帮助种植户增收。汤洁说："这个平台以后还将引入更多高品质的农产品，我们不仅要让国内的农户和消费者受益，还要打通国外和国内的通路，实现国际国内双循环。"

对此，汤洁解释道："以往海藻肥的概念是以浅层面的原料来进行分类定义的，现在我们是以功能定位解决方案，这个定位整合了原料、技术、田间作物功效和要解决什么问题。因为你来源于哪里不重要，你给用户提供的价值才是最重要的。"

近30年的深入研究，对海藻肥的技术、特性、发展了如指掌，资深媒体人评价汤洁："作为中国海藻肥开发的第一人，十余年的钻研积累，汤总可谓是海藻肥领域的活字典。"

热爱农业回馈社会

1993年雷力集团在北京成立，2021年将集团注册地区迁址到北京怀柔区，汤洁一直心系怀柔的发展，为怀柔的绿色农业和环保事业作贡献。她说："怀柔有非常好的环境和农业机遇，怀柔也给了我们很大的支持，我们要回馈怀柔、回馈社会。"抱着这样的信念，汤洁正带领团队开展怀柔区重大科技研发项目《海藻生物保水剂和保水地膜的创制和在节水农业的应用研究（NY2019-2）》，该项目使用海藻生物保水剂可吸水700倍，使用海藻保水地膜可节水20%，将为怀柔节水农业起到重要推进作用。2015年、2017年和2019年，汤洁牵头召开平衡农业国际论坛，到会和来怀柔的海外友人超过600人，推介怀柔的名优特色产品，领略怀柔文化和怀柔风情，以怀柔人的热情款待海外来宾，给外国友人留下了深刻的"怀柔印象"。

此外，汤洁还作为公司技术带头人参与了科技部国家科技研发重大专项《马铃薯化肥农药减施技术集成研究与示范（2018YFD0200800）》，应用海洋寡糖以及微生物生防和海藻活性有机质，研究化肥农药、化肥减施的配套技术，和以海洋寡糖为主体的化肥农药增效技术相结合，实现化肥减施30%、农药减施17%，为国家提出的肥料农药双减作出重要贡献。

汤洁发挥专业优势，参与了北京市科学技术委员会《京郊设施土壤障碍因子改良与修复技术研究与应用（Z151100001215014）》课题项目，其中，她带领研究的雷力海洋多糖-微生物复合联用障碍土壤生物改良技术体系经北京农学会组织专家进行成果评价，评价结论为成果整体达到国际先进水平。

自2015年以来，汤洁积极追求政治进步，2017年被批准加入了民主党派九三学社并成为北京市委农林专委会委员，她多次从专业角度积极为北京的发展提出了许多中肯的建议。

无私培养团队建立人才梯队

汤洁作为"汤洁创新工作室"领军人物积极培养新人，言传身教、率先垂范，连续4年通过"名师带徒弟"项目先后培养出"怀柔区党代表"涂艺千、技术研发部严国富、生产基地总经理邓志坚等8名企业技术、骨干人才。这几名人才都从公司基础做起，在汤洁一点一滴的培养下成长起来。刚刚获得硕士学位的严国富作为汤洁的"大弟子"说："没有汤洁导师的悉心指导，就没有我在技术上取得的成果。"

创新工作室积极开展人才培训工作，提供原创技术、应用技术、质量管理等各方面技术培训，培养内外部人才和新型职业农民不少于3000人次；在企业组织的全体员工积极广泛开展"技术、管理、工艺创新、小发明"和以"创业"为核心的"双创"活动中，每年完成不少于10项，开展活动以来为企业总共节约成本不少于500万元。汤洁牵头成立的企业科协每年拿出专项资金奖励公司内部在科技创新方面取得成果的员工，获得公司内外一致认可。

除了自身优秀的影响，汤洁还非常注重企业文化的打造，以文化和科技双轮驱动企业创新发展，牵头成立了企业科协，发布了雷力新使命愿景和价值观，塑造新时期的"雷力精神"，得到全体员工的高度认同，鼓舞了一大批雷力人，"追求卓越，持续创新，绿赢未来"也成为大家激励自己的座右铭。她说："企业的价值观就是我们的精神支柱，是我们必须传承下去的宝藏，要以雷力的愿景和使命激励大家前行。"

作为北京农学院的优秀校友和特聘教授，汤洁经常参加学校活动，讲创新创业课、开展校企合作、培养人才，并以自己的亲身经验寄语在校同学："农业是非常有前景和有意义的领域，我们要拥有严谨科学的研究态度和科技强国的理想抱负，培养运用先进技术解决核心问题的洞察能力，用扎实的专业知识和奋进拼搏的态度，为我国生态农业和健康领域作出更大的贡献。"

访谈感悟

汤洁老师不怕吃苦、勇于面对挫折的精神值得我们每一位同学学习。作为像她一样的农林学子，我们相信未来的道路是光明璀璨的，珍惜当下，努力学习，夯实专业基础是我们的首要任务。正如汤洁老师所说，创业如登山，攀登的山越高、越艰险，也就能看到别人无法看到的美景。这是属于她的机遇，一分耕耘一分收获，我们也一定会得到我们的回报。

采访人：邱园　辛雨濛　杨琪嘉

闻一以知十，他山以攻玉。她凭借坚毅刻苦，把握时代洪流，迎接命运中的挑战，最终完成了自己的华丽转身。

张丽：学农的经济史学教授

张丽，女，1983年毕业于北京农学院果树专业，同年考上中国农科院农业遗产研究室研究生，1986年硕士毕业后在中国社科院经济所任助理研究员，1991年赴美国加州大学洛杉矶分校历史系攻读经济史专业博士学位，2004年回国在南开大学经济学院任教授、博导，现为北京航空航天大学人文学院经济系二级教授，曾获国家教育部人文社科基金，国家社会科学基金，广义虚拟经济研究专题等多项一般、重点和重大课题，其课程《世界经济500年》获2012年教育部国家精品视频课程。

听说张丽学姐在大学时曾经是一位叱咤风云的人物，一位性格泼辣的女学生干部。当我第一次打电话给张丽学姐谈及采访事宜时，没想到张丽学姐的第一反应竟然是不愿意接受采访。可能是感觉到了电话那头我的尴尬，说话轻柔的她突然爽声笑了起来。她说，四年大学里她做的事情太杂，很多时间都用在了社会工作上，在专业学习上算不上什么好学生，还是不采访她为好。学姐还热心地介绍了几位其他学长的名字，说采访他们更好、更合适。后来在我的一再坚持下，张丽学姐开始同意我的采访，并聊起了她的经历。她说这么多年走过来，最大的感触就是万物相通，条条大路通罗马！

一个人只要保持一颗上进的心，一颗诚恳待人的心，一颗敬畏感恩之心，一颗敬业之心，保持一个积极乐观的态度，再肯吃苦，肯花力气，受得了委屈，那么他的命运一定不会差。

挫折中砥砺前行，只要有心，做什么都会有收获

学姐说，她的求学之路其实并不平坦，她本是1978级的高中毕业生，应在1978年考大学。那时候还有农村插队，由于她当时患有严重贫血，高中班主任也是为了她好，照顾她，就说服她，让她办了一个病留，因为高中班主任的丈夫恰恰是学校管学生分配的老

师。可没想到，这个病留却延误了她一年的高考，因为当时北京的政策是病留的应届生不得参加高考。此外，在高考复习阶段，她的身体状况和精神状况都非常糟糕，按她的话说就是她当时的磁场完全被打乱了，她知道她肯定要和梦想中的大学失之交臂了。高考分数出来后，她考了316分，虽然过了重点大学的录取分数线，但和她报的第一志愿北京工学院自动化系的录取分数线相差三四十分。所以，对她来讲，被分配到农学院来读书并不是一件让她十分满意的事。

然而，既来之则安之。她说刚到农学院时，她也想着要在专业上有所作为，而且下决心不再当学生干部。所以，当班主任黄玲燕老师找到她，让她当班里的宣传委员时，她觉得非常为难，说自己不想当，希望能集中精力学习。黄老师听了就对她说："班里的工作总要有人来做，谁做都要花时间，我看你的履历很好，入团时间也很早，在中学又一直当干部，你这样的更应该有觉悟为同学服务。"于是，她就做了班里的宣传委员。不想这一做竟然一发不可收！不久后，学校学生会换届，她被选为学生会的宣传部部长，后来又当选为学生会主席，主席一下当了两年多，直到毕业。

学姐说，她本性上其实是一个非常认真的人，总是想把手中的活儿尽力做得完美，而且做起事来又喜欢沉湎其中。当上宣传部部长后，她就觉得一定要办一个出色的学生刊物，于是就带着一帮干事，征稿组稿，还搞读书会、诗歌会，让学生广播站更加有趣多彩。后来当上学生会主席后，社会工作也就更多、更复杂了，一个是各部门之间的协调沟通，另一个就是在学校团委的领导下上传下达，反映学生意见，如食堂伙食问题、学生宿舍厕所卫生打扫问题等，完成学校领导布置的工作；有时遇到有学生违反纪律、犯错误的事，学生会的基本态度就是尽量帮学生说话，大事化小、小事化了，尽量做到不处分，不影响学生前途，诸如此类。她说当时有时觉得很累，偶尔还会突然生出一股厌烦的情绪，但大多数时间她是快乐的，从工作中获得了巨大的乐趣和收获。学姐说，当时学生会的干部都很优秀，音乐才子、诗歌才子、体育精英，是一批特别有想法、有性格的人，她非常享受和珍惜那段时光！

学姐说，那时候做学生干部有时不得不端着，致使很多学生认为张丽一定是一个内心保守、沉稳、中规中矩、波澜不惊的人。其实，她是一个内心深处非常任性、喜欢别出心裁、自由自在，好奇心和求知欲很强，特别不喜欢约束的人。她说她喜欢阅读，喜欢探究问题，心中的理想一直就是做一名学者。那时候大学校园里流行"青年马克思"的讨论，"青年马克思读书会"纷纷涌现，"青年马克思的人文情怀""青年马克思是人文主义的马克思""人的异化""劳动异化""人的自由"和"人的终极解放"等都成了那个时代的时髦词语。为此，她还特意买了一套《马克思恩格斯选集》阅读。

跟着兴趣走，转换专业

那时候国家正在进行经济改革，新闻报刊上也都是热火朝天的有关报道和讨论，这让她对当时的经济改革十分关注并产生了兴趣，也萌生了报考经济学科领域研究生的想法。1982年秋季报考研究生时，她发现中国农科院有个农业遗产研究室在招农史和农业经济史的研究生，觉得这是可以转专业，以后做经济问题研究的第一步，于是就报考了那里的研究生。很幸运，她竟然考上了。

在做硕士论文的时候，为了能够进一步转到经济研究领域，她又把自己的论文完全定位到了农业经济史的研究领域。硕士毕业时，中国社科院经济所和国务院农村发展研究中心发展研究所正在筹备一个重大的研究项目，就是重新对 1929—1930 年陈翰笙领导下的"无锡保定调查"和 1957—1958 年孙冶方领导下的无锡保定跟踪调查进行历史回顾和资料整理分析，同时再做一个跟踪调查，以对近 60 年来中国农村社会的历史变迁进行研究，而她农业经济史的研究背景刚好为研究课题所需，所以她便进入了中国社科院经济所工作。在中国社科院工作的五年里，她将很多时间用于同国务院农村发展研究中心发展研究所的同事们一起讨论课题、跑县城、下农村、查阅地方档案、采访村民、整理调查资料、写报告、作文章。从 1986 年到 1989 年，她每年得有三分之一的时间是在县城和农村过的。五年里，她积累了许多实地调查经验，得到了很多第一手资料，对中国农村有了切身的了解和认识，这段经历让她在今后的研究中一直比较务实。张丽学姐说，如果学说理论和实践经验相冲突，她宁愿相信实践经验。她说经济学不是 1+1＝2，水到 100 摄氏度就开的科学，也没有不受时间和空间制约的普世经济学理论和普世经济发展道路；一个国家的经济发展道路必须基于这个国家的国情，如历史文化、资源禀赋等，一味地照搬西方模式无非是削足适履。她常对她的学生说："当你的经济研究数学模型给出的结论有违于生活常识时，那么请相信常识，摈弃你的数学模型！"

留学美国，继续深造

20 世纪 80~90 年代，到海外留学是很多年轻人的理想。张丽也是如此。1989 年秋，她开始联系和申请美国大学。1991 年，她有幸拿到了美国加州大学洛杉矶分校（UCLA）历史系的全额奖学金，到那里攻读经济史专业的博士学位。在她撰写博士论文期间，她丈夫到荷兰海牙工作，她便也跟到了荷兰。到了荷兰后，她很快在荷兰莱顿大学汉学院找到了一个项目研究者的工作，一边撰写博士论文，一边在汉学院做项目研究。2004年春，她回国到南开大学经济学院任教。

张丽学姐说，国外的读博和工作经历极大地开阔了她的视野，是她学术道路上的巨大财富。UCLA的研究生教育有着近乎残酷的淘汰制度，就是用几乎达到学生承受能力极限的学习压力把跟不上的学生及时淘汰出去。一门课成绩C，你便立即会收到一封校方的警告信；一门课D，毫无疑问，you are out！那时候校园中学生之间流行的一个重要单词就是"survive"。"Are you surviving？""Have you survived？"这是同学间经常会问的话。张丽说，她第一次被问到这句话时，一脸懵，心想谁还不活着呢？不活着你跟我谈话干嘛？后来才明白，是在问你是否已经在巨大的学习压力下存活了下来。第一年下来，她所住的校园宿舍里一多半研究生没有回来注册。美国学生告诉她，第一学年下来，约有一半多的学生被淘汰。她说她在UCLA读博那几年所看的专业书，比她在本科、硕士和五年工作期间所看的全部加起来都多。严格的学术训练奠定了她如今学术研究的坚实基础，让她有了严谨的学术规范和一丝不苟的研究精神，让她获益终身！

知识积累到一定程度，万物相通

"回顾以往，所学的一切都有用处，真的是技不压身，万物相通。大学里学习农业科学，表面上好像和后来的经济研究毫不相关，而实际上，当知识积累到一定程度的时候，你会突然发现所有的全都融会贯通了。"张丽学姐说，在大学里学的植物学、生物学、遗传学、育种、有机化学等对她后来的生活和事业都很有裨益。大学时，她对植物学和遗产学尤感兴趣，为此还专门阅读了达尔文的《物种的起源》，摩根的《古代社会》和科幻小说《自私的基因》等。这些年她做全球经济史，探讨过去500年中的世界经济发展和国家间的竞争，特别是全球化中西方的崛起和明清的落伍。她说其实植物、动物和人类有很多共性，都是趋利避害，争夺资源，适者生存，也都拉帮结派，合作互助，集团作战。好的人类社会就是要超越纯粹动物性丛林法则的社会，虽然这说起来容易，做起来很难。回顾历史，中国从没有过西方式的殖民主义、种族清洗，也没有过西方性质的奴隶社会。西方媒体一味宣传中国殖民西藏，在西藏和新疆搞种族清洗，其实是基于其对自己历史文化的理解和指控。中国文化强调扶弱济贫，怀柔远人，国家间和平相处，共同富裕，一些信奉丛林法则、赢者通吃的国家可能并不会相信，但一个好的人类社会一定是一个能够超越动物丛林法则，给弱者留有余地的社会。所以，"建立人类社会共同体"这一伟大口号，只能由中国领导人提出。

回顾一路走来的历程，张丽学姐觉得自己很幸运，因为她从心底深处喜欢教师这个职业，她很享受讲课、做研究、写文章、写书的工作。她建议在校的大学生：尽早找准自己的人生方向，珍惜时光，趁着年轻、身体好、精力充沛，多看书、多学习、多参加社会活动、多周游，眼睛要往高了看，往远了看。天道酬勤，掌握自己未来的事业大方向，为之

科技创新

增砖添瓦、打好地基、拓宽地面，只有地基深、地面广，才盖得了高楼！

访谈感悟

　　专注、坚持、勇气是张丽老师最可贵的精神品质，也是留给我印象最深刻的所在。作为新时代的青年人，未来仍是机遇与挑战并存，我们应该抱着与时间赛跑的态度，珍惜每一次学习的经历，积累经验，不断提升自我，走向更光明的未来。

采访人：邱园

四十年前，他走进了北京农学院的校门，四十年后，他已经走上北京市大发畜产公司副总经理(副局级)岗位，并兼任北京家禽育种有限公司党委书记、中方副总经理职务。

　　他带领下的北京家禽育种有限公司是我国建立的第一个，也是目前亚洲唯一的、规模最大的肉鸡育种公司。

　　他从饲养员做起，一步一个脚印，才有了今天的成就，在起点与成就之间，他用自己的经历描绘出了一个与时俱进的实践者的成才轨迹。

郭怀顺：与时俱进的实践者

　　郭怀顺，男，1983年毕业于北京农学院畜牧专业。他是学校恢复招生后的第一届学生，曾先后担任北京市大发畜产公司副总经理(副局级)，北京家禽育种有限公司党委书记、副总经理，北京市华都集团副总经理，美国科宝(湖北)家禽育种有限公司总经理，福建圣农发展股份有限公司常务副总裁，福建圣泽生物科技发展有限公司总裁等职务，现已退休。

多实践，勤动手

　　提起在学校的经历，郭怀顺感到，学校和企业生产实际、动手实践等方面结合得非常充分。

　　"一方面是在学校里面有老师给讲，另一方面也会走出学校去实践。那个时候的畜牧局有着全国唯一一家饲养商品蛋鸡和蛋鸡育种的企业，同时还做白羽肉种鸡的饲养。一开始入学的时候，学校就让学生去直接接触畜牧企业，这个过程让我受益良多。"

　　1979年，北京农学院刚刚恢复招生，各方面条件都很艰苦，学校的面貌也比现在差很多，学习生活更谈不上优越，一个月20元5角的助学金是郭怀顺的全部生活费。但是学校非常舍得花钱为同学们请老师，高等数学和英语的老师是北京林学院(现北京林业大学)

的，遗传学老师是北京大学的，还有很多石油大学（北京）、北京农业大学（现中国农业大学）的老师。

即使如此，大家对学农还是存在一定的偏见。

"其实说实话，当时越是来自落后农村的同学越是不喜欢农业，在城市的人倒不是很反感。越是从农村出来的人越觉得学农业丢脸，我们那个时候也是这样的。本身从农村出来的家里就是农民，拼着去上了大学，当时大学的升学率只有百分之二点几，非常难啊！结果，考上大学还是去学农业，就像当农民一样。后来才明白其实是不一样的，所以那个时候就有专业教育的问题，这块是非常重要的。当时开展专业教育，并没有仅仅在课堂里进行说教，而是带大家去参观一个大兴的红星养鸡场，那是中国第一个现代化的自动化养鸡场，时任国家领导人华国锋主席还去那个农场参观视察过。那个现代化养鸡场的环境也非常干净。"

动手能力对于动物科学技术学院的学生是十分重要的。在校学习期间，学校提供了非常丰富的实践机会。专业课要进鸡场、猪场、养牛场，而且一待就是好几周。"如果学畜牧兽医的不动手，走向基层也好，走向事业单位也好，工作能力就不行。"郭怀顺深有感触地说道。学校积极创造条件让学生参与大量实践，打牢了郭怀顺的专业基础。

兢兢业业，创新前行

1983 年大学毕业之后，郭怀顺选择留校任教，担任了 8332 班的班主任。郭怀顺一直认为，作为一个畜牧专业的大学生，应该到基层去接受锻炼。1988 年，郭怀顺调入北京家禽育种有限公司工作，最初的工作是企业的一名普通的饲养员。面对艰苦的工作环境，他并没有消沉，而是以饱满的热情和充足的精力投入平凡的工作中，在这些平凡的工作中，他的工作业绩获得了领导和同事的肯定，先后担任原种鸡厂副厂长、生产部经理兼总经理助理、营销部经理等职务，多方面锻炼自己。

在担任家禽育种有限公司生产部经理期间，郭怀顺深刻地认识到，公司要获得长久和健康的发展，离不开科学的管理和完善的公司运行制度。为此，他在公司内部开展了扎实深入的调研，与公司一线员工开展交流，倾听基层的呼声，发挥全公司员工的智慧，制定了一整套关于加强和改善公司管理的规章制度，大大提高了公司的生产效率，取得了良好的经济效益，为公司的快速发展作出了贡献。

在担任营销部经理后，面对新的岗位、新的挑战，郭怀顺开始思考如何让公司更好地在日益激烈的市场竞争中脱颖而出。经过一段时间的调研和思考，郭怀顺提出了"售后服务三部曲"的工作设想，专门针对影响种鸡性能的三个饲养周龄进行三次服务，通过强制性量化服务，提高了种鸡的生产性能，进一步改善了公司的服务水平，销量和效益明显增加，使公司声名鹊起。为保证销售任务的完成，他制定了灵活的销售策略，将销售人员的销售绩效作为公司主要的考核奖励标准，"营销绩效、费用包干"，明确每位营销人员的责、权、利，实行多销多得，将职工的个人收入和公司的长远健康发展紧密结合起来。这种灵活的奖励管理机制，极大地调动了公司员工积极开拓市场的主动性和积极性。

为了在业务技术上取得创新，郭怀顺亲自撰写北京艾维茵饲养手册，并指导客户进行科学的饲养管理，解决客户的具体问题。不断的努力获得了丰厚的回报，公司年销售祖代种雏高达 17.7 万套，父母代种雏达 588 万套，不仅创造了高额的经济效益，也带来了有口皆碑的市场信誉。

郭怀顺勤奋的工作作风、严谨的领导风格和多部门的工作经历，使他在较短时间内就熟练掌握了公司全方位的业务，在经营工作中，销售业绩突出，对产、供、销一条龙作业流程了然于胸，这为以后走上更加重要的岗位奠定了扎实的基础。

沧海横流，方显英雄本色

2002 年郭怀顺担任了北京家禽育种有限公司党委书记、中方副总经理职务。刚一上任，郭怀顺就面临着巨大的考验。2003 年以来的"非典"和"禽流感"给企业的经营和发展带来巨大的困难，企业销量直线下降，大量产品积压严重，外销基本陷于停滞，企业的生存和发展面临巨大的困难。在这种情况下，如何带领企业全体员工走出困境、发展和壮大企业，成为郭怀顺肩上承担的巨大责任。面对巨大的压力，郭怀顺临危不惧，通过各种途径准确掌握市场动态，对市场需求提前做出比较准确的预测，并根据这些市场信息适时调整生产布局，同时在企业内部大打防疫战，带领广大干部员工战胜了企业所面临的有史以来最大的困难，使企业逐步走出低谷。

在企业战胜这次巨大的困难后，郭怀顺痛定思痛，思考从源头上如何建立企业危机预防机制。他在公司内部管理机制方面大胆改革，实行干部有期限聘任制，对全体员工进行详细的绩效考核，并将绩效考核与人事考核制度结合起来，从而使企业在克服"非典"和"禽流感"的巨大困难后，重新走上了健康、快速发展的轨道。现在，北京家禽育种有限公司已经成长为我国第一个肉鸡育种公司，同时也是亚洲唯一的、规模最大的肉鸡育种公司。该公司是经北京市人民政府批准成立的，由北京市大发畜产公司、美国艾维茵国际禽场有限公司、泰国正大集团三方合资成立的大型企业，公司的主要产品为北京艾维茵祖代种雏和父母代种雏，2005 年 5 月该企业正式推出具有优秀遗传品质的新品种 Avian500，这是目前国内唯一能够与国际保持同步的肉鸡品种，该企业生产的种鸡和商品鸡综合性能极其优异。

加强学习，与时俱进

在带领企业快速发展的同时，郭怀顺在繁忙的领导事务之外，不断加强自身学习，丰富和提高各方面的能力，使自身的知识结构不断跟上时代发展的潮流，不断开拓着知识视野。他先后两次赴美国参加由美国艾维茵国际禽场有限公司举办的业务技术培训，通过参加这些国际培训，开拓了自身的视野。

随着企业规模的不断扩大，如何科学有效地管理庞大的企业，成为摆在郭怀顺面前的又一个富有挑战的重大课题，因此，系统地学习现代企业管理理论，详细地了解现代国内外企业管理的鲜活经验，对企业的进一步发展非常有必要。为适应这一要求，郭怀顺考入中国人民大学研究生课程班，接受系统的专业学习，进一步增强了企业管理的能力。

一技在手，倚技而业

在郭怀顺的工作经历中，他认为最独特的就是从未离开过技术。

"我当党委书记和副总的时候仍然分管着生产或市场营销，我做营销的时候，到客户那里就直接到农场里为客户做技术服务，或者去给客户讲课，都要到生产养殖一线进行服务。有了扎实的技术功底，即使扔掉官，我也不怕，我也一样活得很好。"

一般来讲，在一个公司担任老总后，就不会过多关注技术层面的事情了，但郭怀顺不是这样的。从一个技术员到公司老总，郭怀顺从未放弃在专业领域的深耕，始终致力于肉鸡育种和种鸡的管理事业，2021年10月18日，由郭怀顺牵头自主培育的圣泽901等3个白羽肉鸡新品种通过了国家畜禽遗传资源委员会的审定。这时的郭怀顺已步入退休生活。

这就是郭怀顺，真正的技术型领导、领导型专家。

 访谈感悟

学长从农学院毕业后，先是留校任教，后只身下海，做至高层后又辞职离开，如此魄力，是常人所不能及的。而给予学长这种自信和这份魄力的，来源于他掌握与时俱进的技术和具备谦虚好学的品质。从基层做起，即使升迁，也不轻易放弃技术，在繁忙的工作之余，仍然保持极高的学习热情和能力，这些都为我们在学习生活和之后的工作中提供了宝贵的经验。

采访人：陆华浓　李嘉宝　林琪欣

她心系果农，立足于农村、农民；她爱岗敬业，工作勤勤恳恳，勇于创新，始终奔波在产业一线，在大兴区"兴果富民"的道路上做出了卓有成效的工作。

李振茹：爱岗敬业，兴果富民

李振茹，女，1983年毕业于北京农学院园艺系果树专业，高级农艺师，一直从事果树技术研究与推广工作，曾任北京市大兴区园林绿化局党委委员、副局长、总工程师，现任北京市大兴区园林绿化局二级调研员；先后荣获全国防沙治沙先进个人、全国星火科技先进工作者、全国农业科普先进工作者、北京市京郊经济发展"十佳"科技工作者、北京市"三八"红旗奖章、大兴区有突出贡献的专业技术人才等荣誉称号，曾获得北京市农业技术推广一等奖1项、二等奖5项以及中国农业科学院科学技术成果奖、北京市科技创新奖等多个奖项。

传道、授业、解惑，母校的师恩难忘

光阴似箭，毕业至今，一晃近四十年过去了，如今回想起在校经历令人感慨万千。她说："是恩重如山的老师，用春蚕的品格和烛光的精神，把科学文化知识传授给了我们，使我们学到了思考问题的方法和能力，学到了为人、治学、处世的准则和道理。如今，工作中取得的成绩与进步，无不得益于母校的育人环境和师长的精心培养。是母校和老师用心血与汗水培育了我们的昨天，促成了我们的今天。"

引进推广优新品种，为果农品种结构调整排忧

毕业后，让李振茹感觉欣慰和骄傲的是始终没有离开过她所喜爱的这份工作。岗位虽然平凡，但却实现了她的人生价值和追求，没有辜负果农对她的信任。长期以来，她始终认为科技富民是农业科技工作者的责任和义务，也正是这种执着，推动着她在果树技术研究与推广的道路上不断努力着。

　　大兴区是北京市主要的果品生产基地，特别是大兴的梨，曾经是历史上的贡品，是农民赖以生存的摇钱树。可是到了90年代末，由于市场经济的调整，大兴的梨由于品种单一、滞后，科技含量低等原因，经济效益低下。为丰富全区的果树资源，加强果树产业发展的资源优势和潜力，她多方了解、积极协调，先后从国内外引进梨、桃、葡萄等果树优新品种500余个，通过新植及高接帮助果农进行结构调整，解决了品种滞后问题，不断紧跟市场推出新的拳头产品，提高市场竞争力和市场竞争后劲。大兴梨产业也从原来的平均亩效益不足800元提高到了3800元，销售比较好的果园，最高亩效益达到了1.6万元。由于思路清、方向明、切入点找得准，组织实施得力，产业基地建设取得显著成效，受到市区领导好评，被给予了充分肯定，各郊区县的领导也纷纷组织基层干部、果农前来参观学习。

　　在大兴区主导产业的品种结构布局中，保存了金把黄鸭梨等一批栽培历史悠久、品质优良的传统名牌品种，推广了黄金梨、圆黄梨、红香酥、玉露香、雪青等一批市场行情好、经济效益高的优秀品种，广泛引进、储备了一批国内外优新品种。

推技术、提质量，为果农增收解难

　　为提高广大果农的生产管理水平，李振茹一方面积极推广新技术，例如，人工授粉、果实套袋、沃土培肥、果园生草、节水灌溉、有机肥制作、种植驱避植物、病虫害综合防治等，另一方面加强对果农的技术培训。她曾先后多次在中央、北京、大兴区电视台有关农业栏目进行果树技术讲解、讲座，也曾应邀在北京农业技术职业学院和山西、山东等果产区进行技术讲座及指导。在本地区，她长年坚持送技术下乡，通过举办培训班、现场指导、科技入户等各种形式，年培训果农达2万人次以上，并培养出100余名优秀基层科技人才，促进、带动了本地区及周边果产区的果业发展，加快了当地果农的致富步伐。

在她的辛勤努力下，全区果业整体管理水平得到迅速提高，2003年大兴区有5个果品生产基地通过了ISO9001：2000国际质量管理体系认证和ISO14001：1996国际环境管理体系认证，并有5万余亩基地通过了国家绿色食品和无公害食品认证，大兴的果业管理水平达到了国内领先水平。

由于生产管理水平的提高，大兴区的果品质量越来越好，并且符合出口标准。大兴精品梨曾在全国首届林业科技博览会上荣获优质产品奖，被国家体育总局训练局确定为运动员专用产品。2011年，大兴区生产的黄金梨实现全市果品出口第一单，共出口果品75吨，并且反馈信息良好，在国际市场上得到国际客商的充分肯定。

科技创新

将科研与生产结合，带动产业发展

李振茹曾先后主持了国家林业局、北京市科委有关果树的研究、推广课题及建设项目，在国内率先提出了利用单芽腹接和单芽切腹接对梨树品种进行更新换代的新型高接换优技术，推广面积十余万亩①，累计为农民增收 1.5 亿元以上，同时发挥了较高的生态效益。此后，她又开展了"果实套袋""果品采后贮藏保鲜"等一系列相关技术的研究与推广，使大兴区成为全国梨产业多种先进技术集成且率先研究应用的科技示范窗口。

要实现产业发展，产后销售是关键。为帮果农解决销售问题，确保果农结构调整后获得高效益，在果品销售中，她积极运作，充分发挥兴安尚农农产品产销专业合作社、榆垡镇果树协会、御丰园西洋梨专业合作社、圣泽林梨专业合作社等基层组织的作用，引进香港著名果品销售企业日昇公司，并积极开展合作交流，帮助果农运作建设储量 50 吨的果品小型冷库 60 个，延长果品供应期，降低销售风险。她利用每年大兴区举办的"春华秋实"系列推介活动进行大力宣传，提高大兴精品果的知名度。通过她的积极努力，大兴区结构调整后生产的精品梨不但畅销，而且供不应求。每年来大兴旅游观光采摘的游客络绎不绝，很好地促进了地方经济发展以及果品产业发展。

在李振茹的带动下，如今的大兴区经济林产业无论在品种、技术还是管理水平、产品质量上均居全国先进行列。大兴区先后被评为全国经济林建设先进县，梨、葡萄标准化生产示范区，产品在每年的全国梨王擂台赛以及国内的各种评比活动中都取得优异的成绩。生产的果品曾走进首都的华堂、沃尔玛等商场超市并销往天津、河北以及香港等地，深受国内外消费者的喜爱。

在成绩面前，她谦逊淡定。她说："我们是指导者，要在贫瘠的土地上手把手地指导农民走向富裕；作为农村的技术管理干部，我们又是使命者，有责任、有义务继续带领农民朋友们实现科技富民。"同时，作为北京农学院的校友，她也寄语母校在校同学："作为学生，你们是传递者，现在的努力是为了更好地实现自己的人生价值，希望你们学有所成并为农业发展，促进乡村振兴作出积极贡献。"

访谈感悟

　　李振茹学姐干工作既有男人的魄力，又有女人的细腻。她心系果农，兴果富农，用行动书写了赤忱为农情怀。她的经历充分表明，只要把个人前途融入祖国和人民的需要之中，把个人理想与国家发展事业紧密结合起来，扎根基层，服务基层，就一定能够干出一番事业。学姐今天的成就就是我们明天的努力方向，我们要明确立志基层、锻炼成才的坚定目标，为乡村振兴挥洒青春和汗水，真正把论文写在祖国大地上。

采访人：韩文屿、韩雪莹、李昕芮、胡蝶

---

① 1 亩＝¹⁄₁₅公顷，下同。

他扎根养禽业三十余载，是"京红京粉"系列蛋种鸡新品种选育研究的主要完成人，创造性地培育出具有自主知识产权的蛋鸡新品种五项、肉鸡新品种一项，并连续六年被农业部列为主推品种，成为最适合规模化、集约化饲养的蛋鸡品种，十年已累计推广45亿只，市场占有率超过50%，助推国产品种市场占有率由原来的不足20%提高到现在的70%，打破"洋鸡"一统国内江山的局面，确保种业源头战略安全，实现了蛋鸡行业由"中国制造"到"中国创造"的划时代转型。

周宝贵：为蛋鸡种业振兴而奋斗

周宝贵，男，1985年毕业于北京农学院畜牧专业，农业推广研究员，现任北京市华都峪口禽业有限责任公司党委书记，兼任北京市蛋鸡工程技术研究中心副主任、中国农业工程学会副理事。

实现种业振兴，必须要攻克畜禽种业"卡脖子"的难题。然而，北京没有密集的养殖场，也没有广袤的大草原，如何担负起畜禽民族种业崛起的重任？让我们把目光转移至北京东部的平谷区。这里有一家专门从事蛋鸡育种的企业，已跻身世界三大蛋鸡育种公司之列。它就是校友周宝贵所在的北京市华都峪口禽业有限责任公司。走进这家企业，就找到了上述问题的答案。

周宝贵学长的办公地点极具北京特色，位于一座三合院中的东北角。走进他的办公室，非常的简约质朴，映入眼帘的是一排排与畜牧相关的材料和书籍整齐地码在书柜上，可以看出学长对于畜牧专业有着强烈浓厚的情感，而我们的访谈也就此展开了。

是被迫选择，也是不期而遇

1981年是恢复高考的第四年，当时就读的高中只有文科和理科两个班级，教学环境也比较简陋。虽然当时学生的总人数没有现在多，但是竞争程度远比现在激烈，当年全国报考总人数为259万人，录取率为10.8%。

周宝贵说，他当时一心想通过高考走出农村，改变自身境遇，高考过后没多久，分数就公示出来了，390 分。与当时北京地区的理科录取分数线有着 7 分之差。原本已经不抱有任何希望的他，没有想到北京农学院因生源不足降低了录取分数线，而他就这样被幸运女神选中，成为 1981 级北京农学院畜牧专业的一分子。

刚接到录取通知书时，有喜悦也有困惑，喜悦的是终于成为一名大学生，困惑的是畜牧专业不是他青睐的领域，对于畜牧他一点也不了解。周宝贵说，后来询问村里的老人，才浅浅得知畜牧就是养猪、养牛的，可自己对畜牧专业没有一点基础，更谈不上兴趣爱好。"这个专业能有发展吗?"周宝贵的心里不禁产生了疑问。但是别无选择，他深知如果错过这次机会，可能会抱憾一生，迫于无奈，他只能义无反顾地选择踏进这个陌生的领域，一切从零开始。

踏进校园，初识畜牧领域

背着厚重的行囊，在父母依依不舍的送别下，他终于来到了北京农学院。步入校园的第一课就给周宝贵留下了深刻的印象，为了让学生对自身所学专业有初步的认知，学校重点开展了参观交流活动，参观北京大学生物系、自然博物馆、动物园、畜牧养殖场以及毛纺厂等。周宝贵说，那次参观活动使他初步了解了生物技术，激发起了他对探索生命奥秘的兴趣。

作为 1981 级学生的他，比往届生享受到了更良好的师资力量。因为当时的北京农学院立校不久，本地的师资力量还不完善，大多都是聘请全国各地优秀的老师进京授课。老师授课的积极性高、知识面广、形式生动有趣，教学态度认真严谨，很快就使学长喜欢上了畜牧专业。也是从那时起，一粒渴求畜牧领域知识的种子深深地埋藏在他的脑海中，为他后来投身畜牧行业发展奠定了扎实的基础，也坚定了他要为国家畜牧领域贡献个人力量的信念。

走出象牙塔，实现身份转换

时光匆匆，一眨眼就到了毕业季。面临毕业，周宝贵和其他人一样既有满腔的抱负等待实现，又有初入社会时迷茫志忑的心情。在当时毕业是包分配的，多数人的想法都是随俗浮沉、随遇而安。可周宝贵觉得分配不一定就是最好的安排，他要走出舒适圈，寻找适合自身发展的企业，这在当时可以算是一件不可思议的事情。几经波折，他终于迎来了人生中第一份工作——北京市种兔场。当时的种兔场是北京市乃至中国规模最大、设备最先进的种兔育繁基地。

来到种兔场，恰逢场区兔癣疫情后，全群淘汰空场消毒，为下一步引种做准备的阶段。之前来的大学生没能得到饲养员的认可，没有公信力，造成很多工作无法开展。当时厂里流传着这样一个笑话：有一个刚毕业的大学生来到了种兔场工作，自认为水平高、能力强，高高在上。有一天饲养员根据大学生做的种兔组配计划进行组配，结果配来配去竟发现这是两只公兔，闹了个大乌龙。这就使当地饲养员对大学生的形象产生了疑问，认为大学生都是纸上谈兵，不切合实际。

周宝贵偏偏不信邪，他要用自己的实际行动改变人们对大学生的印象。因此，在空场期间，周宝贵主动参与多项防疫环节的实质工作，全面熟悉掌握了防疫流程的操作，得到了大家的一致认可。这次机遇加快了他从大学生到育种技术员的转变进程，同时他也深刻意识到生物安全对于畜牧企业的重要性，为后来的成功转型起到了关键作用。

开启事业的新阶段

时间来到了 1987 年，这时的周宝贵早已褪去了当初的青涩，成长为一名中层管理者，这一年也是他事业的转型期，种兔场因战略和经营等方面出现问题，由北京市峪口养鸡总场代为管理，正是这一年，周宝贵接触到了他人生新的阶段——种鸡养殖。

因为有着一定的饲养经验，周宝贵先后经历了淘汰鸡再延养、商品代、父母代、祖代、孵化等环节的雏鸡饲养以及销售工作，不仅积累了丰富的产业链各环节的运作经验，也开始注意到国产品种与进口品种的差距。

1997 年是周宝贵蜕变的一年，他从一个中层管理者晋升到了公司的高管。周宝贵指出，作为一名管理者，不能以个人的意志为转移，要有统筹规划的能力，结合国家最新政策科学合理地寻找企业发展道路。在他和企业团队的共同努力下，公司开始进行"退一进三"的产业结构调整，即退出商品鸡饲养，进军种鸡、饲料、食品市场，做到不与农民争利益。他深埋心中多年的育种梦开始插上了翅膀，只待合适的时机绽放光彩。

周宝贵说，制定"退一进三"的产业结构调整后，他开始在蛋鸡育种过程中以市场为导向，围绕蛋鸡需求、种鸡需求、蛋品需求，使用现代化的育种信息系统，利用传统的表型值和育种值选育方法，增加基因值等现代选育技术，实现蛋鸡领域的精细化选育。

直到 2009 年，在公司上下的不懈努力下，具有自主知识产权的'京红 1 号''京粉 1号'新品种在人民大会堂发布。截至目前，他参与创造性地培育出具有自主知识产权的蛋鸡新品种 5 个、肉鸡新品种 3 个，成为最适合规模化、集约化饲养的肉、蛋鸡品种，13 年累计推广 60 亿只，品种市场占有率达 52.8%，成功实现将中国人的饭碗牢牢地掌握在自己手里。

同时他还参与制定适合中国当前饲养环境的"4335"生物安全体系建设模式，以"4321疾病防控精髓"为指导，提出"12345 鸡群科学减负"理论，在确保鸡群健康的基础上，减少应激，降低鸡群防疫负担，提升鸡群生产指标，降低防疫成本，并研究出规模化的适合不同代次种鸡生产的"全进全出"配套模式、工艺流程和规模化种鸡舍环境控制体系，指导设计并建设正压孵化厅，摸索出正压孵化环境控制技术及精细化孵化管理技术。

访谈的最后，周宝贵结合自身经历，寄语在校的同学们，如果想在畜牧领域走得远、看得准、想得全，就要扎实掌握基本技能，具有敏锐的行业洞察力，在管理上要结合行业需求和企业战略方向统筹规划，学会运用全局性的思维看待问题。

访谈感悟

一个企业成功的背后，离不开未雨绸缪与忧患意识。峪口禽业曾遇到与华为一样的"芯片卡脖子"事件，只不过峪口禽业被"卡"的不是电子芯片，而是禽业发展的"芯片"——种鸡。但峪口禽业丝毫不慌张，因为早在许多年前，峪口禽业已经开始了种鸡的研发。最终，峪口禽业顺利生存下来。通过对学长的访谈，我更加深刻意识到，农业不仅仅是经济问题，还是生态问题和政治问题，农业对可持续发展和国家稳定是何其重要，搞农业的人身上肩负着多么神圣的使命。

采访人：胡彬

踏实肯干，追求极致。在艰苦的工作生涯中绽放出耀眼的光芒，用自己的奋斗创造新的辉煌。潘永杰的身上无处不体现着兽医人的"工匠精神"。

潘永杰：兽医人的"工匠精神"

潘永杰，男，1985年毕业于北京农学院畜牧专业，高级畜牧师。曾先后担任北京顺义畜禽良种场技术员、副场长、党支部书记、场长，北京顺鑫农业股份有限公司鹏程食品分公司党委委员，小店畜禽良种场场长，2002年5月任北京顺鑫农业股份有限公司鹏程食品分公司党委委员、小店分公司常务副经理，兼任小店种猪选育场场长至今；曾荣获国务院农业技术突出贡献奖、北京市农业技术推广一等奖、北京市"五四奖章"、北京市劳动模范、北京市优秀知识分子、顺义十佳科技工作者、北京市职工科技创业能手、北京市优秀青年知识分子、北京市劳动模范、顺义区奥运杰出奖先进个人等荣誉称号。

坚定不移走专业道路

1964年出生的潘永杰是土生土长的顺义人。从小在农村长大的经历，让潘永杰对农业生产和畜牧养殖耳濡目染，深有感情。高考报名时，他义无反顾地报考了北京农学院。

1981年9月，潘永杰就读于北京农学院畜牧专业。当时的北京农学院恢复办学仅3年的时间，教学条件还很简陋，但是农学院的老师不畏条件艰苦，对教学兢兢业业。1983年，北京农学院的陈济生老师带领潘永杰等学生到昌平山区开展养羊教学实习。实习的村落从居庸关火车站下车要走两个多小时的山路，住宿条件非常简陋，每天只能吃窝头、咸菜。虽然生活条件很艰苦，但陈济生老师言传身教，年近六旬依旧翻山越岭，认真带领学生完成教学实习任务。"老师教会知识，是让自己能更好地装备自己；老师教会做人，则能让自己更好地融入社会。"从陈老师身上，潘永杰学到了热爱专业、吃苦耐劳的精神，也为他在走上工作岗位后勤奋好学打下了基础。

1985 年 7 月,潘永杰大学毕业,被分配到顺义县畜禽良种场从事养猪工作。种猪场在顺义东南最偏远的地方,离河北三河只有几千米,当时场里有 200 多头母猪、30 多名员工。冬天自己生煤炉取暖,夏天场里苍蝇成群。得知儿子上班的地方这样艰苦,潘妈妈失望地说:"你这大学是白念了。你不念大学,家里也可以养猪啊!"听了妈妈的话,潘永杰也打了退堂鼓,但看到场里老领导期待的目光,又想到大学生能吃猪肉,为什么不能养猪呢?潘永杰狠狠心留了下来。他把自己在学校学到的专业知识用到养猪实际中,使猪的成活率由原来的 60% 提高到 85%。

是金子总会发光

1987 年,北京市畜牧局组织 4 名畜牧员工到美国参加为期四个月的学习,潘永杰有幸入选。在美国,他看到了中美养猪业巨大的差距。"人家养 1000 多头母猪只用 5 个人,而我们养 200 头母猪却用 18 个人。"潘永杰暗下决心,一定珍惜这次难得的学习机会,将来为中国的养猪事业做点事情。回国后,他主持小店良种猪场扩建工作,采用国外先进生产工艺,建成了北京市最早的工厂化养猪基地,对北京市工厂化养猪发展起到了良好的示范作用。

2000 年,茶棚种猪选育场在顺义茶棚破土建造,他亲自设计所有的图纸和工艺,创造性地打破原有的种猪场设计模式,由四阶段工艺改成三阶段工艺,由水泡粪改为干清粪,更加符合种猪生长和环保的需要,并与中国农业大学、中国农业科学院的专家教授常年合作,运用分子遗传学、计算软件、活体测膘仪、畜禽空调恒温等先进技术和设备,不断提高种猪的遗传性能,使种猪的各项生产性能居国内领先地位。2000 年底茶棚种猪选育场建成后,经专家考核一致认定为一座现代化、花园式、国内一流的种猪场,被北京市技术监督局、市农业局确定为"北京市农业标准化示范基地",被农业部评为"国家级种猪场"。在顺义区两届种猪拍卖会上,茶棚种猪获得"标王",单头种猪最高价 10 多万元,在 2001年北京市农业博览会上,茶棚皮特兰种猪荣获了"金奖"。

一流的管理铸造一流的养殖企业

上市公司,为奥运会、首都国庆阅兵及每年的"两会"提供精品猪肉,种猪销售遍布除西藏外的全国;为中国驰名商标鹏程食品提供源头猪肉;中国最早研究开发瘦肉型种猪的企业之一,拥有原种、祖代、父母代、商品猪的种猪繁育体系;立志打造自己的品牌,选育拥有自主知识产权的种猪。这就是外界印象中的北京顺鑫农业小店畜禽良种场。

2001 年初,潘永杰担任小店畜禽良种场场长。在长期的工作实践中,潘永杰和他的团队形成了一整套先进的发展理念。火车跑得快,全靠车头带,猪场场长是养猪场的核心和灵魂。猪场场长必须具备高超的管理技能,必须是专业人才,必须吃苦耐劳,这是潘永杰的管理理念。管理其实就是管人,让别人愿意听你的,按照你的意图工作,能够充分调动每个员工的积极性,做到因材而用、人尽其才,这就是你的管理能力,也是你的人格魅力。管理能力不强的人处在领导岗位,必定会害人害己,延误自身的发展,给企业造成损失。小店畜禽良种场之前有个某农业大学的学生,学兽医的,工作非常认真,刚毕业一年

多就当了分场场长，但他完全没有管理能力，管不了员工，最后给猪打疫苗都是他去打，也没人协助他，结果企业管理得一团糟。每次提及此事，潘永杰总是满脸的后悔，深感对不起企业，对不起这个学生。管理者必须具有专业技能，一个外行人管理企业必定是无头的苍蝇，瞎摸乱撞。管理者要注重各方面的积累，从实践中积累管理经验、处世技巧、专业技术等，做到与时俱进。

企业要发展，必须有一个吃苦耐劳、团结稳定的团队。这是潘永杰对自己团队的要求。养殖业很枯燥，工作环境差，没有吃苦耐劳的精神是做不了养殖业的；育种方法又因人而异，人员的变更会直接影响到育种质量的稳定。小店畜禽良种场的成功完全得益于他们有着一个非常稳定的团队。

第一是健康，第二是价格，第三是售后服务，这是潘永杰的销售理念。种猪健康最重要，这直接拷问着企业家的灵魂。种猪健康关乎种猪质量，种猪质量关乎源头猪肉的质量，关乎人民群众的健康安全。所以，潘永杰把健康放在第一位。他们严格控制种猪的销售量，宁可每年少卖一百头，坚决不能多卖一头，做到不把一头不合格的种猪卖给客户。宁肯企业亏损，坚决不能亏心。

做好产品，带好团队，管好企业，正是这些先进的理念，像灯塔，如旗帜，引领着潘永杰和小店畜禽良种场在前进的道路上越走越远。

小店畜禽良种场选址科学，场址三面环山，封闭且通风透光、位置高，非常适宜养殖种猪。养殖场设备和工艺科学先进，给猪的生长创造了一个良好的环境。在潘永杰的带领下，企业创立了一套科学完备、责权清晰、分工明确的管理体系，他们明确责任制，奖惩分明，员工工作积极性高。公司严禁使用违禁药物，每年跟猪场场长签署责任书，责任书明确注明严禁使用违禁药物，做到坚决不用违禁药物；公司建立了自己的饲料厂，从源头上管控杜绝有害物质，严格控制产品质量；坚决做到超过 60 千克的猪，无论任何原因，

宁肯淘汰也不会用药，并且病死猪全部送到顺鑫的肉联厂去炼油化尸做工业用油；他们还有着一整套严格的检测管控制度，定期请专家来监测，通过监测抗体制定免疫程序，把疫病控制到最可控的范围，让猪生长在一个健康的环境中。正是潘永杰领导制定的这些近乎完美的规章制度，使他们生产的猪肉能为奥运会、国庆阅兵及每年的"两会"采用。

潘永杰是一位受过高等教育的管理者，他深知科学技术是第一生产力的硬道理。抓管理的同时，潘永杰带领团队，利用现代育种技术对大白产仔、日增重及背膘厚等技术指标进行改进，培育出产仔性能高、增重快、瘦肉率高、遗传性能稳定的大白种猪及杂交配套商品猪。小店种猪场选育的大白种猪，被推广到全国二十几个省（直辖市、自治区）20余万头，取得经济效益2亿元，并于2006年被北京市人民政府评为农业技术推广一等奖。

关心呵护人才

人才是企业的核心竞争力，潘永杰十分注重对员工的长期培养和引导，特别是对新进员工都会做好科学合理的发展规划，帮助他们迅速适应环境，找到合适的职位，制定近期目标、长远规划，提供适当的学习锻炼机会，争取做到因材施教、人尽其才。刚开始的三年，对企业和新进员工来说都是一个坎。潘永杰会定期让一些优秀的老员工给新员工上课，教导新员工在这三年应该如何摆正心态，如何耐得住寂寞，如何工作学习。并请专家给新员工做专业知识培训，想尽一切办法帮助新员工尽快成长。潘永杰深深地认知员工的成长不仅仅是技术，更多的是整体素质，是适应社会、获得幸福生活的能力的提升。每一个人的成长都会有一个失落的阶段，这个阶段很重要，处于其中的人四顾茫然、失落无助，此时企业一定要给予他们一定的关心关怀，与他们谈心交流，给他们鼓励支持，帮助他们解决后顾之忧，这样他们才能走出困境，破茧成蝶，成为对企业有用的人才，这样才能使他们体会到企业的温暖，他们才能真正地把企业当作家。经过三年的成长锻炼，新人基本上都可以独当一面。正是企业给了新进员工一个很好的发展规划，给他们提供了力所能及的帮助支持，让他们看到了希望，感受到了集体的温暖，才使他们安心工作，和企业共同成长。在培养新人的同时，老员工也得到了进一步的成长锻炼，企业的人才队伍越发壮大，技术水平逐年提高。

只有给职工以家，职工才会以企业为家。潘永杰把职工当家人，时刻给予他们无微不至的关怀和照顾，帮助他们解决户口、孩子上学、房子等生活中的难题，免除后顾之忧，让他们深深扎根企业，安心工作，时刻能够感受到来自小店畜禽良种场这个大家庭的温暖。比如，副场长张茂和爱人都在场里工作，孩子上学无人接送，潘永杰就安排其他人员帮他接送孩子，让他们踏踏实实工作好、学习好。现在他们两口子都是高级畜牧师，张场长分管的原种场发展良好，成绩显著。他爱人多年来一直坚守在猪场，在基层工作，无私奉献。由于家庭和谐，成绩突出，孩子优秀，他们被评为 2013 年顺鑫农业"十大幸福家庭"候选家庭。

员工小郑，老家远在内蒙古，1999 年加入小店畜禽良种场，是潘永杰帮助其解决了北京户口。小郑要结婚的时候经济十分拮据，当时他们准备把两张单人床拼在一起就当婚床了，仪式也不办了。潘永杰听说这事后，就带着他们当时的场长一起去商场买了新的被子、褥子给他们，并告诉他们，结婚是一辈子的大事，仪式该办还得办，酒席的钱由他来出。结婚的时候，小郑夫妇的父母因为经济原因都没有过来，只有他们在北京的同学过来了。潘永杰当时就安慰他们说："虽然你们的父母都没有过来，但我们现场有这么多人，岁数大的就当作你们的家长，岁数小的就当作你们的兄弟姐妹，今天，在场所有的朋友都在祝福着你们，你们一定会幸福一生的。"当听到这些话的时候，小郑夫妇感动得落泪了。结完婚第二天，新郎官就回到了工作岗位，一直到现在工作都特别尽心尽责，对企业也特别感恩。小郑做工作非常细致，有一年河北的一个专家来买猪，销售跟客户聊完之后，客户要求去看猪，结果进了猪场 20 分钟客户就出来了，当时大家都以为是客户不满意了，结果反而是因为小郑采血这个程序做得细致，客户当场就决定不用看了，立即下单。看猪

科技创新

需要采血，而这个小小的程序往往就有人做得不规范，采完血后针眼会继续流血，有些工作人员就会拿同一个酒精棉球反复地擦拭猪身上的针眼，但是小郑不这么做，他会每次都重新取一个酒精棉球进行擦拭，这样就避免了猪的感染。窥一斑而知全豹，客户正是看到这种情况，深深感受到小店畜禽良种场的素养，完全认可了其产品。

正是因为潘永杰和小店畜禽良种场把员工当成亲人的做法，深深地激励着全体员工工作兢兢业业、尽职尽责，不断超越自我、学习进步，涌现了一大批以张场长和小郑为代表的优秀员工。是这些家的温暖，吸引凝聚着众多的优秀人才，以场为家，爱场如家，纷纷为小店畜禽良种场的发展献计献策、奉献青春。

参天之木，必有其根，怀山之水，必有其源。先进的理念，科学的体制，过硬的技术，一流的队伍，温馨的关怀，铸就潘永杰和北京顺鑫农业小店畜禽良种场今朝的辉煌，体现了兽医人身上的"工匠"精神。这种精神也必将成就明天的灿烂。小店畜禽良种场现在拥有2个原种场，一个原种场养殖600头母猪，主要是大白和长白，一年可出1万头猪。另一个原种猪场养殖300头杜洛克猪，而今已经形成原种、祖代、父母代、商品猪这样一个种猪繁育体系。在潘永杰的带领下，顺鑫农业即将成立"猪业科学院"，建立他们自己的新品系育种中心，打造具有顺鑫品牌特色的新品系种猪。

访谈感悟

潘永杰学长并没有局限于固定的体量之中。在困境中，他踏踏实实，一步步积累，做大做强，把岗位守好，在岗位上成长、提升、前进。这种精神，是值得我们大学生学习的一种精神，也是很多当代大学生缺失的一种精神。

采访人：李嘉宝　林琪欣　陆华浓

她，被农民亲切地称为"科技信使"；她领导下的农业科技信息研究所被称为"科学致富的源泉"，并得到了国内外众多同行的认可和赞誉。她就是北京市农林科学院农业科技信息研究所所长孙素芬。25年来，她用现代信息技术传播农业科技知识，为北京市的农业信息化建设和京郊农村发展默默奉献。

孙素芬：在"科技惠农、信息助农"的第一线开拓耕耘

孙素芬，女，1986 年毕业于北京农学院农学专业，二级研究员，历任北京市农林科学院农业信息与经济研究所所长、党总支书记、北京市农林科学院数据科学与农业经济研究所首席专家，曾获"全国五一劳动奖章""全国三八红旗手""北京市优秀共产党员""北京市五四奖章"等荣誉称号 16 项，获得农业农村部中华农业科技奖、北京市科学技术奖、北京市农业技术推广奖、中国林学会梁希林业科学技术奖等成果奖励 22 项，党的十七大和十八大代表，享受国务院政府特殊津贴。

在大学校园里树立农科理想

谈到当初为什么要选择报考农学院，孙素芬回忆道："虽然生长在城市，但我从中学开始就对生物学科非常感兴趣，一直是班里的生物课代表。我尤其喜欢植物，身处植物之中让我能够静心思考，这或许为之后学农乃至从事农业埋下了种子。高考前，正巧有一位北京农学院的老师给我们做招生宣传，他对咱们学校及农学学科的介绍极大地激发了我的兴趣，在填报志愿时我毫不犹豫，第一志愿就报考了北京农学院农学专业。后来能够顺利考进农学系学习真是如愿以偿。"

谈到大学时的学习和生活，孙素芬深有感触，她说："在 20 世纪 80 年代初，能够获得上大学的机会非常难得，我和我的同学们都倍加珍惜。和现在你们丰富多彩的校园生活不同，我们那时候真是教室、宿舍、食堂'三点一线'，虽然简单但不单调，每天都非常充

科技创新

实。大家都很珍惜时间，用如饥似渴形容当时求知的劲头一点儿都不为过。平时，我对学习抓得很紧，虽然我家在北京，但是周末也经常不回家，在学校里利用课余时间看书自学。四十年前咱们学校的条件和现在比，可以说是天壤之别，回想起来当时条件还是比较艰苦的，但也不觉得苦，就是想多积累知识，为将来踏入社会走上工作岗位做好储备。通过学习专业知识，我对农学的兴趣更加浓厚，对将来从事农业科研工作心怀憧憬。"

谈到学校的老师，孙素芬的眼里满含感激，很多老师都让她记忆犹新、印象深刻。她回忆道："当时老师一心一意搞教学，心无杂念，就是想传授更多的知识，培养更多的人才，在课堂上认真讲解的同时，课下耐心回答我们的疑问。有时遇到不明白的问题，我们会直接登门到老师家里请教，老师也会很亲切地招待我们，让人感觉很温暖。老师严谨的治学态度和对学生的深情厚爱对我今后的事业发展和为人处世都产生了深远的影响。"

在工作岗位上践行农科使命

结束四年的大学生活，孙素芬走上工作岗位，在北京市农林科学院开启了踏入社会的人生新阶段。

长期奔波于一线的工作实践，一次次深入田间地头的实地考察和与农民的促膝谈心，让孙素芬深刻认识到，农业科技工作者的服务对象应该是生产一线，农业科技的研究成果最终的受益者应该是农民。

在科研工作中，她总是急农民之所急、想农民之所想。实地调研中她了解到，农民对学科技、用科技有着迫切的需求，但当时即使在北京这样的大城市，农民的平均受教育程度也不高，农业科技推广和农民培训的方式还比较落后。到了 20 世纪 90 年代，信息技术的发展让孙素芬看到了农民教育和农业科技传播方式变革的希望。她带领团队积极探索现代信息技术在农民培训和农技推广领域的深度应用，综合集成卫星网、互联网、通信网、有线网，搭建了满足不同基础条件地区需求的信息传播平台，以多媒体课件的形式开展农业知识、农业政策的传播，达到了投资少、建设快、辐射范围广的效果，使农民培训不仅

做到了进村，还可以入户。在短短几年的时间里，就让终端站点遍及了全市各个行政村，使农民在家就可以接受远程教育培训。她主导创建的农村远程教育"北京模式"在国内20个省（直辖市）300多个地区实现了推广。很多农民通过参与远程教育学到了技术，成为当地的致富带头人，很多偏远乡村通过在平台获取到的信息，引进了新品种、新技术，发展特色产业，实现了脱贫增收。

回忆起往昔创业的峥嵘岁月，孙素芬满怀深情地说："和其他行业相比，农业科研工作有一定的特殊性，没点情怀还真搞不了，出差比别人都远，到乡到村、爬坡下田，必须带着感情、饱含热情、充满激情去干工作，有时候还要有点痴情。从我成为农业科研工作者开始，我就切身感受到，要做好工作既要有过硬的科研本领，更要怀有对'三农'的深厚感情。我们要把论文写在大地上，把成果留在农民家。"这应该就是农科人坚守的那份初心。

在进取奉献中实现人生价值

选择科研就注定要走上一条艰辛奋斗的道路。2021年，孙素芬作为代表参加了中国科学技术协会第十次全国代表大会，现场聆听了习近平总书记对科技工作者的殷殷嘱托，让她对科学精神有了更加深刻的理解。她认为只有在工作中做到勇于创新、无私奉献，才能实现科技工作者的人生价值。

孙素芬说："勇于创新就要永不止步，不能躺在功劳簿上，沉醉于昨天的成绩，要一直有勇往直前的精气神。"

农业信息技术研究工作日新月异，不进则退。近十年来，大数据、人工智能、互联网、云计算等技术的飞速发展使各行各业都发生了翻天覆地的变化。孙素芬紧跟技术变革，不断提升农业科技信息服务水平，她带领团队建立了综合应用融媒体、面向各类信息终端、实现精准化服务的智慧学习系统，成为全国领先、北京市唯一的农民远程教育融媒体学习平台，为首都农村人力资源开发提供了有力支撑。由她举办的"北京农业科技大讲堂"在线直播系列培训，被列为市级折子工程项目，成为首都作为科技创新中心辐射带动全国农业科技推广的重要窗口。在此基础上，她带领团队应用人工智能、云服务等技术研

科技创新

发了多渠道农业科技咨询服务平台，实现了生产一线技术需求与专家指导的实时高效对接，及时解决了制约农业生产的技术难题，促进了科技成果转化落地。

有信念、有梦想、有奋斗、有奉献的人生，才是有意义的人生。回首自己的科研历程，孙素芬认为如果只考虑经济利益上的得失，那么她和她的团队就不会安下心来踏踏实实搞农业信息技术研究，用二十多年的时间建免费的平台、做公益服务。她的工作为农民增收致富、农业产业升级、美丽乡村建设发挥信息支撑作用，赢得了农民的信赖和口碑，能获得这些，她的人生就是充实而有意义的。

现代农业是朝阳产业，访谈最后，她寄语母校学弟学妹：只要有真才实学，将来必定会大有可为。一定要主动积极地适应工作环境，接受磨砺和锻炼，干一行、爱一行，不怨天尤人。同时，社会在发展、行业在进步，学校的知识不一定能受用终身，但在学校中打下的学习基础及做人做事的原则，以及在校期间的美好时光，会在人生中留下深刻的烙印，一定要终身学习，开阔视野，将个体成长融入时代发展，将个人进步融入集体及社会，才能收获更加精彩的人生。

访谈感悟

　　孙素芬师姐的一句话让我印象深刻。她说："勇于创新就要永不止步，不能躺在功劳簿上，沉醉于昨天的成绩，要一直有勇往直前的精气神。"作为农学专业的我们，要努力学习农技新知识、新理论、新方法、新信息，不断提高自身专业技能和综合素质，勇于创新，积极进取，为国家农业进步和社会发展贡献北农学子的力量，成为像孙素芬师姐一样优秀的人。

采访人：杨琪嘉

多自淮乡得，天然碧玉团。

破来肌体莹，嚼处齿牙寒。

清敌炎威退，凉生酒量宽。

东门无此种，雪片簇冰盘。

这首诗是宋代诗人顾逢对西瓜的描写。大兴西瓜种植历史悠久，元、明、清三朝，北京大兴西瓜一直是贡品。据《北京通史》记载，大兴在辽太平年间已经开始栽培西瓜，当时就已经成为皇家果园中的珍品。而如今，有一个人，在三十多年的工作中一直致力于有关西瓜方面的研究，他就是北京市大兴区种植业服务中心党组成员、副主任陈宗光。

陈宗光：选育更香更甜的西瓜

陈宗光，男，1986年毕业于北京农学院蔬菜专业，获得农学学士学位，研究生学历，农业技术推广研究员；曾任北京市大兴县人民政府蔬菜办公室副主任，北京市大兴区种植业服务中心农业科学研究所副所长、所长、党组委员，北京市大兴区农业技术推广站站长等职务，现任北京市大兴区种植业服务中心党组成员、副主任。

沿梦而歌，坚持不懈

一个有梦想的人可以在困难和磨难中成长，好比腐朽的土壤中可以长出鲜活的植物。土壤也许腐朽，但它可以为渴望参天的植物提供营养；困难固然可怕，但可以磨炼一个人的智慧和勇气，从而创造更多的机会。三十年的工作经历，对陈宗光而言可以分成三个阶段。第一个阶段从他1986年毕业开始，主要研究、推广了'京欣一号'，该品种比老品种提升了一个很高的档次，实现了西瓜品质的飞跃，由此，'京欣一号'西瓜在全国各大城市近郊区独占市场20年；第二个阶段主要是根据市民消费需求，研究推广了'新秀'一代小果型西瓜，2000年至2010年，小西瓜'新秀'由于高品质曾一度风靡，深受消费者欢迎，不过这一品种的西瓜皮脆爱裂，也给运输造成很大困难；第三阶

科技创新

段是 2011 年前后引进了'L600'，该品种如今是大兴主要栽培品种，含糖量达 14 度以上，而且口感酥脆、易栽培、货架期长，能满足市民观光采摘的需求，深受种植者和消费者欢迎。

陈光宗见证了大兴西瓜品种的更新迭代。北京大兴西瓜的传统种植是以'京欣一号'为代表的优势品种，单瓜重为五六千克，后来，两斤多重的迷你西瓜成为北京市场新宠，占到北京大兴西瓜种植比例的 90% 以上，有上千年种植历史的北京大兴西瓜变了。一是从室外到棚内，通过嫁接可多年重茬栽培；二是从"匍匐前行"到"直立行走"。西瓜生长对温度有一定要求，在棚内种植西瓜，保温、保湿，可提早上市。通过吊绳栽培，一方面让每个瓜"直立"生长，增加了密度，提高了产量；另一方面采光均匀，让西瓜更甜，口感更好。

正所谓"冰冻三尺，非一日之寒；滴水石穿，非一日之功"，做任何事情都不是一蹴而就的。当真正开始推广一种西瓜的时候，需要考虑很多的问题，首先就是如何可以获得这些新的品种？作为农技推广者，陈宗光积极引进和选育新品种，通过反复试验，最终筛选出适合大兴区域的优良品种，为瓜农带来了持续的效益。

扎根工作，爱岗敬业

陈宗光本科在北京农学院就读于园艺系蔬菜专业，但后来他参加工作之后，一直做的是西瓜方面的研究。回忆过去，三十多年的工作经历，对陈宗光而言，即使换了不同的工作环境，即使会遇到不同的挑战，他仍然一直坚持开展西瓜的研究工作。

2015 年，作为栽培岗位专家的陈宗光和北京市西甜瓜创新团队先后赶赴河北永清、浙江温岭、海南文昌、山东昌乐等地察看西瓜育苗生产情况。当时正值大兴区西瓜春季育苗关键时期，通过参加此次考察，增进了西瓜育苗基地之间的技术交流，有利于共同提高西瓜集约化育苗技术水平。陈宗光认为，选育西瓜品种，首先要关注产量和品质，其次还要关注抗逆性、耐低温、耐热、抗病性等品质。为控制好肥料和药剂的浓度，陈宗光和团队成员在瓜田示范安装了西甜瓜微喷灌溉施肥系统，成功做到了精准施肥，为西甜瓜微喷节水灌溉打下了良好的基础。

随着人们生活水平日益提高，西瓜种植水平及种植模式也在不断改进。农产品本身的食用功能不足以满足人们的需求，观光农业中踏青、观光和采摘已经成为市民丰富业余生活的一部分。陈宗光敏锐地捕捉到这一商机，全心打造"大兴西瓜节"。他说，大兴西瓜是大兴的优势农产品，在全北京市也享有盛名，举办西瓜节，宗旨就是"以瓜为媒，广交朋友，宣传大兴，发展经济"。西瓜节的举办，极大地提升了大兴区西甜瓜产业的知名度。北京大兴西瓜节作为国内外知名的节庆日，已成为助推经济发展、扩大文化交流、提升区域影响力的重要平台。全国甜西瓜擂台赛是西瓜节的传统项目，对甜西瓜新优品种的推广和生产水平的提高起到了显著的推动作用。

2020 年，由于新冠肺炎疫情影响，第 32 届北京大兴西瓜节改为线上直播的方式进行。陈宗光认为，线上推广是一种新型方式，改为线上直播的方式之后，观看的人数肯定增加了许多，传播信息的速度也会更快，可以让更多的人了解到大兴西瓜产业和产品。

目前，大兴区观光采摘主要种植的是小果型西瓜，品种以挂果期长、耐裂性好的'航兴天秀 2'（'L600'）'超越梦想''京颖''全美 2K''京玲无籽'等为主。这些品种具有早熟、抗逆、果形周正、含糖量高、挂果期长等特点，一般成熟后挂果期可达 10 天以上，适合市民观光采摘。

踏实勤奋，期望祝福

有这样一句话："昨日如一片落叶，也许曾经灿烂，可是已经凋零；明天固然美好，但目光伸得太长就会变得纤弱，所以人应该牢牢地抓住今天，踏踏实实地朝着梦想进发。"陈宗光的经历充分表明，现在的大学生毕业之后选择面比以前宽很多，无论选择什么行业，无论是否选择留在"三农"领域，只要脚踏实地，一步一个脚印朝着目标努力，肯琢磨、肯钻研，终将能收获满满。

访谈感悟

　　通过对陈宗光学长的采访，我们对农业有了更新的认识。农业是人类衣食之源、生存之本，是一切生产的首要条件。农业的发展趋势是高度的知识化、社会化、专业化、工厂化，其背后的支撑就是农业科技。陈宗光学长用自己所学加苦干，照亮了人生路，他的工作经历为我们更清晰地规划自己的人生之路提供了参考。作为当代北农学子，我们应珍惜良好的学习环境，脚踏实地努力学习，积累知识强化本领，用扎实的农业技术造福更多的人。

采访人：韩雪莹　韩文屿　胡蝶

农业是与我们每个人息息相关的领域，也是可以大有作为的领域。它可以一点也不落后于时代，但它也更需要执着的信念、坚毅的品格和吃苦的精神。积极投身于现代农业领域中，实现农业人的价值，秦青便是此辈中人。

秦青：用科技改变农业面貌

秦青，男，1986 年毕业于北京农学院果树专业，高级工程师、高级健康管理师；曾担任北京市果品公司工程师、北京雷力农用化学有限公司经理、美国华伦生物科技有限公司技术总监，现任江门酵敬堂生物科技有限公司总经理、山西美邦大富农科技有限公司执行董事。

"干农业要与自然打交道，吃苦是必修课"

世界最多的人口、最少的人均耕地，这就是中国过去、现在及未来很长时间的状况。四十多年前，始于安徽小岗村的试点，开始了中国农业的联产承包责任制，彻底解放了生产力。

在那个拨乱反正、百废待兴的年代，一个偶然的机会，秦青走进了当时还很简陋的北京农学院：只有一栋教学楼，还是与北京电影学院合用；4 栋学生宿舍楼，只有一栋是北京农学院的；图书馆在现在的 4 号楼一层的东半部分，实验室就在现在的学校行政楼。由于新生男生多，1982 级男生最后搬进了食堂旁边的平房宿舍。

20 世纪 80 年代，物资是匮乏的，生活是单调的：娱乐只是听磁带，剩下的就是学习了。由于没有那么多外界的诱惑，大多数时间都是在学习、实践中度过的。记忆最深的是每年的冬剪实习，秦青都要去京郊的农场住一段时间，每天在寒风中穿着单薄的衣服，爬到苹果树上学习修剪，生活条件比在学校更艰苦。到了毕业实习，更是在农场住了半年，与农场的员工一起参加各种劳动。

秦青说，农业院校的学生，吃苦是必修课，因为大家是在与风霜雪雨打交道。只有认清这一点，才能在这个领域生存、发展。

人类社会的发展始终处于追求美好生活道路上的"进行时"。摆脱了封闭、贫穷、落后，人们对物质、精神生活的需求不断提升，最显著的变化就是三四十年前的北方冬储大白菜彻底消失了，对农产品安全、营养的追求成为大多数人的共识，人们对生活质量的需求推动着农业科技的进步，极大地促进了生产力大幅提高。社会变化的过程中充满了无数的机会与挑战，也为农业领域从业人员展示才能提供了发展机遇和舞台。

1986 年毕业后，秦青被分配到北京市果品公司从事果品保鲜研究；1993 年初，离开国企，开始从事肥料研发、生产、销售工作，至今已三十多年。三十多年间，秦青多次到欧洲、非洲、亚洲、美洲等国家和地区学习、洽谈和交流，对世界上不同类型国家的农业发展情况进行过深入的研究和思考。他感触最深的就是中国农业的迅猛发展，从 20 世纪 50~60 年代的粮油肉蛋奶凭票供应，到今天的初级农产品、各种食品极大丰富，这翻天覆地的变化，是建立在人均只有一亩多耕地的基础上实现的，非常了不起。

在他的回忆中，20 世纪 60~70 年代出生的人，对一则广告记忆犹深："正义的来福灵，快把害虫杀死、杀死。"这是 20 世纪 90 年代初日本进口的一款菊酯类杀虫剂在中央电视台的广告。该产品刚引进中国的前两年，使用效果非常好，但是后来由于应用技术等原因，导致昆虫抗性大幅度提高，药效越来越差，以至于当年的主要棉花种植区域——河北、山东、河南等省棉铃虫大爆发，严重地影响了棉花这个战略物资的产量。而秦青所在的企业刚刚推出了一款产品，恰好能解决这个问题。在农业部统一部署下，秦青和企业的全体员工配合各地的农业部门，分头到各个县、镇去做示范，将新品的杀虫剂送到田间地头，有效地控制了棉铃虫带来的危害，挽救了国家的经济损失。

20 世纪 90 年代初，没有今天便捷的通信工具和高铁动车，甚至很多村镇都没有通车，为了推广新技术，秦青和同事们经常是拎着两箱 8 千克左右的产品走几十里①的路程，深

---

① 1 里 = 500 米。以下同。

入农村去做示范、做现场推广……

秦青深有感触地说："是学校四年的大学生活，特别是在实习、实践中培养的吃苦耐劳意志，为我战胜各种困难打下了良好的基础，正是这种意志品质才保证了当时示范推广工作顺利推进。"

"科学技术是农业发展的动力，而在校期间的学习是一切的基础"

粮食的连年增产丰收、蔬菜的全年供应、畜禽水产养殖品的丰富，都离不开农业科技的进步。在"民以食为天"的国度，这一点可能是每个人切身感受最深的。秦青清楚地记得，在校读书时，最贵的荤菜是 0.15 元，如此肉菜，一周也只能吃上少数几顿。那时候的人都是眼巴巴盼望着过年，过年就意味着能痛痛快快地吃上几天各种各样的"美食"。

今天，对大多数人来说，吃追求的是健康、营养。这更加需要以科学技术为手段，从品种的选育、改良，化学肥料的合理使用，有机肥源的开拓，特种肥料的研究应用等诸多领域入手，满足"人民对美好生活的向往与追求"，这也是农业院校学生未来人生、事业发展的方向。所以，在校期间，学好基础知识和技能是非常关键的。秦青印象最深的是 20 世纪 90 年代末，他在海藻肥料（现在称为植物生长刺激素）作为新产品进入定型、成果鉴定阶段时的经历。当时，他负责全国近百个试验点的安排，试验数据的整理、分析以及报告的撰写，其中要用到大三学习的"数理统计"这门课的知识。由于当年读书时就认为这门课太枯燥了，没好好学，以至于面对庞大的数据和紧迫的时间，无从下手。无奈，只能又回到学校，请留校的同学帮忙奋战了一周，才完成所有的统计分析工作。

提起大学课程，秦青深有体会，常常感叹工作这么多年，"基础化学""分析化学""植物生理学"这些课程，都始终贯穿这些年的每一项工作中，遇到模糊不清的问题，还要去翻课本。

他感慨地说："其实农业本身就是一门实践性很强的学科，很多书本上的东西，需要去实践中验证，在验证的过程中又会出现很多书本上没有遇到过的问题，需要更深入地再学习、再验证，这大概就是以农业为职业的工作写照吧。所以在校期间，学好基础课及专业课是每个未来要从事农业工作的同学必须重视的。"

不积跬步，无以至千里

现在从事农业工作的环境、条件比以前好许多倍，但要想快速出成绩，也确实不容易。农业与其他行业最大的不同是，每种作物都有其自身的生长规律，同时又很大程度受到自然因素影响，这是这个行业不能逾越的一道坎。虽然现在各种新技术的应用，能在局部或小部分改变这种状况，但根本上还是无法改变。

秦青回忆说，2005 年开始接手美国华伦公司的两个植物生长调节剂在中国市场的推广、销售工作，用了将近十年，才基本完成几个主要作物的使用方法汇总表。植物生长调节剂是以极微小（ppm 级）的量，改变作物生长的一些性状，以达到提高品质、改善风味、提高产量等目的。这中间，经历了冻害、冰雹、洪水等对试验点的影响及试验数据的损坏，每一次都要从头再来。

所以，从事农业，需要一步一个脚印地日积月累，要克服急躁的情绪，踏踏实实，十几年如一日，才有可能达到目标。

聚焦高级健康管理

农产品在满足数量的需求以后，品质成为主要关注点，现在很多人热衷健康食品、保健食品。2001 年，秦青开始关注有机农业并进入这个领域。他体会到，健康的需求反过来可以为农业生产提出很多研究方向，进而促进技术进步，例如，蔬菜的强化营养课题研究。现在很多蔬菜的营养比以前都有所下降，以铁含量为例，只有不到原来的八分之一，如何通过宏基因组的手段，达到微生物的精准评估，建立土壤、气候、栽培的生产模型，以达到强化营养于蔬菜，生产出高含铁的蔬菜，生产出特医果菜产品，代替部分药物……这都是秦青和同事们目前所关注并努力的研究方向。

访谈感悟

"干农业要与自然打交道，吃苦是必修课"，秦青的这句话对同为农业服务的我们来说是多么的动听，谁曾想到，20 世纪 80 年代，一栋教学楼，一栋宿舍，半层图书馆，狭小而珍贵的实验楼，那片小小的平房宿舍成为他们求学之旅的归宿。今天我们的校园，高楼林立，温室大棚随处可见，今天的我们，昔日清晨的书声琅琅在时间中悄悄走散，那日坚硬的棱角也被无忧无虑的生活磨平，今天的我们缺的不是繁华，我们需要的是一颗肯吃苦的心。

采访人：田甜

他把理想和情怀寄托在农业科研与推广第一线，兢兢业业，勤勤恳恳，用匠人精神不断开拓创新。

郑禾：始终坚定学农强农的信念

郑禾，男，1987 年毕业于北京农学院蔬菜专业，历任北京市海淀区农业科学研究所室主任、副所长、所长，兼任海淀区农产品质量安全检测站站长，区植物保护站站长；曾荣获首都劳动奖章、北京农村发展"十佳"科技工作者、海淀区优秀教育工作者等荣誉称号，获得北京市农业技术推广奖、海淀区科学技术进步奖一等奖等多个奖项；现任海淀区农业技术综合服务中心党支部书记、副主任，推广研究员。

时光如梭，光阴似箭，一晃郑禾离开农学院已经 35 个光景，从离开学校参加工作，这么多年来他只在一个单位，只干一件事——在海淀区从事农业科研、农业技术推广工作，面向的是基层的农民，面对的是生产实际，心系农业生产第一线，把自己所学与生产实际相结合，以创新理念为指引，用科学手段解决生产实际中的问题，以给农民增产、增收为己任，探索都市农业、数字农业、未来农业的发展路径，取得了令人瞩目的成就与荣誉。

回首北农求学路，感悟实践重要性

郑禾认为，与其他学科相比，农业更加强调实践的重要性，从事农业科学必须要紧密联系生产实际，这是农业科学的特殊属性。

提及上学时的感受，郑禾回忆道，"上大学的时候学校非常重视接触生产实际，基本上每周都有半天，要上实践课，去参加"劳动"。当时大家还不太理解这样的安排。实践课主要由辅导老师、课题老师带着学生到园艺系蔬菜实验站的温室和田间，整地栽苗、采收、观察记录等，与工人一起干活劳动。因为很多同学都是从城市中来的，开始感觉挺新鲜的，但是时间一长，经常高温日晒，一身土，一身汗，感觉很辛苦，所以有的同学对参加劳动挺不情愿的，也不太理解。"

当时的劳动场景现在还历历在目，"那些平常课堂上温文尔雅的老教授、老师和我们一起在试验田里忙碌，他们干起农活来也是有板有眼的，一点不比老农民差，不怕脏不怕累的工作劲头和热情比年轻人还高。"听说学校好多知名的教授、老师都是教学科研身兼数职，除了教学科研以外，几乎天天长时间待在田间地头，在地里观察、研究，风里来雨里去，当时所见所闻对学生的影响触动还是挺大的，至今印象深刻。

郑禾深有感触地说，在他离开学校，从事农业科研工作后，深深地感觉到学校的教学安排是非常科学周到的，老师们言传身教的影响也是很大的。农业的属性与生俱来就是与实践紧密相连，农业的研究对象在生产实际中，在田间地头经受风吹雨打日晒是再正常不过的，要想从事农业科学，就要早早地培养对农业科学的兴趣，培养吃苦耐劳的精神，养成良好的职业习惯。要想在农业领域有所建树、有所成就，千万不能只读书、研究理论而不接触生产实际，也不能只在实验室里闭门造车，脱离实际，必须要把目光、精力更多地聚焦、投入生产实际，要理论与实践紧密结合，经常深入田间地头和农业生产第一线，要紧密联系实际，从实践中学习，从实际中发现问题。要从实践中找到解决问题的办法，不断地在实践中验证设想与方法，再不断完善调整。农业科学研究就是为生产实际服务的，离开了实践，农业研究就无法进行，紧密联系生产是农业院校的学生和农业科研人员应有的素质和职责。许多农业专家成功的经历也证明了这一点。

郑禾希望学弟学妹们要重视实践，也希望学校把当年重视实践的好传统传承下去，把优秀的论文写在祖国大地上，写在希望的田野上！

郑禾说，人的一生是短暂的，时间是宝贵的，每个人都渴望成功，有所作为，成名成家，受人尊重。选择好成功的路很重要，沿着既定的路子一直执着坚定地走下去更是关键。

大胆创新，打造"5G 云端草莓"农业展示基地

郑禾在工作中大胆创新，把多年来在设施农业、无土栽培等方面的积累与数字农业、智慧农业相结合，建立了国内首个"5G 云端草莓"农业展示基地。成功地打造了"农业+科技+生产+艺术+生活"科技场景展示，颠覆了人们对农业的理解与认知，探索了未来农业发展。引起了业内的轰动与瞩目，《人民日报》《日本产业新闻》等 10 多家媒体做了报道。

之所以叫"云端"草莓，是因为草莓长在半空中，数据与控制也在"云端"。该项目通过在基地内集成、运用多项先进技术，实现动动手指就能"一键"种草莓！"5G 云端草莓"，不仅有趣，还有讲究，在进入草莓种植温室前，需要穿上一次性鞋套，并进入风淋室让全身 360 度接受洁净空气的"洗礼"，这是为了减少人体表面携带的尘埃、虫卵等污染物进入温室。为什么要把草莓种在空中？草莓是一种对光照要求较高的植物，栽培在半空中可以让草莓更好地享受"日光浴"，有利于提高草莓产量和经济效益。目前，"5G 云端草莓"一亩地产量可达 3000 千克以上。一排排挂在空中的草莓，采用"无土栽培"的模式，利用草碳、蛭石等构成的基质代替土壤，用滴管为草莓传输营养液。这种栽培方式，不用自然土壤，没有土传病虫害。同时，草莓吸收后未充分利用的营养液，还能通过底槽管道回收，进行二次利用，也避免向外界土壤排放过量造成土壤碱化。对温度的把控，也是草莓种植中的一门艺术。通过在园内安装的 5G 智能温室环境控制系统，可以用手机操控顶窗、顶被。冷了，给草莓"盖被"；热了，就"开窗"通风。此外，还有水肥一体化、LED 植物补光、UVB 杀菌、喷雾降温等多项技术，均可通过 5G 智慧农业物联网云平台，连接基地内各种设备和传感器，进行智能化管控，机器人在既定的路线进行叶面喷肥。云平台集成了大数据、人工智能、云计算等技术，具有自主学习的功能，打个比方，今年种草莓，温室控制在多少摄氏度，营养液配比多少，什么时候浇水灌溉。云平台把这些数据记录后，第二年就可以作为经验学习、积累，之后就直接由机器自动种草莓。在"5G 云端草莓"农业展示基地里，不仅可以采摘草莓，还能欣赏钢琴弹奏，练瑜伽、喝咖啡。鼻端充满草莓清香，耳边有音乐萦绕，轻松的环境给人带来一种治愈感。"5G 云端草莓"是一种全新理念的草莓栽培方式，其不仅将草莓从地面栽培上升到半空中，同时也是一种多场景融合的尝试，将农业、科技、艺术、文化、旅游相结合，注重环境提升与场景打造，在保留高效农业生产功能的同时，拓展了农业应用范围，为未来农业的发展做了有益的探索。

殷殷嘱托，深切期望

面对广大在校学生，郑禾深有感触地说，农业是一个最古老而传统产业，也是几千年来人类赖以生存、社会稳定、社会进步的一个基础。无论将来发展到什么程度，农业的基础地位只能加强，不可削弱。当今世界风云变幻，中国人的碗要装中国的粮，更加凸显农业的重要性。现代农业进入了快速发展阶段，各种高科技装备不断地涌现，数字农业、智慧农业、无人农场开始出现，未来农业的发展前景是非常广阔的，充满了机遇与挑战，需要大量掌握丰富知识的人才。作为农业院校的学生要坚定自己的信念，在学校的时候要安心读书，尽量丰富自己的知识，锻炼自己的能力。当毕业时，要结合自己的条件和特点，谨慎地选择研究方向。一旦选择好了方向和目标，就要抓住机遇，更要有定力，执着地去坚持，要耐得住寂寞，无论遇到什么困难、挫折，都要坚持工匠精神，做一事必定能够成功！最忌讳的就是人太聪明了，天天想着跳槽，工作换来换去，结果可能一事无成。太多实例证明了这一点。

访谈感悟

"少年时的志向，要靠自己的努力实践才能实现，而且要脚踏实地地打好根基，不懈怠，做到知行合一，这样才能走得更远。"作为农科学子，我们应该以郑禾学长为榜样，珍惜在校时光，努力学习，强化本领，积极投身到服务"三农"实践中，不因外界诱惑和环境影响而摇摆不定、浮躁不安，要脚踏实地，始终相信坚持从来不是把路走绝，而是会绝处逢生。

采访人：杨琪嘉　胡蝶　邱园

科技创新

从校园到企业，经过岁月的洗礼和人生的磨炼之后，他敢于担当，不断突破，闯出了一片广阔的天地。他扎根养禽业30载，从事兽医防疫工作三十余年，致力于疾病防控技术的研究和实践，结合养殖生产实际需求，建立了适合国内饲养环境的疾病防控理念——"4321疾病防控精髓"；建立以4级预警机制、3级防疫场、3级防疫区和5项传播途径为核心的"4335生物安全体系"，率先提出并成功实施免疫程序优化的"科学减负"计划；率先建立制定了适应于国内饲养环境的禽白血病净化标准和技术流程；带领专业团队推广健康养殖技术，成功帮助养殖户精准转型，解决农户产不出、卖不出的难题；先后荣获省部级、局级科学技术进步奖、农业技术推广奖、农业丰收奖等多项荣誉。

刘长清：扎根养禽业，敢啃硬骨头

刘长清，男，1989年毕业于北京农学院兽医专业，推广研究员；毕业后加入北京市华都峪口禽业有限责任公司，历任北京市种兔场副场长，北京市峪口禽业第二事业部副场长，峪口禽业第五事业部、第六事业部经理；现任峪口禽业党委副书记、人力资源管理副总裁、峪口禽业首席兽医官、中国兽医协会家禽兽医分会会长。

走入北京市华都峪口禽业有限公司，迎面是一块巨大的泰山石，上面苍劲有力地写着"中国世界之峪禽"，彰显着峪禽种业振兴的决心。刘学长站在古朴的三合院旁笑盈盈地迎接我们，我们的访谈也从这里开始。

不忘初心，做优秀的北农人

20世纪80年代，是梦幻的年代，既要解决温饱问题，又迎来国家现代化建设的需求。年轻人有了更多选择的机会，大家可以选择上中专学一门手艺，然后找一个好工作，或是进工厂成为一名正式工人。而学长的理想却是考大学，家里的老人常常对他讲"农是国之本，农民更是不容易"，所以学长一直下决心好好学习，想用知识改变农民的命运，就算做农民也要做一个有知识的农民！

  是命运使然，更是自己不懈的努力，1984 年学长迎来了大考之年。当别人为能找到一个月 5 元的工作而挤破头的时候，学长一边干着农活，一边挑灯苦读，功夫不负有心人，在高考这个独木桥上，他成功闯过来，成为 1984 级北京农学院兽医专业 8432 班的一名学生。

  时光流逝，岁月如梭。不知不觉中已离开母校三十余年。在工作岗位上奋斗多年的他，热情地同我们分享着对大学的理解。很多人都说大学是一座象牙塔，社会是一个炼火炉，但是，在他看来，恰恰相反，你只有把大学当作炼火炉，才能在社会的象牙塔里生存。大学是练就一身本领的最好契机和平台。

做努力的幸运人

  越努力的人越幸运，这是一条不变的定律。毕业的时候，大部分同学进入了畜牧事业单位、教育单位，而一直想在农业领域大展拳脚的刘长清，早早地就关注了 1979 年落户平谷峪口的北京养鸡总厂。当渴望人才的老领导面试的时候，刘长清凭借扎实的兽医知识和身为农民的朴实被一眼相中。他带着满腔的热血来到峪口，一干就是大半辈子。

  当时刘长清被分配到种兔场。人常说理想很丰满，现实很骨感。他想着有丰富的知识与满腔的热血就能大展拳脚，但是 20 世纪 80 年代的老员工根本看不起大学生，认为他们没有实践经验，并且核心的技术只掌握在几个老员工手里。遇事要从一线抓，他深入养殖一线的同时不断请教导师，优化操作流程，让所有的饲养员变为技术员，实现技术利用率的最大化，就这样，种兔场在他的带领下创收翻倍，他的领导能力也逐渐凸显出来。恰逢其时，1991 年他被任命为峪口种兔场副场长，开始了他的管理生涯。

技术攻关，开启特色疾病防控之路

20 世纪 90 年代初期，国家要求所有政府单位不得下设管理公司及生产场区，所以种兔场由北京市峪口鸡场全权管理，峪口鸡场的孙皓总经理发现他有很多独到的想法，委任他为 50 万蛋鸡场的生产场长。

刘长清不负重任。管理上，他紧跟公司"退一进三"的产业结构战略调整，退出商品鸡饲养，进军种鸡、饲料、食品市场，做到不与农民争利益。

当时国内鸡苗依赖进口，而进口的鸡种种源质量、时间均不能批批保证，为了不受制于国外，他开拓公司第五事业部，开启自主品牌育种之路。

自主育种之路谈何容易，首要的就是种源安全问题。养国外品种的客户说："我们不担心生产性能，我们担心疾病净化。"为确保品种安全，学长与总经理孙皓多次研讨，最终一次性投入 500 万元扩充禽白血病净化设施，每年更是投入 300 万元净化经费，并加持资金全力打造标准化养殖小区，只为给客户一个承诺："市场上见！"

这份决心下了，硬骨头就要一点一点地啃，他盛邀山东农业大学崔治中教授亲临指导，组建净化团队，研究掌握禽白血病净化的细胞培养技术、创新 ELISA 检测流程、引入斑点杂交等技术，使峪口禽业实验室技术实现了与国际先进水平接轨的水平！

他亲临一线，根据禽白血病间歇排毒且排毒不规律的特点，对养殖的 1 日龄、6~10 周、开产、继代前四个关键时间点，针对不同类型样品进行检测，研究出一套适用国内蛋种鸡的禽白血病净化流程，确保了雏鸡在出雏 4 小时内能运送至雏场。

付出总有回报，经过他和团队成员的不懈努力，峪口禽业在国内率先开展禽白血病净化的研究，并实现禽白血病阳性率零的重大突破，2015 年峪口禽业被中国动物疫病预防控制中心评为"禽白血病净化示范场"，是我国唯一一家获得此称号的国产蛋鸡育种企业，2021 年更是被中国农业农村部评为首批国家级动物疫病净化场，种源安全了，品种也迎来了它振兴的时刻。

峪口禽业摆脱了国外品种的限制，如何让养殖业不再受到国外的限制成为他给自己定的下一个目标。

他带领销售团队组建辐射全国的父母代 C5 俱乐部，借助智慧蛋鸡、中国兽医协会、新牧网平台等渠道，在全国范围内的 500 余家商品代流动蛋鸡超市进行推广，打造"海陆空"联合推广模式，召开会议及讲座 100 余场，服务蛋鸡客户 8 万余户。在提高农户养殖水平的同时，他也将国有自主育种品种推向了市场，京系列蛋鸡品种饲养量占全国蛋鸡饲养量的 50%，让中国人的饭碗牢牢地端在自己的手里！

面对国内复杂的养殖现状，他带领 108 名兽医组成的团队，对健康养殖技术进行攻关，将晦涩的疾病按防控特点分成三类，总结出"4321 疾病防控精髓"理念，构建适合规模化养殖企业的"4335 生物安全体系"；在国内率先践行了刘秀梵提出的科学减负理念，以 5 减 2 不免为目标，形成科学减负 12345 指导思想。编写 AI、MS、IB 等主要疾病推广教程 30 余个，撰写《畜禽环境控制技术与装备》《健康养殖系列教材疾病防控》《畜禽精准饲喂技术与装备》等 10 本著作。

学长三十余年致力于疾病净化、疾病防控技术的研究和实践，用兽医人的初心服务农户、行业，为带动行业健康养殖，他主持、参与北京市、山东省、首农食品集团以及华都集团的《蛋鸡新配套系(新品种)选育及产业化技术研究与应用》《鸡马立克氏病活疫苗(814株)的产业化与推广应用》《禽肿瘤性疾病发病机制及防控技术》等众多科技项目，全力推广适合中国大环境的疾病防控理念。

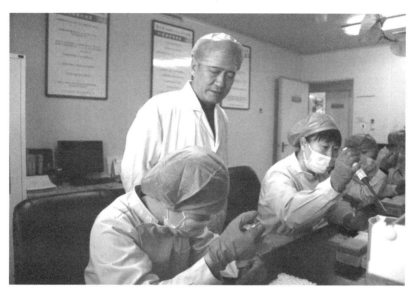

寄语北农人，做社会有用之人

学校和社会是两个不同的环境，走向社会之后是人生的另一个转折。刘长清建议：毕业生应该调整好心态，勇敢乐观地面对现实与理想的落差。他常常给新入职的大学生交心地说："现在毕业生跳槽的现象比较多，频繁跳槽，很容易让兽医忘记了自己的理想与初心。只有结合行业发展痛点，扎根农业基层，沉淀下来，才能有所建树，兽医的价值才能发挥到最大！"

访谈感悟

养禽业，关系到千家万户的生活。提高家禽生产水平，产出更多、更好的禽和蛋，是我们每一名畜牧兽医学子共同为之奋斗的目标。

采访人：陆华浓

科技创新

路漫漫其修远兮，吾将上下而求索。做科研要和农民兄弟打成一片，农民兄弟的愿望就是推广人的中心工作，也是李红岺不断前进的动力。

李红岺：设施蔬菜产业的"领头雁"

李红岺，男，1990年毕业于北京农学院蔬菜专业，现为北京市农业技术推广站副站长、推广研究员、农业农村部蔬菜专家指导组成员；负责北京市蔬菜生产关键技术的引进、试验、示范和推广，承担蔬菜产业相关技术培训服务、宣传教育，组织和指导基层农技推广部门开展工作。

李红岺先后承担有机蔬菜生产关键技术研究、蔬菜嫁接砧木更新换代等多项课题，主持或参与"设施蔬菜高效生产关键技术集成及综合应用推广""蔬菜健康栽培高新物化技术优化集成及推广应用""现代农业产业技术体系北京市果类蔬菜产业创新团队"等科研项目三十余项，在蔬菜嫁接育苗及配套高产高效栽培技术的集成研究方面取得了较大突破，初步选育出了能够脱去黄瓜果面蜡粉并中抗南方根结线虫的黄瓜专用砧木南瓜品种——北农亮砧。

他一直奋斗在农业科技推广一线，多次荣获北京市农业技术推广奖、农业部丰收奖、北京市科学技术奖等科技奖励。在推广工作中，他紧盯蔬菜栽培的前沿理论和技术，先后试验、示范、推广了黄瓜、番茄、茄子、辣椒、西葫芦等蔬菜的嫁接育苗与配套栽培管理技术，在设施蔬菜生产中真正做到了高产高效。通过举办各类技术培训、组织观摩交流和研讨、下乡现场指导等形式，每年累计培训农户和基层农业科技人员1500人次以上，为北京的蔬菜产业水平不断提升作出较大贡献。

在实践中历练自己的能力

在学生时代，李红岺便立志把农业作为自己一生的事业。他的父亲喜欢种菜，种植的

李红岑　北京市农业技术推广站副站长
明显比普通蔬菜生产　产能是要提高的
第一时间　关注菜篮子

南瓜能达到每个 20~25 斤。父亲曾经调侃儿子："你学农的种南瓜未必能种过我。"当时学校的老师知道这件事后，就鼓励他："你放心，到你毕业前，肯定能超过父亲，让他服气。"这句话最后真的实现了。2004 年在小汤山基地工作的时候，李红岑亲自种植的大南瓜，很多长到了 50 千克，并且把大南瓜做了一年的展览展示。深刻见证了一位爱农人的拼搏精神。

回忆起大学时的田间专业技能课，李红岑认为除草、育苗、整地施肥、定植、整枝打杈、采收分级等劳动技能实践对于农业职业人才的培养非常重要，是一个理论与实践相互印证、彼此升华的过程。

多年来，只要有想法，李红岑立刻就动手试验。他利用番茄植株的自身重量不断增加，在自家阳台上培育出了倒挂生长的小番茄，一盆能同时挂 16 穗果，番茄果就像倒吊金钟红彤彤地挂满了枝头。他曾和农民一起参加嫁接能手竞赛，嫁接成活率在 99%。他还在阳台的花盆里种黑籽南瓜，用断根斜插法接活了黄瓜并进行了推广。这些接地气的经验和推广成绩，都是由心底的热爱加上理论与实践结合一步一步做出来的。

农业插上科技的翅膀，农业发展才有前景

2021 年底，绝迹近半个世纪的老北京青韭，在位于大兴区礼贤镇的田园鑫盛蔬菜园区试种成功。走进温室，满眼翠绿，空气中弥散着韭菜的辛香味道。

提起青韭，现在的年轻人肯定不知道为何物，而它是许多 60 岁以上老北京人心中的"念想儿"。在过去北京冬季蔬菜市场，白菜、土豆、萝卜"一统天下"的时候，青韭是绝对的高端菜，蔬菜中的"爱马仕"，杠杠的"尖货"，而且价格不菲，很少有论斤买卖青韭的。用一寸来宽的白马粪纸条捆绕于青韭根部，论捆儿卖。老北京话为"一子儿"，也就是一束。小捆儿青韭十几根，大捆儿几十根。20 世纪 60 年代，如拇指粗的"一子儿"青韭售价一角钱，大捆儿则需三五角钱。若以斤两计价，价格贵过猪肉。

青韭不是什么特殊的品种，而是一种"生产工艺"，它通过露地养根，冬季刨出老根在温室里密植、灌水，靠储存茎基部和老根里的营养长成。当年，北京冬季用于青韭

生产的温室还很落后(纸窗温室)，俗称"洞子"，面积很小，总产量不高，还比较费时费力，所以价格很高。20世纪60年代后期，随着塑料农膜的广泛应用，保护地面积大量增加，韭菜冬季供应变得越来越容易了，这种费时费力的工艺越来越少有人做，也包括当年的五色韭。

李红岑介绍说，当年蔬菜市场上品种单一，不具有大规模生产条件，南方种植的韭菜也运不到北方来，青韭显得很稀缺，再加上韭菜独特的风味，所以让老北京人念念不忘。

为了让老北京青韭重见天日，李红岑和团队开展了老北京青韭恢复试种工作。他们选用辛香味浓郁的韭菜品种，于2021年4月播种，通过春、夏、秋三季的精心养护，在同年11月底韭菜叶片中的养分完全回流到茎基部和根部后起获老根，冷藏10余天打破休眠后，密植到温室水槽中，通过控制温度、水分、光照，最终长成当年的青韭。

要种出三十年前的老滋味蔬菜产品不是简单的事。作为北京市设施蔬菜创新团队首席专家，近年来，李红岑带领团队以品质和产量为核心要素，在全市建立老口味蔬菜品种示范基地，从品种、肥料、水分管理、病害防控等方面开展技术研究。2018年，形成安全、优质、稳产的栽培技术10套。2019年，采取传统的精耕细作栽培技术，配合目前安全、低碳环保的栽培新技术，在京郊部分条件适合的园区和基地，开展传统老口味蔬菜品种示范推广，满足了市场需求。2021年，在前期工作基础上建立老口味蔬菜核心示范点3个，示范面积47亩，示范苹果青番茄、北京春秋刺瓜等8个品种，平均亩产3100千克，平均亩效益3.5万元；辐射带动全市800亩老口味蔬菜生产和全年240万千克老口味蔬菜陆续上市，总效益近3000万元。另外，他十分注重对传统蔬菜品种栽培历史、饮食文化等农业文化遗产进行挖掘和宣传，以此推进农业与文化、科技、生态、旅游的融合。

寄语北农学子

采访最后，李红岑讲到："学农人的科研工作，是生命科学。植物虽然不会讲话，但是在给它治病的时候，解决问题的时候，一定要静下心来，与各种生命进行交流，开展生命之间的对话。研究植物的生命科学需要非常高深的水平，也需要发自内心地认为这些事有意思，值得付出，这是研究生命科学的根本动力。"

他希望广大北农学子，多参加动手实践的课程，主动锻炼自己的技能，因为这是学农爱农的重要基础。

访谈感悟

实践要和理论相结合。实践是检验认识真理的唯一标准，在大学生涯中，我们的主要任务是学习理论性知识，这是为今后更好地工作奠定基础。作为北农学子，我们一定努力学好专业基础课程，主动加强实践锻炼，提高动手能力，时刻为献身"三农"做好准备。

采访人：韩文屿　韩雪莹　李昕芮　胡蝶

科技创新

年轻时，怀着对园艺专业的热爱和对科学知识的渴求，他克服语言、生活习惯等重重困难，前往北欧学习工作。2004年学成后，怀着对国家的热爱和对家乡的思念，他选择回到祖国，在中国农业大学做一名光荣的人民教师，培养了一届又一届的莘莘学子；他埋头于园艺生物技术钻研，获得了一个又一个科研成果。他，就是北京农学院校友、中国农业大学教授兼博士生导师、教育部新世纪优秀人才、北京市高等学校教学名师郭仰东。

郭仰东： 埋头钻研铭初心，学成归国育人才

郭仰东，男，1990年毕业于北京农学院蔬菜专业，1994年至2004年前往芬兰、日本学习和工作。现担任中国农业大学园艺学院蔬菜学系教授、博士生导师。长期从事园艺作物抗逆及生长发育的调控和分子机制研究工作，主持和参与完成国家重点研发计划、国家自然科学基金、973、863、转基因专项、北京农业产业体系、北京自然科学基金等项目。获农业部、北京市等省部级科技奖一等奖3项；已授权发明专利18件；发表论文160余篇，SCI收录80余篇，其中，ESI高被引论文6篇，论文被引3500余次。同时，担任科技部农村领域科技计划评审专家，科技部重大国际合作项目评审专家，国家科技奖评审专家，教育部、北京市科技奖评审专家，国家出版基金、中国政府出版奖评审专家，人事部留学回国基金评审专家，北京市高级职称评审专家，中国植物学会种子科学与技术专业委员会理事，中国作物学会种子分会理事，以及中央统战部党外知识分子联络员。

初入园艺，良人教诲惠终生

1986年，郭仰东参加了高考。在填写志愿时，他面临着多种选择。恰巧的是其父母的单位就在中国农业大学附近，在一次和父亲外出中，他们遇到了一位相识的农大教授，在交流咨询过程中，教授告诉他：农业有前途，因为农业是管吃饭的。中国的农业还很落后，压力巨大，学习农业从职业规划上讲，应该是不错的选择。就是这番话，让郭仰东与园艺从此结下渊源。

在北京农学院学习期间，学校开设了一门科研资料检索的课程，就是这门课对郭仰东产生了很大的影响。时至今日，他仍记得当时是王桂英老师讲授的这门课，并且清晰地记得他们当时认识的第一本国外的学术期刊是《HortScience》，是美国园艺协会的会刊。那时郭仰东才意识到，做园艺是可以发表很多国际性的学术论文的。他当时借着字典，阅读了苹果高产、番茄生长发育调控等相关外文文章，对园艺有了更深的认识。当时他就想，将来毕业以后有没有可能也去做一些这方面的科学研究，并且把科研成果发表在这样的国际学术刊物上。这个理念一直激励着他，并且对他以后的历程产生了重要的影响。

毕业工作，出国交流再深造

1990年，郭仰东大学毕业。与现在不同的是，那时大学生毕业后是被分配工作的，郭仰东被分配到了海淀区农业局植物组织培养技术实验室。离开校园，投入工作，看到了科研人员在不同的课题组做着不同的事情，对他来说有着很大的吸引力，科学研究的兴趣越来越浓厚。

在实验室工作四年的过程中，他发现自己的视野和知识还欠缺很多，实验技能也需要提升。怀着对园艺专业的热爱和对知识的渴求，1994年郭仰东联系芬兰农业科学研究中心，前往芬兰交流学习。

在国外深造面临着重重困难，例如，语言、文化、生活习惯甚至科研体系都不一样。但郭仰东没有被困难击退，他认为自己作为一个年轻人，不懂就去学。语言不精通，郭仰东就借助词典，慢慢地去读这些外文的文献，读得多了也就不用字典了。

一年之后，郭仰东转入芬兰赫尔辛基大学攻读硕士研究生，然后又去芬兰图尔库大学攻读博士学位。2000年，博士毕业之后做了两年博士后，之后又去日本农科院北海道研究中心做了两年JSPS研究员。海外的留学经历让郭仰东在专业的道路上越走越踏实。

学成归国，教书育人展风采

海外学习和工作十年之后，2004年郭仰东学成归国，对此他坦言道，回国就像回家的感觉，自己出国时便想着回家的那一天。他始终认为，国内才是自己真正的舞台。郭仰东当时联系了几个单位，中国农业大学很快给了积极回复，就这样他来到了中国农业大学的农学与生物技术学院担任教授兼博士生导师，走上了教书育人、科学报国的道路。

入校之初，郭仰东给本科生开设了"植物生物技术导论"和"植物生物技术实验"等必修课程，给留学生开设了全英文课程"Crop Biotechnology"（作为生物技术）。近二十年来，他兢兢业业，教书育人，桃李满园。迄今已经指导（联合指导）博士和硕士研究生90余人。郭仰东也入选中国农业大学教学名师、宝钢优秀教师，荣获北京市高等教育教学名师称号。

埋头园艺，贴合时事搞科研

在网上搜索郭仰东的各种介绍时，可以发现郭仰东获得了很多成就，例如，他是很多项目的评审专家，主持参与了很多重要项目，发表了很多学术论文等。对此，郭仰东十分谦虚，他说他的工作是非常一般的，在园艺领域或者蔬菜领域，比他做得好的专家非常多，他只是普通的一员。如果非要说自己的业绩稍微多一些，他觉得应该和勤奋有关系。他不会因为工作时间长而觉得辛苦，反而觉得这是一件很幸福和享受的事情。他把工作以外的生活安排得相对简单一些，这样会有更多的时间和精力放在工作上。

这就是郭仰东，埋头钻研铭初心，学成归国育人才。他的人生经历丰富，但他仍不忘初心，将自己奉献给了园艺科研和教书育人，用一颗火热而又纯粹的心，为中国的园艺事业作着自己的贡献。

访谈感悟

采访过程中，郭教授健谈幽默、儒雅睿智，对中国的园艺有着独到的看法。郭教授对知识的渴望，对事业的追求，以及不断突破自我的精神给我们留下了深刻的印象，我们一定不辜负郭教授对北农学子的期盼，踏实肯干、积极进取，为中国农业作出自己的贡献！

采访人：辛雨濛　邱园　孙若冰　胡蝶

科技创新

"话不多，热心肠，干实事，肯钻研，有韧劲儿……"这是许多同事对孙春清的评价。在畜牧技术推广工作中，孙春清唯一的梦想就是：科学养殖，富民兴区。为了实现这个梦想，他一路探索，一路付出，用青春和汗水谱写了一曲追梦之歌。

孙春清：畜牧技术推广征程上的"追梦人"

孙春清，男，1991年毕业于北京农学院畜牧专业，农业技术推广研究员（正高级）；长期从事畜牧技术推广工作，曾任北京市平谷县畜牧局科员、平谷区种猪场副场长、平谷区动物卫生监督管理局王辛庄所所长、平谷区王辛庄镇农民田间学校工作站站长、平谷区兴谷街道农民田间学校工作站站长；现担任生猪产业技术体系北京市创新团队平谷综合试验站站长。

办好农民田间学校，以技术培训促发展

作为平谷区畜牧兽医行业技术骨干，孙春清参与组建了平谷区王辛庄镇农民田间学校和平谷区兴谷街道农民田间学校。作为技术主讲辅导员，他先后独立授课223次，培训农民6690人次，组织完成培训和下乡宣传103次，培训农技人员16629人次，发放养殖实用技术手册、科技书籍和光盘等共28621多份。

在农民田间学校开课初期，从业人员水平参差不齐，大多停留在凭经验摸索阶段，对新技术应用不够、重视程度不高。针对这种情况，孙春清认真进行农民需求调研，通过调查问卷、入户访谈等形式，了解了农民真正需求，然后精心策划培训内容，采取分组讨论互动式教学方式，充分调动农民学习的积极性，让他们开阔了科技视野，丰富了养殖专业知识。同时，孙春清还选择优秀学员作为示范户，让其将新技术应用到养殖场，发挥示范

户辐射作用，带动周边农民，取得了很好的效果。为了推广最前沿的养殖新技术，农民田间学校还多次聘请中国农大教授、北京农学院教授、北京农业科学院畜牧专家、生猪产业创新团队岗位专家来平谷讲课，进一步提高了大家对新技术的认识和接受程度。

在技术推广工作中，孙春清采取"进村头、上讲堂、点对点"以及"集中培训、面对面谈、微信群和电话咨询解答"等多层次、多渠道、多元化的形式，生动形象、随时随地地把科技知识带给农户，得到了同行和农民的认可，取得了显著成效。孙春清充分利用农民田间学校这一平台，辐射带动其他技术人员和农民参加学习，培养出优秀农民田间学校辅导员 13 人，各年度农民满意度调查平均值达到了 95% 以上，得到了广大农民的充分肯定。

架设沟通桥梁，为养殖户排忧解难

孙春清不仅为农民开展培训授课，更重要的是为农民做好技术服务指导。为加强沟通交流，他创建了平谷养猪、养禽微信群，随时随地为养殖户提供答疑解难服务，有需求时，他就及时上门现场指导，帮助解决养殖实际问题。

有一次，一位养殖户的仔猪出现非正常死亡现象，心急如焚的养殖户在群里求助，孙春清看到后，第一时间为他联系了兽医专家王玉田，并于当天上门对死亡的猪仔进行解剖，做药敏实验，找到病因，提供有效药物进行治疗，使问题得到及时解决。用孙春清自己的话说："我们就是为农民服务的，农民的需要就是我们要做的，我们就要做农民的知心人、贴心人。"

用不懈的科研创新守护绿色发展

贯彻落实"绿水青山就是金山银山"的发展理念，需要畜牧养殖行业从单纯追求生产效益开始向"环保、绿色、高产、高效"转变。

孙春清和同事们选择北京绿色园野养殖有限公司作为技术示范基地，从饲料原料、疾

科技创新

病控制、废弃物转化、环境调控、猪肉品质提升等环节，开展了环保养猪的新探索，取得了显著效果，建成的硬件实施有：粪污沉淀池 100 立方米，黑膜厌氧池 3000 立方米，粪污处理调节池 100 立方米，曝气池 400 立方米，总计投资在 100 万元以内。最终，示范基地 400 头母猪规模的猪场产生的粪尿混合污水经过净化后，化学需氧量(了解水污染程度的一个重要参数)由 15000 多降低至 57，达到地表水 V 类标准，净化后的水可以全部用于冲洗猪舍和果园灌溉，一年可节约用水 1 万立方米，同时圈舍空气清新，整个场区无明显臭味，还将每头商品猪的养殖成本降低了约 70 元，2018 年商品猪出栏增加了 1260 头，实现了养猪场环保与高效的良性循环。

时间如白驹过隙，转眼间孙春清已在农技推广岗位上奋斗了 31 年，也取得了无数的荣誉。2014 年获得北京市农业技术推广奖一等奖(生猪标准化健康养殖技术的研究与推广项目)；2016 年获得北京市农业技术推广奖一等奖(生猪营养减排新技术研究与推广项目)；2019 年获得北京市农业技术推广奖二等奖(猪低蛋白日粮配制技术示范与应用推广项目)；2021 年获得"最美牧技员"称号(全国畜牧总站组织评选)，获得神内基金农技推广奖(国家级)，多次荣获北京市动物防疫工作先进个人、平谷区优秀共产党员、年度经济技术创新标兵、生猪产业技术体系北京市创新团队先进个人等荣誉称号。

老骥伏枥，志在千里。成绩属于过去，奋斗赢得未来。孙春清虽已年过半百，头上的青丝也已成白发，但他依然激情满怀，积极响应党和国家号召，时刻冲锋在前，为实现"三农"发展目标，推进振兴乡村战略而不懈奋进，永做畜牧技术推广征程上的"追梦人"。

访谈感悟

没有豪言壮语，他却以严谨的工作态度，感动着身边的同事，成为每个人心目中的榜样；没有惊天动地的事迹，他却以脚踏实地的敬业精神，赢得了广泛的赞誉，孙春清用实际行动践行了一名畜牧技术推广员的初心与使命。

采访人：李旭　何淼　李雪瑞

追寻昨日苦难艰辛，方知今日辉煌不易。人生之路注定是坎坷与不平凡的，但路是让人走的，走下去便是成长。从1989年9月25日与北京农学院结缘开始，易健春便开启了别样的人生。

易健春：不负韶华，砥砺前行

易健春，女，1991年毕业于北京农学院系园林专业，在职研究生学历，高级工程师；历任北京市东城区园林绿化局青年湖公园副园长、北京市东城区园林绿化局南馆公园副园长、北京市东城区园林绿化局园林科科长、北京市东城区园林绿化局青年湖公园园长、北京市东城区园林绿化局南馆公园园长，现任北京市东城区园林绿化局柳荫公园书记兼园长；曾多次获得首都绿化美化积极分子和优秀共产党党员、优秀党支部书记称号。

深情回忆，感恩母校

易健春1989年就读于北京农学院园林系园林专业。她清晰地记得当年入学报到时走进北京农学院大门的场景，在师哥师姐的热情带领下来到4号女生宿舍楼，立刻有一种被惊艳到的感觉。当时的4号女生宿舍楼居然是四人间，干净整洁，每人还有一个书桌和书柜。送她的司机叔叔说，这是他这么多年送战友孩子上大学住宿条件最好的学校。

她还记得，他们的班主任马晓燕老师，是刚从同济大学毕业的高才生，比他们大不了几岁。在第一次班会上，说话柔柔弱弱的马老师介绍学校、介绍园林系、介绍同学们的基本情况时，让同学们都觉得她是邻家大姐姐。在校期间，马老师经常到宿舍看望刚刚离开家的同学们，了解他们的需要，缓解大家想家的情绪，和他们谈心，畅聊人生，和风细雨地化解班级同学之间的各种矛盾。工作后，同学们有困难也经常请教马老师，请她指点工作迷津，和马老师成为终生的朋友。

还有教花卉的姬君兆老师，吹的一手好萨克斯，那是学校联欢会的保留节目。美术课老师李海兵，很有艺术家风范，给同学们看他画的长城油画。李海兵老师带同学们去房山十渡写生，指导同学们用画笔记录下当时的美景，为大家学习园林设计打下了基础。巢时平老师教园林工程，指导同学们种植当时刚刚引入北京的冷季型草坪，从整地到播草籽、铺草坪、后期养护等全套种植过程，为易健春在单位顺利完成第一个工作——种植冷季型草坪打下了扎实的基础，为此也受到当时的领导表扬，让工作单位的同事改变了对大学生的认识，觉得大学生不再是只有理论知识，实际工作也是拿得起来的。

不但学校的老师让易健春难以忘怀，还有许多20世纪90年代园林界的"大咖"也给她留下了深刻的印象，比如，著名的园林设计师谭馨女士，她曾以香山饭店为案例给同学们讲的园林设计理念至今令人难以忘怀。如今，每次去香山饭店，看到某棵树、某个石头，就想起当时谭馨女士介绍的设计过程。

毕业实习，易健春所在班级去的是承德，其他班去的是苏杭，当时还有一丝的遗憾，但当他们班住进承德避暑山庄的"离宫宾馆"后，尤其是在晚上，承德避暑山庄闭园后，三五位同学结伴走在山庄里，感觉自己穿越到了清朝，所有的遗憾都没有了。现在回想起来，易健春还觉得真是很"奢侈"，真是感谢学校给他们创造了那样好的机会，竟能在那样的美景之中徜徉了一个星期。

一分耕耘，一分收获

毕业后，易健春一直没有放弃求学之路，克服工作和家庭的困难，参加了北京建筑工程学院工程造价管理和中共中央党校函授学院的学习，并于2008年取得中共北京市委党校行政管理在职研究生学历，同年还取得中华人民共和国注册安全工程师证书。多年来，她致力于以专业知识回馈社会，相继完成了《南馆公园低碳生活示范园建设初探》《关于免费公园的管理与发展的思考》《南馆公园中水对水生植物生长的影响》等论文，分别获得北京市园林绿化科技成果推广奖三等奖和二等奖，参与撰写完成《组合盆栽》《绿色家居选花养花指南》《盆栽花卉栽培百问百答》《中水浇出科技花》等著作，面向社会普及园林绿化知识。

30年来，易健春不断加强园林专业理论知识积累，积极探索新技术、新理念在园林绿化工作中的实践应用，灵活运用专业知识解决园林绿化中出现的各种难题，在专业技术上取得很大进步。

在园林工程建设方面，她多次参加和主持地坛公园、青年湖公园、柳荫公园和南馆公园的改造工程。尤其是2010年主持的南馆低碳生活示范园的建设获得了业界好评。在节日花坛布置工作中，她又创造性地提出模块化管理理念，通过精细化管理，把花坛布置时间由7~10天提升至3天，有效节约了工期。

在绿化养护方面，她始终工作在第一线，发挥技术专长抓实养护管理，所管绿地达到特级养护水平，获得精品公园称号。她曾任第一、第二届市精品公园评比专业组组长。

在公园服务管理方面，她率先在区县推广质量和环境双认证工作，使公园管理工作更加科学化、规范化；主持制定了公园管理制度并修订了职工手册，使公园管理有章可循、有规可依。发挥支部战斗堡垒作用，谋划富有公园特色的党建品牌活动，不仅收获了职工群众的满意，也得到了上级领导的肯定。在她的带领下，公园多次获得精品公园、"第五批北京市科普基地""北京市科学技术普及工作先进集体""首都生态文明宣传教育基地""北京园林绿化科普基地"等称号。

独立思考，终生学习

从母校毕业已经三十多年了，回想北京农学院的生活，易健春深感这是人生中至关重要的一个阶段。这是从家长老师督促学习到自主学习的转换关键时期。

上大学后会有大量的时间可以自由安排，可以在学校参加各种感兴趣的社团，对各种社会问题给出自己的见解，还可以去图书馆找寻答案，这些都是对独立性的锻炼，是思考自己、思考社会、拥有独立思考能力、不再人云亦云的起点。

科技创新

"感谢北京农学院，我在这里度过了青春最美好的时光，在这里开始接触未来一生要从事的专业，在这里遇到了一位位好老师、好同学，收获了一生的良师挚友，在这里还学会了独立思考、学会了感恩和奉献，养成了良好的学习习惯，树立了终生学习的理念，为自己的生活开启了美好的未来。"

　　这是易健春的心声。

访谈感悟

　　通过和易健春学姐的交谈，我们仿佛看到了当年校园中散发的勃勃生机，正是那些优秀的教师们用生动形象且富有激情的授课、实践，给同学们留下深刻的印象，也培养出一代又一代服务于农林一线的优秀人才。易健春学姐坚守一线岗位，服务社会不断进取的精神鼓舞着我们、激励着我们，我们一定要奋发努力、学好本领，在今后的工作岗位上为祖国建设添砖加瓦。

采访人：张奕　张一然　佟瑶

所谓专业，不过是在自己领域内不断深耕，深耕的过程就是走向专业化、精细化的过程。现代社会的竞争日趋激烈，必须专心一致，对自己认定的某一件事、某一个目标全力以赴，这样才能做到得心应手，获得出色的成绩。

魏颖：在自己的专业领域深耕

魏颖，女，2003 年毕业于北京农学院食品科学与工程专业，工学学士，现工作于中国食品发酵工业研究院，教授级高级工程师，北京市蛋白功能肽工程技术研究中心学术带头人；先后担任功能肽产业化研究发展部主任助理、营养支持与评价中心主任等职务，推动并负责与日本东京大学、大阪大学、中国浙江大学、北京大学、北医三院等国内外科研机构合作研究工作，负责或参与 863、十一五、十二五、十三五、市科委等国家级、省部级重点纵向项目 10 余项，横向项目 30 余项，发表 SCI 论文 16 篇、EI 文章 10 篇、核心文章 40 余篇，授权国际发明专利 5 项，授权中国发明专利 20 余项。

选择坚持

魏颖一直致力于从事食品方面的工作，对于即将毕业的大四学生们，她分享了自己当年的求职经历。毕业的那一年，她有一些转行的念头，因为本科毕业找到的工作都不符合自己的理想，薪资待遇、上班时间、工作地点都不是很满意，而且认为以本科学历进入食品行业也找不到满意的工作，为此她还去考了北京市公务员和国家公务员，但最后还是因为对食品专业的一份眷恋与热爱，选择了继续研读食品科学工学硕士及博士。魏颖说："如果你真的热爱食品专业，并且以后想从事食品方面的工作，最不可少的就是坚持。如果可以，还是要坚持继续研读，拓展和提升一下自己的认知。"

调整心态，明确目标

2012 年魏颖顺利地获得了中国农业大学食品科学博士学位，进入中国食品发酵工业研究院开展基础研发工作，主要负责蛋白肽等功能原料的制备、活性研究及产品设计。把握热点、引领行业发展是每天工作的主要目标，这与校园的理论学习与科研工作有着很大的差异，不可能有充裕的时间查阅文献、总结归纳、设计讨论研究方案……

因此，她必须尽快将所学的理论知识应用到实践工作中去。作为第一个主要负责营养功能食品评价的博士，入职后不久，她迅速组建了一支攻关团队，开展实验室基建设计、仪器设备选型、研究方向等相关工作，仅用半年时间就建立了研究院第一个细胞生物学实验室，拓展了本单位在功能活性因子评价筛选及机制研究方面的业务，提升了单位的科研实力，发表了多篇核心论文。

随着社会的发展和生活理念的提高，消费者对食品寄予了更多的期望，这也使魏颖又

科技创新

一次陷入了思考。机体是个复杂的机构，经口摄入的食物在机体内会发生一系列复杂的物理化学反应，才能够输送到靶器官，维持机体的生命活动，只进行细胞水平的研究是不够的，动物评价水平和人体水平的研究平台搭建迫在眉睫。在魏颖的带领下，自主的动物实验室和人体评价研究体系顺利地建立起来，为本单位功能性原料筛选、配方设计、终端产品确定和市场教育推广都提供了坚实的理论支撑，同时也有效地降低了研究成本、提高了工作效率、掌握了核心技术，并保持了科研的前沿性。她带领团队发表了几十篇高水平的SCI 论文，得到了服务企业的高度认可，成为研究院的科研技术骨干。

学习与工作是相辅相成、相互促进的关系。在学习中寻找自己的兴趣方向，让工作也成为自己学习的动力。认真、担当、韧劲就是魏颖身上鲜明的标签。

访谈感悟

　　魏颖学姐和蔼可亲，具有丰富的科研、管理和转化经验，在校友演讲中也毫不吝啬，倾其所有为同学们讲述食品行业的现状和未来发展趋势。这次与学姐交流的机会对我而言是一份幸运。此次采访，最大的感悟就是一定要对自己的未来有所规划，埋头苦干的同时，必须清楚自己想要什么样的学习方向，什么样的工作环境，什么样的生活状态，不能随大流。作为一名大学生，首先要学好专业知识，规划好自己的学习生活目标，基础打好了，高楼盖起来才会更稳固。

采访人：樊雯

忆往昔峥嵘岁月，所有情景历历在目。阔别母校已十余载，北农的莘莘学子已成国之栋梁，为国家的药物研发事业贡献自己的一分力量。

王鑫：在科研道路上尽情驰骋

王鑫，男，2007 年毕业于北京农学院生物技术专业。在校期间，通过分子生物学实验课程及植物学相关课题研究，对生命科学及其相关技术产生了浓厚的兴趣，并在职业规划中明确将生物学相关职业作为未来的就业方向。

2007 年本科毕业后，王鑫进入北京大学梁子才教授建立的苏州瑞博生物技术有限公司，进行小核酸（siRNA）创新类药物的研发。在近 3 年的工作及学习中，他深感我国在药物研发领域与发达国家间的巨大差距以及疾病给人们带来的诸多困苦，从此确立了在药物研发领域深耕的职业目标。为实现上述目标，他于 2010 年进入中国医学科学院药物研究所工作及学习，系统性地了解和学习药物研发的基本知识和相关流程。在此项工作中，他意识到由于知识水平的欠缺，导致无法将自身的想法高效准确地付诸实施。为了补足自身短板，王鑫于 2012 年进入清华大学生命科学院深造，利用业余时间复习专业课程，并于 2014 年考取了清华大学、北京大学和北京生命科学研究所（NIBS）三所国内顶尖生命科学学校联合推出的生命科学联合中心（CLS）直博生项目攻读博士学位。

博士在读期间，王鑫充分利用三所院校所提供的教学资源，补齐自己在学术上的欠缺，并在导师的严格指导下建立起完整的科研思维体系，于 2020 年完成博士生答辩并获得博士学位。

获得博士学位后，为了进一步实现自己最初的制药梦想，他加入北京大学谢晓亮院士创办的丹序生物制药有限公司，负责创新型抗体类药物的研发。王鑫希望通过自身的努力，缩小我国药物研发领域与发达国家的差距，进而为我国老百姓提供质高价低的原创性新药，为病人带来更多的福音。

科技创新

回忆母校，感念恩师

"大学期间最大的收获是：在本科三年级时，曹庆琴老师带领我进入实验室并接触了分子生物学，让我对生物产生了兴趣。"在母校潜心学习 4 载，恩师带领着王鑫走进实验室，走进生命科学领域的殿堂。王鑫认为，做科研有一个好的领路人非常重要，可以及时获得有效的指导，从而在自己探索的过程中少走一些弯路，少遇到一些困难。因此，在选择自己的指导老师时，首先要对这位老师的研究项目有一定的了解，求学期间要多和老师探讨研究领域的进展，从而为自己以后的科研之路打好基础。

"科研的思维训练"是做科研的基础。王鑫认为，作为一名科研人员，具有一套完整的逻辑思维方式是非常重要的。做科学研究，从发现问题，到提出问题，再到解决问题，不仅需要文献的支持、老师的引领，更重要的是自己的思考。另外，作为一名科研人员，文献检索的能力也很重要，要能熟练地使用查找文献的工具，并能顺畅地阅读国内外文献。此外，开展科学研究，更离不开优秀的外语能力，因为国内外研究进展不同，很多先进的理念和前沿信息需要通过阅读大量外文文献来获取。至于综述能力、逻辑思维能力、实验和数据处理的能力等，都是需要花费较长时间进行学习和训练才可提升的。

攻读博士，提升自己

现在回想起来，王鑫觉得正是 7 年的工作经历更加坚定了提升自己的信念，也更加珍惜来之不易的学习机会。CLS 项目的研究生课程设置遵循培养一流生命科学研究工作者的宗旨，使学生能够尽快完成从初步掌握现代生物学知识到能够理解其专业前沿研究工作并具有初步研究型思维的转变。所有课程的讲授并非国内传统的抽象知识灌输方式，而是将知识的讲授有机地融入对经典或前沿的研究讲授中，这样学生既掌握了知识，又了解了这些知识是怎样从实验室的研究工作中产生的。经过系统的科研训练，王鑫如饥似渴地涉猎新的知识，积极投入科研项目，体验科研项目发起和展开的基本流程。规范扎实的科研训练，帮助王鑫顺利加入北京丹序生物制药有限公司并成为一名高级工程师，正式步入科研人员的行列。

访谈最后，王鑫结合社会现状，寄语同专业的同学们："生物学现在是一个大契机，我们赶上了一个好时候，努力提升自己，勇敢试错。"他也鼓励后来的学子，规划好自己的人生，趁着年轻考取更高的学位，不断提升自己，以期拥有更优越的平台。

访谈感悟

科研的道路是漫长的，路途中充满了坎坷与挑战。技术更新换代很快，提升自己才是硬道理。这不仅适用于做科研，更是人生道路上的铁原则。

采访人：李泊瑶 邵文雅

从最初毫不犹豫地报考北京农学院动物医学专业，到现在成为一名真正的野生动物兽医师；从单纯对动物的喜爱，到现在肩负着野生动物保护的责任，真正把兴趣变成了工作，这是一种幸福，也是人生意义最好的体现。

刘醴君：野生动物的救星

刘醴君，男，2009 年毕业于北京农学院动物医学专业，2011 年进入北京市野生动物救护中心，负责野生动物的临床治疗。10 年间，治疗过 300 余种近万只受伤患病的野生动物。在《中国林业》《中国兽医杂志》《畜牧与兽医》等杂志发表多篇论文。受邀前往深圳、广西、西藏等多地野生动物保护部门讲授野生动物救护技术。2014 年，参与编写了由中国野生动物保护协会、北京市野生动物救护中心、湖北省野生动物救护研究开发中心主编的《野生动物救护技术手册》，2015 年由中国农业出版社出版。2014 年，在国家林业局等单位共同举办的"天人生态杯"全国"啄木鸟"系列生态文学有奖征文活动中，以《小白　小白》一文获得全国二等奖。2018 年，在北京市总工会、北京市园林绿化局联合举办的"绿色北京、劳动榜样"——为最美首都园林绿化人点赞公益活动中获得"首都绿色工匠"称号。2018 年，接受"澎湃新闻"的邀请，在澎湃新闻网上开设认证账号，在"问吧"板块对公众提问进行解答。

保护动物源于爱

常年跟野生动物接触，刘醴君没少受伤，"凶手"品种众多。印象最深的，是刚来野生动物救护中心那年，在给一只苍鹭打针的时候，突然感觉眼前一晃，等他反应过来，苍鹭尖锐的长喙已经在他眼角啄出了一道伤痕，再晚一秒钟，可能就啄到眼睛了。

妻子担惊受怕，但刘醴君不以为意，"我反倒更希望看到动物保持野性，和人类不亲近，这样它们回归自然后才会像以前一样正常生活。"作为北京市野生动物救护中心饲养繁育科的一名兽医，刘醴君在动物救治过程中有一个原则，就是尽量保持动物的野性，减少动物对人类的依赖。

填报高考志愿时，刘醴君毫不犹豫地报考了动物医学专业，在他看来，救护中心的工作是他的第二份工作，也是一生的工作。"来救护中心之前我做了两年疫苗相关工作，我自己喜欢动物，学的也是动物医学专业，所以还是想要直接接触动物。"对他个人来说，能把兴趣变成工作，是一种幸福；将对动物的喜爱发展成为对整个物种的保护，是这个行业的意义所在。

莫让放生变"杀生"

救护动物是有一套科学流程的，接运、诊治、饲养，每一个流程都要按照动物的具体

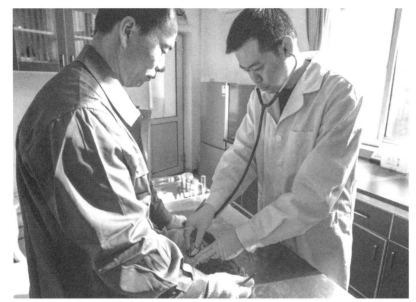

情况来实施。"听诊、检查状态、化验血液……每一只来到救护中心的动物都要经历这一系列的检查，一周左右的观察时间。如果动物痊愈，身体状况良好，我们会根据动物的习性，在适当的时间、地点进行放归；如果终身残疾不能在野外独自生存下来，我们会把它转移到长期饲养笼舍，这里就是它们最后的避风港。如果动物死亡，我们会对它进行检测，查明死亡原因。为了防止动物遗体流入市场或感染健康的动物、污染环境，我们会将尸体焚烧或深埋。"刘醴君介绍道。随着生态环境建设和野生动物保护工作的不断加强，北京地区需要救护的各类野生动物数量也在不断增加。

针对目前很多爱心人士喜欢放生的善举，刘醴君分享了他的看法："并不是所有的动物都能被放归，也并不是任何时间、任何地点都可以放归它们。"经常会看到有人在路边买了号称某某老宅养了几十年的老龟到北海、颐和园等地去放生，殊不知很多被放生的"老宅中的灵龟"不一定适合在本地生存。有一种鳄龟，它们的老家是远在地球另一侧的美国，如果把它们在我国放生，就会严重影响到中国本地的野生动物，甚至会对生态系统造成严重的破坏；还有一些人会把陆龟放生到湖里甚至海里，这就不是放生了，简直就是杀生。刘醴君建议我们，如果发现有人贩卖野生动物，不要去买，应拨打电话联系当地森林公安人员。

刘醴君说，2017年1月1日，随着新版《野生动物保护法》的实施，野生动物放归活动也受到了法律的严格约束。新版《野生动物保护法》第三十八条规定："任何组织和个人将野生动物放归至野外环境，应当选择适合放归地野外生存的当地物种，不得干扰当地居民的正常生活、生产，避免对生态系统造成危害。随意放归野生动物，造成他人人身、财产损害或者危害生态系统的，依法承担法律责任。"

在动物急诊室见众生相

北京地区自然环境丰富多样，河流、湖泊、森林分布广泛，为野生动物提供了良好的栖息环境。位于顺义区潮白河畔的北京市野生动物救护繁育中心成立于 2005 年，是北京地区伤病野生动物治疗、康复、珍稀物种繁育、野生动物保护科学研究、野生动物科普教育的基地。在这个松柏、银杏、国槐等丰富树种掩映的野生动物世界里，每年都有几万只野生动物来来去去，对于它们，这里是休养生息、重返自然的一片天地，也是它们最后的避风港。

在救护中心，隔离笼舍就相当于急诊室，兽医就是一名急诊室医生，负责对受伤患病的野生动物进行临床诊疗。对他们来说，每一次救护车接来的动物都可能有着不一样的遭遇，有的是因为患病感染，有的是因为找不到食物而变得虚弱，也有海关或民警截获的大规模偷猎动物，还有一些是人为因素造成的，而人为因素又分为两类，一类是爱心所致，另一类则是"失心"所致。

野生动物生活的每一天都在面对严峻生存的考验，每一次迁徙、捕食、逃跑都要面临受伤甚至死亡的风险，比起动物的自然受伤，最让人痛心的是人类的恶意伤害，有些动物被武器打伤，有的被偷猎者捕捉贩卖，甚至还有一些是被人故意折磨造成重伤的……

刘醴君回忆道，2012 年的夏天，救护中心被送来了一只老年雌性猕猴，它是在方庄一个小区的垃圾箱里被发现的，不知它经历了什么，因为什么，被什么人扔到了垃圾箱里。"猕猴被送来的时候，情况特别糟糕，浑身沾满了粪便，肛门周围都已经腐烂，而且爬满了蛆虫，全身肌肉僵硬，手指和嘴唇都不能动，从外表上根本看不出它是死是活。"这对于当时只工作了半年的刘醴君来说是震惊的，也是心痛的，因为他从来没见过受如此重伤的动物。

在进行初步的诊治后，猕猴被确诊为破伤风感染，且症状严重，救护中心几名兽医 24 小时不间断轮班值守，给它输液、看护，随时观察它的情况以调整用药剂量，每个人都在祈祷它能够挺过来。经过一周的输液治疗，猕猴发出了"咳咳"的声音来，并且出现了吞咽动作。想起接诊这只猕猴的经历，刘醴君说："看到它病情得到控制，我高兴坏了，赶紧和大家一起尝试给它调配了流食，试着用吸管滴到它嘴里，帮助它进食。开始猕猴只能喝下去几毫升流食，一天、两天，我们逐渐增加了它的进食量，猕猴吞咽越来越顺畅，眼神也不再呆滞，能追随着医护人员转动眼睛，然后手指也能慢慢地动了，脖子和四肢都恢复了行动力，在笼舍中上蹿下跳。"

刘醴君介绍道，虽然这只猕猴的身体完全康复了，但它始终对人保持着相当的警惕和敌意。"当时，我们还给它取了个名字，叫'感恩的心'，因为这只猕猴一点感恩的心都没有，无论见到兽医或者饲养员，给它喂食的时候都龇牙咧嘴，除了它刚来时全身不能动，剩下的时间都是这个状态，可能之前受的伤害太大，心理上已经对人不信任了。"碰见过许许多多人为伤害动物的例子，这些经历不禁让刘醴君深思：人类真的可以站在"审判者"的位置上决定其他生物的命运吗？

最好的保护是不干预

每年的 5~7 月是刘醴君最忙的时候，尤其是端午节前后，会接到很多捡拾幼鸟的电话。春暖花开的季节，也是小鸟离巢的时候，大家出门遛弯、去公园里赏花或者去山上郊

游，都有可能看到掉在地上的小鸟，很多爱心人士会将这些小鸟抓起来送到救护中心。说到爱心人士，刘醴君更多的是无奈。刘醴君说："遇到从巢中掉落的幼鸟，人们的第一反应可能是，它还没有生存能力，我应该把它拿回家养大，但也许这个爱心的举动恰恰'害了'它们，因为带回家喂养的结果大多只有两种，要么是不久就死掉了，要么是养大后缺乏鸟父母的教导，没有了野外生存的能力，无法被放归野外。"

刘醴君介绍道："遇到落在地上的小鸟，正确的做法是，先观察幼鸟的形态，如果幼鸟有飞羽，只是还不会飞，它们就处于正在去适应、去学习飞行的过程，周围通常还有父母保护，是不需要被救护的。如果是一些身上无毛或只有小绒毛的幼鸟，应该把放回巢里，交给它们的父母继续抚养。如果巢太高，放不回去，可以找一个纸盒，垫上干草或手纸，然后把纸盒固定在既有一定高度，又有一定韧度的细树枝上，把鸟放进去就可以了。通常情况下，鸟爸爸、鸟妈妈是不会远离掉落的幼鸟的，幼鸟被安置在原来的鸟巢附近后，还会继续得到哺育。"

的确，并不是每一只野生动物都是需要帮助的，很多市民对野生动物了解甚少，在小区里、公园中、湖泊边，都会有刺猬、黄鼠狼、青蛙这样的野生动物生存，这并不奇怪。很多野生动物和人类一直生活在一起，而且它们已经适应了城市的生活，并不需要我们的帮助。"动物在被救助的过程中，内心实际上是非常恐惧的，刚刚受到伤害的它们往往会非常害怕人类，它们不知道哪些人想要继续伤害它们，哪些人想要帮助它们。但是在救护动物的同时，我们也要做好自身防护。"有的时候，对自然最好的保护就是不去干预。因为尽管大自然已经千疮百孔，但却有着强大的自愈能力，它会按照自己的节奏慢慢恢复起来。

近年来，为了向更多的市民宣传野生动物知识，救护中心经常组织野生动物宣传相关活动，面向广大市民进行科普，告诉广大市民如何正确救助野生动物，认识野生动物保护的意义。"要让大家的保护知识跟得上保护意识，保护野生动物不仅需要救护中心，更需要全社会共同的努力。人类与野生动物共同生活在一个生物圈内，缺少了其中的某一环节，产生的影响可能不大，但当缺失的野生动物达到一定数量之后，这个生物圈将不再完整，必将影响到人类自己的生存。"

在救护中心工作的几年间，刘醴君和他的同事每年会救治四五百只野生动物，超过一半以上的动物都能够重返自然。"希望随着动物保护知识的不断推广，我在这里救治的野生动物会越来越少。"

访谈感悟

通过与刘醴君学长的对话，聆听学长的工作经历，我对自己的专业有了更加深刻的认识。动物医学专业前景广阔，在保护大自然、维护公共安全和优化生态环境等方面都有着巨大的作用。专业是我的立身之本，是值得我付出毕生精力去从事的事业。

采访人：陆华浓

科技创新

她沿着生态气象监测与服务的道路笃实前行，坚持不懈学习研究，持之以恒踏实肯干，矢志不渝追求卓越，用扎实的专业基础支撑气象保障"三农"的职能作用，青春在专业化的服务中实现价值、焕发出璀璨光芒。

孙应龙：发挥生态气象作用，为"三农"保驾护航

孙应龙，女，2010 年毕业于北京农学院农业资源与环境专业，获得学士学位，2012 年毕业于中国农业大学环境工程专业，获硕士学位，2017 年毕业于清华大学环境工程专业获，博士学位；目前就职于国家气象中心生态和农业气象中心，从事生态气象监测评估工作。

我们如期来到孙应龙学姐就职的中国气象局附近的咖啡厅，学姐早早就站在大厅门口等候，她热情地招呼我们进去。朴素的着装，给人平易近人的感觉。访谈在学姐爽朗的笑中开始。

回忆母校

本科时的毕业设计使我受益匪浅，导师对我的影响很大。学我们这行的，免不了做实验，而且动手能力非常重要，当时大一到大三，一般的课程实验都是大家一起完成，每个人真正上手的时间非常少，所以做毕业设计的时候一开始手非常笨，在秦岭老师的帮助与鼓励下，逐渐灵活了起来，对那些瓶瓶罐罐也不那么害怕了。毕业设计从实验设计到亲自操作，再到分析数据、写文章，整个完整的科研过程非常锻炼人。所以，在今后的博士科研中，很多基本功都是当时本科毕业设计培养的。"孙应龙回忆道："从我毕业到现在已经十年了，跟我保持联系的还是大学同学，我最怀念的是和她们在一起的大学时光，当时很单纯，没有杂的事情干扰，就是学习生活。现在每次回忆起大学生活，印象非常深的便是和同宿舍一起考研的姐妹起早贪黑地复习，不管严寒还是酷暑，都没有阻挡我们坐公交换地铁上辅导班的脚步。那是一段除了高考以外最刻苦认真的学习经历，不仅使我考上了心仪的学校，更培养了我坚持不懈的精神，这种精神一生受用。"

坚持在自己的专业领域耕耘

孙应龙目前的工作主要是研究气象条件对于农业、生态的影响。在工作岗位上奋斗多年的她，热情地同我们分享着对专业的理解："生态气象监测评估和'三农'密切相关。在农业生产中，不论是'看天吃饭'还是'知天而作'，天气条件始终都是最重要、最活跃的影响因素之一。党的十八大以来，农村气象信息服务、直通式气象服务、气象为农服务社会化、智慧气象为农服务、农村防灾减灾能力建设越来越得到重视。可以说，生态气象评估监测工作关系生命安全、生产发展、生活富裕、生态良好，关系广大人民群众的切身利益。"

在工作中，经常需要用到农业气象的一些基础知识，很多内容本科都有学过，但由于毕业多年印象模糊，因此需要捡起来。孙应龙劝说师弟师妹们，如果决定从事和专业相关的工作，本科时候的成绩和基础还是相当重要的。

从当初的农业资源与环境专业到如今的生态气象监测，看似跨界、跨学科，实则需要本科、硕士、博士一以贯之的扎实的专业基础，对孙应龙而言，这就是"万变不离其宗"，触类旁通。

学好专业是硬道理

采访过程中，孙应龙学姐对在校学子如何坚持学好专业、如何选择就业岗位、如何准备面试等一系列事关未来学业、职业发展等话题尽情地分享了自己的经验与建议。归根结底，能力素质才是金饭碗，是可以不断升值的。只要一心一意打好专业基础，掌握扎实过硬的专业技能，就一定能够拥有充实灿烂的人生。

访谈感悟

既然选择就坚定选择，既然决定从事一个专业就要坚持不懈，不能轻易放弃、浅尝辄止，成功属于坚持到底的人。

采访人：殷博威　乔楚航

科技创新

在广袤无垠的人生路上，我们走过无数春秋，经过无数岔路，才从跌跌撞撞到一帆风顺，这一路有艰苦，有喜悦，有成功，最后凝聚成一条向前的道路。让我们走进李娜学姐的生活，体会她一路走来的故事。

李娜：目标坚定，矢志逐梦

李娜，女，2010 年毕业于北京农学院农业资源与环境专业，同年考入中国农业大学土壤与水科学系攻读硕士学位，2014 年进入辽宁省农业科学院工作，副研究员，2017 年获得博士学位。目前主要从事黑土地土壤碳循环机制相关研究工作。

一分耕耘一分收获

李娜是第一届农业资源与环境专业的学生，当时京外招生指标很少，全班只有 5 个京外的学生，她是其中之一。李娜学姐能从内蒙古赤峰考入北京农学院，这是中学刻苦努力的印证。大学和高中最大的区别在于前者完全靠自我约束和自我管理，进入大学，李娜丝毫没有"船到码头车到站"的心态，依旧保持着一心求学的状态。李娜认为，学习不努力不只是一种在校的表现，也是一种做事习惯，学习不认真的学生在走进社会以后做事也会比较随意，虽然死读书并不可取，但如果对自己负责任，就一定要在大学里养成事事认真的好习惯，包括对待学习。

对于学生和老师而言，有个很大的困惑便是今后的发展方向。李娜十分庆幸能在北京农学院遇到自己的恩师——刘云老师，并在老师的帮助下，于本科阶段就确立了以后的发展方向，当时选定了进一步深造的院校和专业，并以此为目标，规划自己的大学生活。当时考研数学需要考"数二"，北京农学院的数学是数农（农学统考里的公共基础科目数学），在一定程度上不能满足考研深度。当时，刘云老师建议李娜去对面的华北电力大学旁听数学。就这样，每天早上李娜都要 5 点多起床，摸着黑洗漱，匆匆忙忙跑到对面学校去上数学课，下课后又跑回本校上专业课，但是她不感觉辛苦，更多的是为自己找到实现目标的途径感到兴奋。每到周末，北京的孩子都回家了，李娜一个人就跑到图书馆去背英语单词，闲暇的时光并未让她感到无聊，而是为她提供了一个可以安静提升自我的机会。

大学期间，李娜瞄准自己定下的目标，"衣带渐宽终不悔，为伊消得人憔悴"，四年之后终于成功考研"上岸"。

好的习惯让人受益

当谈及在学校内学习和社会工作的不同之处时，李娜坦言，在学校时，很多事情只能按部就班，无须自己做决定，而当走上工作岗位时，情况却大相径庭，经常会面临选择的路口，而这种选择也许会影响自己未来的生活。李娜如今在辽宁省农业科学院工作，正在从事一些与农业科研有关的工作，申请项目、做实验、写文章、开会是每天的家常便饭。李娜说，兴趣对于她尤其重要，如果不是自己对农业研究确实很感兴趣的话，那这份工作一定非常枯燥。兴趣是最好的老师，能将自己的兴趣与工作结合，那是最美的事情。

自身的核心竞争力来源于关键的几个品质。从本科到读博再到参加工作，李娜经历了不同的学校，也完成了角色的转变。在李娜身上体现为四个关键词：自信、乐观、进取、自律。正是这四点，让她能坦然面对困难，理性地分析问题，拥有一技之长，并能积极拓宽视野。对于做科研的人来说，并不需要多么高的智商，关键的因素是要坚持！

感恩母校

虽然已工作多年，但回忆起大学岁月，李娜学姐依旧感到十分甜蜜。她没有因为虚度光阴而悔恨，更没有因为碌碌无为而遗憾。别人眼中的闲暇时光，正是李娜的奋进岁月。她说："非常感谢本科期间我的专业课老师们，是他们引领我进入科研的这条路，并且在这条路上一往直前，也是他们纯洁无私的奉献，启迪着我，一次次给予我慰藉和鼓励！"

访谈感悟

　　我们都知道要实现梦想并不容易，但更多时候不是我们没有能力去追梦，而是我们的犹豫阻止了我们追梦的脚步。不要让梦想败给犹豫，要么勇往直前，要么彻底放弃，别因为犹豫把自己困在一片小小的区域里叹息。

采访人：李泊瑶　高慧丽　刘亦铎

有一种爱，如涓涓溪流，润物无声；有一种爱，俨和风细雨，默默无声；把一种爱，诠释为一种一以贯之的行为准则，在内心深处以此为章法，成为一种思维以及行为上的惯式，这就是动物学博士夏楠的真实写照。

夏楠：动物光明守护者，兽医眼科追梦人

夏楠，男，2010 年毕业于北京农学院临床兽医学专业，获得硕士学位，中国农业大学兽医博士。现任北京小动物诊疗行业协会眼科分会秘书长，北京小动物诊疗行业协会理事，中国小动物医学大会眼科专家组委员，中国兽医协会宠物诊疗分会理事，中国畜牧兽医学会小动物医学分会理事，日本比较眼科学会会员，世界中兽医协会会员，国际认证兽医针灸师（CVA）。北京市执业兽医师继续教育及眼专科培训讲师，北京农学院动物科技学院研究生课程校外讲师，华南农业大学兽医学院校外指导教师。北京宠物医师大会、中国兽医眼科年会、亚洲小动物医师大会、世界小动物兽医师眼科大会讲师。2018 年获中国兽医协会第七届小动物医师大会"优秀青年兽医奖"，2019 年获第十五届北京宠物医师大会"杰出青年兽医奖"。主译《伴侣动物眼科学》，参译眼科圣经《兽医眼科学》。屡赴美国兽医眼科专家年会，佛罗里达大学，日本麻布大学，中国台湾大学，台湾中兴大学等地访学研修及学术交流，担任国内外多家知名企业讲师，5 次荣获北京宠物医师大会优秀论文奖，至今撰文 60 余篇，获得国家专利 1 项。

专注在宠物眼科领域

进入动物医学领域，对夏楠而言好像是顺理成章的事。夏楠出生在天津一个很普通的家庭里，父母善良、友善，孩子受此影响，从小就善恶分明，慈善为怀。中学毕业之后，夏楠就考取了动物医学专业，读本、读硕、读博，都是在这个领域里驰骋。进入这个领域之后，他才逐步发现，这既是一个纷纭复杂的领域，也是一个可以释放大爱情怀的世界。

夏楠专精于小动物眼科方面的研究。谈到走上这条道路的渊源，夏楠说："起初我是对宠物髋关节置换手术非常感兴趣，后来在第三届北京宠物医师大会上受到启发，在导师建议下机缘巧合接触到眼科。"

专业素质是动物医生首先必须具备的条件。优秀的医生要不断追求学术，努力提升专业素质，2015年10月，夏楠考上博士研究生，撰写论文和医院工作要统筹兼顾，工作和学习双线进行，同时还要经常讲课培训。

夏楠感慨道："在感受到充实的同时，学习与工作这二者相辅相成的收获是最大的，对我今后的帮助也非常明显。深刻体会了，付出就一定有回报。"

夏楠认为，对专业来说，学习是一件终身的事。可能当时没有想到，但是以后会发现不管是临床还是学术，都会很有帮助，在学习过程中带来的技能提高和人生经历，以后会很受用。

一名合格的动物医生，除了要有扎实的专业技能，还需要有过硬的心理素质。"我们是帮助动物挽救生命，减轻痛苦，帮助宠物主人解决困难和问题，需要用耐心和热心开展工作。"宠物医师是需要随时处理突发情况的，沟通能力和强大的内心很重要。

忆及母校，历久难忘

"我记得刚到北农时，一进校园就觉得很漂亮，绿化好，环境干净。当时是2007年9月，校园里树很多，像个花园，很有归属感。"夏楠回忆道，"2007年刚开学参与的校园十大歌手比赛让我印象深刻。这个活动是个传统项目，面向全体本科生和研究生，比赛现场在礼堂，时尚而热烈。我很享受参与的整个过程，还记得通过了两次比赛进入复赛，最后有幸成为总冠军，当时的场景至今仍历历在目。"

学习之余参与活动不但能劳逸结合，还能和同学增进感情。在校期间，夏楠不仅对感兴趣的专业课深入学习，精益求精，其他学科也广泛涉猎。

满怀憧憬，寄语未来

2019 年夏楠荣获北京杰出青年兽医奖，这是他对多年工作的肯定。不过，夏楠想得更多的依旧是专注于目前的学习与工作，继续努力做好业务。"终身学习是这个专业的特点，不管是对主人还是宠物，将心比心，以心换心，最终会得到认可。"

目前，动物医学专业的就业和市场前景都十分乐观，国内宠物市场约为 2000 亿规模，预计有 15000 家宠物医院，仅北京就有六七百家宠物医院，聘用的人员主要以动物医学专业学生为主，宠物用品市场同样广阔。夏楠建议，动物医学专业的学生要利用假期积极参与相关实践，明确兴趣方向，提前了解行业情况，对未来发展有一个初步认识。他说："动物医学行业是脑力结合体力的综合性实践学科，在不断提升专业知识和技术的同时，更要有一个健康的体魄。"

对于动物医生来说，执业兽医证是从业资格的准入门槛。夏楠结合实战经验，谈了他的体会。他建议，提前四个月进入复习阶段，战线不能过长，也不能过短，具体结合自身对知识掌握的熟练程度。复习材料至少看三遍，合理安排复习计划。第一遍对书进行熟悉，把所有科目知识点的原理弄清；第二遍结合考纲，针对考纲上的考点进行复习；第三遍统揽全局，纲举目张，把书和真题、考纲结合起来，认真练习真题，总结规律，把握考点考频。动物医学专业课时繁忙，所以整体性的复习一定要提前留出时间。

2021 年建党百年之际，正值学校建校 65 周年，身为优秀党员的夏楠对母校心怀感恩，"感谢老师们多年的培养，希望学校未来的发展蒸蒸日上，桃李芬芳满天下！"

访谈感悟

借鉴夏楠学长的过往经历，我们感悟到：要珍惜校园学习的宝贵时光，好好学习专业课，打好基础，机会是留给有准备的人的。积极进取，勇于探索，成功的大门总会向你敞开。作为一名医者要有行业道德，尤其是动物医学专业的学生，更要有耐心和爱心，成为守护小动物的天使。对比夏楠学长，我们还有很大差距，但通过与学长交流，坚定了我们努力的方向和信心。相信通过努力，我们每个人都会有一个美好的未来！

采访人：谢嘉欣　王旭　纪铭锋

他，一心向农，真情为农，在希望的田野上播撒农民丰收的希望；他，锚定植物保护专业，以自己对农业艰辛劳作的深切体会，不断提升专业技能，发挥技术特长，用不变的理想和永恒的情怀，耕耘在"三农"沃土中。

王胤：争当农业推广战线上的尖兵

王胤，男，2014年毕业于北京农学院植物保护专业，获农业推广硕士学位。同年，参加北京市农业局事业单位公开招聘考试，进入北京市植物保护站蔬菜作物科就职，主要从事蔬菜病虫害绿色防控技术研究和示范推广工作。

扎实的求学路

"学校老师对学生的关心让我记忆深刻，老师常常主动了解学生的生活状况，为家庭经济较为困难的学生送去温暖。记得那时班里很多同学，包括我自己在内，都曾得到过老师的帮助，那种温暖让我们走到哪里都对学校有着强烈的归属感。"王胤回忆道。

岁月如梭，不知不觉王胤离开母校已8年。在工作岗位上奋斗多年的他，分享着对大学的理解："对于一所大学来说，在教学过程中应当使学生学会两方面的知识，一个是专业知识，另一个是通用知识。"他说，专业知识是将来走上工作岗位、服务社会的凭借，通俗来说，就是在学校学会的一门能立足于社会的手艺；而通用知识就是除专业知识以外的其他领域的相关知识，包括如何协调事务，处理人际关系。王胤认为，大学生在校期间还应培养出高尚的情操，多汲取"正能量"，多发现、学习"真善美"，对于个别负面新闻避免跟风，学会从多方面辩证地去理解和思考问题。做事情一定要有不畏困苦、勇于拼搏、坚持不懈的精神，不能"三分钟热度"，也不能轻言放弃，这是每一名志在农林的青年都应该具备的品质和锤炼的精神，这样才能服务"三农"、筑梦未来。

搞好科技培训指导，提高农民科技素质

王胤主要从事蔬菜病虫害绿色防控技术研究与推广工作，已主持北京市农业农村局科技项目3项，参与全球环境基金、科委和市财政项目20余项。为了提高京郊农技人员的业务水平和农民群众的科技素质，他撰写植物保护防治信息200余条，深入田间地头，累计下乡开展工作共计500余次，解决蔬菜植物保护问题600余次；共组织召开"蔬菜病虫害全程绿色技术培训会"等技术交流培训会20余次，培训人员4000余人次，多次受邀赴河北、青海等地以蔬菜病虫害绿色防控技术为主要内容作专题报告。他积极参加农业农村部、北京市农业农村局和农业科学院组织的继续教育培训班，从中不断学习植物保护新技术、了解新产品，先后撰写科技文章25篇，取得国家专利21项，荣获北京市农业技术推广奖二等奖1项，编写著作5部、地方条例1项。

推广新技术，保障农民利益，稳定农业生产

王胤的重点工作内容，是研究植物免疫诱抗剂对蔬菜抗病促生作用效果。植物免疫诱抗剂可以诱导作物抵抗病害、逆境，促进植株生长，增加产量，改善品质，是一项具有较好应用前景的植保新技术。他通过项目实施，明确了药剂对番茄、辣椒、茄子、芹菜、甘蓝、油菜等多种蔬菜作物的抗病促生应用效果，为日后推广应用奠定了数据基础。他先后参与建立核心示范区10个，示范面积100亩，促进生物多肽及相关植物免疫诱抗技术逐渐深入推广。

出校门入职场，要调整好心态

王胤认为学校和社会是两个不同的环境，走向社会之后是另一个转折，这一时期大学生应该调整好心态，勇敢乐观地面对现实与理想的落差。他谈道："现在毕业生跳槽的现象比较多，其中多半是因为走上工作岗位之后，难以接受工作的现状而无法坚持。当我们步入工作岗位之后，如果想要得到相应的提升和成功，那就应该做到以岗位的需要为目标。当我们将岗位的要求和单位的需求结合起来，根据具体的情况谋划好将来的工作，那你的事业也将逐步走向成功。"

在王胤看来，当一个人能够在工作中更进一步思考，站在他人的立场，换位思考问题，并与单位的发展规划相符合的时候，就会很快得到大家的认可。因此，具备一套系统的思维显得十分重要，而这又往往来源于平时的好习惯。思想决定行为，长时间的积累就会形成习惯。大学生在日常生活中应培养良好的生活习惯，做事情要有条理。如今一些初来单位的大学毕业生，可能在校期间就没能养成良好的学习、生活习惯，并将这种状态延续到了工作中，这是对个人发展非常不利的。每天梳理学习和生活的同时努力约束自己，这有利于自己整理思维，养成习惯之后，在工作中也会有清晰的思路，这对个人工作很有帮助。

王胤谈到，不同年代的人都有不同的思维，在沟通上难免有"代沟"，这是正常的。现

在的大学毕业生多是"00后"，主张个性和特点；但是要知道，在将来的工作岗位上，面对的多是年长的领导，这时就应该做出相应调整，收敛自己的个性，正确、及时地理解领导的思维和想法，并站在上司的角度看待问题，这将对自己的职业生涯大有帮助。但是，不管身处哪个岗位，求真务实是必需的，夸夸其谈、眼高手低都成不了大事。踏踏实实做事，总会有机遇，正所谓"是金子总会发光的"。

直面挑战，成就自我

对于现在很多农林类毕业生不愿去农田一线而追求轻松安逸工作的现象，王胤认为，吃苦的能力是必备的，若是没有在基层吃苦的过程，就学不到农业技术最基本、最实用的知识，也就难以做好本职工作。

在这几年的工作经历中，王胤曾面临两大挑战。第一，在学生时代开展实验时，有问题可以找老师咨询帮助，但是在工作中自己开展实验的难度就很大，从实验设计、实验进行、实验分析到撰写文章，都需要自己当主力，都需要自己勇敢地迈出第一步，查询各种各样的文献资料。做实验没有一次就会成功的，这时候就得需要坚持不懈，需要能耐住性子、勇于坚持。第二，在推广工作当中，需要在田间地头和农民打交道，说服农民使用新技术、新品种。然而，天下没有无风险的事，农民更多关心的是如何盈利、怎么赚钱。若是没有达到预期效果，甚至出现了"赔了夫人又折兵"的情况，农民使用新技术、新品种的积极性必然会下降。遇到这种情况，不能单方面抱怨农民，而是要能站在农民的角度想一想，共同找出问题的症结。这也从另一个侧面反映出，新技术、新品种的推广，事先的示范应用环节是非常必要的，在这个环节上完成纠错与容错的过程，后续大规模推广才具有可能。

王胤的亲身经历与切实体会说明，工作初期需要吃得了苦、稳住心，敢于拼搏，甘于奉献，坚持不懈。如果没有这个过程，本身就是一个很大的缺失。用王胤自己的话说，就是"只有具备在基层一线的工作体会，将来如果走上管理者的岗位，在管理过程中做出的决策和采取的措施才可能是合理的，才不会脱离现实。"

北农学子，未来可期

王胤表示，农业毕竟是第一产业，农业生产具有永久性，总有人会干农业，因为百姓需要吃饭。中国是农业大国，未来要向农业强国迈进，对农业的重视只会加强，不会削弱。植物保护专业应用领域广泛、大有可为。特别是在疫情防控常态化的情况下，必然会有更多的生物安全性问题需要解决。王胤建议植物保护专业的广大学子要继续深造，站到更高的平台提升自己，用知识武装自己。

在未来就业方面，王胤认为无非就是三大走向：治学、从政和经商。归根到底，同学们应该找一个自己感兴趣的、真正喜欢的、能够坚持到底的工作。工作就得有坚持不懈、勇于拼搏的精神。工作中难免会磕磕碰碰，经历了失败，才能让自己"重获新生"，坚持下来就能提升自己的能力，开阔自己的视野。他不建议频繁地换工作，因为只有在一个领域里深耕精耕，才能成为行家里手。

访谈最后，王胤说：有梦更有未来，圆梦重在务实，同心才能共筑中国梦。只要做到明责任、谋全局、重务实、精细节，中国的梦，每个人的梦，必将实现。对自己的未来要有清晰规划，大处着眼，小处着手，脚踏实地，走出属于自己的精彩人生！

访谈感悟

生活中的挫折，公平的是训练，不公平的是磨炼，对于年轻人来说，人生处处是课堂，多在生活中锻炼自己就会更接近成功。

采访人：乔楚航　李泊瑶　邵文雅

当昔日的大学生褪去了青涩，成了成熟干练指导一方的人。回忆往事，曾经那个意气风发的少女脸上有了皱纹和沧桑，她没了以前的文艺与白净，变得不太注重打扮和黝黑，和千千万万的北农学子一样，怀抱着对农业的热忱，为农业奉献青春。

祝宁：将农技推广进行到底

祝宁，女，2012年毕业于北京农学院植物保护专业，中国农业大学研究生学历，高级农艺师。现担任北京市昌平区农业技术推广站副书记，中国园艺学会草莓分会理事，北京农产品质量安全学会理事，北京市粮经作物创新团队草莓综合试验站站长等职务。

自参加工作以来，她潜心钻研，勇于创新，甘于奉献，服务"三农"，全面负责北京金六环农业园管理、昌平区草莓蔬菜技术推广服务等工作。近年来，累计引进种植蔬菜草莓品种680余种，示范技术160余项，接待观摩上万人次，推广技术70余项，编著技术书籍6部，发表文章50余篇，申报专利7项，形成图文并茂的约12万字的金六环园区试验示范技术总结；先后获得北京市农业技术推广奖一、二、三等奖，被评为昌平区优秀科技工作者荣誉称号、全国农科教推助农贡献奖等。

学农爱农，做合格的北农人

祝宁在大学期间便对农业产生了浓厚的兴趣，经过四年的学习、试验、实践，积累了许多农业的专业知识，毕业后她毅然决然选择了服务"三农"的工作。她说："农业是我们国民经济中的基础，农业的发展状况也直接影响着、左右着国民经济全局的发展。咱们国家作为一个农业大国，农业不兴，则无从谈百业之兴，因此，我选择了在大学学习农学这个方向。"

她认为专业就是自己的护身符，专业知识可以使自己迅速适应工作岗位的需求，在边学边干中有底蕴积累，非常有助于农业生产难题的解决。她说，现在每每在工作中应用到当年在学校中学习的专业知识，都让人感到十分充实，觉得大学时光没有虚度。她清楚地记得解剖蝗虫的课程，不仅增强了动手能力，还感受到了野外生活的多姿多彩。

祝宁建议，大学生要把专业基础打牢，不能好高骛远，同时，还应该参加一些社团活动、这些活动可以磨炼性格，锻炼和提高沟通交流、人际关系处理以及协调应变等方面的能力，这些能力会对以后的工作有很大的帮助。

岁月如梭，不知不觉祝宁已经离开母校10年了。在工作岗位上奋斗多年的她，也遇到了许多困难，比如，角色身份的转变，心态上的调整。正是有了扎实的专业功底，这些困难反而成为她不断提高和进步的动力，促使她在工作岗位上更加主动学习，不断思考如何使用浅显易懂的方式将科学的种植技术传达给农民。

推广农业技术，助力农民增收

自从事技术指导与推广以来，祝宁每天的工作都安排得很满，皮肤也被太阳晒得黝黑，但祝宁从不会缺席与同事一起干活，一起下乡培训指导农户。她无时无刻不在忙碌，展现的正是一名农业工作者不怕苦不怕难、甘于奉献的精神和品质。走进祝宁的办公室，可以看见许多荣誉证书摆在玻璃橱窗内，还有一些锦旗，这些锦旗与证书无一不是对她工作的认可与鼓励。

每年的6月是昌平区草莓育苗的关键期，也是祝宁最为忙碌的时期。她不顾炎热，扎根在密闭的大棚里推广农业实用技术，指导种植户开展优新品种培育和田间管理。为了保障来年有个好收成，草莓育苗养护需要格外精心，就像照顾婴儿一样，随时关注草莓母苗的生长情况。为此，祝宁放弃了很多自己的休息时间，她每天来得最早，走得最晚，加班加点呵护幼苗。作为北京市粮经作物创新团队草莓综合试验站站长，祝宁带领同事大胆引进草莓和蔬菜优新品种，经过试验栽植成功后向广大种植户推广。在引进过程中，他们不断探索总结适合本地种植的栽培技术和智能化管理方式，稳步提升了种苗的品质。结合本地种植环境和管理技术水平，把常见的促成栽培不断向超促成栽培模式发展，保证草莓在国庆节前后顺利上市，延长了草莓的采摘期，让种植户的收入稳步提升。

2019 年，北京市粮经作物创新团队创新开展草莓套种甘薯栽培新模式并取得成功。2021 年，创新团队在昌平区选取 100 栋草莓温室（覆盖地栽、基质、半基质栽培模式），发放 10 万株甘薯苗与草莓进行套种示范。甘薯品种为口感型'普薯 32 号（西瓜红）'和'烟薯 25 号'，每栋温室定植 1000 株。

作为创新团队中的一员，祝宁定期为草莓套种甘薯示范户提供技术指导，并针对不同栽培模式监测草莓和甘薯长势，保证草莓套种甘薯技术高效转化落地。草莓 5 月初拉秧后，甘薯进入地下部膨大期，快速吸收土壤中残余的养分。7 月中旬开始采收甘薯，因草莓种植过程中肥料供应充足，促进了甘薯口感和品质的提升，采收甘薯的过程中进行土壤或基质的深翻，为下一茬草莓种植提供了疏松的土壤结构。

祝宁和团队采用草莓套种甘薯模式增加种植品种多样性，改良土壤结构，平均每栋温室可采收甘薯 1500 斤以上，提高莓农收益超过 5000 元。

在农技推广道路上，祝宁将继续发挥北京市粮经作物创新团队技术优势和昌平区农业技术推广站的推广优势，充分把农业新品种、新技术、新设备面向广大农户、园区进行示范推广，让农民更富足，产业更兴旺。

祝福北农，感恩母校

走上工作岗位后，得到来自社会、学校、老师、家长各个方面的支持，每年祝宁都会回母校看看变化。她感到，现在学校建设得越来越好，教学设施也越来越齐全先进，师资力量越来越雄厚，不断地培养着懂农业、爱农业，真正为"三农"服务、为农民服务的学子。中国作为有几千年农耕文明的国家，这种爱农的思想已经深入骨髓，深深烙印在血液里的东西更加需要一代又一代农学专业的学子传承下去。

2021年新生入学季，祝宁作为优秀校友代表，在开学典礼上为大一新生作报告。她分享了自己在基层岗位上潜心钻研、甘于奉献的经历，她希望新生在这四年的时光里能够掌握扎实的专业知识、树立良好的道德品质、建立和谐的人际关系。博览群书，通过社团活动、社会实践提升自己为人处世、解决问题的能力，毕业后投身农业领域，做一个懂农业、爱农村、爱农民的"三农"战线工作者，做一个"拿得起铁锹，握得住笔杆，守得住初心"的农业践行者！

对于即将毕业的北农学子，祝宁也送上了自己的祝福。她说："大家要珍惜大学四年的时光，不负韶华，保持住一颗纯真的初心，不要忘记选择自己专业的目的。"

访谈感悟

生活中的挫折，公平的是训练，不公平的是磨炼，对于年轻人来说，人生处处是课堂，多一分磨炼就会在日后多一分成功的希望。所有的经历，所有的时间沉淀，都会在无数新的一天中成就更好的自己。农学院的学子要俯下身子、亮出法子，多参与实习实践活动，在知行合一的行动中得到锻炼。永远不要失去信心，要通过不懈的努力成为更好的自己。

采访人：孙若冰　胡蝶

乡村振兴，为畜牧业的发展增添了活力，也对健康养殖提出了更高的要求。运用科技力量服务健康养殖，他时刻没有放缓自己的脚步。

许光勇：奔波在健康养殖一线

许光勇，男，博士，高级兽医师，国家执业兽医师，2012年毕业于北京农学院临床兽医学专业，师从任晓明教授，在校期间系统性学习了猪病等专业知识，随后入职于首农食品集团猪业板块北京中育种猪公司，曾任北京养猪育种中心/北京中育种猪公司猪场饲养员，技术员，兽医主管，实验室负责人，生产部副部长、部长等职务，现担任北京中育种猪公司兽医总监。

回顾母校，做合格的北农人

回首在母校的三年学习生活，许光勇感慨万千，他大部分时间是在实验室开展课题研究，研究方向是微生物益生菌相关内容。"导师对学生的课题、生活都给予了无微不至的关照，使我能够顺利毕业。课余时间，我的身影也会出现在运动场，每次大汗淋漓后都能够释放出学习压力，甚至有了新的实验思路。图书馆是超级知识库，这里有全部的答案，静谧与温馨的环境，至今我仍然热爱。"从母校毕业后，许光勇带着所学知识回馈社会，为养殖业保驾护航，为首都的食品安全提供保障，发挥了北农人的本色。

扎根基层，服务"三农"

俗话说"干一行爱一行"，许光勇毕业后从最基础的饲养员岗位开始，通过基层岗位的历练，他完全掌握了生猪养殖场现场操作技能、生产流程、工艺设计、猪场运营管理，点

点滴滴的储备为今后的职业发展奠定了扎实基础。十年磨一剑，许光勇做出了很好的诠释。他在实际工作中攻克了多项卡脖子技术难关，申请了多项实用新型专利，对产业的提升和公司发展发挥了积极作用。

作为新时代的新青年，不仅要有过硬的专业技术，还要在专业理论、生产管理等综合方面加强学习。利用闲暇时间，他攻读了博士学位，通过不断学习丰富了专业理论知识。此外，参加了五期"新翼系列主管国际培训班"，在此平台上不仅开阔了视野，还接触到许多欧美国家的顶级专家和国际先进技术。他深信，只有不断地加强自我学习，掌握先进技术，才能够在专业上走得长远。

科技创新，乘风破浪

习近平总书记指出，创新是引领发展的第一动力，创新是推动一个国家、一个民族向前发展的重要力量，抓创新就是抓发展，谋创新就是谋未来。国家需要创新，民族需要创新，企业同样需要创新。

近年来，许光勇主要从事现代化养猪生产，集团化猪场生物安全体系构建、落地及审计，猪群健康管理，实验室检测与运营管理，高效健康养殖新技术开发及推广，科技项目研究工作等，先后主持或参与国家863科技支撑计划、北京市科委、北京市农委、首农食品集团等科研项目，攻关研究内容涉及猪蓝耳病阴性种猪群的建立、猪流行性腹泻与蓝耳病的控制及净化、猪蓝耳病病毒流行毒株谱系分型、唾液检测猪病原技术、母源抗体消长规律的探索及现场应用、规模化猪场生物安全体系构建、全基因组测序应用、非洲猪瘟防控新技术的开发与应用等。非洲猪瘟传入我国后，许光勇迅速应对，构建了以"五级分区，三级管理，二级洗烘"为标准的首农模式的生物安全体系，对非洲猪瘟等相关疾病防控发挥重要作用。

实验室检测与运营管理也是许光勇日常工作的一部分。2014年由他牵头，从实验室的规划与筹建，到2017年带领实验室人员打破了仅仅依靠抗体检测来判定猪群健康的局面，成功将病原检测技术建立并应用于生产，还积极探索了唾液检测法来替代传统的前腔静脉采血，在技术创新方面起到重要作用。

正因为勤奋好学、勇于钻研，许光勇先后获得中国畜牧兽医学会优秀生产实践奖、中国畜牧兽医学会优秀论文奖、北京畜牧兽医学会科技论文奖二等奖、首农食品集团科技进步奖和推广奖以及专利3项，以第一作者发表文章30余篇。他本人还荣获了首农食品集团"优秀青年"，养猪业改革开放40周年"百位博士奖"、动物防疫工作先进个人等荣誉。同时，他还担任中国畜牧业协会猪业分会实战型专家、中国农业大学校外实践基地指导老师、中国农业大学出版社高级专家、《猪业科学》杂志编委会委员等职务。在许光勇的组织下，所管理的猪场2016年获得国家动物疫病净化创建场，2018年获得国家动物疫病净化示范场，2021年获得第一批国家级动物疫病净化场。

许光勇以自身特长为新的起点，在农业行业不断创造新的佳绩，为建设现代化农业谱写新篇章，这是所有北农人的自豪。

访谈感悟

时代是出卷人，我们是答卷人，人民群众是评卷人。让青春扎根基层，奔波在健康养殖一线，在平凡的工作岗位上做出不平凡的业绩！

采访人：胡彬　卢思宇　程涛

成功的快乐在于一次又一次对自己的肯定，而不在于长久满足于某件事情的完成。向着终极目标迈步还不够，还要把每一个步骤都看成目标，使它作为步骤而起作用。日复一日的努力，年复一年的积累，都将会为收获加一份重量。

许晨：努力才会幸运

许晨，女，2019年毕业于北京农学院应用化学专业，获得学士学位。在校期间曾获得北京市大学生化学实验竞赛特等奖、振兴农业事业奖和"最美北农人"等荣誉。本科毕业后一直在中国科学院动物研究所农药残留分析研究中心，从事分析检测工作，参与完成5项农业行业标准制定试验和文本修订以及4个特色小宗作物用药试验工作。

令人难忘的化学竞赛

许晨说在大学印象最深的是她参加的两届化学竞赛，第一次没有取得理想的成绩，但她并未放弃，而是继续努力钻研，静下心来慢慢研究，用一年的时间不断积累试验数据和成果，最终在第二次参加化学竞赛时与团队一起获得了特等奖。这段时间的刻苦努力也使她在工作上能更有耐心、更有毅力地解决难题，更加从容地面对挑战。

入职中国科学院动物研究所农药残留分析研究中心

和大部分同学一样，许晨在大四上学期参加了中国农业大学的研究生招生考试，遗憾的是，由于准备不充分，最终没能考上。这次失利对她来说是一个不小的打击，她在理想与现实中不断抉择，甚至开始质疑自己的能力，内心煎熬地度过寒假后，她决定调整好状态，先将眼前的事一件一件做好。大四下学期按要求是要参加毕业实习的，许晨想起之前在学校里举办的招聘会中，有一个单位和她所学的专业很对口，而且就在学校的科技综合楼里，所以刚一开学，许晨就带着简历找到那家单位。就这样，实习两个月后，许晨正式进入了中国科学院动物研究所农药残留分析研究中心工作。

选择在这里工作既是专业对口，也是兴趣所在。农药残留分析研究中心是专门从事农药登记残留试验、农产品安全及环境评价的科学研究机构，是全国首批 32 个经农业部认证的农药登记残留试验单位之一，在农药残留分析方面有良好的工作基础，主要研究农药在环境中的残留及消解动态、农药污染与相关毒理学问题、农药对有害生物的控制机理及相关控制效果等。虽然中心人员不多，但是这里有很浓郁的科研氛围，这里的技术人员对待每一个项目都像对待科研工作一样严谨。初入岗位，许晨面临的困难非常多，仪器设备的使用、检测方法的建立、单位管理模式的熟悉都要从零开始学习。许晨感觉自己在这里学到了很多在书本上学不到的知识，个人工作能力得到了充分的历练。

任务接踵而来

刚刚入职，项目负责人就告知许晨将承担 5 个试验项目，这使她瞬间感受到巨大的压力。在实习期时，试验都是由师兄师姐安排，做实验的时候也是由师兄师姐指导，这次只能靠自己独立完成试验等工作了。万事开头难，5 个项目的试验方法接连失败，许晨有些失望，于是她向师兄师姐求教，探讨试验失败的原因，可再三调整方案之后仍然找不到最优方案，就在她觉得心灰意冷的时候，想起之前大学时参加竞赛的经历，这使她获得一丝动力，又请教了项目负责人，在项目负责人的指导下，慢慢地发现了试验中出现的问题，

科技创新

经过认真地纠正错误之后，试验方法终于敲定了，这使她松了一口气，也对自己有了些信心。从这之后，许晨边干边学，成就感与日俱增。她非常感谢项目负责人在一开始就相信自己并委以重任，从而激发了她的自主性和创造性，也加快了她对工作环境和工作内容的熟悉度。

许晨负责的项目周期一般为一年左右，忙碌了一年，终于到了项目的收尾阶段。原本以为可以稍微喘口气，没想到项目负责人又将4个新项目委派给了她，而且这次的项目与之前的项目在管理和内容上都有不小的差别，这又给许晨带来了新的挑战。许晨一边修改上一个项目的结题报告，一边又要顾及新项目开展的进度。新项目在方法的建立上要求更为灵活，这就意味着可参考的资料范围更广了，建立出快速高效的残留检测方法的难度也随即增大了。为了保证工作质量和工作进度，那一阵许晨经常加班到深夜，每天都能看到她在实验室和办公室穿梭的身影，通过她的不懈努力，既保证了前期项目的顺利收尾，也保证了新项目的有序开展。随着项目的进展和实施，许晨的工作能力逐渐得到了单位的认可。

两年多的工作经历，许晨不仅熟练掌握了单位的工作流程，而且能很好地把控每个项目的技术环节。在此期间，许晨参加了很多会议及内外部培训并获得相关证书，比如，农业农村部农药检定所主办的2019年度农药登记试验质量管理规范培训、中国农药工业协会举办的全国农药登记试验单位管理技术交流会、中国农药发展与应用协会主办的特色小宗作物用药登记技术培训班和农药登记试验单位关键岗位人员培训班等。她很感谢单位提供的工作环境和学习机会，在领导和同事们悉心关怀及指导下，通过自身的不懈努力，各方面均取得了一定的进步。不断学习是取得一切进步的前提和基础，相信在不久的将来，许晨可以独当一面，成为行家里手。

给学弟学妹的建议

在采访中，许晨结合自己的经历建议学弟学妹在学习专业课时要重视实验环节，既要多看，也要多动手，同时还要围绕本专业拓宽知识的深度与广度，不要满足于现状，要努力走上更高的平台提升自己。她希望学弟学妹们能在大学期间找到自己喜欢并能为之坚持的事业，不断挑战自我，发掘自己的潜力，在未来有所成就。

访谈感悟

时间是最公平的，你付出过多少努力，就会得到多少收获，与其感叹光阴似箭、日月如梭，不如从现在开始，勇敢地迈出第一步。

采访人：乔楚航　邵文雅

科技创新

管理服务

他是农学院的毕业生，他是自卫反击战场——老山前线上出生入死的英雄，他还是人民日报社的编辑。鲁迅先生说过："我们从古以来，就有埋头苦干的人，有拼命硬干的人，有为民请命的人，有舍身求法的人……"纵观靳建疆的经历，当之无愧便是此中一员。学生时代，无愧于自己的专业，勤思善学；战场上无愧于自己的名字，建功边疆；在宣传阵地，无愧于如椽之笔，写就时代芳华。"高山仰止，景行行止"，阅读靳建疆的人生故事，一种"虽不能至，然心向往之"的感觉便油然而生。

靳建疆：英雄原是学农人

靳建疆，男，1983年毕业于北京农学院果树专业，后进入解放军总参防化学院指挥系学习防化指挥，1984年毕业后赴云南老山前线参战并荣立战功。1985年作为参战"学生官"英雄集体代表参加了由中共中央宣传部和解放军总政治部组织的解放军英模汇报团，战后留校工作。1997年转业到人民日报社工作，2020年退休。

"回想在北京农学院的生活，印象最深的还是老师们敬业奉献、艰苦创业的精神和师生们扎实勤奋、刻苦钻研的学风。毕业后我经历了很多，如果说能取得点什么成绩的话，都与母校的教育培养是分不开的，这是我的心里话。在母校真诚付出所经历的一切让我永生难忘。"

像许多同时代的人一样，靳建疆从小养成了热爱祖国、立志为人民服务的思想情怀。他幼年在军营旁长大，1968年开始又跟随父母在反修前线新疆生活了八年，环境的影响使他确立了最初的理想——当一名光荣的解放军战士。1979年高考后填报的志愿几乎都是军

校。命运弄人，所有军校都没有录取他，而是把他分配到刚刚恢复重建的北京农学院。

"一切听从党召唤，党叫干啥就干啥"，没有更多的踌躇，靳建疆很快适应了角色。毕竟机会难得，干什么都能为人民服务，跟爷爷奶奶在农村长大的他，对农业很熟悉，学习专业入手很快。北京农学院的教职员工由一批久经锻炼的优秀人才组成，他们给学院带来了优良的作风和学风。靳建疆将这种精神进一步传承。他从第二学期开始，课余时间就在老师的指导下开始了学术研究工作。

第一次科研活动是从姬君兆老师让他开展水仙引种实验开始的。实验虽然失败了，但那是他学习科学研究迈出的第一步。在黄万荣老师的启发下，他开始研究果树抽条问题，写出了他人生中第一篇学术论文，从此养成了深入观察研究的习惯。在学习"果树栽培学"课程时，他发现教材中讲述的京白梨成花结果规律同他平时观察到的情况不同，为此他向指导老师黄万荣申报了研究课题，黄老师很支持，还组织其他同学参与帮助其开展对京白梨的研究。他们从根系调查开始，对不同树龄、树势、结果期以及不同栽培管理条件下京白梨成花结果规律展开调查。他们几乎走遍了京郊所有京白梨产地，采集了大量数据，在统计学老师杨宝英的帮助下完成了差异显著性测验，最终得出了科学结论。他们的研究报告在《果树科技通讯》头条发表。

为改善京白梨品质，他们在十三陵的昭陵园开展京白梨授粉试验。花期授粉结束后，经过一个生长季周期性不间断测量并对测量数据进行差异显著性测验，得出的初步试验结果对组织生产很有价值。实验结果发表在《中国果树》杂志上。

1982年秋天，在狄玉振、李燕生老师指导下，他在简陋的工具房实验室里又开始了综合速制果脯工艺研究。几个月中，安装机器，调试仪器，削了几十筐苹果，不分白天黑夜地反复试验，大年三十晚上七点才回到家，过了年又接着干，终于在1983年的春天取得成果。李燕生老师带着他，拿着刚刚出炉的成品到原北京市对外进出口贸易公司鉴定，得出的结论是："你们的产品大大改善了北京传统果脯品质，这样的产品香港及欧洲市场非常欢迎。"后来，大连的一家研究所来函要求技术转让。实验报告收入《农副产品加工贮藏保鲜技术资料选编》。

四年的大学生活收获满满，毕业前夕学院决定让他留校，学院党委书记潘桂山找他谈话，让他兼职担任学院团委副书记。一切似乎都已顺理成章地安排好了。可就在这时，国家出台一项政策：为了加速实现军队现代化，要在应届大学毕业生中招收一批学员到军校学习，培养基层指挥军官。一石激起千层浪，压抑许久的"心魔"爆发了，靳建疆积极踊跃报名参军，最终在总参防化学院实现了自己儿时的梦想，成为人民军队中的一员。

在军校他如鱼得水，没有任何不适应，从心底里迸发的主观能动性使他事事处处走在前头。在校期间光荣地加入了中国共产党，不仅成绩优秀，学术研究也没耽误，《对同时多枚核爆炸的观测》被编入《核爆炸探测参考资料》。由于成绩优秀、表现出色、素质过硬，毕业后靳建疆被分配到总参防化部担任政治部干事。

人生充满了偶然，离校前军委突然来了一纸命令：选调部分应届毕业学员赴云南前线代职轮战。接到命令，靳建疆几乎是想都没想就第一个报名参战。在他的脑子里当兵就是为了打仗保卫祖国的，和平年代难得有这样的机会，怎么能放过呢？他在给党支部的决心书中写道："平时总说当党和人民需要时如何，现在就是党和人民需要我牺牲奉献的时候，

我坚决要求上前线！"1985 年，满怀豪情的他走上了战场，参加了坚守老山主峰阵地的战斗。

到作战部队以后，他针对防化训练薄弱问题，在团领导支持下，起草下发了《三防训练指示》，逐连讲授《化学防护知识》和《防化装备器材使用维护保养》，建立三防救护组，完善防化骨干队伍，检查全团所有防化装备器材及面具的气密性并进行防护状态下的战场勤务训练，受到部队好评。

进入战场首先面临的是艰苦的生存条件和残酷战争环境的考验。老山地区地处我国云南省文山壮族苗族自治州麻栗坡县境内，属于亚热带山岳丛林地带，雨季闷热难耐，旱季阴凉彻骨。山路上、战壕里、猫耳洞中到处是烂泥。工事周围遍布地雷，加上炮火封锁，取水、运送弹药给养、护送伤员非常困难。还有无处不在的各式各样的蚊子，许多人被叮咬后抓破的皮肤溃烂、流黄水，苦不堪言。山上大量的老鼠夜里在猫耳洞中乱跑乱窜偷吃食物，有时踩在人的脸上身上，战士们经常从梦中惊醒，搞得不得安宁。敌我阵地犬牙交错，相距很近，双方都布置了许多地雷，稍不小心就会触雷。

某次战斗前后的那段时间由于任务频繁，主峰阵地大约平均每天炸掉一只脚。每当看到战士们被炸烂的腿脚和医生无情的剪刀，靳建疆心里都特别难受。在前线，炮火对于敌我双方都是最大的威胁，同志的牺牲绝大多数是由炮火造成的。在老山哪天听不到炮声都会感到很奇怪。靳建疆上阵地的第一天在通过炮火封锁区时就遭遇越军炮击，车队中有六人伤亡。幸亏我军强大的炮火压制了敌人，否则会造成更大的伤亡。在阵地上，靳建疆也多次遭到炮击。一次他在某高地挖猫耳洞时突遭炮击，炮弹不断在周围爆炸，泥土、树枝打了一身，巨大的冲击波把他掀翻，险些丧命。

险恶的战场环境更加激发了靳建疆的斗志。作战中，他和作训股的同志一起研究防化

分队配置方案，具体安排防化观察哨和气象哨的位置，并注意搜集老山地区气象资料，随时准备应付突发情况。某次战斗前还专门提供了防化保障预案。针对主峰地区雾大、通视条件差的情况，制订了前出配置与分散配置方案，既加强了步兵防御力量，又能及时处理防化军情。元月十七日夜，接到前沿部队报告："从越军炮弹爆炸景象判断，可能使用了化学武器。"炸点滚滚浓烟向二连阵地飘来，由于有了防化训练准备，二连迅速戴上了防毒面具。他和团里迅速通知就近配置的防化分队前去侦检，最后判定，敌人使用的是燃烧弹和烟幕弹，解除了防护。

在前线，靳建疆经历了数次较大规模战斗，战斗中他的两位同学英勇牺牲，三名同学负伤。他参与作战值班、担任昆明军区总调整哨，奔波于各个阵地之间，在炮火中协调防化保障。由于表现出色，他受到部队嘉奖并荣立战功。

参战归来后，党和人民给予他很高的荣誉。作为防化学院参战"学生官"英雄集体代表，英雄的靳建疆和他的英雄战友参加了由中宣部和解放军总政治部组织的解放军英模汇报团，受到李先念、邓颖超、习仲勋等党和国家领导人的亲切接见。中央电视台等一百多家媒体报道了他们的事迹。《人民日报》《解放军报》《中国青年报》《云南日报》《贵州日报》《四川日报》《西藏日报》在头版刊登了靳建疆的照片和相关事迹。他在全国作报告几百场，引起很大反响。时任四川省委书记的杨汝岱说："你的报告对我们做学生工作起到了很好的作用。"时任团中央第一书记的胡锦涛同志在接见靳建疆时说："你们的事迹我知道，很感人!①"为此，胡锦涛同志还专门撰文《像前线的同龄人那样去创造历史》发表在《中国青年报》上。1985年靳建疆被贵州大学聘为共产主义思想品德课荣誉教师，1986年被评为精

---

① 胡锦涛. 像前线的同龄人那样去创造历史[N]. 中国青年报, 1985.

神文明建设先进个人。

参战归来后，靳建疆作为战斗骨干留在防化学院工作，先后在政治部机关做宣传工作，在学员队带学员，到训练部机关做教学管理工作，参与组织了许多大型训练活动，培养的学员遍布全军各个单位。由于表现出色，多次受到各级表彰，防化学院建院 70 周年之际，学院给他颁发了荣誉证书和奖章，给予他很高的评价。

1997 年，因工作需要他转业到人民日报社工作，再一次大跨度地改变了人生轨迹。在一个较高的平台上有条件将生活积累运用到文化宣传领域为人民服务。他组织了许多大型主题活动，编著几十种著作，广泛联系各界群众，在政治宣传、文化艺术、编辑出版、党史新闻史知青史研究方面做出了突出的成绩，2020 年光荣退休。

走过曲折人生，不变的是为人民服务的初心。他说："我的人生始终与祖国同呼吸共命运，要求自己做一个好人，违背原则的事坚决不干。不求浮华，但求无愧于心。之所以能坚守，缘于我们那个时代造就了我们这样的人。"

作为校友、老兵、老党员、人民的英雄，他勉励青年学子：人的一生要做一个对他人、对社会有用的人，这样才是有意义、有价值的人生。只讲索取不讲奉献是没有前途的。

访谈感悟

爱国，是一切成功的基础。所有的如鱼得水，都是时间的积累。从靳建疆学长被安排去农学院上大学，到自己报名参军，其间没有任何不适应，这些并不是巧合，而是学长从小磨炼出的坚强意志。生而为民，生而为国，从小学长就有热爱祖国和为人民服务的思想情怀，即使没有考上军校，也把分配结果称作"党的安排"，由此看出，学长的爱国情怀是成功路上不可或缺的制胜法宝。也许建疆这个名字就是学长一生的指导，建设祖国，保卫边疆。

无论何时何地，他都不停地学习与研究，不停地提升自己。无论什么领域，什么岗位，他都做得十分出色，都做出了响当当的成就，这一切只能归结为勤奋与刻苦。因此，遇到挫折不必怨天尤人，成功没有捷径，所有的幸运都是"努力"埋下的伏笔。

采访人：韩雪莹　胡蝶　邱园

作为一个农村工作者，眼见着自己的辛勤耕耘化作农民兄弟脸上的笑容，没有比这更高的奖赏了，没有比这更充实的人生了。他没有惊天动地的壮举，只是用行动，兑现最初的人生诺言，用心血浇灌着脚下的这块深情的土地。他就是致力于农民减负20年的吴新生。

吴新生：踏实努力北农子，兢兢业业农研人

吴新生，男，1984年毕业于北京农学院农业经济管理专业，现工作于北京市农村经济研究中心。

同学——友爱

1979年北京农学院恢复招生，在1980年吴新生入学的时候只有农学、园艺、畜牧和农经4个系的4个专业招生，7个班级，学校里一共就200多人。据吴新生回忆，当时的老师也很少，刚刚入学的时候，农经系只有一个老师，也是农经系的系主任。当年入学的时候条件非常艰苦，学校只有3栋宿舍楼，吴新生记忆中最深刻的还是同学们一起修建操场的场景，那一片操场也经过翻修成为现在美丽的新操场。当年上学期间条件非常艰苦，有的农村同学连饭都吃不上，需要班里很多同学来捐助粮票资助他们。同学之间十分友爱，一直到现在，毕业快40年了，同学之间的关系依旧非常好。虽然说现在联系都通过微信，但是实际上每一次见面，或者有什么活动、聚会的机会，大家的感情依旧非常好。

工作——自豪

1981 年中国女排在日本的世界杯上拿冠军，当时提出一个口号："团结起来，振兴中华"。无论是对于求学期间还是日后步入工作岗位，这个口号一直鞭策和激励着吴新生。

因为当时学校师资短缺，所以吴新生这一届四个毕业班一共 160 个学生留校了近三分之一，农经系 40 个同学就留下了 8 个人。吴新生也选择了留校，在北京农学院工作了 6 年之久。

1990 年 3 月，吴新生被调到了现在的工作单位——北京市农村经济研究中心。

北京市农村经济研究中心在 1990 年 7 月 1 日由市农业局的农村合作经济经营管理站、北京市农业办公室的区划办和北京市农业科学院的农业经济研究所 3 个单位合并而成。在 2011 年由国务院专门批复，改为北京市农村合作经济经营管理办公室（正局级）。到 2018 年 11 月，北京市农村合作经济经营管理办公室又改为北京市农村经济研究中心（副局级），归市农业农村局管理，承担为市委、市政府领导农村改革与发展进行决策研究、统一规划和组织市农口有关单位开展农村战略研究和政策研究、组织农村经济改革试验区工作、开展农村改革与发展的理论研究、组织和参加市内外及国际学术交流等职能，同时负责北京市农口经济信息的采集、储存、规划、开发、建设、应用，为领导机关和郊区农民开展信息服务；开展农业发展史、改革史研究及相关地方志和文献资料编纂工作以及组织农村基层培训等方面的工作。

来到研究中心的吴新生，工作岗位不断变化，先后参与了农村土地承包合同管理、农村审计等具体工作，但工作时间最长、花的心思最多、投入精力最大的，还是北京市减轻农民负担工作。

提到农民减负工作，吴新生感触颇深。中国是农业大国，农民是一个非常庞大的群体，但是实际上农民、农业、农村一直处于相对弱势的地位。特别在 20 世纪 90 年代的时候，农民负担非常重。农民负担涉及广大农民群众的切身利益，关系到农村社会的稳定和党在农村的基本政策。人民公社时期，农民的负担通过集体经济组织直接扣除。实行农村家庭承包制后，农户成为基本生产经营单元，承担了农村经济社会发展的一些支出，到 80 年代后期 90 年代，农民负担重的问题日渐突出。减轻农民负担逐步成为"三农"工作重要任务。国家每年都会召开专题会议，部署农民减负工作。特别是温家宝任副总理和总理期间，每年召开全国电视电话会议，都要强调加强减轻农民负担工作。直到 2006 年农村税费改革，我国实行了两千多年的农业税制度彻底取消。

北京市减轻农民负担工作，以维护农民合法权益为中心，以规范一事一议筹资筹劳和涉农收费为重点，将农民负担监管工作融入统筹城乡发展、加强农村社会管理、落实强农惠农政策中，将农民负担监管领域向农村基础设施建设、农村公共服务、农业社会化服务等方面延伸，取得了非常好的效果，进一步促进了全市农民增收、农业发展及农村社会稳定。

"我开始参与减轻农民负担工作的时候，也是我们国家对于减轻农民负担工作最为重视的那个阶段，一直到农村税费改革后全面取消农业税，不仅在减负工作中取得了很大成绩，这个时期，也是我自己得到锻炼，收获多多的阶段。"二十多年的时间，吴新生和同事们投身农业农村的工作中，见证了"三农"面貌的逐渐改善，是一件十分伟大和自豪的事情。

寄语——热爱

吴新生认为，北京农学院建设都市特色高水平应用型现代农林大学是非常符合农业现状的。北京农学院的学生们既然选择农业这个学科，吴新生希望大家要努力扩展知识面，增长各方面的本领和能力，特别是需要积极参与各种实践活动，多方面了解农村实际，努力为"三农"做出自己的贡献，早日成为热爱农民、热爱农村、热爱农业的高素质人才。

访谈感悟

在北京农学院学习农业知识，毕业之后能够继续从事农业方面的工作，能够为中国的农业事业奉献自己，做出一些实绩，永远保持对农业的热爱，这是一个北农人应该有的思想和觉悟。

采访人：刘毅

管理服务

虽然经历了不同岗位，但始终不变的是责任与担当，是对工作精益求精的不懈追求。他说："是北京农学院教会了我知识和能力，是机会和努力让我在不同的领域发展，可以说是母校塑造了我的人生。"

杨春山：母校塑造了现在的我

杨春山，男，1986 年毕业于北京农学院蔬菜专业。助理农艺师、经济师、高级政工师，历任昌平区政府办公室副主任、昌平区信息化工作办公室主任、昌平区外事工作办公室主任、昌平区委宣传部常务副部长、昌平区委党校常务副校长、昌平区行政学院常务副院长、二级巡视员。昌平区第二届政协委员、昌平区第四届区委候补委员。

虽然他刚刚退居二线，但见面时仍然觉得他很有朝气，问其原因，他说：一是多运动，二是要读书，三是有追求，这样就能永远保持一颗年轻的心。

访谈是这样开始的。他说："看到我的职称，是不是觉得很奇怪，从初级到高级，没有任何关联，但这恰恰是我的人生履历。"

"永远感恩母校对我的栽培"

"每个人对自己的母校都有着一种天然的亲切感，还有一些永远不变的记忆，比如，昌平六街小学的那棵高大的古松，昌平二中的那座明代的文庙。因为他们是我的母校，在那里开始了我的启蒙与学习，当然也是他们的培养，直接送我走入北京农学院的校园。"那是 1982 年 9 月，虽然那时学校还在建设中，杨春山报到时走在刚刚铺上砾石的甬道上，直到住进相对简陋的上下铺大宿舍时，仍然觉得一切都是那样的新奇；当拿到白底儿红字的校徽时，心里涌出的是激动和自豪——上大学了。

学长深情地对我们说："我不会忘记辛勤培养我们的老师们，中国甜瓜专家朱桓教授、中国草莓专家李景佳教授，以及陈景长、王瑜、赵山普等老师，他们就像是我们的长辈与亲人，他们的家就像是我们的家，谁家的菜香，谁家的酒好，我们心里都有数，因为我们常常去他们家里'打牙祭'。虽然这些老先生们有的已经退休，有的已经仙逝，但我会永远对他们怀有一颗感恩之心。"

他接着说："我在母校里学到的不仅是知识，还有观察问题的能力和解决问题的方法，我认为这一点最重要。比如，我们学习过普通化学、有机化学、分析化学、遗传学、植物学、育种学、土壤学、气象学、栽培学，直到在李景佳、王瑜老师指导下运用学到的知识亲手做试验，我用了一年的时间做的《赤霉素对草莓产量和品质的影响》，当时国内还没有人做过类似的试验，多年后我看到过有些院校的博士论文还在引用我当年的试验数据。通过整个学习过程，使我学会了对事物由内到外、由表及里的观察了解，从遗传物质、分子、细胞、组织、植株，再到环境、物质、栽培方法等各个方面对植物生长的影响，这种系统学习培养了我们观察问题、解决问题的能力，使我在以后的工作和学习中受益匪浅。"

从他的语言中看得出他对老师和母校的浓厚感情和深切的感恩。

"我在母校学到了如何做到人与人的真情友爱，这培养了我以后积极向上的人生观和与人为善的处事原则。我不会忘记'卧佛寺'（因为大家共同的爱好是睡懒觉，故得此雅号）共同修行四年的其他5位室友——陈宗光、胡宗江、张宝海、张国梁、赵俊山。1000多个日日夜夜，有多少欢笑和趣事让我们回忆与回味，而心中没有一点点的龃龉与不快留存，就是亲兄弟也很难做到。生活的不宽裕让我们彼此相助，携手奋斗。我不会忘记8222班同学们的多才多艺。跟屈广琪一起学弹民谣吉他，给我大学四年的生活增添了许多乐趣。胡宗江教会了我下围棋和打桥牌。前锋严杰、中锋耿彦、主力门将李欣、韩燕明组成了农学院足球队的主力阵容，为班集体赢得了许多荣誉。在克莱得曼优美旋律下自编自演的曼妙舞蹈中，郑乐、于泓、何伟明等女生成为新年晚会上的闪亮主角，让我们男生们也觉得骄傲和自豪。我不会忘记寒暑假，李梅、赵志宏等女生帮助我们男生拆洗棉被，在教室里拼起课桌缝制被褥的情景。开学后那干净被褥的温暖清香让我至今怀想。我知道那才是最纯真的友情。我不会忘记我们一起去保定、石家庄、大连等地实习考察的经历，奔驰在原野上的列车、航行在大海上的渡轮留下了我们的歌声；古莲池公园、白求恩纪念馆、老虎滩公园、旅顺小城等地都留下了我们的欢声笑语。直到现在，我也经常梦到他们。"

从他的言语中看得出他对同窗四载的同学们无比留恋的深情厚谊。

坚持脚踏实地努力工作

昌平是杨春山的故乡，他生于斯长于斯，恰巧母校也在于斯。以自己的学识和智慧报效家乡父老就成为他的夙愿。1986年8月毕业后，杨春山分配到昌平农业局蔬菜科工作。5年的时间，他先是参与了昌平区1500亩现代化商品菜基地的规划建设，然后亲自指导沙河镇8个村的蔬菜从育苗到生产。他说："当时骑着自行车每周3次下乡到沙河，每次往

管理服务

返将近 60 千米，尤其冬天西北风一刮，真够劲儿。之后昌平农业局在小汤山镇建设现代化蔬菜生产基地，我又被派去任助理农艺师，负责生产技术工作。基地建成后，局党委又安排我回到局里负责撰写《昌平区农业志》，3 年时间我收集抄写资料 100 万字，从 1938 年一直写到 1989 年，形成了 5 万字的初稿。至此，我对昌平区农业发展的历史与现状了如指掌。此时局长已经升任昌平县主管农业的副县长，一天他把我找去，说：'你在基层工作了 2 年，又用 3 年时间把昌平的农业搞清楚了，来给我当秘书吧，协助我把昌平的农业抓好。'我当时心里别提多高兴了，欣慰的是自己的努力得到了领导的认可，辛苦付出有了回报。"

艰辛的努力给了杨春山新的机会，1991 年他调到昌平县政府办公室，开始负责农业方面的工作，然后是经济分析、调查调研、数据统计、政策制定。此时他又考取了经济师职称。最后是负责区长办公会、区政府常务会议的组织、记录、纪要起草，区政府重要文件、主要领导重要会议讲话稿起草等，他连续 10 年主持起草区政府工作报告。他说："那时的工作可是真正的'五加二，白加黑'，在那儿工作的 18 年间，没休息过一个节假日。可努力也有了回报，当时连续 10 年被评为优秀公务员，职务也得到晋升，29 岁干到副处，35 岁干到正处，此时又考取了高级政工师职称。"

学长说："自己虽然学的是农业，但后来干的大多数是与农业无关的事，可都是非常有创新性的工作，而做好那些工作，凭借的都是从母校学到的系统思维方法，从实践中一步一步获得的经验。"

奥运会是杨春山工作的一个转机，他先任昌平区信息化工作办公室主任，从无到有，主持建设了昌平区的政务外网、内网，建设了昌平区政府网站、办公自动化 OA 系统、邮件系统以及区应急指挥系统、区信息资源平台，为北京 2008 年奥运会在昌平区举行的'两项赛事一项活动'的指挥工作创造了条件。奥运会前夕他又兼任昌平区外事办主任，圆满完成了基辛格等国际政要及外国媒体的接待工作。奥运会结束后又转任昌平区委宣传部常务副部长，创办了昌平区文化创意产业促进中心，完成了昌平区文联系统8个专业协会的组建，成功申报了明十陵市级文化产业集聚区，推动了昌平区文化创意产业以旅游、会展、动漫等为主要产业的高速发展。这些工作都是杨春山以前没有做过的创新性工作，没有思路、没有办法还真办不好、做不成。

党的十八大后中国进入了新时代，新时代需要"信念坚定、为民服务、勤政务实、敢于担当、清正廉洁"的好干部，为推进新时代党校工作，杨春山又被区委调任昌平区委党校任常务副校长、昌平区行政学院常务副院长。按杨春山的说法："终于从学校又回到了学校，承担起培养干部的职责了。"这一干又是10年半，他首先多方筹集资金，共投入3200万元对学校进行了硬件改造。同时，对党校进行了大刀阔斧的改革，加强软件建设，理顺了管理体制，强化了师资队伍和教师队伍建设。现在每年能举办各级各类培训班100多个班次，培训干部1万人次以上。2021年3月12日，中央党校分管日常工作的副校长李书磊同志一行到昌平区委党校调研，同年4月27日，北京市委副书记、北京市委党校（行政学院）校（院）长张延昆同志到昌平区委党校调研指导工作，中央、市委领导对昌平区委党校近年来的工作予以充分肯定。杨春山说："领导的肯定为我的工作划了一个圆满的句号。"

珍惜现在的一切

采访就要结束了，要学长给学弟、学妹寄语几句，他认真想了想，说："要珍惜现在的一切，特别要珍惜在大学的时光，现在回想起来就像梦境一样，自己还没好好享受就结束了。要不负韶华，像海绵一样拼命吸收知识，现在学校有比我们当时好得多的条件，特别要学习观察问题、分析问题、解决问题的能力，转化为将来的工作本领。要珍爱同学间的友情，这是一生的挚爱，不论将来走到哪里，那温暖的感觉都会一直陪伴。"

访谈感悟

懂得承担责任，是一个人成功的关键。杨春山学长的成功并非一朝一夕，成功不能复制，越努力越幸运。吃的苦受的累都是一枚枚勋章。追逐梦想的道路上总会有磕磕绊绊，也需要强大的心理素质，但会让人更加努力奋进。

采访人：胡蝶

一个人存在的意义，因人而异。不同的人有着不同的价值标准，其所存在的意义也不尽相同。有人说衡量一个人的价值标准是看获得了多少财富，也有人说衡量一个人的价值标准是看取得了多大的权利。其实一个人真正的价值在于，踏踏实实地为社会尽他应尽的责任与义务。

丁明：平凡岗位上做"坚守初心"的不平凡人

丁明，女，1989年毕业于北京农学院蔬菜专业，曾先后就职于北京农业科学院蔬菜研究中心，原国家技术监督局，中国质量标准出版传媒有限公司（中国标准出版社），现已退休。

光阴荏苒，岁月如梭，几十年转瞬即逝，丁明已不再是青春年华的学子，而是成为步入退休行列的老同志了。回首在学校的美好时光，清清校园的书声琅琅，学生们刻苦锻炼的身影，实习菜园里挥汗如雨的场景，实验室中一丝不苟的神情，都深深地留在了丁明的记忆里。四年的大学生活，丁明与同学们一起学习了知识，掌握了本领，锻炼了体魄，丰富了精神，习得的知识和技能也帮助她胜任了以后的工作。

毕业以后，丁明被分配到了北京农业科学院蔬菜研究中心，主要进行菠菜的育种研究，其间，她取得了丰硕的科研成果，曾获得农业部科技进步二等奖和北京市科技进步一等奖。1994年，丁明被调到原国家技术监督局标准化司，成为一名公务员，主要负责建材环境管理、海洋能源等领域。新的岗位虽好，但是工作内容和丁明所学专业相去甚远，她对于标准化及其相关行业不是很熟悉，但是在大学练就的分析问题和解决问题的能力，让她很快适应了新的工作。

2000 年，丁明又被调到了中国标准出版社，在这里她做过编辑，做过发行，还做过质量管理等相关工作。同样，这些工作对她而言又是一个全新的领域，需要不断学习、摸索和适应。因为在大学期间培养锻炼的能力素质，丁明依然能够很快适应新的工作，而且干得有声有色，她编辑的图书和标准多次获得出版社编辑一等奖，选题能力也是出类拔萃，能够敏感地找出行业热点去组稿，热销畅销品种也有不少。

刚到中国标准出版社的时候，有些标准化研究机构认为丁明不是专业出身，对她的编辑水平一度表示过怀疑。有一次，丁明对一个混凝土建筑砖的标准进行编辑，在编辑过程中，她发现很多技术问题，于是就请来了建材标准所的人员解决问题。该技术人员对丁明的编辑水平表示十分佩服，认为她找出的这些问题确实是技术标准上的错误，没想到园艺出身的同志居然对这么专业的技术问题了如指掌。殊不知，丁明凭借自己在大学练就的扎实基本功和高超学习能力，不断提高自己，很快弥补了在新领域的不足。对于新的知识，丁明有很强的求知欲，再加上自己较高的理解分析能力，她可以从专业角度胜任大部分行业的标准编辑。

"踏实、细致、专业、负责"是丁明做编辑工作的准则，正是这种精神让她慢慢走上了图书质检主任的工作岗位，而她所检查的图书涉及的业务领域变得更加广泛，专业性也更强，常常是今天检查质量管理类图书，明天就要研究食品科学类图书，而后天就可能是计算机领域的图书。通过自己的工作，减少图书里面的质量差错，这是让丁明最高兴的事情。

前不久，丁明复审一本名为《精编世界植物病毒志》的图书，这本书与她当年在大学所学的专业高度相关，她就像见到了久违的老朋友一样，十分兴奋，仿佛回到了课堂倾听老师的教诲，也如同在实验室做病毒接种实验，一个个熟悉的词语，不自觉地映入脑海，如番茄花叶病毒、菠菜潜隐病毒、摩擦接种、繁殖寄主……让丁明深深陶醉。

丁明常说，在这一生中有许多小事经常会不经意地触发她对于学校的回忆，而工作中取得的各种成绩也离不开学校的教育培养。大学时代是最难忘的时光，是最值得追忆和自豪的时光，特别是担任学生干部的经历，很好地锻炼了丁明的管理能力和适应能力，也为她毕业后更快做好工作打下了坚实的基础，使她能够很快胜任各个工作岗位，并且游刃有余。

在此，丁明想对学弟学妹们说，一定要珍惜大学四年的美好时光，努力充实自己，锻炼自己，提高自己，做最精彩的自己，坚实未来工作的基础，这是够我们用一辈子的财富。

访谈感悟

丁明学姐，一个用"踏实、细致、专业、负责"护初心的平凡岗位者，在她的职业生涯中，尽管换过很多岗位，而且多数岗位与自己大学所学天差地别，但正是靠着那份大学时的初心，靠着那份不断学习、摸索和适应的决心，才有了今天的她，那个不论身在何处，无论面对多大的挑战，都能游刃有余的她。

时间虽然在丁明学姐的脸庞上画下一道道皱纹，但是时间给予了她成长的秘宝，并将其汇成点点星光，不断照亮前行之路。

采访者：田甜　王瑾琪　吴嘉仪

管理服务

他是一个工作尽职尽责的人，一心扑在工作上，不计名，不为利，在平凡的岗位上，做出不平凡的业绩。他是一个任劳任怨的人，聚焦主业、勇于探索，从不满足于现状，以废寝忘食的敬业精神，脚踏实地、兢兢业业，精益求精、无怨无悔地完成一项又一项农业农村工作。他是一个作风扎实的人，工作中实事求是，不说大话，不讲空话，面对组织交给的任务，他书写了一份又一份圆满的答卷。

任荣：学农，研农，为农

任荣，男，1989 年毕业于北京农学院农林经济管理专业，现任北京市农业农村局农村社会事业促进处处长。

八月的北京早晨，艳阳高照，采访小组三人集合在任荣老师所在单位西面的路旁，看到路名时，我们不禁感触单位选址的深意。任荣老师的工作地北京市农业农村局位于西城区的裕民中路上，裕民意为使民众富裕。当我们步入单位大楼时，任荣老师还在忙碌于一场有关农民增收的会议上，片刻之后，任荣老师从开会的会议室赶到与我们约定的访谈地点，访谈由此开始。

大学为职业道路储能

回顾大学的生活，他说："上学的时候有很多遗憾，也有很多快乐。当时是刚刚改革开放，在学校里学到的西方经济学、社会学一些方面的知识，给自己未来工作确实打下了一些基础，回想起来确实还挺有意义的。"

任荣在大二开始担任学校学生会主席，是人生一个难忘的经历。在服务同学们的过程

中也锻炼了自己，组织活动的过程中学习到了如何去协调、沟通，如何去兼顾学习、工作与生活，毕业之后在工作中都得到了运用与展示。

提到大学老师对自己的影响时，任荣说："那四年是人变化比较大的四年，老师的经验能帮我们更好地把握人生的方向。在工作以后更能意识到这种付出的可贵。有的同学和老师之间的沟通可能有些问题，要理性看待。那时候的老师都是师姐师兄留校来作老师，所以，他们对学校更了解，他们前瞻性的思考，包括在大学的一些得失，能毫无保留地传递给我们，这是我们成长过程中很好的借鉴。"

任荣在大学就勤工俭学，卖过服装，也参加过有偿劳动。虽然家里不缺学费，但他就把它当成一种自立的方式，勤工俭学除了能提前尝一尝社会的艰苦，在勤工俭学过程中也交了朋友，增进了同学之间的感情。

上学的时候学生会还出版了一个名为《希望》的刊物。当时出一本刊物，要自己撰稿，再校对排版，这更是对自己的一个锻炼，让自己全方位感受到了成就一个作品的甘苦，也给以后留下了一份珍贵回忆。

"当别人在睡觉、侃大山的时候，我忙着做一些编辑、撰稿、观察和思考的工作，形成一篇篇文章，是不一样的体验。"

农业要融合化发展

人生的积累会在后续的人生中迸发。任荣现担任北京农业农村局社会事业促进处处长，主要负责协调推动本市农村社会事业发展、公共服务体系建设。协调、配合有关部门，研究提出农村社会保障和农村地区教育、科技、体育、卫生等领域的改革与发展政

策、规划和建议；参与农村劳动力就业指导和妇女儿童、残疾人等领域事业发展工作；统筹协调农民增收工作。

低收入农户帮扶是北京三大攻坚战之一，他自己作为见证并且深度参与了这项工作，他因此而倍感自豪。通过对五年的帮扶工作的思考，他在农民日报发表了《"四好"成就乡村巨变》的总结文章，提出好政策、好班子、好思路、好群众的乡村巨变经验。

牵牛要牵牛鼻子。三产融合是北京农业发展的趋势。大概在十几年前，北京市开始举办世界草莓大会、世界种子大会、食用菌大会、世界葡萄大会和北京农业嘉年华。如果不是受新冠肺炎疫情的影响，2020年还会继续召开樱桃大会、世界休闲大会。通过一个个农业会展的平台，北京农业整合优化了各种资源和要素，走在快速转型升级的路上。

北京的农业为什么要走融合化发展道路？任荣认为因为从一产的角度来看，北京农业正在失去竞争优势。比如草莓，在超市里，来自成都的草莓均具有价格优势，但北京草莓可以从满足消费者采摘、体验、科普、分享需求中获得更高的收益，这就是北京农业产业发展的一个重要方向。

乡村振兴20字方针中关于产业的要求从发展变为兴旺，这是一个重大的变化。北京农业产业实现兴旺，品牌建设是重要抓手。任荣通过多年的观察与思考，提出了特色、品质、创意的品牌三个核心内涵，也提出了区域品牌、产业品牌、企业品牌、产品品牌的品牌金字塔架构观点。任荣还出版了《创意农业探索与实践》专著，专门阐述创意在现代农业发展中的作用。

农业领域大有所为

对于当前大学生毕业后选择工作还是继续深造这个问题。任荣说："根据个人的情况，每个人的道路都不一样，个性也不一样。如果能进一步去深造，就要抓住最好的时光多学、多储备知识，将来在社会上一定会用得到。"

北京的农业正在步入一个非常重要的转折期，是从传统农业向现代农业转型，从靠天吃饭变成靠人吃饭，由靠资源发展朝向靠创意发展。人们常用勤劳、勇敢、智慧来形容中华民族，未来在北京农业领域，在保持勤劳付出、勇敢探索的同时，更加需要通过智慧来引领发展，实现农业的转型和飞跃。未来，北京农业需要更多有才华、有理想的新农人，更包括广大学子。

任荣告诉我们，现今的时代已经进入了网时代、微时代、图时代，要赶上时代步伐，就要有新的技能去迎接挑战。他建议农业院校应该适时开始音乐、摄影、美术等专业或选修课程，开拓学生的知识面，培养多能人才。他还与我们分享了十几年来自己拍摄的"三农"图片。令我们惊奇的是，他用了近20年，拍摄保存了近15万张图片资料，其中在不少展览、展会、宣传图册中都被选用过。

这就是任荣，既能坐而论道，更善于起而行之。

管理服务

127

访谈感悟

就像任荣老师在采访时最后说的一样："人的一生分很多阶段，其中，大学时代是人生极其美好的时代。珍惜每一分钟、珍惜同学的缘分，努力学习各方面知识，为将来展翅高飞打下基础，创造条件。"虽然我们中依然有不少人对自己的前途感到迷茫，但船到桥头自然直，大学生活中我们每一步的努力都在为自己的未来做铺垫，到最后，我们终能找到属于自己的方向。

采访人：李冶镆　王乃莹　甄宇淞

海关动植物检疫工作是国家主权在国门生物安全领域的重要体现，是国家维护国门生物安全的重要职责和手段，是实现国门生物安全的第一道防线和屏障。当前，世界百年未有之大变局进入加速演变期，全球新冠肺炎疫情仍在持续发展蔓延，粮食安全、生态安全背后的种源、疫情、外来物种入侵等生物安全问题呈现叠加态势且日趋复杂。作为维护国家生物安全第一道防线，海关动植物检疫工作在维护国家安全大局中地位更加重要、责任更加重大、任务也更加繁重。

黄秀生：筑牢国门生物安全第一道屏障

黄秀生，男，1991年毕业于北京农学院兽医专业，现担任海关总署研究中心副主任（副局级）、党委委员。历任北京动植物检疫局首都机场检疫局副科长、科长，北京检验检疫局首都机场检疫局旅检处副处长，北京经济技术开发区检验检疫局副局长、党组成员，国家质检总局动植司处长、二级巡视员，海关总署动植司二级巡视员。

回忆母校，做合格的北农人

回顾在大学期间学习生活，学校老师对学生的关心让黄秀生记忆深刻，难以忘怀。王凤藻老师当时是畜牧兽医系党总支书记，无论在学习上还是生活上对学生们都关怀备至，他经常找学生们谈心，耐心给学生们解答每一个问题，帮助学生们解决一些学习生活中的困难，还专程走访了黄秀生的父母，引导他主动靠拢党组织，鼓励他成为一名大学生党员，可以说在黄秀生的人生观和价值观形成中，王凤藻老师起到了很重要的作用。

大四时，黄秀生获得了北京市牧工商总公司在北京农学院畜牧兽医系设立的当时全系唯一的一个一等奖学金，老师和同学们都给予了黄秀生很高的评价，也帮助黄秀生树立了自信。从这件事中黄秀生悟出一个道理，那就是一个人做事情，一定要确立一个目标，并要为之努力，最后就一定会有所收获。

在校期间，黄秀生担任过校学生会副主席、系学生会主席，同时，他还是校武术队队员，每年参加北京市高校武术比赛都能拿到较好的名次，所有这些都为黄秀生日后步入社会、更好地适应社会打下了良好的基础，可以说黄秀生的一步步成长离不开学校老师的关心和帮助。

岁月如梭，不知不觉黄秀生离开母校已30多年了，在工作岗位上奋斗30多年的他，谈到对大学的理解时说："对于一所大学来说，在教学过程中应当使学生学会两方面的知识，一个是专业知识，另一个是综合知识。"他解释道，专业知识是将来走上工作岗位，服务社会的工具，通俗来说就是在学校学会的一门能立足于社会的手艺；而综合知识就是除专业知识以外的其他领域的相关知识，包括如何沟通协调，为人处世等。在这里黄秀生还专门谈到门常平老师，门老师是我国知名的免疫学专家，也是黄秀生的免疫学专业老师，当时还是学校的副校长，他在教会黄秀生知识的同时，还经常教他如何做事、如何做人。在他大学毕业分配遇到困惑时，门常平老师给了他无私的关心和帮助。30多年的工作中，每当黄秀生身边的同事、朋友遇到困难时，他都能主动想办法关心、帮助他们，他说这些都与门老师的影响分不开。

奔赴在动植物安全检疫一线

人们常说，"在其位，谋其职"。其实，说的更多的是一个责任意识，用心去做好分内的事情。从兽医专业毕业后，黄秀生大多数时间从事的是兽医相关的进出境动植物检疫管理工作。

动植物检疫管理工作事关国门生物安全，属于非传统国家安全，是国家安全体系重要的组成部分。近年来，随着经济全球化的发展，生物入侵者也搭乘国际贸易的"便车""登堂入室"。世界上许多国家都遭受过或正在遭受外来入侵生物的严重危害，中国作为贸易大国，也成为世界上遭受生物入侵最严重的国家之一。根据《2019中国生态环境状况公报》显示，目前中国外来入侵物种已达660余种，在国际自然保护联盟公布的全球100种

黄秀生陪同古巴驻华使馆人员参观检疫犬培训基地(右数第三)

黄秀生赴阿根廷实地评估活牛注册屠宰场（右数第三）

最具威胁的外来物种中，已入侵我国的有 51 种。

国门安全无小事。黄秀生和同事们不断完善动植物检疫法律法规，推动出台了《最高人民检察院、公安部、海关总署关于办理进境携带物和寄递物动植物检疫监管领域刑事案件适用立案追诉标准若干问题的通知》，进一步加大了对进境携带物和寄递物违法案件查办力度。他牵头开展了海关动植物检疫岗位资质管理工作，修订出台了海关动植物检疫现场查验岗位人员和动植物检疫证书授权签证人员管理要求文件，印发了相关培训教材，并开展了动植检岗位资质管理培训、考核、认可和备案工作，为保障海关基层现场执法顺利开展提供了保障。

为进一步规范旅客携带入境的宠物（仅限犬和猫）检疫监管工作，参照国际通行做法，结合我国口岸海关监管工作实际，黄秀生牵头组织对旅客携带入境的宠物（仅限犬和猫）检疫监管政策进行了调整完善，对携带入境宠物实施了分类管理，进一步明确了实施隔离检疫的条件和要求，强制要求入境宠物必须注射规范的芯片，并对国际上具备条件的狂犬病抗体检测实验室实施了采信管理，该政策的实施一方面确保了国门生物安全，也充分考虑人性化关怀，同时又给予了宠物携带者通关便利。

他密切跟踪国际动物疫情发展，组织人员收集、整理并定期发布国际动物疫情动态，及时采取风险管理措施，积极开展检疫准入风险评估，及时发布警示通报，坚决御疫于国门之外。

多年来，黄秀生分别赴哈萨克斯坦、俄罗斯、匈牙利、纳米比亚、阿根廷、澳大利亚和新西兰等国家开展了动物疫病风险评估、输华动物产品生产加工储存等注册场地的回顾性审查、动植物检疫监管交流等，在确保国门生物安全的基础上，及时引进我国紧缺的优质种质资源，为满足国内老百姓的日常生活需要做出了较好贡献。

在内地发生非洲猪瘟疫情的情况下，黄秀生带领同事们及时更新供港澳生猪注册养殖场名单，加强对包括非洲猪瘟在内的动物疫病和兽药残留等风险因素的监测，调整对供港

管理服务

黄秀生赴纳米比亚实地评估动物疫病防控体系（右数第四）

澳生猪应急通道等多项措施，从而保障了生猪安全供应港澳。

寄语

访谈最后，黄秀生结合自己长期工作实际寄语在校的同学们："做事要久久为功、力求精品。何谓精品，一件东西，左看右看，上看下看，里看外看，没有任何挑剔，没有任何毛病，没有任何瑕疵，拿出去就是典范。精品源于缜密的思考和筹划，贵在雕琢，而后成就典范。"他希望在校的学弟学妹们能够珍惜在校的这几年的美好时光，确立好自己的追求和目标，要多读书、读好书，广泛参与各种活动，多方面培养自己的兴趣；同时，要远离社会不良之风，脚踏实地，勤勉刻苦，积极进取。

访谈感悟

你是否只注意到了那些硝烟弥漫的传统战场，而忽略了像国门生物安全这样的非传统战场？国门生物安全是国家安全的重要组成部分，防控传染病疫情、维护公共卫生安全、保护我国遗传资源、保护濒危野生动物、保持生物多样性等都属于生物安全范畴。

采访人：王旭　谢嘉欣　纪铭峰

从毕业到如今，三十年的时间，他所坚持的不过只有一件事：用自己的所学，为农民做事。三十年光阴近一生，但将余晖付"三农"。干一行就要爱一行，就像爱一个人那样，爱就要爱一辈子。

陈汝军：埋头耕耘农经事业三十年

陈汝军，男，1991年毕业于北京农学院经济管理专业，现任天津市农业农村工作委员会副主任。1991年毕业分配到天津市农村工作委员会，先在乡镇农经站锻炼一年，又历任农村工作委员会经营管理指导处科员、副调研员、副处长、处长、副主任。

因交换入北农而结下一生农经情缘

1987年，北京农学院与天津农学院建立联合培养协议，发挥各自专长，相互培养优势专业学生。北京农学院为天津培养30名农经专业学生，而天津农学院则为北京农学院培养30名水产专业学生。陈汝军因此从天津农学院作为交换生来到了北京农学院经管专业学习。自此，一入农经至今未改。对这项工作的喜爱始于北农，始于一个年轻人对土地的热爱，对改变包括自己亲人在内的众多农民辛苦劳作、贫瘠物质和精神生活的朴素情感。在这里，他第一次知道了《国富论》，知道了关贸协定，知道了萨缪尔森、凯尔斯，而更加知道了我国农村基本经营制度从"三级所有、队为基础"到"家庭联产承包"的变革壮举，等等。这一切系统的理论、新鲜的实践，成为扎根这一领域的富有极强生命力的"种子"。学农的人都知道，"一粒种子改变一个世界"。那么，三十年前埋在心中的这粒"种子"，孕育了他三十年的农经事业和情怀，以至于成为他引以为豪的经历。

"自诩"做了几件有益于"三农"的事

农经工作是研究生产关系的，是围绕着人来思考和工作的，也就是要针对让农民在"国家、集体、个人"的三方关系中获得合理的收益，去改革创新其间的相互关系。这是陈汝军三十年的农经心得。"我们农经人要做的就是实事求是制定政策，平衡好三者关系。"这是他对自己的工作标准。他认为，从三十年的发展看，这三者最平衡的时期，就是生产力最快发展的时期，也是农经人事业最顺畅、最有成就的时期。

令陈汝军欣慰的是，三十年的农经工作，最有感触、最有收获、最有成就感的是做了几件于农民有益的事。一是税费改革取消农业税，按照全国统一部署，先是按照"多予少取"原则将农民群众不堪其重的"三提五统"改为以地为基的农业税，而后又进一步落实"多予不取"要求，全面取消了存在了三千多年的农业税，为农民减轻了负担，解决了农民种地负担重、不愿种地的问题。二是承包地确权到户到人，随着城市的不断开发扩大，农民对承包地的承包权、经营权的保护意识越来越强，对权属证明拥有的要求愈发强烈。可是，经过前两轮的土地承包，多数农户为数不多的承包地被分散成十几块，有很多"人地分离""有人无地""有地无人"的现象，农民为此纠纷不断。经过反复研究设计方案、二年的试点、三年的全市推开，一路艰苦推动，终于实现了"地对人""人对地"，360万亩承包地全部确权到户到人，向农民发放了确权证书，建立了信息系统，清晰地记载每个农户的土地权属，让农民吃了颗长期"放心丸"，农民说："手里有了权证，终于不怕征地了。"这也算是为农民做了一件实事。三是推动农村产权制度改革。农村集体经济的资源资产是集体成员的，但集体成员多年来从未真切感受到自己的权利。在全国统一安排部署下，通过结合实际创造性地设计本地工作方案、拟订详细的操作指南、示范文本，以及开展若干次的培训，更难的是推动区、镇落实要求，经过四年"艰苦卓绝"的努力，终于实现了集体股权明确到户、落实到人，集体成员持证凭股分红，当上了"货真价实"的主人。这又是一件让农民满意的事。陈汝军说，经此三件大事，无愧身为农经人。

因经历过而对同学充满希望

在采访的最后，他说，不管学习好不好，生活顺不顺心，做人都要"正"，拥有良好的品格其实是所有里面最重要的一项。人要有正确的人生观与价值观和基础素质，大学正是培养价值观与人际交往最重要的时段。同学们需要对生活拥有热情与激情，在这大段大段的空闲时间里，拥有广阔场地的同学们也要注重身体素质的培养，"身体是革命的本钱"，身体好才能为将来一切打下好基础。另外，他认为人应该多读书，大学时代有充分的时间去读书，尤其是要读历史书。因为历史能带给人们正反两方面经验。他认同"能者多劳"，如今社会的竞争更加激烈，只有学生多能，才会多条选择、多条出路，才能在工作中如鱼得水。最后他希望同学们能多了解时事，只有知道了社会的走向，才能更好地进入社会、融入社会。

　　三十多年的时间，陈汝军学长始终坚持用自己所学，为人民服务，为党与政府服务。三十年拼搏，让他多了一份从容，却始终不忘初心、奋力前行。不断学习进取，紧跟时代的步伐，从学长身上我感受到了学无止境、终身学习的力量。

采访人：廖悦婷

管理服务

忆往昔，昔年学子生涯历历在目，犹铭记于心。曾经青涩懵懂的少年，如今已经成长为雷厉风行的职场中人。在这个竞争更加激烈的时代，他与时俱进，不断进行知识更新和认知升级，他的经历生动地诠释了如何用学习力凸显竞争力。

刘秀春：用学习力打造"多面手"

刘秀春，男，1994 年毕业于北京农学院畜牧专业，先后在北京市房山区委研究室、房山区经委、房山区工业局、张坊镇工作，2013 年 7 月调入房山区地震局任副局长至今。

多彩的大学生涯

刘秀春 1990 年考入北京农学院畜牧兽医系，在同学中成绩处于中上等水平。那时候他的理科成绩很好，特别喜欢做实验。业余时间里，大部分时间刘秀春都泡在图书馆，写作业、看书、查阅资料，把自己的时间安排得满满的，非常充实。上大学的时候，刘秀春对心理学和外语翻译比较感兴趣，图书馆里面关于心理学的书籍几乎都被他借遍了，还先后协助老师翻译了多篇外文资料。勤奋、刻苦、向上是刘秀春四年学子生涯的真实写照。

畜牧专业涵盖大量实验课程，这是刘秀春在专业学习道路上非常重视的环节。比如解剖实验，了解鸡、兔，看肌肉构造，让他有了很大的收获。因为责任心强，他还一度跟随陈斌老师，承担了牧场管理的任务，受到很大的锻炼。陈斌老师的学识很渊博，写了很多的书，尤其在养鸡方面有独到的见解，在专业上对刘秀春有很多的启发与指导。

让刘秀春难忘的还有他的班主任——张永红老师。

在刘秀春的记忆里，当时的张永红老师和学生们的年龄相差并不是很多，能跟学生们特别亲切地"混"在一起。张永红老师对于学生们以及班级的大小事务都非常关心，在学业上为同学们提供了很多指导，在生活上对学生也都很关心。当学生们有事情想不开的时候，就可以去找张老师聊天。在刘秀春离开学校之后，一直和张永红老师保持着联系。于刘秀春而言，张永红老师亦师亦兄。

勤勉的职业道路

1994 年 7 月，刘秀春踏出校门，开启了职场之路，他工作的第一站是北京市房山区畜牧水产局。其间，他利用所学专业技能参与了房山区绒山羊种羊场的建设，做好了绒山羊谱系整理和良种繁育工作，并参与指导了规模化养猪场的建设与管理。在做好本职工作的同时，他还积极协助做好本单位的宣传报道工作：1998 年在房山电视台开办了《养殖富民》栏目，亲自拍摄了 20 余期节目；在房山报开办了《房山区养殖富民十大新闻人物评选》栏目，撰写了 30 余篇稿件，组织完成了该项活动。在畜牧水产局工作期间他多次被授予优秀共产党员和先进工作者称号。

2000—2009 年，他先后在房山区委研究室、房山区经委、房山区工业局等部门任职。

2009 年 7 月，他调入房山区张坊镇工作，任党委委员、宣传委员。在张坊镇任职的 4 年里他没有休过一天年假，周末和其他节假日也经常加班、值班。他充分发挥宣传媒介的作用，做好每年旅游节、采摘节的宣传推介工作，加大对生态、人文、旅游等方面的宣传推广力度，以此来促进地方经济社会的发展，还牵头组织了征文、摄影比赛，以及大峪沟村创建北京市最美乡村等工作。

2013 年 7 月，他调入房山区地震局工作，任副局长，先后负责党务、工会、纪检、财务、业务管理等工作。除做好单位内部的管理外，他还全力以赴做好地震监测和防震减灾科普知识宣传推广等工作，积极组织开展各种活动，不断拓宽渠道，努力提升公众应急避险能力，牵头组织了地震安全示范社区和防震减灾科普示范学校创建等工作。

面对不同的单位，不同类型的岗位，他始终坚持把学习作为自己的第一需要，结合不同的岗位需要，努力学习专业知识。因此，每一次工作调整他都能学习到不同领域的新知识，丰富自身的工作阅历，让自己的能力素质得到新的提升，"忠诚、担当、敬业、奉献"是他在职场上的靓丽标签。他的学习力让自己不断地脱颖而出。

从学生思维到职场思维的转变

刘秀春丰富的社会任职经历，让他自己对于如何顺利步入职场有了独特的思考。现在，在学校学习到的知识不过 20%，而 80% 的知识需要在漫长的一生中通过不断学习和实践获得。那种依靠在学校学习到的知识就可以应付一切而受用终身的时代，已经一去不复返了！

"我们在学校里面接触的基本都是同龄的学生。而一个办公室里边不同年龄段的都有。大学里大家学到的大多都是书本知识，实践的东西特别少。这个时候就需要我们踏踏实实地去学习、去做事。不要觉得在大学里学了很多东西，别人学历不如自己，自己就比他们要强。因为，有些人虽然在学历上不如自己，但是他们的实际经验要比自己多得多。"

刘秀春感到，好的情商是职场成功或融入职场非常关键的一个因素。

刘秀春刚参加工作的时候正好赶上单位规模化养殖场建设。在学校学不到这些东西，那就需要跟一些老同志去请教。以养猪为例，要根据不同生长阶段猪的体重、一头猪一天要排出多少二氧化碳、产生的呼吸量占多少空间合适等因素，来决定猪舍的设计。这不是单靠一个人就可以完成的，任务完成的过程就是一个人与人沟通交流的过程。

"天外有天，人外有人，社会是个大课堂，走出校园要脚踏实地，不要好高骛远。不管在什么工作岗位，只要具备学习力，能看到自己的不足，有本领危机感和能力恐慌感，从而加足马力、迎头赶上，经过岁月的积淀，都能有自己的一点小成就。"刘秀春说。

寄语学校，展望未来

刘秀春工作之余不忘关注母校发展，经常浏览母校的网站。当年的畜牧兽医系已经演变为今日的动物科学技术学院，设有动物科学、动物医学 2 个本科专业和畜牧学与兽医学两个一级学科。动物医学专业先后被评为国家级一流丰科专业建设、北京市级特色专业、北京市品牌专业、北京市一流专业和北京市 100 个重点建设一流专业，是国家第一批实施卓越农林人才培养计划专业之一。刘秀春认为，北京农学院上升势头正劲，动物医学专业就业前景光明，学校既要时刻重视理论知识的传授，还要时刻紧跟专业相关领域的前沿科技，同时也应适当地将一些创新创业案例融入其中。对于后辈学子们，他希望大家要树立一个奋斗目标，在学习上要永不知足，注重培养团队精神。当然最关键的，就是一定要有一颗感恩的心，要知道好好孝顺父母，尊敬师长。

访谈感悟

学长的成就让我们钦佩，学长的经历给了我们启发，作为当代在校大学生，我们应该珍惜光阴，不仅要夯实专业基础，更要强化自身的学习能力；不仅要谦虚谨慎为人，更要培养扎实的工作作风，与时俱进，积极作为。

采访人：李嘉宝　林琪欣　陆华浓

回想农学院的大学生活，记忆深刻的是授课恩师的严谨学风和朴素的师生情谊，是老师对知识的悉心传授和对同学们无微不至的关心。无论从事什么工作，与哪些人交往，身上都有着农院人严谨朴实的烙印。——刘福军

刘福军：精彩人生始于母校

　　刘福军，男，1995年毕业于北京农学院经济管理专业。历任顺义区地方税务局副所长、副科长、立案审理科长，顺义区双丰街道办事处副主任兼武装部长，挂职河北省张家口市桥东区副区长，顺义区市政市容委工会主席。现任北京市顺义区城市管理委四级调研员兼工会主席。

在校期间开始起草规划人生路

　　20世纪90年代初没有手机，电脑游戏机也非常少。课余时间由学生自由支配，很多同学在图书馆里、自习室里刻苦学习或参与学校的各类活动。不少同学在校期间开始主动筹划毕业后的两条路，继续深造或者走上工作岗位。有的同学准备继续深造，认真学好课堂知识的同时还主动学习更多的知识，为继续深造考研做准备；有的同学为了今后求职更容易积极储备工作技能来增强求职的竞争力。

　　刘福军回忆道，大学期间他们班里非常团结，大家有着很强的集体荣誉感，都积极主动地为班级出力。同学关系很融洽，现在很多人依然保持着联系，时常会接到好久不曾谋面的同学的节日问候和"好吃的给你寄过去了注意查收"的电话提醒。虽然大家都为工作、为生活忙忙碌碌而无暇见面畅谈，但是同学间深厚的情谊是永存的。"随着年龄的增长我

倍加珍惜我们纯洁的友谊。"

刘福军说，大学期间他们的文体活动非常丰富，同学们爱好广泛，积极参与学生会的社会活动。学院桥牌协会的主要成员由他们班学生担任，班里男生都会打桥牌，好多女生也积极参与。他们经常组队去找同学、不同年级校友、其他院校和社会上的桥牌爱好者约战。他们桥牌队在华北高校桥牌比赛中曾经获得过双人赛冠亚军的好成绩。"现在想来，我们的同学关系融洽、班级团结与绝大多数人共同爱好桥牌活动有很大的关系。共同的爱好无形中凝结了管理学上的'团队共识'，就是完成约定目标战胜对手。战胜对手，要通过个人技能与搭档配合完成每一次定约，通过叫牌与你的搭档进行有效的沟通，给予搭档充分的信任。"

善用现代社交娱乐工具，积极参与社会活动

刘福军建议学弟学妹要善用网络而不要沉迷依赖。他认为，现代通信工具发达，各类聊天软件丰富，自媒体网络游戏种类繁多，给人们的社交、办公、娱乐休闲带来极大的便利，渗透到社会生活的方方面面，可以说能想到的和想不到的在网络上都有。但是网络不能代替人与人面对面的沟通和交流，网络阅读学习与书面文字阅读还是存在差异的。网络社交软件是工具，是人使用的工具；网络游戏更多仅仅是一种娱乐方式，别的娱乐方式还有很多。过分沉迷于网络、完全依赖于网络，对今后走上社会工作岗位处理人际关系是不利的。

大学毕业是完整社会人生的开始，每个人都完全无法预料到将经历什么，会遇到什么样的转折。刘福军毕业后经历过三次大跨度的工作变动，分别是税务工作、社会管理工作、城市建设管理工作，可以说与大学所学专业知识的距离越来越远，唯一不变的工作内容就是接触人和处理事情。他感触最深的就是大学学习教会了他自学能力、工作技巧，掌握了辩证看待问题的思维方式，树立起了对规则的敬畏之心。

最高处为刘福军

学习永远是进行时

毕业后，刘福军进入地税局从事税务工作，被分派到企业税务检查，想着财务会计税收知识都学过的他，认为自己肯定能顺利完成工作。但当第一次看到企业账册和凭证时，他感觉根本无从下手，不知道该关注哪些科目、用哪条税法去衡量。

从那以后，他强迫自己认真学习财会制度和税收法律法规，随时向老同志虚心请教查账技巧。经过若干年的不懈努力学习，他终于成为税务稽查能手。进入企业看现场就能了解企业经营能容和方式，与企业财务聊天就能判断出涉及税收的哪些方面。从事社会管理工作后，他主要工作是维护社会秩序、处理辖区社会矛盾、协调邻里关系。与人有效沟通、妥善处理关系方面的知识又成了重点，需要重新学习和思考。随着工作单位和工作内容的变动，他感觉到了自己知识的欠缺和不足，需要永远不断地学习。

敬畏法律规则抵制诱惑

刘福军寄语学弟学妹要敬畏法律。他认为，校园与社会是两个不同的环境。校园里利益纠葛少，学生们思想相对单纯，性格突出、棱角鲜明。步入社会后要适当收敛自己的个性，以尽快适应社会，抵制住诱惑。社会上利益矛盾交织纷繁复杂，有些人为达目的不择手段，金钱、美食美色、名誉地位等手段无所不用其极。面对诱惑无法判别时，同学们要停下来想一想，做了这件事情，你是否违反了法律和社会道德公序良俗；用自己的自由、国家人民的利益去换取他人施舍的蝇头小利，将彻底摧毁你的人生和家庭，是否值得。"我经历的单位中就有几个同事，因为没有把握住自己，轻则受到党纪政纪处理，家庭破碎，重则丢官罢职，身陷牢狱。当然如果你永远保持正能量，你就会发现身边更多的真善美。"

善于倾听、勤于思考尽快适应角色变换

针对大学生如何尽快适应工作岗位，刘福军分享了他自己独特的体会。他认为，善于倾听是对人、对事情的基本尊重，更是工作生活的一种积极态度。现在的大学生几乎都是"00后"，走上工作岗位后要与不同年代的人在一起工作。快速适应工作岗位，除具备过硬的专业基础知识外，还离不开与不同年龄阶段、不同职级的人交流，倾听学习他们的好经验，思索形成自己的工作思路，把岗位工作做出色。

从校园到社会，是学生到职业者的转变；从基础岗位到决策岗位，是被管理者到管理者的转变；工作单位的变化会带来从熟悉的专业领域到未知非专业领域的转变。唯一不变的是"所有的都在变化"，但在自己经历的工作过程中，随时都要与不同的人和事接触。大多要通过倾听和看的方式了解事情的来龙去脉，领导的思路想法，同事下属执行工作的进度措施，服务客户、对象的要求、诉求。可以说没有认真的倾听，就无法把握事物的本质，就无法做出准确的思考决策、圆满地完成工作任务。

从细微之处入手踏实工作，做成出色的自己

刘福军结合多年的工作经历分享了对职业生涯的感受。他认为，初入职场都是工作在一线，从最琐碎最基础的工作做起，查资料、写文案，辛劳吃苦的过程不可避免。传递文件、通知会议等细微的工作都要认真对待。踏实做好每一件小事，从点滴的琐事中约束自己，养成干工作要事前梳理思路、事中核验效果、事后总结查找不足，若干年后就能看到出色的自己。对于职业生涯中每一项具体的工作，多换几个角度去考虑，用不同的视角去

看待同一个问题，然后踏实做好它，可能会给你带来意想不到的惊喜。

培养良好的兴趣爱好，一直坚持下去

刘福军建议学弟学妹在校期间要多培养自己的兴趣爱好。他认为，良好的兴趣爱好会使人更加热爱生活，珍惜宝贵的时间；有了兴趣爱好，就会变成一个忙而充实的人，在寻找兴趣知音中交到更多的朋友。"我92年开始桥牌运动，工作后坚持闲暇时一直适量参与。通过桥牌运动在网上和现实中结识了大量的桥友，互相支持、互相学习，净化了生活环境和精神世界。"他认为，当你的动力是兴趣时，它的力量将强大无比，在它的驱使下你会不断地克服困难，一步一步地去寻找解决问题的方法，培养你持久的耐力和毅力。

最后，刘福军借用毛主席的一句诗词与大家共勉——"雄关漫道真如铁，而今迈步从头越。""无论我们经历坎坷或是平淡，我们都品尝了生活所赋予的艰辛苦涩、幸福甘甜。沧桑的岁月涤荡了我们的青春铅华和天真烂漫，却洗不尽我们的同学情谊和深厚的师生感情，母校情怀。"刘福军说。

访谈感悟

学长的故事，让我受益匪浅。人无远虑必有近忧，规划需及早，无论是考研还是就业，如果明确了方向，就要坚定不移地走下去。我们无法完全预料将来的人生，但不变的是接触人和处理事情的能力。我们要时刻保持学习和思考，虚心向前辈或者老师请教，让学习变成进行时。我们要适当收敛个性，尽快适应社会，要善于倾听和思考，随时做好角色的变化，踏实工作，认真学习，成为出色的自己。

采访人：王思琪

罗曼·罗兰说："人们常觉得准备的阶段是浪费时间，只有当真正的机会来临，而自己没有能力把握的时候，才能觉悟到自己平时没有准备才是浪费了时间。"其实机会经常出现在我们的身边，智者能发现它、利用它走向成功；而愚人往往错过它，却抱怨命运的不公平。其原因就在于机遇只偏爱有准备的头脑，有准备的头脑才能辨识和把握机遇。

孙敬先：机会留给有准备的人

孙敬先，男，1995 年毕业于北京农学院林学专业，获得学士学位，2003 年考入甘肃农业大学读研，攻读草业科学专业。精通英语，具有意大利语、粤语等语言的日常交流能力。现为意大利拉齐奥大区菲乌吉市驻中国大使、意大利乌比那提农业系统工程公司 UR-BINATI SRL 中国区经理、欧洲"国际绿色生产者协会"中国总干事和意大利万木奇植物公司 VANNUCCI PIANTE 中国市场总监。

历任《中国花卉报》广告部主任、总编室副主任；国家级农业产业化示范园区"广东陈村花卉世界有限公司"副总经理；中国花卉协会绿化观赏苗木分会常务副秘书长；世界第二大园林苗圃"意大利万木奇植物公司"中国市场总监；《Floraculture International》中文版/《世界花卉经济》杂志出版人；欧洲"国际绿色生产者协会"中国总干事、意大利乌比那提公司中国区经理；意大利拉齐奥大区菲乌吉市驻中国大使；荷兰皇家展览集团 VNU EXHI-BITIONS ASIA LIMITED 农业项目总监；"亚洲园艺博览会"联合创始人。先后发表《To Know China》(英文出版物)、《模拟奥运会鸟巢运动场草坪的热集聚效应》等科学论文，参与国家八部委联合发布《全国花卉产业发展规划(2011—2020 年)》的编纂工作。

早期的职场经历

孙敬先当时在学校参加了第一届全校英语演讲比赛，获得了亚军。这场比赛激发了他

对英语学习的欲望和用英语交流的自信。

上个世纪90年代，北京农学院读研的学生很少，本科毕业基本都参加工作了，就业压力还不算太大，但是工作的可选择性也不是太多。当时园林学院的毕业生所能选择的工作单位，第一是各大公园，如颐和园、北海公园、景山公园等；第二是进入园林绿化工程相关的公司；第三就是进入政府体系内的农业部门或者下属事业单位。而孙敬先却敢于挑战，另辟蹊径，选择了自己从未接触过的新闻领域，并成功受聘于中国花卉报社。

凭着扎实的专业知识，热情开朗的性格，特别是在英语方面的出色能力，孙敬先很快在采编队伍中脱颖而出，随报社频繁出访美国、荷兰、德国，将当时世界最先进的园林花卉产品和技术信息，以记者的视角传至了我国花卉产业的每个角落，这也为他日后作为联合出版人，编辑出版发行《世界花卉经济》杂志（Flora Culture International 杂志中文版）奠定了理论与实践基础。

继续深造的契机

伴随着北京的申奥成功，全国掀起新一轮绿化高峰。现代草坪的应用也呈现出一片空前繁荣的景象，这个全新的专业领域让孙敬先敏感地察觉到，这是中国园林产业发展的又一次浪潮。为了把握住这次机会，他毅然决然地报考了我国现代草坪科研领域的最高学府——甘肃农业大学草业学院，攻读研究生课程，在更专业的领域完善自己。恰逢此时，北京奥运会主场馆国家体育场鸟巢的建造过程遭遇了巨大的技术挑战：由于生态和节能的需要，原设计的全封闭式场馆被优化为半封闭式，即我们现在看到的鸟巢。但是伴随着主体结构的改变，新的问题出现了：呈半开放式的鸟巢场馆，当中巨大面积的草坪无法抵御北京夏季的炎热高温造成的"热集聚效应"，草坪根部枯死的风险极高。作为硕士研究生的孙敬先和技术团队一起，在国内外学术权威的带领下，模拟了鸟巢的"热集聚效应"及其产生的影响，提出了具有前瞻性的、高科技的草坪"降温"方案，并最终被国家奥组委采纳并得以应用。

保持学习的习惯

"我喜欢追求美好的东西，我喜欢意大利、艺术，我自己还会画画。我对艺术、音乐都有爱好。爱好就要去掌握他。学习是我追求更美好生活的一种手段。"

刚到报社任职，专业并不十分对口，孙敬先能够迅速融入并胜任，靠的正是学习。他说："我会主动寻找一个榜样，这个榜样是报社当中我能经常接触到的同事前辈，我可以从他（她）身上学习技能、汲取营养。"

后来孙敬先又担任了中国花卉协会绿化观赏苗木分会常务副秘书长、欧洲"国际绿色生产者协会"中国总干事。不同的岗位，不同的职能，不同的任职要求，他靠着孜孜不倦的学习习惯，得到同行的认可。学习，已经成为他生活的一部分。

与法国园艺传会主席杜邦（右二）共襄中法园艺盛举\

国际化的视野

得益于对外语学习的热爱，孙敬先自修了意大利语和德语。在中华民族走向伟大复兴的进程中，如何在推动人类命运共同体的洪流中勇立潮头，孙敬先有他自己的愿景。作为意大利拉齐奥大区菲乌吉市驻中国大使，他成功促成中国乐山市和菲乌吉市互为友好城市，在疫情肆虐的初期，乐山市政府捐赠了大批医疗物资，发往意大利。两个友好城市之间互相关怀，共同守望。双城之间达成了一揽子合作规划。作为友好亲善大使，孙敬先有自己的使命，他励志在中国和意大利两国之间搭建一座无形的轨道，用复兴号列车的速度，在两国之间，在科技、经济、人文、历史、自然、环保各个领域进行传递，一起向未来！

对母校的寄语

孙敬先时刻关注母校的发展，他说："北京农学院不是 985 院校，也不是 211 院校，但是也可以培养出比 985、211 更为优秀的人才。作为北京农学院的毕业生，我很自豪。"

访谈感悟

通过孙敬先学长的采访，令我收获颇丰。我知道学习很重要，但当我真正去倾听一位母校的前辈，和他一起回顾他的人生经历，我才真正感受到学习在人生道路上是多么重要的奠基石。学长优秀的学习能力和每个阶段对自己的目标规划，真切地应了一句话——"机会都是留给有准备的人的"。学长的成功着实令人羡慕，但学长的个人追求和坚持不懈的学习习惯才是真正令人敬佩的。成功从来不是凭空而来的。台上一分钟，台下十年功。我们常羡慕别人的机遇好，羡慕命运对别人的青睐、羡慕别人的成功，却没有看到荣耀和鲜花背后所付出的千辛万苦。机会并不是随时都会有，当机会来临之时，有人把握住了，而有人却与之失之交臂。不难发现，把握住机会的人早已在机会来临之前做好了一切准备。

采访人：刘铭玥　王子龙　龚蒨

管理服务

恪勤朝夕，不负时代，不负自我；憧憬未来，明心立志，脚踏实地，一苇以航。——
禹拥军

禹拥军：矢志不渝保持定力，勇毅笃行履践致远

禹拥军，男，1996 年毕业于北京农学院农林经济管理专业。曾先后在北京市体改委、北京市农委工作，历任东城区交道口街道办事处副主任，东城区建国门街道工委副书记，北京市国有文化资产监督管理办公室产权管理处（改革处）处长、考核评价处（董事会工作处）处长，现担任北京市国有文化资产管理中心副主任。毕业参加工作以来，参与了小城镇、新农村、产权改革、国企改革等多个文件的起草制定，指导了上百家国有企业的改革，主导改造的南锣鼓巷被美国《时代》周刊评为亚洲 25 处最佳风情体验地之一，获得 2011 年亚洲都市景观奖、第十四届联合国"livcom 国际花园城市与社区全球决赛金奖。

和禹拥军校友见面后，我们开始了非常愉悦的畅谈。我们介绍了学校近年来取得的非凡成绩和今后的建设发展方向，他听后无比动情，在感叹母校发生的日新月异变化的同时，也向我们分享了他当年在学校生活的点滴感受和在工作中的一些感悟。

不负韶华　潜心向学

禹拥军非常感谢母校的培养，他谈到，大学四年时光非常非常宝贵，一定要珍惜和抓住每一天，等参加工作后就再也不会有这样专门的学习时间了。在他眼中，母校教会了他朴实无华、无怨无悔，培养了他坚韧无我、奋发向上的工作精神，也让他养成了学无止境、常学常新的良好习惯。

当他回忆起自己当年在北农上大学的时候说："大一入学时，最容易有歇一歇的想法。当时学校的老师都提出了严格要求，对课堂考勤和作业的要求十分严格。这也让自己在一开始就不敢放松，除了按时完成作业外，每天都要到老图书馆四层自习室去学习，可以说风雨无阻，大学四年下来收获颇多、受益一生。""基础不牢，地动山摇。大学四年是打基础的阶段，基础打不好，会直接影响你的工作水准甚至职业规划。一个人工作能力的提升就像金字塔，塔尖是你的职业发展目标，那么塔基就是你储备的知识，所以如果没有四年丰富的知识营养储备，又怎么能开花结果、喜获丰收、到达塔尖呢？"

结合自身工作经历，禹拥军分享了自己对大学学习的理解和感受："大学四年，首先要学好本专业的知识，这个很重要，不要认为将来可能用不上这些知识就没必要费心费力地学习。如果没有大学四年扎实的专业学习和理论深造，将来即使走上工作岗位，也会觉得力不从心、底气不足。2012 年在建国门街道工作时，我作为主考官面试公务员，恰巧有一名北农的毕业生参加面试，当时第一题是请他结合所学专业知识和自身实际谈谈对所报岗位的认识，但听后明显感觉他专业知识不太扎实，他也因此失去了一次择业的机会。现在用人单位非常看中你的专业性，专业性是你走上社会、工作进阶的立足之本。大学的每一个专业都有一套完整的课程设计，通过全过程深入地学习，会让你更加全面系统地掌握专业技能，把握其内在的规律性、逻辑性、关联性，再学习其他知识技能也会更容易些。"

禹拥军认为，在大学期间，无论课堂上还是课堂下，都要学会勤问、学会思考、学会钻研，这是学习的最好方法，要能够做到举一反三、触类旁通，绝不能不懂装懂、不会装会。他深有感触地说，大学期间"问、思、钻"的学习习惯也被贯穿到他的工作中，参加工作以来，他遇到过许许多多的工作难题，比如 2006 年改造南锣鼓巷时，怎么拆、怎么修、怎么建、怎么保、钱从哪里来、人往哪里去……但办法总比问题多，问领导、问专家、问居民、问设计师，结合实际不断地思考、钻研，最终确立了改造思路和方案，让这条 750多年的古街巷焕发出勃勃生机。

博观约取，厚积薄发

"学习如逆水行舟，一篙松劲退千寻。"回顾自己二十多年的工作经历，禹拥军谈了他对终身学习的理解，"在走向社会后，要养成和秉承良好的学习习惯，在干中学、学中干，这样面对多个工作岗位变化时，工作起来才会更加得心应手、更加自信。"二十多年中，因工作需要，禹拥军变换了很多岗位，每个岗位都需要掌握不同的知识，在北京市农委从事小城镇、新农村工作时，需要对村镇规划知识学习掌握；在东城区交道口街道从事南锣鼓巷古都风貌保护工作时，就需要对建筑规划设计知识学习掌握；在从事社区建设管理工作时，就需要对社会学以及法律知识学习掌握；在北京市体改委和北京市文资办从事经济体制改革、国有企业改革工作时，就需要对经济学方面知识学习掌握……他始终认为，如果一个人想要有一桶水的水平，就需要有一缸水的知识作支撑，这些全都需要日常大量知识的积累，而不是"书到用时方恨少"。他清晰地记得，自己刚参加工作的第一周，就被抽调参与某国企破产方案制定工作，这对一个没有任何工作经验的人来说是一个巨大挑战，还

好大学期间学习的一些经济理论、会计、统计、金融税收等方面的知识得到了应用，最终圆满完成了工作任务。

禹拥军建议在校学生，要尽可能地多学习一些知识，多掌握一些技能，"日日精进，则无有不成"。此外，还要参加一些社团类的集体活动，让自己从中得到历练。他回忆说，在大学期间他参加了系里的足球队并获得校级比赛冠军，担任校报的记者、学生版主编、文学社社长，担任系刊《繁星》的主编，自编自演多个小品、相声参加演出，这些经历让他一个特别内向的人变得更加豁达开朗、更加善于沟通，文字能力、组织协调能力、人际沟通能力、综合分析能力都得到了提高，可以说大学给他提供了一个很好展示自我的舞台。

砥砺深耕　奋楫笃行

禹拥军参加工作以来，一直在机关工作，在各个岗位上得到了成长和进步，也取得了一定成绩。对此，在采访中他分享了以下三点经验。

第一是保持定力，充满自信。在大学期间一定要克服"躁"的心理，静下心来学习，做好目标规划，要符合自身实际，千万不可犹豫不定、好高骛远。参加工作后，更要脚踏实地，保持定力，久久为功，无论岗位、职业发生什么变化，都要在新岗位、新领域上始终如一，耐得住寂寞，经得起诱惑。无论是在校学习还是参加工作，都要有舍我其谁的信心，不要一味地去抱怨或者轻言放弃。他讲到，在工作中自己周围不乏一些名校、一流专业的同事、专家，但他在展现工作能力和取得工作成果上并不差，有时还会更好，这归结于在学生时代培养的充足的自信心和持之以恒的工作学习的韧劲。

二是苦练内功，藏技于身。在大学期间一定要练好文字功，文字不过关，不但案例分析作业和论文写不好，而且参加工作后也会成为短板。如果在公司就业，被要求撰写各种文案、会议材料、项目策划书等文字材料，文字能力不过关的话，竞争力也会大大减弱；如果在机关就业，那文字能力更不必说了，所以文字上要有两把刷子。他回忆了自己在大学期间，写了许多稿子，还参与了文稿编辑工作，在文字上打下了较好基础。记得1996年参加北京市体改委招录时，就是现场给一个题目，发4张B5大小的稿纸，让他写一篇文章，既考专业知识，也考文字水平，他最终被录用，主要得易于大学期间母校提供的平台和平时文字的历练。人在事上练，刀在石上磨。大学期间有许多平台和机会，在校时要尽可能地参与，培养自己的一技之长，实现能力素质的提升。

三是心怀感恩，美好常存。大学期间，许多老师都会给人留下令人深刻的印象，至今课堂上的那些身影还历历在目，那些声音还仿佛萦绕在耳畔，从他们身上可以看到一代代北农老师无私奉献的博大情怀和吃苦耐劳的精神，为学生们加强修养、加快成长做出了示范和表率。师恩难忘，母校难忘，作为一名北农人，感恩的心要一直有。在学校懂得感恩、学会感恩，走向社会才能知恩知情、与爱同行，保持温暖情怀和阳光心态，和同事们的友情也会更加深厚，自身的工作也会开展得更加顺利。

访谈感悟

　　大学四年积累的经验与能力，最终会在走向社会的那一刻绽放出灿烂的花朵。学长走向社会后努力拼搏，不断提升自己的综合能力，在不同的岗位上绽放了同样的精彩，值得我们所有在校大学生学习。

采访人：存思羽

管理服务

安全是一种尊严，它既是对他人的尊重，也是对自己的尊重。"民以食为天，食以安为先"，食品安全问题关系人民群众的切身利益。改革开放以来，我国食品行业快速发展，食品总量稳步提升，食品种类日益多样化。但食品安全事件频频发生，让人胆战心惊、食之难安，严重影响了人民的幸福感和安全感。保障食品安全、维护食品安全，是事关经济、政治、社会全局发展的大事。王立华就是这条监管战线上的一员。

王立华：实干笃行，守护食品安全

王立华，男，1997 年毕业于北京农学院食品科学与工程专业，现任职于北京市市场监督管理局，为一级主任科员，主要从事食品安全监督管理和组织开展全市食品安全突发事件应急处置工作。其先后任职于宣武区卫生防疫站、北京市卫生监督所、北京市食品药品监督管理局等单位，分别在食品审批、食品监管、食品抽检、食品核查处置和食品安全突发事件调查处置等岗位工作过。先后调查处理过 2006 年"北京福寿螺事件"、2010 年"怀柔山吧可乐啶中毒事件"、2019 年"暑期来京游学团诺如病毒感染事件"等几十起突发事件。多次被评为本单位的优秀党员和先进个人，2021 年获得市市场监督管理局和市人力资源和社会保障局授予的"北京市市场监督管理工作先进个人"，市突发事件应急委员会办公室授予的"2021 年度应急值守工作先进个人"等荣誉称号。

访谈在王立华学长的办公室进行，他工位上的一张合影吸引了我们，这是一张 2008年北京残奥会期间王立华与何军权(编者注：中国残奥会代表队游泳运动员，2008 年北京残奥会游泳冠军，被称为"没有双臂的奥运游泳冠军")的合影。访谈就从这张照片的来历开始了，2008 年王立华在参加北京奥运会和残奥会的食品安全服务保障工作期间巧遇何军权，留下了这张珍贵的合影，每当看到这张合影，何军权自强不息、勇于拼搏的精神不断激励着他要努力工作。

始终如一，履职尽责

1997 年毕业后，王立华先后参加了 2004 年北京亚洲杯足球赛、2008 年北京奥运会和残奥会、国庆 60 周年和 70 周年庆祝活动、建党百年庆典活动、2022 年北京冬奥会和冬残奥会，以及每年的全国两会、中国国际服务贸易交易会等重要会议和国际重大体育赛事的食品安全服务保障工作，无论在哪项服务保障工作中，他都保持严谨求实的态度和作风，出色地完成了各项工作。他说重大活动的食品安全服务保障工作责任重大，不能有一点闪失，否则就有可能"一失万无"。所有的监管人员都应按照"精精益求精、万万无一失"的标准来做好服务保障工作，以"一失万无"的警惕，确保"万无一失"的安全。

2021 年 10 月，他被选调进入冬奥会专班，主要负责赛事期间的食品安全突发事件处置和疫情防控，因为新冠肺炎疫情，对 2022 年北京冬奥会和冬残奥会食品安全服务保障工作提出了更严格的要求，为做好赛事期间闭环管理封闭区内食品安全突发事件的规范化处置，他编制了《赛事期间食品安全突发事件市级应急预案》，并组织实景演练以检验应急预案的可行性。为了让参加服务保障的人员熟练掌握预案的内容，他编写教学示范片剧本，设计剧情和场景，与团队一起录制了闭环管理封闭区内食品安全突发事件应急处置演练示范教学片，通过教学片演示了闭环管理封闭区内发生食品安全突发事件后，驻点监管人员如何按照预案的要求，进行信息报告、封存及食品和剩余食品采集留样、食品表面标本和环境标本采集、样品"无接触"交接等环节的规范性动作。当 2022 年北京冬奥会和冬残奥会圆满落幕，他也实现了职业生涯中亲身参与北京夏季奥运会和冬季奥运会服务保障工作的"双奥"梦想，虽然很辛苦，但无怨无悔，因为这是所有食品安全服务保障人员的责任。

管理服务

统筹协调，妥善处置突发事件

应急工作就好比"知道靴子会落地，但不知何时会落地"，要时刻绷着一根弦，做好应急准备。他的手机24小时开机，区局上报的每起突发事件报告他都要认真审核，及时叮嘱区局调查处置中的注意事项，需要现场调度处置时，不管何时他都会亲赴事发现场进行指导调度。

他组织编写《市场监管系统食品安全突发事件信息内部报告工作指导》，对本市发生的不同级别食品安全突发事件的报告标准与报告时限分别作出具体的规定，对突发事件的接报以及初步报告、进程报告和终结报告的撰写内容分别做出详细规定，从程序上规范了本市市场监管系统做好食品安全突发事件信息报告，提高了食品安全突发事件应急处置、快速反应能力。

有一年的5月份，王立华连续三天接到4起就餐人员出现腹泻等消化道症状的报告，涉及3个区4个不同就餐地点。短时间内连续出现4起怀疑与食物有关的事件引起了他的高度重视。他发现其中一起事件提供的就餐食品中有生日蛋糕，另外一起报告中写着为了祝贺孩子生日，几个家庭在一起聚会，那蛋糕会不会是可疑食物？他要求涉事的三个区尽快调查共同就餐食谱中是否有蛋糕，确定蛋糕的生产单位和品种。信息很快反馈回来，是本市A区生产的某品牌线上网红蛋糕。他立即通知蛋糕生产单位所在区立即对蛋糕加工过程进行调查，同时与同事们赶往涉事的蛋糕生产单位进行调查，他从厂家提供的生产工艺上发现蛋糕有使用生鸡蛋黄与奶油搅拌加工的程序，生鸡蛋是最易引起沙门氏菌食物中毒的食物，他要求调查人员重点对可疑加工过程进行调查。经过多次调查询问，生产单位最终承认蛋糕在使用生鸡蛋黄与奶油搅拌制作过程中混合物加热温度、时间没有严格按照加工工艺进行。同时，实验室检测结果显示，发病人员家中剩余蛋糕和发病人员的便样中均检测出致病菌沙门氏菌，最终认定4起事件是由于食用了该食品公司制售的蛋糕引起的沙门氏菌食物中毒。事件的定性既给了消费者一个满意的答复，也维护了发病人员曾就餐的餐饮单位权益。

勇于担当，冲锋在前

冬奥会专班只是他参加的专班之一，还有诸如专班、市市场监管局疫情防控专班、市市场防疫组专班、北京进口冷链食品疫情防控专班等，同事们笑称其为"专班专业户"，无论被分派什么工作，他都以高度的热情、积极的心态投入工作中，抓实抓细各项工作，履职尽责。2020年初新冠肺炎疫情发生后，他主动放弃节假日及休息日，始终坚守在市场监管和防疫工作的一线，从清早忙碌到凌晨是工作常态，夜以继日、加班加点工作，先后编制完成《北京市市场监督管理局干部职工出现发热等不适症状或出现确诊（含疑似）病例的处置方案》《北京市市场监督管理局新型冠状病毒感染的肺炎疫情防控工作领导小组分工方案》。小升初的孩子因疫情在家无人照顾，一日三餐只能自己解决，他只能在百忙中提醒孩子注意用电用火安全。在新发地聚集性疫情发生后，他更是第一时间入驻槐柏树街参加市场防疫工作组工作，负责统筹调度丰台区、海淀区和石景山区在市场防疫工作中的对接协调落实工作，编制完成《北京市冷链食品疫情防控应急预案》，每天都工作到深夜，凌晨1、2点才能到家，而第二天又朝气蓬勃地准时出现在工作岗位上。在一个多月高强度的工作中，王立华右眼突发眼疾，出现视力模糊，医院建议他休息一段时间，做进一步的检查，

但因其负责的三个区市场防疫工作任务重，需要协调的事项多，所以他只是到药店买了些药，减缓了眼部的不适后坚持工作，最终出色地完成了各项疫情防控工作。

作为首都市场监管队伍的普通一兵，王立华几十年如一日，秉持"打铁还需自身硬"的信念，躬耕市场监管，以自己的无私奉献和默默付出，以高度的政治责任感、饱满的工作热情为新时代市场监管执法人员的初心和使命做出了生动的诠释。

访谈感悟

在平凡的世界，做个不平凡的人。一个人的优秀与否，要看他是否对工作勤勤恳恳、一丝不苟，是否将自己奉献给了国家和人民。爱岗敬业是一种最大限度实现自我价值的奉献精神，无论我们身处哪一种职位，都应该尽职尽责，扎实地立于根本。我们要拥有顾全大局的精神境界，响应国家和人民需要，舍小爱为大爱，带着激情和努力，不忘初心、牢记使命。何为热爱和奋斗的纽带？是担当。担当使热爱成为奋斗的前提，也使奋斗成为热爱的保证。越过一条条湍急的河道，跨过一座座险峻的高山，学长和他的同事们带着崇高的理想和满腔热情，为人民服务，将安全感和幸福感带给人民；为祖国奉献，将坚实可靠的后背留给祖国。当国家有难，人人都应贡献自己的力量，而我们作为新时代的青年，更应勇挑重担，积极响应国家的号召！

采访人：令狐羽珮

管理服务

回忆往事，在校园里的学习生涯依然历历在目。从大学与园艺结缘到现在成为延寿镇镇长，一路走来他不断磨砺自己、锻炼自己，不忘初心，始终履行为民服务的承诺。

罗立华：立足本职，勇于担当

罗立华，男，2002 年毕业于北京农学院园艺专业。先后工作于昌平区政协、昌平区委组织部、沙河镇和延寿镇，目前担任北京市昌平区延寿镇党党委书记、镇长。在 19 年的基层工作中，他以实际行动践行着北农人的责任与担当，诠释着一名共产党员的初心与使命。

参加工作以来，罗立华同志勤勉敬业，担当务实，心系群众，业绩突出。在沙河镇工作期间，通过树品牌、带队伍，全力抓好党的建设，承担了接诉即办、疫情防控等群众关心、关注的重点难点工作。担任延寿镇镇长以来，他敢于"亮剑"，较真碰硬、狠抓落实，有力推动了全镇违建别墅拆除、规自领域问题整改、生态环境保护、重点工程项目建设等中心工作、重点任务，赢得了上级组织、同事和群众的广泛认可。

初入北农 初识园艺

初识罗学长，他热情绅士，和我们娓娓道来他的成长经历，让我们倍感亲切，这次走访也让我们受益匪浅。

罗立华学长是河北衡水人，出生成长在春耕秋种、炊烟袅袅的农村，对于农村、农

现场检查工作

业、农民并不陌生。当询问起当初为什么选择园艺系的时候，罗立华学长发自内心地说道："学这个专业心理上有亲切感，考虑到未来在就业上也不会产生太大困难。"进入大学后，随着对专业课的深入学习，他对园艺专业的认知也逐步深刻起来，对于农业也有了更全面、更广泛的了解。罗立华学长提到读大学时的一次经历，在学习过程中，他学习到我们经常吃的圣女果，在园艺专业当中被称为"樱桃番茄"，它不仅可以作为水果来食用，还被用于观赏和盆栽，这让罗立华学长深有触动，感觉自己进入了一个更广阔的知识领域，更加坚定了自己学农、爱农、精农、惠农的决心和信心。

当被问及在北农的大学生活中印象最深刻的事情时，罗立华学长回忆说，他的班主任徐践老师当时有一个小菜园，班里的同学们经常去那里劳动实践，徐老师还会带着大家一起搞一些团建活动，大家在一起敞开心扉交流沟通。这样的相处方式不仅增进了师生之间的情感，还培养了大家学农爱农的精神，有利于培养和铸造团结、和谐、有战斗力的团队。这种大学经历也潜移默化地影响着罗立华学长，在工作中，他善于与同事交流沟通，事事主动带头落实，在工作上能够将大家的工作热情凝聚起来。在延寿镇基本无违建镇创建工作中，他带领负责同志共同制订计划、商量举措，带头开启"无休模式"，稳步推进拆违工作，延寿镇无违建镇创建工作进度名列前茅。

注重在实践中摔打磨炼自己

罗立华学长分享了他参加学生活动的一些体会，他叮嘱我们在校大学生应该积极参与学校各种活动，广交朋友、激发潜力、锤炼性格。"在学生时代，我们需要不断地学习成长，有时候成长比成功还重要。我们都是普通老百姓家的孩子，我们学习、进步，有一天

管理服务

父母带我们出门，我们站在他们身后，他们会以我们为荣。参加工作之后，能够服务更多的人，多为社会做贡献"。

罗立华在大学期间是一名活跃在同学中间的优秀学生干部，当时他参加了学院的自律会(学生自律管理委员会)，主要负责协助学校开展学生管理。罗立华学长回忆到："从高中到大学，刚开始自己内心非常不自信，与人的沟通交流很少，对自我的认知等各个方面都不够。当时加入这个组织的最初想法就是通过这种活动去改变自己、学习锻炼。"

罗立华清楚地记得，当年在孙亚利、马俊云等老师的带领下参加社团活动，服务广大同学，自己学到很多东西，对后期的工作和生活带来了极大帮助。

作为学生干部的这样一份经历，不仅让罗立华学长收获了肯定和荣誉，变得更加自信，更重要的是培养了他敢于担当、服务他人的精神和品质，为日后进一步的发展打下了良好的基础。2021年10月22日昌平疫情暴发后，罗立华学长走上疫情防控一线，他被借调到区疫情防控专班，现场协调调度人员转运工作。他带领工作人员密切配合，分工协作，合理规划，大大缩短了群众等待时间，有效避免了矛盾，让转运工作的从优从速变为现实，极大降低了疫情再传播的可能，累计接转人员5016人，"接、察、转、解"等环节全链条闭环管理，实现了转运工作衔接零障碍、接收零差错、接转零积压。

罗立华在汛期关注百姓的防雨情况

北京科技小院落户延寿镇

2020年10月21日下午，北京农学院三家"北京科技小院（统农043号、统农044号、统农045号）"授牌仪式在昌平区延寿镇湖门村举行，北京农学院党委副书记高喜军，校党委常委、组织部部长、统战部部长赵和文，植物科学技术学院党总支书记王绍辉出席并揭牌。

谈起"北京科技小院"，罗立华说："北京科技小院是整合和利用高校优秀的科技资源、科技人才帮扶农村的一种创新举措。作为基层农村，迫切需要我们老师的科技优势、知识、指导，而同时科技小院也为老师、学生提供了一个展示所长、实践所学、接触社会的机会，就像同学们的实训基地。这样就实现了互利双赢。科技小院是一种有益的探索、创新的举措，基层干部群众是非常欢迎的。"

在"北京科技小院"科技帮扶项目中，延寿镇湖门村从民宿改造、美丽乡村生态建设等方面受益颇多。罗立华谈到，一个地区的发展一定不是凭空想象而来的，它一定要紧密结合自身的特点和优势来发展，延寿地区发展民宿有以下几个原因和背景：第一，民宿产业从市委到区委近年来都在推动，这是这个地区的一个产业发展方向；第二，延寿镇有基础，现在农村大量的人都到了城镇，农村的宅基地会出现闲置的状态，而这些闲置的宅基地如何有效盘活利用，是一个需要研究的课题；第三，资源优势，湖门村紧邻着银山塔林风景区，游客除了可以在湖门村住宿外，还可以到银山旅游。

在一开始要进行民宿改造的时候，免不了会有不同声音。罗立华谈道："任何一项政策措施，不可能做到所有人都满意。我们要做的事情是党建引领，在强化宣传引导中统一思想，而且要用实实在在的成效赢得群众的认可。"2020年疫情袭来，对北京的周边产生了一定的影响，导致人们去外地旅游变得困难了，相应地北京的周边游会变得越来越火，山里人少，空气清新，所以以民宿产业的发展前景会越来越好。

罗立华所在的延寿镇，是昌平区唯一纯山区镇，以生态涵养功能为主，绿化面积达95%以上，园艺专业出身的学长，将自己在北京农学院学到的知识应用在这片绿水青山中，践行着习近平总书记的"绿水青山就是金山银山"的理论，为首都绿色发展贡献着自己的力量。

感恩北农

访谈最后，话题又回到了北农。罗立华信心满满地表达了自己的美好期待："农学院从师资队伍到学生质量都非常好，校园的环境也很美，希望广大北农学子在学好专业知识的同时要更多地向老师们请教，因为老师们的成长经历、社会经验要比我们丰富很多。学校的活动也要多参与。大学的时光实际上很短暂。有人讲，你要是不吃学习的苦，将来就要吃生活的苦，其实很现实。我觉得同学们应该把握好、利用好现在的机会，在学校期间要最大限度地去武装自己、丰富自己。"

罗立华也表达了自己对母校的美好祝福："希望北京农学院早日成为立足首都、服务'三农'，面向京津冀、辐射全国的都市特色高水平应用型现代农林大学！"

管理服务

罗立华出席"五美庭院"家庭挂牌仪式

罗立华进行《宪法》宣誓

访谈感悟

在人生中，成长比成功更重要。大学是人生的一个新阶段，大学生要把握、利用好这段时光来充实自己，认真学习、探索专业知识；当遇到困难、挫折时，要学会总结与反思，让大学时光成为自己人生道路上一笔宝贵的财富。

采访人：李昕芮　韩雪莹　胡蝶

管理服务

曾经是北京农学院的优秀学子，如今是为政一方的人民公仆。忆往昔峥嵘岁月，收获颇丰。在新时代到来之际，共建美好未来。

靳晶：平凡岗位，真诚付出

靳晶，女，2002年毕业于北京农学院动物医学专业。毕业后留校当老师指导学生八年之久，曾任北京市石景山区政府办公室副主任，现任北京市石景山区鲁谷街道党工委副书记、办事处主任。

做学生工作，潜心育人

"当时我是1998级第一个来报到的学生，农学院很大。"这是北京农学院留给靳晶的第一印象。源于对学生、对思想政治教育事业的真挚热爱，2002年，即将大学毕业的靳晶毅然放弃就职待遇优厚单位的机会，坚定地选择留校工作。八年间，靳晶老师潜心育人，不断创新，一步一个脚印，从专职辅导员到团总支书记再到党总支副书记、副院长，先后获得"非典期间先进个人""毕业生就业工作突出贡献奖""社会实践优秀指导教师""优秀共产党员""优秀党务工作者""奥运工作先进个人""师德先进标兵""首都国庆60周年群众游行优秀工作者""2009—2010年度北京市优秀辅导员"等多项荣誉称号。2010年4月，靳老师所带的207322班经过层层选拔，成为北京农学院唯一一个晋级北京市组织的"我的班级我的家"评选活动的班级，并在第一轮的参评过程中，击败众多实力较强的竞争对手，进入十强。

为消防员送元宵

　　学生工作很烦琐，靳晶常常是一个人做两人份的工作，"5+2""白加黑"更是家常便饭，也造就了靳晶吃苦耐劳、任劳任怨的可贵品质。2008年，为了奥运志愿者能够安心做好服务工作，靳晶带领辅导员——协助疏导志愿者们因工作导致的心理隐患。2009年，祖国60华诞，靳晶带领学生参与筹备国庆六十年群众游行及国庆晚会工作。她曾连续工作超过32个小时不休息，依旧满怀热情、全身心地投入的工作。动物医学专业的学生实践中被动物咬伤的风险突出，为了保障学生身体健康，靳晶做了大量的调研，落实了免费为动物医学专业学生进行暴露前狂犬疫苗接种的工作。此项举措在全国尚属首例，多家媒体对此进行了大幅报道，社会各界均给予了高度评价。

　　靳晶还负责大学生就业指导工作。在校期间，她先后组织就业指导讲座20余场，单独指导学生就业1000余人次。她还积极推动大学生村官工作，组织村官项目论证会、村官联谊会，为村官搭建了良好支撑平台，得到了"村官"们的一致好评。靳晶积极鼓励学生进行创业实践，亲自指导创业学生。在她主持就业工作期间，当时的动科系连续八年签约率全校第一。

投身京西，开拓创新

　　2013年，靳晶来到石景山区政府办公室任职。当时的石景山刚刚经历首钢停产，正处于走出低谷转型发展，滚石上山、爬沟过坎的困难时期，政府办作为区政府的中枢部门，居于承上启下、协调左右的核心位置，掌握方方面面的信息，服务区委区政府最直接、最紧密，工作标准高、要求严、内容杂、难度大，靳晶到任之后致力于习近平总书记关于做

管理服务

161

好办公室工作的"五个坚持"，积极发挥参谋助手作用投身区域发展建设，先后参与了各项制度改革、全面从严治党等重点工作，在服务保障2022年北京冬奥会期间，参与起草了"三亿人参与冰雪运动工作方案"、冬奥会服务保障工作方案等重要制度文件，各个方面都取得了出色的成绩，在提升工作效能和服务能力方面做出了重要的贡献。在靳晶同志的不懈努力下，石景山区服务人大代表、政协委员提案建议办理满意率由之前的40%上升到了100%。

2020年，靳晶从政府办调整到鲁谷街道办事处任职。

鲁谷街道是石景山区委、区政府所在地，拥有万达商圈等大型商业综合体及20余个中央、市属企事业单位，是石景山区的政治中心、经济中心，也是京广高铁、京石客专等交通干线西进京城的门户之地。

鲁谷街道的成立时间并不长，2002年市政府批准对石景山区八宝山街道行政区划进行调整，将长安街以南，鲁谷大街穿过连石东路至张仪村路以西，直至丰台边界、五环以东的5.57平方千米划成"鲁谷开发区"。2003年"鲁谷社区行政事务管理中心"正式成立，即"鲁谷社区"。作为当时北京市城市基层管理体制综合改革试点单位、和谐社区建设示范单位，鲁谷社区成为了全国首家在街道层面建立的"大社区"，并率先进行了大部制改革，为全市乃至全国街道系统推行大部制提供了改革的样本。随着街道管理体制改革的不断深化，经历了十六年的改革试点，"鲁谷社区"于2019年3月底正式更名为"鲁谷街道办事处"。

鲁谷街道是在变革中诞生的，也是在变革中成长的。鲁谷街道42个建成小区中老旧小区有15个，随着区域不断发展，老旧小区产生的一系列问题使尽快实施综合整治成为鲁谷街道迫在眉睫的民生工程。

靳晶任鲁谷街道办事处主任后，坚持物业先行、整治跟进，政府支持、企业助力，群众参与、共治共享，在全市创新探索建立了一体化招标、一揽子改造、一本账统筹、一盘棋治理的老旧小区综合整治"鲁谷模式"，鲁谷模式通过引入国有资本和社会资本的参与，盘活了老旧小区改造资金的同时也带动了地区社会经济的发展，实现了党建引领下工程改造、物业管理和社区治理的全方位统筹、融合、提升，受到了市委、市政府主要领导的高度肯定。

做好老旧小区综合整治问题是一个事关人民群众切身利益的复杂问题，不仅要在建设层面改善人居环境，更需要破解后续物业管理长效机制这个难题。在靳晶带领下，鲁谷街道先行先试，在六合园南西院组建了全市第一家红色物管会，随着街道党工委、社区党委、物管会党支部三级组织领导体系的不断完善，党建引领基层治理共同吹响共商共治的"哨子"，让党员在参与基层治理时发挥的先锋模范作用日益突出，形成了矛盾纠纷主动化解、问题短板主动治理的良好局面。

砥砺前行，未来可期

2022年是全面建设社会主义国家、向第二个百年奋斗目标进军新征程的重要一年，恰逢2022年北京冬奥会盛大开幕和党的二十大召开，作为一名普通的基层干部、一名人大

慰问冬奥值守民兵

代表，如何破解民生服务保障短板，构建共商、共治、共建、共享的基层治理新格局；如何进一步发掘"鲁谷模式"潜力，做好老旧小区综合整治的后半段文章；如何紧抓 2022 年北京冬奥会重大历史机遇，进一步发掘区域资源优势，整合盘活地区资源；如何推动衙门

口地区这个曾经最大的"城中村"蝶变重生，这些现实的问题都还摆在靳晶面前。"路漫漫其修远兮，吾将上下而求索"，纵然转型发展之路还有很多工作要做，靳晶始终胸怀一颗共产党人的初心，自信、坚定地向新时代迈进。

寄语学校，展望未来

虽然已经离开学校十多年，但靳晶一直关注北京农学院发展的点滴，她认为学校有很多优势资源可以服务应用到社区治理中，希望可以加强合作，同时也希望北京农学院能培养出更多更优秀的一代代学子，能涌现出更多优势学科。

访谈感悟

都说时代造就英雄，诚然，我们没有生活在那些特殊的岁月，我们或许不可能成为被万世传扬的英雄，但将责任、忠诚、勤奋、努力的精神贯穿于日常工作始终的人，难道不正是我们这个国家、这个时代、这个社会所最需要也是最值得颂扬的平凡英雄吗？生命在于奉献，人生价值在奉献中体现，这是"三农"学子应该追求的目标。

采访人：何淼　李旭　李雪瑞

基层是见证精神传承的地方,是见证"翅膀"飞翔的地方,是见证一代代青年继往开来,为事业奋斗的地方。作为农学专业的毕业生,基层就是锻炼本领的最好的舞台。

关伟:扎根基层,用行动书写为农情怀

关伟,男,2004年毕业于北京农学院果树专业,同年考入本校研究生,2007年研究生毕业,高级工程师,先后任北京市平谷区果品办公室干部、平谷区水务局副局长,农工委委员、农业农村局副局长,现任平谷区区委农工委副书记。

争做一名合格的果办人

工作15年来,关伟一直在农口工作。在平谷区果品办公室工作时,他一直坚守在果品生产第一线,恪尽职守、竭诚奉献,敢于担当、勇于担当,急果农之所急,零距离为果农服务,待果农如亲人一般,扑下身子手把手教管理、教技术,让果农真真正正得实惠,发扬"真情为民、实干创新"的果办精神,狠抓果品生产各项优新技术的落实,及时将优新技术传递到果农手中,服务带动5万名山区半山区果农应用新技术,增收明显,受到领导和果农的一致好评,也为平谷区乃至北京市果树技术的推广工作做出了突出的贡献。这位献身"三农"的"80"后农技专家,就是凭着对党和人民的这片赤诚忠心,给全心全意为果农服务做了生动地诠释。2016年他荣获"平谷区优秀共产党员"和"平谷榜样"荣誉称号,同年被评选为平谷区党代表,2018年荣获"首都劳动奖章"称号,2019年被推选为北京市工会代表。

敬事业，重实干，心系果农，助果农增收致富

"关伟是个爱岗敬业、诚实守信、作风正派、开拓创新的好党员。像他这样科班出身，能安心扎根果品一线，心系果农的干部，堪称 80 后的楷模。"平谷区果品办的领导班子和果农对他赞誉有加。自 2007 年从北京农学院植物科学技术系毕业后，他始终坚守果品生产一线，十二年来的工作经历造就了他过硬的业务能力。

2008 年，因他业务水平过硬，单位让他当了组长，挑起了大梁，负责 5 乡镇 3 万多亩桃园的技术推广工作。当时正赶上区果办大力推广郁闭桃园隔株间伐和高光效树体结构调整技术，要命的是实施该技术必须得给树动手术，锯大枝加放树，一般的果农很难接受，需要找在村儿里有影响力的果农做示范。为了推广此项技术，牵住技术的牛鼻子，关伟找到了马坊早立庄村刘福柱书记，因为刘书记也是种桃户。他反复做书记的工作，承诺为他送技术上门，并保证如果减产他拿自己工资做补贴，书记这才勉强同意在他家桃树地开现场会。培训当天，来了 100 多号果农，看着满地锯下的大树枝，一些果农当时就急了，嚷嚷道："你们这不是瞎胡闹吗！什么个技术呀，好好的树让你们瞎给糟蹋了，这么一大枝，瞅瞅，50 块钱都没了！" 5 亩地调整了不到一半，刘书记也禁不住劲儿了，心疼得死活不让干了，因此事刘书记还大病了一场。可第二年，做完手术的桃树，桃熟时大变了样，个大，色还漂亮，关键是效益翻了番，亩产效益由原来的 4000 多元变成了现在的 8000 多元。看到效益后，书记主动找到他，要他把剩余的桃树都给做个大手术！就这样，在尝到甜头的刘书记的带动下，全村的郁闭桃园排着队地间伐，不仅如此，还带起了平原 5 个乡镇的间伐高潮。果农满意地说："别看这小伙岁数不大，能耐可不小，听他的，没差儿。"就这样，此项技术累计推广 5 万多亩，果农直接增收 2 亿多元。

2012 年，领导再度委以重任，让关伟承担了以大华山镇为主的 5 个果品生产大镇 20 万

亩果园的技术推广工作。2012 年 6 月的一天，刚来果品生产大镇不久，老天突降冰雹，关伟迅速入村入户，了解灾情，及时开展灾后果树恢复生产工作。作为技术人员，他深知素有"桃树癌症"的细菌性黑斑病会因雹灾而大暴发，为了减少果农损失，控制灾后细菌性黑斑病的蔓延，关伟放弃休息时间，天天深入田间地头实地检查，督促果农及时防治。为了强化村民的认识，还编印了简单明了的技术资料，在各个村重复广播。在他的悉心指导下，使原本想放弃管理的果农又看到了丰收的希望。大华山大峪子村管理干部说："哪里发生过细菌性黑斑病，哪里发生过红蜘蛛，他比我都清楚，我们村的黑斑病得以控制住他是最大的功臣。"

大桃开花展叶，迎来最为忙碌的时节，果农早上 4 点左右下地，晚上 8 点以后才能收工。为了让更多的果农掌握优新技术，提高果农的参训率，关伟创新技术推广方式方法，组织专业技术人员深入田间，了解当前果树生产现状与果农需求，需求反馈汇总后，统一技术培训路线。他和同事一道经常在果农早上下地之前或晚上果农回家吃完饭后组织培训。在每期培训前，提前与乡镇、村联系确认培训时间与内容，要求各村要做好宣传发动工作，通过村广播把培训时间、地点、授课教师、培训内容等事项告知果农，让果农安排好时间去参加培训，提高果农的参与度，保证培训的时效性、实用性。为了让果农听得明白、看得明白，他精心制作了培训视频，经常背着移动多媒体机器深入农村给果农讲解，图文并茂，效果非常好，受到广大果农的欢迎。每年培训场次 100 多期，下发材料 1 万多份，参训人员达 1 万多人次，共计推广综合配套技术 40 余项。"技术推广的核心就是培训，我是农民的儿子，培训果农就觉得是给自己家干事，总想把知道的都及时告诉果农。"他经常这样说。

勤钻研，攻难关，情系果业，结累累硕果

工作以来，他共计推广 40 多项果树优新综合配套技术；参与累计引进、推广优新品

种 20 多个；参与选种选育出"谷红 1 号""谷红 2 号""谷艳""谷丰""谷玉"5 个桃树新品种；摸底调查平谷现有品种 135 个，常规栽培品种 46 个，完成了每一品种的果实性状、树体长势、丰产性、栽培注意事项等记录；参与总结示范推广桃树高密植栽培 3 万亩；累计参与推广病虫害绿色防控面积 21 万亩、大桃增甜综合配套技术推广 22 万亩，为平谷区果品产业发展和果农增收致富贡献了自己的力量。

他还非常注重生产与科学研究的紧密结合，为了解决果品生产中存在的难题，他和同志们一起研究出绿色环保防治蜗牛技术，适宜温室桃树栽培的"倒人字"新树形和修剪方法、直立主干形桃树修剪方法、两主枝"Y"桃树修剪技术，病虫害绿色防控等 10 多项技术创新。曾先后参与国家及北京市自然科学基金、平谷区科技攻关和推广项目 9 项。其中《枣林害虫生态调控关键技术研究与示范》获教育部科技进步一等奖（第八），创建了枣林高效生态调控的推广应用体系，克服了盲目使用化学农药的弊端，改变了枣林传统的经营模式，解决了枣林有害生物一直制约枣树发展的重大瓶颈问题，提升了枣果品质与环境保护水平，取得了显著的经济、生态与社会效益；《桃优质安全生产生态调控关键技术的应用与推广》获北京市农业技术推广奖一等奖（第九），研究分析了桃园内益虫和害虫的群体结构及其发生发展的动态变化，提出了利用农艺措施和人工培养释放相结合促进益虫群体发展，从而抑制害虫群体发展的方法，实现果园害虫的生态调控，减少了农药的使用，保障了桃生产的生态安全。曾先后发表果树研究论文 20 余篇，参与编写书籍 1 本，已获显著的经济、生态和社会效益。

当好第一书记、争做百姓贴心人

2016 年 4 月，他被组织委以重任，任金海湖镇胡庄村第一书记，全职在村为百姓服务，这期间，他发挥专业优势，迅速融入，和百姓打成一片。

入村后，他面对拥有党员 168 名，1150 户、3260 人的大集体，工作显得力不从心，入户走访吃了不少闭门羹。于是他利用专业优势，改变融入方式，用 2 个月的时间，重点走访调研低收入户、老干部、党员，长时间泡在桃园里，给果农剪枝、讲课，用技术拉家常，慢慢地融入新集体。

为了统一思想，让党员、干部、果农形成产业富民的共识，他通过干部吃桃品桃、让果农看桃、手把手示范管桃，组织"两委"干部、党员、果农去兄弟乡镇观摩参观 12 次，开展各类实用技术培训 25 场，培训 2000 余人次，解放了思想，形成了产业富民的共识。

他组织撰写桃提质增效实施方案，得到了市、区项目、物资支持 200 万元。通过精准实施，抓品种结构调整，抓精品率提升，抓生态绿色防控，抓综合技术示范区建设，抓营销方式转变，使得 3000 亩大桃平均亩产效益翻番，达到了 8000 元，给果农带来 1000 多万元的增收实惠。

勇挑重担，当好人民勤务员

2019 年，他再次被组织委以重任，先后担任平谷区水务局副局长、农工委委员、农业农村局副局长、区委农工委副书记等职务。这期间，他勇挑重担、开拓创新，完成了一项又一项的重任。

2019 年，在庆祝中华人民共和国成立 70 周年之际，关伟受命加入 GT2019 供应桃保障小组，任产品质量安全保障组组长，负责统筹、协调、联络等日常工作，牵头起草《GT2019 桃保障工作方案》《GT2019 桃生产操作技术规程及标准》，编制《"平谷国桃"全要素管控手册》，层层遴选，确定供应桃基地及品种，细化落实《"平谷国桃"全要素管控手册》。他扎在桃树地里和桃农们同作息、共奋斗，大大提升了大桃的全要素管理水平，胜利完成了此项光荣而艰巨的政治任务，得到了市级主要领导的好评，使平谷大桃连续三年成为国宴礼桃。

2020—2021 年，他在认真调研摸底的基础上，严格规范流程、强化跟踪问效，落实完成种植业设施升级改造奖励、蔬菜稳产保工奖励、冬小麦良种更新、农机购置补贴、耕地地力保护补贴等 8 项惠农政策；完成有机肥替代耕地质量提升建设项目，农药包装废弃物和农膜回收、绿色防控技术试验示范技术等重点项目 7 项，总资金额度近 2 亿元，做到了公平公正，受到了老百姓的大力拥护。

平谷区大桃生产的经营模式以一家一户的分散经营为主，为破解农村土地碎片化、人口老龄化、产业低效化等问题，关伟在刘店镇、大华山镇开展社会化服务试点，培育专业化的社会化服务组织 2 个，完成服务面积 1300 余亩，为 370 多户果农提供产前、产中、产后全过程"保姆式"服务，帮助服务对象销售大桃近 170 万斤，着力提高农民组织化程度和社会化服务能力水平，大大提高了果农对产业的依赖程度。

2021 年，紧紧围绕平谷大桃立体化营销体系建设，关伟主动承接拓宽大桃社区销售渠道重点工作任务，深挖北京中高端社区大桃消费市场潜能，重点锁定城建集团、首开集团旗下中高端社区消费群体，着力完善社区销售供应链建设，使前端有组织、中端有协同、后端有市场的大桃社区销售供应链趋于完善，共对接城建集团、首开集团所属社区 165 个，开展大桃宣传展卖活动 100 余场，实现大桃销售 240 余万斤。同时，开辟新发地批发市场"平谷大桃"销售专区，共 8 个摊位、180 平方米，助推大华山、刘家店、峪口等 8 个乡镇、26 个商户登记入驻，售卖平谷大桃约 532 万斤。

工作十五年以来，这位献身"三农"的"80"后农技专家，就是凭着对党和人民的这片赤诚忠心，用行动书写着自己的为农情怀。

访谈感悟

真情为民、实干创新是关伟学长的真实写照，作为"80"后的农技专家，他十五年如一日扎根基层，"干一行爱一行、爱一行钻一行"，始终坚守在果品生产第一线，为平谷区乃至北京市果树技术的推广工作做出了突出的贡献。他的事迹让我们感动，他的经历给了我们启发，作为北农学子，我们将以关伟学长为榜样，努力学习，夯实专业基础，用过硬的本领服务"三农"事业发展。

采访人：杨琪嘉 韩雪莹 田甜

时光如白驹过隙，毕业离校十七年了，每每想起母校，仍旧亲切如故，青春的声音清晰地在耳边回荡，发生在校园的故事依然历历在目。十七载历尽千帆，他一以贯之地坚守着初心，踏踏实实走好自己的人生路，一如既往地讲好中国故事，传播正能量，在本职岗位上发光发热。

冯强：诚恳待人，踏实做事

冯强，男，2005年毕业于北京农学院植物保护专业，现任北京市东城区纪律检查委员会第一监督检查室副主任。

在一家咖啡厅，我们如期见到了冯强学长，学长中等身材，精神饱满，他热情大方地招呼我们坐下，在纯香咖啡的陪伴下，我们的访谈在轻松欢快的氛围中开始了。

忆母校，校园过往历历在目

谈到母校，学长滔滔不绝，他对我们说，2001—2005年，他在北京农学院度过了一生中最重要的大学时光。学校当时的图书馆、教学楼、实验室、试验田等在学长的脑海里至今都有着清晰的记忆，他还特意提到当时那个美丽安静、鸟语花香的荷花池，是很多同学晨读的好地方。学长认为，他在大学中得到了很大的成长，丰富的大学经历为他脚踏实地走好每一步路奠定了坚实的基础。他一再提到要感谢大学、感谢母校，祝愿北京农学院的明天更加辉煌。

学长提到，建校六十周年校庆的时候，他回到了母校。十多年不见，学校变化显著，

规模不断扩大，软硬件条件得到了双提升，多个院系和专业进行了调整，研究生招生规模也不断扩大，科研向深向细向实发展，崭新高大的教学楼、科研楼拔地而起，学校的综合实力不断增强。作为一名毕业的北农学子，看到母校如今的发展成就，他感到由衷地高兴，同时，也感叹道，他们刚上大学的时候，学校的条件远远没有现在这么好，硬件设施还很薄弱，大一阶段是在河北固安的一所大学内度过的，大二时才回到本校区学习。

学长认为，自己在校期间还是比较活跃的，积极地参加了学校的很多活动，其中有三件事至今让他记忆深刻。

第一件事情是学长加入了学校的勤工助学中心，提升了自己的管理能力和协调能力。学长入学后一直想通过自己的努力为家庭减轻负担，就主动报名参加了勤工助学。他干起活来认真负责，得到了老师和同学们的认可，最后成为了勤工助学中心的学生干部，还负责过外联部的工作，曾经为很多参加勤工助学的同学们安排过工作，当时也"小有名气"。学长特意提到，他在校期间得到了学生处勤工助学中心马俊云老师的大力支持和帮助，马老师对同学们非常关心，积极为大家联系勤工助学岗位，在马老师的帮助下，学长与校外机构合作，设立了北农报刊亭，进一步丰富了同学们的个性化阅读需求，报刊亭办得有声有色。

第二件事情是学长参加了 2003 年抗击"非典"的工作，进一步强化了自己的责任意识和担当精神。学长说，2003 年春天，"SARS"在北京发展蔓延，当时学校也是果断采取了封校的措施，对突然发烧、发热的同学进行隔离观察。学长当时作为学生干部，积极参与服务保障工作，为公共区域消杀，为身体不舒服的同学提供帮助等，那场疫情来得快去得

管理服务

也快，很快学校就恢复了正常的教学秩序。学长强调，通过这件事，他进一步看到了组织的强大以及同心协作的巨大力量，更加理解了"平常时候看得出来、关键时刻站得出来、危险关头豁得出来"这句话的深刻内涵。

第三件事情就是光荣地加入了中国共产党，学长说这是他一生中的大事情。他回忆说，当时有一位同学对他的影响很大，这位同学就是他们的学生会主席，这名学生会主席在高中时候就入了党，不仅学习成绩好，而且写作、演讲、组织协调能力样样精通，在同学中很有"地位"。见识了人家的"真功夫"后，学长心中燃起了一种热切想法——也要成为这样优秀的人。经过反复锤炼和不断成长，学长郑重地向组织递交了入党申请书，而那位学生会主席就是他的入党介绍人。

学长清楚地记得，2003 年 4 月 30 日是党组织批准他成为中国共产党党员的日子，他会永远铭记这个日子。

向未来，做优秀毕业生

学长对我们说，学生终究要从象牙塔里走出来，接受社会的教育和磨练。同学们要注重强化自身实践锻炼，积累自己的"资本"，通过参与社会活动倒逼能力提升，不断丰富知识结构，拓宽视野，提升思考问题和解决问题的能力，历练出属于自己的"特长"。具备了这样的特质，在求职的时候才能更占优势，到了工作岗位之后，也更有可能快速融入集体，更好地展现自己的才华，实现自己的人生价值。

学长特别关心同学们未来的发展，特意结合自己的成长经历，谈了三点认识体会，与学弟学妹们共勉。

第一，培养三种基础能力至关重要。一是"高效学习"的能力。学长认为，学习是永恒的话题，在大学里学到的专业知识在工作中能够直接用上的并不多，但是高效的学习方法是非常有用的，无论同学们未来从事哪一行业，需要学习的东西都很多。"学会、弄通"是进一步"做实"的前提和基础，也是提升工作质量的关键，所以培养好的学习习惯，练就好的学习方法，对于以后更好地开展工作很有帮助。二是"办文"的能力。学长解释道，"办文"说白了就是写稿，别的行业他了解不多，但如果同学们以后想进入党政机关工作，日常的上传下达、工作部署、情况汇报等都需要撰写大量的文字材料，"写稿"这关一定要硬，文笔好的人也能更快脱颖而出。稿子写得好、写得精、写得准，至少说明撰写人具有站位高、视野广、信息量大、文字处理能力强的特点，也更容易受到单位领导的关注和重用。三是"办事"的能力，就是完成工作任务的能力。从实践看，不同的人对自己的要求标准不同，往往完成工作的质量和效果也差别很大。有的人只求过得去、不求过得硬；有的人则自我要求很高，在工作上常和自己"较劲"，常以乐观的心态面对困难，尤其在面对一些时间紧、任务重、非常规工作时，能够心怀大局、敢于担当，这样的人就是干事创业的人才，很快就能干出成绩，出类拔萃。

第二，要甘于吃苦，工作作风要扎实。学长提到，母校是农业院校，很多同学毕业后会走上与农业相关的工作岗位，以田地为家，外勤的任务很多很重，需要做好吃苦的心理准备。谈到此处，学长讲了一个故事，他有一个做园林公司的朋友，参加过学校的双选会，想招几个做园林工程的学生，结果一个也没招到，这位朋友说毕业生对公司的待遇可以接受，但不能接受长期在工地上工作的现实。学长提到，这位朋友的园林公司虽然规模不大，但真的能磨炼人，如果真想干园林这一行，就得从工地开始，只要横下心、吃得了苦，就能快速成长。所以，学长建议同学们对自己的未来职业要有个初步的预判，做到心里有数，这样在机会到来时，才能更从容地把握，少走弯路。

第三，要树牢廉洁自律意识。这一点是学长反复强调的，他认为非常重要。学长说自己从事纪检工作多年，耳闻目睹了很多违纪违法案件，看过不少人写的忏悔录，字字揪心，但后悔晚矣。近几年，严重违纪违法的年轻人很多，他们刚走上工作岗位，思想防范不够，纪法意识不强，盲目追求表面上的光鲜亮丽，总以为自己做的事技高一筹、天衣无缝，却忽视了天网恢恢、疏而不漏的道理，低估了专业办案部门的措施手段，到头来身陷囹圄，不仅断送了自己的美好前程，还给家庭、亲人带来无尽的伤痛。学长语重心长地说，我们每一个人十多年寒窗苦读，倾注了自己的心血、家人的期待，工作后兢兢业业，艰苦努力，都在为实现自身的价值而奋斗，但社会复杂，名利诱惑很多，如果思想上对自己放松要求，那么很容易在廉洁自律方面出问题。学长提到，习近平总书记教导我们要"扣好人生第一粒扣子"，作为青年学生，培养正确的价值观十分重要，它是你将来走向社会，走上阳光大道的坚强保障。

在访谈的最后，学长特别祝愿同学们学业顺利，事业有成，以昂扬的精神状态，饱满的奋斗热情，脚踏实地，埋头苦干，展示出我们北农人的优良作风，一起向未来。

访谈感悟

大学生活是人生中很重要且关键的黄金时光，也是一段很特殊的时光。这段时光里，没有成年人的压力，也不会像孩童一样被长辈束缚，可以自由支配时间，情感以及一定程度的生活费。大学生活的方方面面都在锻炼着我们的学习能力、自理能力、管理能力、金钱支配能力等，同时也在教会我们如何慢慢步入社会，如何为人处世以及待人接物。

采访人：韩文屹

管理服务

回忆往事，那些年那些事依然历历在目，到北京二十年，北农的面貌依然清晰可见，教室里、图书馆、实验室、体育场里那些闪过的身影，都是曾经在北农学习生活的点点滴滴，美好而神往。——苏学友

苏学友：脚踏实地践初心，扎根远郊铸芳华

苏学友，男，2005年毕业于北京农学院园艺专业，2008年，通过人才引进到北京市延庆区工作。现任中共北京市延庆区委组织部副部长，延庆区公务员局局长。

2021年盛夏，我们如约见到了本次访谈对象苏学友，他精神干练，亲和热情。访谈中，他人如其名，既是学长，又是益友，使我们收获颇丰，感触很深。访谈在亲切融洽的氛围中开始。

回忆母校，厚植爱农情怀

"病痛里有人惦念，就能暖意融融；患难时有人帮助，便会深深记住"，苏学友说。

"我来自西北甘肃，我的家乡并不富裕，父母是朴实的农民，为了不给家里增添负担，学习之余，我都会找些兼职做。系里的辅导员老师了解情况后，给我以及我们这些从西北来的同学找了一些勤工俭学的机会，让我们在不影响学业的情况下解决了生活困难，给予了我们莫大的关怀和帮助，这让孤身在外的我非常感动，我感恩我的老师们，感恩我的北农母校！"

苏学友对老师和母校的感激深植心底。

"2003年'非典'时，我们也在力所能及地帮助学校抗击非典，但不幸的是我发烧了，被隔离在学校后边的一个独立的小院里，里面就住我一个人，当时我没有手机，我们班同学就把自己的手机给我用，系里还给充了话费，每天班里同学轮流给我送饭，但只能远远地看着他们把饭放在院门口，等他们走远我再过去拿，远远地招个手、喊两句话，都觉得特别亲切，那时我真正感受到了同学之间的友情，真正感受到了北农母校的温暖。"

"还有当时在学生会的工作，给我的印象也特别深刻，当时我任的是自律部的部长，除了查考勤等日常的工作外，还跟学生会的其他同学一起研究学生会的各项工作，认识了好多老师和同学，在相处和沟通中，使我得到了锻炼和提升，受益匪浅，为我工作上的进步奠定了坚实的基础。总之，在北农的时光是成长的时光，是美好的时光。"

访谈中，苏学友还给我们讲述了很多感人的小故事，我们能真切地感受到他发自内心的善良、感恩，他的成长离不开北农老师的谆谆教导，离不开北农同学的互助关怀，更离不开北农母校的悉心培育，在此，他结下了深厚的爱农情怀，指引着他，走入基层，服务基层。

扎根远郊，脚踏实地服务基层

延庆区位于北京的西北方向，距北京市区75千米，地处山区，属北京远郊，人口少，经济不发达。很多人知道八达岭长城、知道龙庆峡，却不一定知道延庆。苏学友一参加工作，便带着满腔热情来到延庆最西北的一个乡镇。

"那时刚参加工作，就住在乡镇的宿舍，除了单位食堂，镇政府周边一千米范围内连个小卖部都没有，宿舍是平房，冬天冷夏天热，但是同院住的几个大学生村官都很有激情，和村里老百姓墙里墙外生活着，也很接地气。"他讲到这里，嘴角微微一笑，还很怀念当时的生活。看得出，虽然条件上略显艰苦，但这使得他有了更多机会接近群众、了解群众，更加深了他的爱农情怀、为民情结。

在村里征占地过程中，苏学友入户了解村民困惑，积极为村民解答难题，想尽办法帮助村民查找政策依据，帮助沟通协调。苏学友回忆道："那时就像上了发条，特别有干劲，每帮村民解决一个难题，看到他们如释重负的表情，我比自己有好事都高兴！村民的认可就是我最大的动力。"

就这样，他在基层乡镇和老百姓摸爬滚打了三年，乡镇领导对他非常认可，给予了充分肯定，为了进一步提升他的能力素质，2010年10月，他被推荐参加了当时县里举办的第一期青年人才班。在培训班里，他结识了更多优秀的青年人才，发现了自己的短板，找到了自己努力的新目标，从此他继续默默学习，努力充电。

他没有过多华丽的言语，朴实无华、脚踏实地、默默努力是他最大的特点。根植心底的爱农情怀、心系群众，是他工作的目标和动力。他从一名乡镇基层人员，以优异的成绩、良好的表现被选调到延庆区委组织部工作，从事党建研究、干部管理、干部教育培训等工作。就这样，他扎根远郊，一干就是十一年，不断感恩，不断成长。

2020年1月新冠肺炎疫情暴发以来，苏学友一直负责延庆区社区防控工作，他恪尽职守、甘于奉献，始终坚守在防控一线，坚持主动担当、带头战斗：团结带领组内人员连续

管理服务

作战，动态研究制定社区防控各类规范指引，促进社区防控规范化；统筹全区人员信息摸排统计，有力确保实现人员精细化管控；参与协调快速组建新国展入境人员转运工作专班和北京西站在鄂返延人员工作专班，为疫情防控做出了积极贡献。

不论岗位如何变化，不变的是他的爱农情怀，不变的是他的脚踏实地。他说："很感谢我的母校、我的老师，给了我人生的指引，指引我来到延庆这片热土，指引我找到了我人生的方向。为了我的初心使命，为了我的爱农情怀，我将继续努力前行！"

感悟成长，前行路上不畏艰险

当与苏学友谈到毕业之后是参加工作还是继续深造的问题时，他说道："我们都是农村孩子出身，如果有好的工作，我们要现实，要抓住机会，可以考虑工作后继续深造。如今，社会充满竞争，机会稍纵即逝。机会总是留给那些有准备的人，我们要善于把握。"

苏学友还告诫我们，"多一个朋友多一条路，多一个敌人多一堵墙"，在与人交往中要有一颗宽容的心。宽容是一种智慧和美德，是一种修养。宽容是心灵的解脱，不能宽容原谅他人，其实是跟自己过不去。

工作之余，苏学友还是一名跑步爱好者，他每天早晨五点多就起来跑步，经常参加一些马拉松比赛。

"起初跑步是为了有一个更好的身体，跑得时间长了就会觉得跑步不仅能强身健体，更能修身养性，在跑步中能够静下心来思考一些工作难题，想出解决它的一些好办法，同时也对人生有另外一种考量和认识。"

所谓"精诚所至、金石为开"，真诚地做事，用心地做事，多一份坚持就多一份可能、多一点希望。这是苏学友的成长感悟。

访谈感悟

苏学友学长只身一人到北京求学、奋斗工作的经历深深地感动了我们。分享他的智慧，启迪我们的思想，那种深刻的体会和感悟是书本所不能给予的。我们从他身上看到的吃苦耐劳、艰苦朴素、团结奋进的北农魂，将激励着我们在学习道路上乃至今后的工作中奋勇向前。当下，我们应珍惜良好的学习环境，脚踏实地努力学习，不断积累知识，提升自己。

采访人：杨琪嘉　田甜　胡蝶

人生天地之间，如白驹过隙，忽然而已。还记得入学时的青涩，入伍时的自豪，毕业时的茫然，步入社会时的坚定，如今，他已在社会上打拼十五载。身为一个畜牧人，他初心不改，牢记使命，在平凡的岗位上，一步一个脚印践行着自己的事业理想，把"个人梦"融入"中国梦"，为畜牧业的持续健康发展，挥洒着青春与梦想。

李冬津：在奋斗中不断实现自己的人生价值

　　李冬津，男，2001 年考入北京农学院动物科学专业，2002 年 12 月至 2004 年 12 月服役于内蒙古军区某部。退伍返校后转入动物医学专业学习。2008 年毕业于北京农学院动物医学专业。现任中国畜牧业协会会员部主任，中国畜牧业协会蜂业分会秘书长。

军旅之行，意志锤炼

　　"少了一些玩乐的时间，多了一些艰苦的日子。少了平日常有的嘻嘻哈哈，多了平日少见的严肃认真。"

　　为了磨砺一下自己，为了对祖国母亲尽一份责任，李冬津放下舒适美好的大学生活，毅然决然地选择了入伍参军。他父亲作为一名退伍军人，很支持儿子到部队中去锻炼一下的想法。

　　在李冬津看来，"当兵是每个男孩子曾经都有过的梦想"，他一直没有忘记这个童年的梦，于是开始了他的寻梦之旅。2002 年底，李冬津应征入伍参军。

　　来到新兵连的第一天，部队里就停电了。他在军营的第一个夜晚是在黑暗中度过的，这可能预示着未来日子会很艰苦，但是，这并没有破坏他对军营生活的向往、对童年梦想的执着，他仍旧做着当年那个当兵梦。

　　在李冬津的记忆里，一直不能忘怀的还是初穿军装的那段日子，而那段日子里，最深刻的是在新兵连训练的最后一个月——到卓资山野营拉练。"山上是皑皑的白雪,一望无垠。战士们每天都要在没膝的雪地中冲山头,进行小型的实战演习。处在这样的环境中,冷是必然的。最开始大家都缩手缩脚,尽量躲避凛冽的北风。可是,真的到了发出"冲"的号令时,冷就显得不那么重要了,大家瞬间都精神抖擞起来,冲了上去,身体也由之前的寒冷战栗变成了大汗淋漓。"有上坡就要有下坡",经历了"上坡"的激情,"下坡"的平静也是可怕的。"上坡"冲锋时流出的汗水浸湿了厚厚的棉衣,体内仍存的些许热量,也逐渐被"下坡"时周围的低温反噬,加上棉衣不透气,就这样,要湿湿冷冷忍耐一整天。驻训期间,战士们住的都是单层的帆布帐篷,只能够遮风避雨,却遮挡不住冬天的严寒。"李冬津说:"当时手脚冻得青一块紫一块的,最冷的时候手脚都麻木了。但是和战友们在一起,我们患难与共,就没有吃不了的苦……

在第一天的演练后,他的棉鞋就已被积雪完全浸湿了,晚上脱下的鞋子在低温的作用下改了面貌,变得硬实而有棱角。第二天睡醒,不禁发出"这鞋哪里还穿得进去"的感慨。可是训练在即,必须穿上那硬邦邦、冷冰冰的鞋才能进行接下来的训练,所以他只好拼命把自己本已经冻得发肿的脚硬塞进变了形的鞋里,再用自己的体温渐渐地将它软化,开始新一天的演练。"不过比起老一辈红军爬雪山、过草地,这又算得了什么呢?而且来部队的初衷就是要历练自己",他总是这样微笑着鼓励自己和相互支撑的战友。

2004年,带着那份对迷彩服的执着,他站完了最后一班岗,但这班岗并非是为部队生活画上的休止符,而是延续又一个执着的开始。

学习实践,先苦后甜

退伍返校后,李冬津转入动物医学专业学习。

"在我的印象中,咱们动科专业的教学虽说不是完全以实践为主,但可以说实践教学占的比重很大,像当时教过我的穆祥老师、倪和民老师、张仲文老师、段嘉树老师、杨佐君老师、刘秋明老师、高立云老师等大多数专业课老师对实践课都极为重视。这种方式更容易让学生直观地认识和理解所学的知识,而且大大提高了学生的实际动手操作能力。"

这就是李冬津对所在专业学习经历最简单的描述。尤其在讲到做毕业论文试验的经历时,他很是感慨地说,为了做毕业论文课题试验,他在羊保种场连实习带做试验驻场整整六个月,很多时候都是起早贪黑跟着场里工作人员一起做种羊保种工作,虽然比较辛苦,但确实在此过程中学习到了很多经验,不但进一步加深了他对课本所学知识的理解,还有效地补充了毕业论文试验设计的理论知识。比起每天翻阅文字资料来要更加简单、更为实际,也为最后顺利完成毕业论文打下了坚实的基础。

学生工作,受益匪浅

"退伍回到学校后,除了继续完成学业外,最有意义的事就是在就业办(学生处就业工作办公室)做学生助理工作了。"李冬津说。他入伍时就业工作办公室就兼有院武装部办公室的职责,他也是那时跟就业工作办公室的缘结。

"当时就业办党登峰老师看我办事能力还可以,再加上我入伍前接触较多的学生处郭

李冬津在院学生就业工作办公室工作留影

玉刚老师的推荐，我便参与了就业办学生助理工作。当时除了一些简单的文件整理工作外，最主要的工作就是利用课余时间与其他学生助理一起协助党登峰老师、董磊老师完成每两周一期的校园内刊《就业咨讯》的编辑工作。"据李冬津回忆，在就业工作办公室工作的经历尤其是参与《就业咨讯》编辑工作的经历让他受益匪浅，不仅让他学会并熟练掌握了常用办公软件的使用，积累了与在部队时整齐划一行动有所区别的团队合作工作经验，还为他规划自己未来的职业生涯打下了一定的基础，是在校期间极为难得的经历。

投身畜牧，重任在肩

"临毕业时，机缘巧合，刚好赶上我现在的单位到咱们学校开展校园招聘。在几轮面试后，我如愿通过了招聘。"

李冬津现在在职的单位——中国畜牧业协会，是由全国从事畜牧业及相关产业的企业、事业单位和个人自愿结成的全国性、行业性社会团体，是非营利性社会组织。协会的宗旨是为行业、会员、政府、社会提供优质高效服务，大力推进我国畜牧业持续健康发展。

对于学畜牧兽医出身的李冬津来说，这是一份与所学专业有一定关联的工作；对于曾有过军旅经历的退伍军人来说，这是一项具有使命感的任务。

刚工作时，很多工作压在了李冬津肩上，一个人要做相当于三四个人的工作。但是他不曾抱怨，仍勤勤恳恳、任劳任怨。起初其他同事都觉得李冬津是为了表现给领导看，一定坚持不了多久。但是，这个当过兵的小伙子，不在乎别人的非议，一如既往地努力工作。在日复一日的磨合中同事们终于明白，勤恳尽责是这个年轻人的个性，并不是为了作

管理服务

秀给领导看。最终，他赢得了同事们的尊重与赞许。

我国是世界农业大国，畜牧业是关系国计民生的重要产业，是农业农村经济的支柱产业，是保障食物安全和居民生活的战略产业，是农业现代化的标志性产业。李冬津认为，协会作为企业与政府间沟通的桥梁与纽带，作为引导和规范行业行为的社会组织，作为搭建行业交流平台的最佳机构，在我国畜牧行业的健康发展中起着不可或缺的积极作用，他为能从事协会工作，为畜牧行业的健康发展尽自己的微薄之力，为能延续曾为军人时为人民服务的使命而感到光荣。他说："这份工作任重而道远，我会一直坚定不移地走下去，做一名全心全意为行业、会员、政府、社会服务的畜牧人。"

访谈感悟

每个时期都有不同的使命，每个人的经历也都是独一无二的，新时代是奋斗者的时代，我们要学习学长宝贵的品质，仰望星空，脚踏实地，在平凡的岗位上做出不平凡的贡献，在祖国最需要的地方建功立业。

采访人：陆华浓　林琪欣　李嘉宝

他与祖国共奋进、与时代齐进步、与农村共发展。作为农业院校毕业的大学生，他选择到乡镇去任职，直接了解社会的实际情况，在"三农"一线亲身体验农情，建立与人民群众的深厚感情，利用有知识、眼界宽、信息灵的优势为发展生产、致富农民、建设新农村服务。这样的经历和经验，将会成为有志成才者受益终生的精神财富。

实地了解复耕复垦项目推进情况

胡海文：扎根基层热土，书写无悔青春

胡海文，男，2006年本科毕业于北京农学院植物保护专业，2009年研究生毕业于园艺学专业，获农业硕士学位，同年留校工作，曾任北京农学院生物科学与工程学院团委书记。2016年9月到北京市昌平区流村镇人民政府工作，任副镇长，曾分管精准帮扶、新农村建设、农机管理、森林防火、生态林管护、动物防疫、防汛抗旱、安全生产、行政执法、复耕复垦、非宅腾退、拆违控违等工作。无论岗位如何变化，角色如何转变，他始终兢兢业业、勤勤恳恳，逐渐培育出了浓郁的为民情怀，锤炼出了过硬的基层工作能力，得到了广大农民群众的肯定和欢迎，得到了上级的关注和认可。

转换角色，走进乡镇

回忆起2016年，胡海文身上还留着书本扉页的馨香，心头还留着绚丽的梦想，他从知识的殿堂来到基层，开始了人生另外的课堂。在这里，胡海文用别样的方式，划出了自己人生旅途中闪亮的轨迹。

了解村民家吊炕

　　农村工作千头万绪，这对于身上还带着浓浓书生味的胡海文而言，面临的考验除了条件艰辛外，更大的考验还是适应基层的工作环境。刚到流村镇，面对繁杂的工作，他明白"脚下有泥，心中有底"，于是抛弃浮而不深的依赖心理，扑下身子，走街串户，与村民真心交流，说农家事，拉农家话，在入户与群众的交往中，他渐渐增进与群众之间的感情，胡海文暗下决心，一定要为老百姓做一些切切实实的事情。

　　作为副镇长的胡海文，始终把流村群众的生命财产安全放在第一位。流村镇三面环山，雨季来临时易引发地质灾害，所以每逢汛期，他都要提前调查走访，落实领导部署，安排应急抢险人员、车辆机械，组织人员加大对山洪沟道、中小河道堤防、塘坝、地质灾害易发区、易积滞水点、危旧房屋、低洼院落等防汛重点部位的隐患排查和巡查值守，有效应对了每次汛期，无重大事故发生。在寒冬季节，流村镇有些百姓家中还会使用吊炕进行取暖，他对于村民尤其是鳏寡孤独弱势群体的用火安全非常关注，针对每次寒潮预警，都会亲自带队走访入户，排查安全隐患点，避免火灾、煤气中毒情况的发生，同时坚持每月组织执法力量对镇域内安全隐患位点进行一次全覆盖检查，多措并举确保镇域内安全稳定。

农学学子要懂农业、爱农村、爱农民

　　作为农学院的毕业生，胡海文深深明白耕地对百姓、对国家的重要性，所以他带头坚决落实最严格的耕地保护制度，严守耕地保护"红线"，坚决遏制耕地"非农化"，防止"非粮化"，积极推进流村镇的复耕复垦工作。

"这一路走来，有辛酸、有泪水、有困惑、有痛苦，也有收获，感受过他人不能认可的白眼和冷嘲热讽、质疑和不信任，但更多的是人们无微不至的帮助和关怀。在这里，我要感谢镇党委政府领导、同事们的支持、帮助和鼓励，也正是他们的支持和鼓励让我坚定了信心在农村成长发展。在我困惑迷茫时，他们给我出点子、提建议，出谋划策，关键时刻给我指明了方向；是他们的帮助让我做事果断、大胆、有自信、充满正能量……感谢这一路过来时，所有关心我的人们，也感谢乡镇这个平台。未来，流村镇要以文化旅游、生态康养、休闲观光农业等产业作为主要发展方向，特色文化活动、品牌企业落户，全力打造昌平西部绿色生态文旅示范镇，到时老百姓的生活水平将会大幅改善……"这是胡海文履职过程中的点点滴滴，也是对流村镇未来发展规划的深入思考，让人不由心生钦佩。

在乡镇工作五年来，胡海文感受颇深的还是"三农"一线对人才的强烈需求。作为农业院校的大学生就要学农、知农、爱农，用自己的所学服务"三农"。结合自己的工作经历，他认为农业院校毕业的大学生未来要胜任基层工作，求学期间就要注意在三个方面磨炼和完善自己。一是要有较扎实的文化知识基础和一定的专业理论知识，特别是具有当代经济社会发展的新知识、新观念；二是要有活力、思想活跃、思维开阔、充满热情，勇于接受新生事物；三是要注意锻炼自己的组织协调能力和处理问题的能力，这样能够很快适应乡镇工作环境。

来到基层工作，经常会遇到很多意想不到的困难和问题，要有坚韧不拔的毅力，要有吃苦耐劳、敢于奉献的精神品质，要始终保持学习的意识和动力，面对现实问题和现实难题，需要学习很多法律法规和基建工程相关的知识，需要较强的抗压能力。只要有了知农、爱农、强农、兴农的责任担当，有理想、有抱负、有愿意把基层工作当成事业去做，就一定能够绘就辉煌灿烂的人生画卷。

感恩母校

胡海文在北京农学院求学，毕业后留校任职，之后又从母校走向乡镇。回想母校的生活，胡海文说那是令人神往和回味无穷的一段岁月。校园环境宜人，尤其夏日炎炎的午后走在绿荫树下，特别惬意和凉爽。昌平区流村镇和北京农学院有着很长时间的合作共建关系，因此他有很多机会能够回到母校，感受母校的发展变化。在他的眼中，现在学校住宿条件、运动场馆和设施日趋完善，图书馆环境优美、馆藏资源丰富、氛围良好，广大北农学子能够更加安心学习、畅游在知识的海洋里。老师们的办公条件也好了很多，每个学院都有了自己的学院楼。周边交通更加便利，公交地铁四通八达，为同学们的出行购物、休闲娱乐提供了方便。

在胡海文心中，当年老师们的谆谆教诲一直指引着他人生的前进方向。母校教师们严谨治学的科学态度，尤其是导师刘正坪教授在学习、工作、生活中给予的悉心指导，都给了他很多正能量。工作再苦再累，只要想起老师们的殷殷嘱托，他浑身重新充满干劲。

胡海文感恩母校的一花一草、一树一木，感恩母校老师们的关怀教导，感恩学校的培

实地调研液化石油气供应站

养教育，真心希望母校能越办越好，能培养出更多的栋梁之材。他说，国家对于基层工作非常重视，各方面资源投入也多，农村发展前景广阔，对于提升自己综合素养是很好的历练。他真切希望广大学弟学妹能够利用好大学四年的时光，要掌握过硬的专业知识，注重实践锻炼，拓展各方面能力，积极投身基层建设当中，不怕苦、不怕累，充分践行学校"厚德笃行，博学尚农"的校训，为乡村振兴贡献自己的一份力量。

访谈感悟

学长的话，让我们受益匪浅。希望更多的大学生像胡海文学长一样把理想付诸行动，到农村去、到基层去、到祖国和人民最需要的地方去，磨炼意志、增长才干，更好地成长为中国特色社会主义事业的合格建设者和可靠接班人。

采访人：邵文雅 乔楚航 郭铂纯

青春如歌，"税"月无悔。他多年坚守税收岗位一线，虽然没有惊天动地的壮举，但秉持着"一切为了纳税人"的信念，以青春的誓言、扎实的行动，践行税务担当，为税收改革发展和抗击新冠肺炎疫情做出了贡献。

李海涛：立足平凡岗位，用行动擦亮税徽

李海涛，男，2006年毕业于北京农学院生物技术专业，现工作于国家税务总局北京市延庆区税务局，任副科长职位。

延续梦想，践行理想

如果说大学选择生物技术专业是为满足对未知事物的探索欲，那么后来选择这份工作就是对梦想的追逐。小时候看过的一部动画片《黑猫警长》对李海涛学长影响很深，身穿警服的黑猫警长除恶扬善，智斗匪类，在儿时的李海涛眼中，黑猫警长就是正义的化身，令人崇拜。从那时起，李海涛就想将来自己也要穿上制服，为民服务。

对李海涛而言，走税务这条路，并不是自己预先设计好的职业路径，却印刻着他践行理想的脚步。作为一名共产党员，李海涛时刻牢记党的宗旨；作为一名税务干部，他始终不忘肩负的神圣使命。他说，不管做什么，都要对得起身上的税务制服，要对党旗负责，不能让鲜红的党旗有任何污点。多年来，他坚决拥护党的正确领导，认真贯彻执行党的各项方针政策，尤其是税收政策及减税降费政策措施的落实落地，积极扶持中小民营企业创业创新发展。

学无止境

在李海涛看来，税务工作真正吸引人的地方在于"有很多新鲜的东西值得不断学习"。

税务工作是为国聚财，为民收税，为纳税人服务的工作，政策性强、技术性也很强。俗话说：打铁先得本领硬。十多年的工作实践使李海涛深刻体会到，想作一名好税官，必须具备过硬的政治素质和精湛的业务能力。他从基本的税收法律法规入手，结合日常工作学习各类税收规范性文件，利用工作之余反复学习各种法律知识和其他相关知识，遇到不懂的问题就及时向领导及同事们请教，通过坚持不懈的努力，仅半年时间他的综合素质和业务水平就得到了迅速提升，从一名税收"白丁"成长为业务骨干。2015 年他荣获了北京市"职工技协杯"职业技能竞赛（地税系统岗位技能大赛）第四名，被评为"征管能手"。在后来的岗位练兵比武中，他也取得了优异成绩，先后被评为"专业骨干""岗位能手"。他平时利用各种学习资源，见缝插针学起来，认真钻研工作中遇到的问题难点，特别是对新的税收政策法规的学习研究，注重知识的更新和积累，不断提高自己的知识结构和业务水平。面对新时代的税收工作，李海涛怀着对税收事业的无限忠诚和殷殷真情，立足本职岗位，为地方经济发展，公而忘私地工作着，默默无闻地奉献着。

专业不对口，工作中依然大有用处

也许很多人认为，从农学跨界到税务，可能是风马牛不相及的领域，很多时候需要从头再来，有些得不偿失。但李海涛学长并不这样认为。他的亲身实践充分证明了知识是可以融会贯通的。例如，在大学期间学的信息统计分析和计算机知识，包括编程、office 的应用等在日常工作中经常能用到，如果大学的课程学得扎实，在日后的工作中也能起到事半功倍的效果。在新冠肺炎疫情期间李海涛就凭借自己生物技术的专业知识背景，为大家介绍了新冠肺炎发生的原理，为同事们接种疫苗打消了顾虑，同时提醒同事们即使接种了疫苗也依然不能放松警惕，要做好疫情防护。

大学时的学生干部经历，也为他在日常工作中做好纳税服务工作提供了巨大助力。在对纳税人的服务中，他总是尽心尽力。不论上班、下班，还是休假，只要企业打电话进行税务咨询，他全都给予满意答复。多年来，他接待服务了无数次纳税户，从未说过一个"不"字，从没拉下过一次脸。一次，一个刚当上企业会计的新手来办事，一个并不复杂的问题，他解释了5遍，这位会计仍没搞明白并且发起了脾气，他始终心平气和耐心解释。会计终于明白了政策要求，连连对他说："小李，对不起，对不起，我咋恁笨哩，可别笑话我啊……""没关系，这都是我们分内的事。"朴素的他用朴素的语言说出了他对税收大业的认识。企业会计新手弄不清需要哪些表格，他就帮人家一份一份找齐；对于不知道规范填写方法的，他就帮人家一项一项地填写。凡是和他打过交道的人，都会被他的热情所感染，被他的真情所打动。

他在学生时代养成的精益求精的精神，也体现在工作的点点滴滴中。他被抽调到"金税三期"推广办，从业务差异分析，到南海系统初始化及初步验证、双轨试运行、单轨正式上线，以及担任运维人员继续集中办公，他陪伴着"金税三期"一路走来。工作中的他，不畏困难，兢兢业业。工作之余，他全面学习"金税三期"业务需求，反复研读相关资料。每次举行例会，他不仅就本业务领域相关问题做具体阐述，还主动对其他业务领域进行诚恳建议。工作中遇到难题大家总喜欢找他讨论，他的周围经常围绕着一群奋进进取的"金三"人。在"金税三期"工程推广上线总结表彰大会上，李海涛荣获"金税三期推广上线工作突出贡献奖"。

事实证明，在现实中，无数成功人士在择业时，抛开"跨界"的顾虑，进行了全新的选择。大学教育更多的是培养一种创新型思维方式和社会化适应能力，每一个走出校门的毕业生都应该不断自我更新，就算从事的并非原专业的工作，也能成为"被岗位所需要的人"。

学以致用，寄语母校

尽管李海涛没有从事与大学专业相关的工作，但从自己的工作经历出发，他依旧建议，如果学弟学妹想继续深造或做科研，一定要学好专业课，为将来打下坚实的基础。如果是想跨界从事其他领域的工作，同样也要学好知识，尤其是通用课程，将来还要通过读研深造等丰富自己的专业知识。这些知识在未来的工作中也是很重要的能力储备。

虽然已毕业十五年，但李海涛始终难忘自己的大学生活。在采访中，他对学弟学妹也充满了羡慕，羡慕大家还能拥有学生的身份，羡慕还能在课堂上听老师的悉心指导教导，还能在图书馆中畅游书海。他说，能在母校求学真的很幸运，无论身在何方，无论经受了多少风吹雨打，母校永远是自己灵魂深处的圣地，衷心祝愿母校的明天更加美好。

访谈感悟

能否实现自己的梦想，不在于起点在哪里，也不在于是否走了弯路，即使起点比其他人都低，道路比其他人都艰难，只要像学长一样，不忘初心、把握住每次提升自己的机会，以便将来在工作中学以致用，就能实现梦想。这是每个心怀梦想的人都应该具备的品质。我们拥有丰厚的资源和优良环境，只有努力学好知识，将来在工作岗位上学以致用，才能无悔于青春。

采访人：乔楚航 邵文雅

管理服务

青春因磨砺而闪光，人生因奋斗而精彩。她朴实无华做人，精益求精做事，无论是在学生时代还是在基层干事创业，她认真对待每一份任务，珍惜每一次提升锻炼的机会，把理想抱负熔铸在脚踏实地的奋斗中，把青春韶光绽放在扬帆远航的征途上。

赵婧：情系北农勇实践，风正扬帆正当时

赵婧，女，2006 年毕业于北京北京农学院会计学专业。历任昌平团区委科员、副主任科员、副科长、宣传部部长、办公室主任、宣传部部长、团区委副书记；现任昌平区百善镇党委副书记、政工师、区第六届党代表、区第五届政协委员。

感恩母校，点滴培养

"北农的每个季节都很漂亮，漫步在校园里给人静谧、踏实的感觉，可以静心投入到学习当中。班里一半同学来自内蒙，一半来自北京，同学之间相处融洽，辅导员老师和蔼负责，对待学生热情真诚，刚刚离开家门步入大学校园，让人感觉很温暖很亲切。因为我家在北京，也愿意为同学们服务，一开学就通过竞选担任了班长职务，大学四年在服务同学、管理班级中，我提高了自身组织协调能力，学会了从多角度思考和解决各类问题。随后，我便加入了学生会，先后在学习部、文艺部、大学生科协等部门向学长学姐们学习，积极参与组织校团委和学生会举办的各类文体活动，积累了宝贵的大型活动组织经验。经过多年的锻炼和成长，在大三第二学期，我有幸担任了校学生会主席，使自身在统筹协调、计划组织、沟通联络、综合分析、文字写作、语言表达等方面得到了充分锻炼，开阔了思路和视野，更明确了自身发展的定位和目标。"

在赵婧讲述成长经历的过程中，我们能够感受到她对母校和老师深深的感恩之情。

"如果没有学校的教育和培养，没有大学四年在学校的锻炼和积淀，我就不会有后来在工作上的领悟和进步，更不会得到一个又一个锻炼的机会和成长的平台。"赵婧年满18岁那年，就第一时间向党组织递交了入党申请书，并通过自己优异的表现于2003年12月21日正式加入了中国共产党，如今她已是一名有19年党龄的党员了，并始终从事着党务工作。

在校期间，赵婧对每一份作业、每一篇论文，特别是文字写作类作业，都会字斟句酌、钻研琢磨，直到写到自认为的最高水平，所以她的各科论文和平时作业都是班级最高分。正是因为在学校就已经养成了高标准严格要求自己的习惯，让赵婧在走上工作岗位后能够迅速胜任每一份工作任务；也正是因为她在校期间将每一次参与组织的活动都作为宝贵的锻炼和成长的机会和平台，认真做好每一项工作、每一个细节，才使得她在步入工作岗位后能够迅速适应、融入角色。

融入社会，不断成长

毕业后，赵婧便走上了共青团的工作岗位，在昌平团区委一干就是十五年，从一名科员成长为一名领导干部，牵头组织的市区级大型活动500余项，并有幸以核心工作成员参与了2007年世界跆拳道锦标赛、2008年北京奥运会残奥会城市志愿服务，2009年国庆60周年和2019年国庆70周年群众游行方阵组织保障工作。

近年来，她将加强全区青少年思想政治教育工作放在首位，推动开展多项青少年主题宣传思想教育活动。以纪念中国共青团建团95年、纪念五四运动100周年等重大纪念日和节日为契机，连续多年举办"不忘初心跟党走"昌平区新团员集体入团示范仪式、"青春无敌 思辩昌平"昌平青少年辩论大赛、"一带一路 有你有我"主题快闪活动、"我为昌平青年代言"昌平青年榜样宣讲活动、昌平区青少年春晚，受益青少年超5万人。

她创新建设"昌平青年"微信公众号，加强青年网络宣传主阵地建设，牵头撰写"昌平青年"微信公众号文章2000余篇，信息阅读量已达350万人次，粉丝关注人数达33万余人。创新打造"青年大学习"线上平台，覆盖全区团组织124个，参与团员青年超过15万人次，主题团课参与人数、参与率排名均为全市前列，真正实现了党员干部、团员干部带头学，团组织全面学。

为贯彻落实市委书记蔡奇同志对回龙观、天通苑地区的系列指示批示精神，作为主管负责同志，她积极发动社会力量参与回天地区社会治理工作中，探索精治、共治、法治的社会治理模式。牵头举办"爱恨回龙观系列活动之回天有数"主题沙龙活动，指导回天地区团组织开展"回天有我 团旗飘扬"等志愿服务活动290次，参与青年达35000余人次。成立回天地区"少年行动队"33支，策划开展"回+周末绿跑""聚力天通苑·社区欢乐颂""完美佳速马拉松接力赛""舞蹈巡游狂欢节""观篮高手三对三社区篮球联赛""回天有我迎国庆主题快闪"等大型活动，吸引超过10万名群众关注支持参与三年提升计划。创编"回天有我"手势舞，作为回天地区青少年活动开场热身操，让共建、共治、共享的理念深入人心。

扑下身子，服务基层

2020 年 9 月，赵婧被调至百善镇工作，分管维稳、党建、疫情防控、接诉即办等多项工作，她的工作更加繁忙了，担子也更重了。她将疫情防控作为最重要的政治任务之一，坚持"防输入、解问题、化风险"，以战时状态落实战时措施，有效推动百善镇疫情防控工作平稳有序开展。主管接诉即办期间，她接到市民通过拨打"12345"市民热线及网络留言诉求件共 3000 余件，每月平均诉求量为 530 件左右。通过吹哨报到机制、专题调度机制、问题跟踪机制、协调督办机制，缩短重点问题办理时限，疏通解决民生问题的难点、堵点、痛点，解决了一批历史遗留问题。依托"线上+线下"结合方式梳理制定"为民办实事"清单，解决了群众反映集中的噪音扰民、停车充电难、摆摊经营造成的交通拥堵等多项问题。

"要更多地走向基层、走进农村，深入实践加强调研，了解农业形态、倾听村民需求，盘活现有资源，因地制宜谋发展。"这是赵婧在镇里工作以来最深切的感受。

自我加压，勇担重任

让赵婧记忆犹新的是 2019 年承担首都国庆 70 周年群众游行"美好生活"方阵综合协调组组长一职的体会和感受。在为期 125 天的服务保障工作和组织集训的日子里，她始终以最高标准、最严要求、最实举措履行自己的岗位职责。

她是服务群众的"知心人"，席地而坐与老年模特队的叔叔阿姨拉拉家常，走近"快递小哥"了解他们的工作和思想状态，帮助协调解决群众反映的各类问题 200 余个。

她是统筹协调的"凝心人"，在日常训练和历次合练前，不断完善细节工作、优化集散方案、及时果断处理突发问题，实现了餐饮高质量供应、医疗最科学保障、集散最大化便

捷、道具最优化安排、人员最严格安保，在各个环节充分起到了穿针引线、凝聚力量的作用，实现了综合保障与组织训练、集结疏散工作的无缝衔接！

国庆庆典日，"美好生活"方阵中的快递小哥从容骑行、老年模特优雅走秀、新婚夫妇甜蜜拥吻等场景，成为诠释新时代美好生活的生动写照，获得了网友的一致点赞。她本人也荣获北京市筹备和服务保障中华人民共和国成立 70 周年庆祝活动先进个人。

作为一名党员干部、一名基层干部，赵婧心中只有一个信念——一定要尽自己的力量，全面从严履行好职责、精精益求精、万万无一失地做好每一项工作，只争朝夕、不负韶华！

访谈感悟

在校期间刻苦学习和加强社会实践是为步入职场奠定基础的关键。青春无问西东，奋斗自成芳华。一定要在大学期间充分锻炼自己各方面的能力，用坚定的步伐、奋斗的姿态、逐梦的冲劲儿跑出属于青年学子奋楫争先的青春风采和最好成绩。

采访人：赵芸翊

管理服务

他从宽敞明亮的办公室走进了乡下的田间地头，全身心投入脱贫攻坚的战斗中。从国内到国外，无论工作地点和岗位如何变化，他始终锐意进取，恪尽职守。他热心公益，用爱撑起一片天。

校友李珬参加中国驻西班牙使馆春节招待会

李珬：让青春之花在最需要的地方绽放

李珬，男，2007年毕业于北京农学院生物技术专业，现就职于北京科学技术开发交流中心。参加工作十余年来，他从基层一名普通的小职员，默默无闻，一步一个脚印地逐渐成长为部门负责人，进而成为一名科技外交官。他长期从事科技服务管理、科学普及、科技扶贫以及国际科技合作工作。2019年起，经科技部选调外派至我国驻西班牙大使馆和驻葡萄牙大使馆工作，积极推动中西、中葡两国科技创新合作与交流。他始终热心公益事业，自高中开始坚持帮扶一对脑瘫兄弟学习生活技能已有二十余年。2017年他获得中共北京市委宣传部、首都精神文明建设委员会、北京市妇女联合会颁发的"首都最美家庭"荣誉称号。

支撑脱贫攻坚

参加工作以来，李珬参与完成了北京市少数民族村主导产业规划、首都科技条件平台宣传推广等数十个课题项目工作。

授人以鱼，不如授人以渔。让贫困地区脱贫，不是盖几座房子、建几所学校那么简单，关键在于能留住产业、壮大产业。特别是少数民族乡村，虽然数量不大，但少数并不等于小数，不能小看。依托北京市民委、市科委的资源优势与强大的咨询力量，他先后为怀柔区长哨营满族乡八道河村、密云区太师屯镇太师庄村两个少数民族村，制订主导产业规划并推动农业示范基地产业提升，帮助两个民族村脱贫致富。为取得大量的第一手资料，他与同事不顾山路险峻，先后10余次带领农业专家赴八道河村进行实地考察，多次对村干部、种养殖大户进行走访调研、座谈讨论，听取意见与建议，通过对该村经济和产业发展现状进行分析并结合该区域的产业基础、资源优势及北京市和怀柔区未来产业发展方向和布局，最终确立符合该村要求的产业类型和发展模式，为八道河村提出并规划了3~5个可具体实施的投资项目，圆满完成了规划任务。在太师庄村，他根据该村已选定发展设施农业的规划，通过设立产业示范大棚，引进了大量种植新技术、新设备和蔬菜新品种，提高了农产品附加值；多次带领专家团队到田间地头，现场为农民朋友在农业生产中遇到的各种问题提出科学的解决方案，还为该村培养出了一批懂技术、会管理、善经营、勤指导，能在农村传播知识、传授技术、传递信息的本地种植能手，带动同村其他农户或本村周边农户共同致富，村民人均增收10%以上，起到了良好的产业示范和辐射带动作用。

创新思路，积极开拓国际合作路径

李琎不但能很接地气地在田间地头与农民打交道，而且还广泛活跃在科技外交舞台上。工作以来，他多次参与并圆满完成G20科技创新部长会议、京港科技创新合作论坛、中国新西兰科技产业化研讨会等重要双边和地区国际会议的组织工作。此外，还积极搭建务实合作桥梁，协助墨西哥科苏梅尔天文台与北京天文馆建立合作关系，并推动宣传科普影片《古玛雅的天文：宇宙的观测员》在北京天文馆展映，将优质科普资源落地北京。

在驻外工作期间，他主动谋划，积极推进中国和西班牙两国在天文、新材料等领域的务实合作，组织召开中—西第九次科技合作联委会，推动开展两国政府间新材料领域项目首次联合征集，参与接待习近平总书记过境西班牙特内里费工作。2021年5月转馆至驻葡萄牙使馆后，他继续发挥特长，推动中葡科技领域的合作与交流，在年内推动并成功实现两国科技部部长视频会晤，为未来中葡科技创新合作指明方向。

乐于奉献，热衷公益事业

李琎自幼受到良好的家庭教育的熏陶，很早就树立了"心中有他人，心中有祖国"的理念，积极帮助有困难的人，热心公益事业。高中开始参与成人预备期志愿服务活动，在校团委老师的帮助和支持下，积极加入志愿者的队伍中，与同班同学组成志愿服务小组，与小关街道的一对双胞胎兄弟结成了对子开展志愿活动。这对双胞胎天生不幸，由于脑部发育问题，一降生便只能卧床，无法像同龄人一样正常运动和交流，更无法像同龄人一样去上学和小伙伴们一起玩耍，他和服务小组的几名志愿者便成为兄弟俩为数不多的朋友。志愿帮扶从最基础的汉语拼音教起，从拼字到组词再到造句，从使用学习机到使用电脑练习打字，培养他们的语言组织能力并通过敲击键盘把自己的想法记录下来。上大学和工作

李珄与脑瘫双胞胎兄弟的合影

后，李珄已经不把志愿活动当成一件任务去完成，而是把它当作了自己的一种责任，虽不像高中时候每周都去帮助兄弟俩，但他还是会抽出时间去看望他们。二十多年来，李珄已与他们亲如一家人，每次敲响他们的家门，看着他们父母那激动的眼神，看着兄弟俩欢天喜地的样子，他都能感受到助人的快乐和生命的充实，感觉自我价值得到了升华。

此外，在日常工作中他还与单位所在的新街口街道建立联系，成为一名亲情互助科技志愿者，在开展科普工作的同时也帮助了失独家庭、聋哑儿童等不同类型群体，取得了良好的效果。他为辖区内的失独家庭提供服务与帮助，讲解一些家庭种植的知识，解答他们在家庭种植中的一些问题，让失独家庭这一特殊群体能够缓解内心痛苦，走出情感阴霾，感受到社会的温暖和关爱。通过与北京市启喑实验学校的聋哑学生们一起做手工，鼓励他们培养科学兴趣、挖掘自身想象力和创造力，以在未来的人生中发挥自己的聪明才智。

既要读有字书，也要读无字书

谈及大学时光，李珄认为学习之余在学生组织中得到的锻炼也是非常重要的，对个人能力的提升也大有裨益，不可或缺。现在很多在校生平衡不好学习与生活的关系、工作与学习的关系，李珄认为要自己掌握好度，把握好时间，提高自己的效率。除了平时的学习，还要多去做社会实践活动，把理论融合到实践当中，用实践完善理论，提升自我。在学长看来，坚持是非常重要的，长时间的坚持和积累一定会有所收获，如果还有一次机会，他表示自己还会选择这个职业。面对社会激烈的竞争，他认为除了专业知识之外，还需要学习其他知识，而这些知识都是贯通的。

寄语母校

2021 年恰逢建党一百周年，也是学校建校 65 周年，访谈最后，李琏学长寄语母校及学弟学妹们：愿党永葆青春，祝祖国繁荣昌盛、前程似锦；感谢母校栽培，希望母校站在新的起点上越办越好，为第二个一百周年目标输送更多优秀人才；希望学弟学妹们珍惜大学时光，努力学习知识，树立正确的人生观和价值观，回馈母校的栽培，成为母校的骄傲。

访谈最后，李琏学长赋诗一首祝福母校。

为 农

亘古民生首在农，汗滴沃土喜相逢。

春时气象耕耘后，天下粮仓锦绣中。

但使方田多蓄力，好教粒种更争荣。

研山学宇何从数，吾辈还攀又一重！

访谈感悟

学长幽默而深刻的语言，睿智而开明的观点，深深地影响着我们。我们将步入社会，要学会认清自己，学长一席话，让我们对以后的路有了新的思考。

采访人：邵文雅 乔楚航 庄月

管理服务

"骐骥一跃，不能十步；驽马十驾，功在不舍；锲而舍之，朽木不折，锲而不舍，金石可镂。"人生就像登山，很多时候，遥看目标，似乎高不可攀，但每向前一步，也就距离目标更进一步。每个人不管多么平凡，只要真诚付出努力，都能够到达比想象更高的高度。人生没有爬不过的山，重要的是行动，认准目标之后，便脚踏实地向前，那么每一步，都是人生的新高度。从北京农学院到北京石油化工学校再到北京化工大学，李新亮步履铿锵，弦歌不辍，意气风发。

李新亮：探索照亮前路，创新永无止境

李新亮，男，2007 年本科毕业于北京农学院生物技术专业，同年考上研究生，2010 年获得北京农学院硕士学位。2010 年 7 月至 2013 年 6 月在北京市昌平区担任大学生村官，2013 年 7 月至 2017 年 10 月在北京石油化工学院经济管理学院担任辅导员，2017 年 10 月开始在北京化工大学昌平校区管委会办公室担任文秘与文化宣传科科长，承担校区重大活动、重要接待的综合协调以及校区特色文化活动组织等工作。

无悔青春，把论文写在京郊大地上

2010 年，社会主义新农村建设如火如荼进行着。作为一名农科院校毕业的研究生，李新亮坚定不移听党话、跟党走，把自己的小我融入祖国的大我，把个人理想融入国家理想，做出青年人的担当和作为。他就业的第一站就选择了京郊农村，成为一名光荣的大学生村官。他希望发挥自身专业特长积极踊跃投入新农村建设这一伟大历史进程中，把自己的论文写在京郊大地上，把最美好的三年青春奉献给新农村。在他的努力下，一所三星级益民书屋在其工作的村庄挂牌，成为了当时昌平区为数不多的三星级书屋；高质量完成了第六次全国人口普查工作。后经镇党委推荐、笔试考核，他作为昌平区 6 名大学生"村官"之一进入昌平区首届青年人才培训班脱产培训，学习市情区情，为做好农村工作打下了坚实基础。他作为主要执笔人之一，撰写的《农村党员发展研究报告》获北京市党建自选课题一等奖，为高质量发展农村党员提供了一手资料。凭着初生牛犊不怕虎的那股韧劲和坚持，李新亮不断将内心的想法运用到实践中，无惧任何挑战。

勇于追梦，主动创新

不忘初心、圆"教师梦"。大学生村官期满后，带着一身泥土气息，他来到了北京石油化工学院，圆了自己的"教师梦"。他希望通过"三尺讲台"，照亮更多青年人的路，一起追梦，一起成长。从 2013 年 7 月入职北石化到 2017 年 10 月调离，李新亮在北京石油化工学院经济管理学院辅导员的岗位上工作了整四年。他全身心地投入工作，主动思考工作：2013 年，在康庄校区摸索着建立新生早操制度，让刚入学的新生保持良好的学习生活状态；2014 年，摸索着建立起独具学院特色的学生文化活动体系；2015 年，组织学院院徽、院训征集工作，凝练学院精神和文化；2016年，创新性设计线上家长会招生模式，推动 ACCA 班的招生工作迈上新台阶。有了施展才华的空间和平台，工作不到一年半，李新亮就开始担任学院学工办主任并兼任校团委副书记，2017 年又作为首批京南大学联盟的代表在学校属地大兴区挂职锻炼。挂职期间，他积极发挥自身主动性和创造性，短时间内促成了 5 所高新企业与高校的合作，为深化校地合作，推动企业转型升级，加快新旧动能转换，促进实体经济快速发展做出了积极贡献。

开拓文化育人新局面

2017 年 10 月，李新亮来到北京化工大学昌平校区管委会办公室任职，除了协助主管领导做好校区重大活动、重要接待的综合协调外，还负责筹划特色校区文化活动以及管委会秘书等相关工作。他参与接待了中共中央政治局原常委、北化校友贺国强等 20 余位重要领导和嘉宾来校参观调研，参与打造学校特色文化活动——"我爱我化 我爱新校区"昌平校区主题摄影大赛，让"美丽校园"深入人心。

从一个思想火花变成现实，是一个千锤百炼的过程，时刻离不开学习。李新亮认为学

习不是一种修饰，要勇于审势自己，通过在工作中不断学习、实践与反思，才能不断突破自我，实现自我成长。

昌平校区是北京化工大学的新校区，李新亮平时思考和探索最多的就是如何通过有效的文化建设，促进学生成长成才。他以每年精心准备的"新生礼物"为突破口，打造特色"迎新"文化。一张立等可取的照片，一张贴有邮资的校园明信片，一枚北化特色的元素徽章，一张疫情期间充满温情的校园观光车票，给新生及家长留下了深刻的第一印象，增强了新生的归属感和荣誉感。一些极富创意的"新生礼物"，不仅受到新生欢迎，还不时"出圈"，成为广大师生追捧的校园"网红"文创产品。"新生礼物"推动了学校校园文创产品的开发，让校园文化真正"活"了起来。

为了凸显文化的育人功能，他积极参加校区"学院+项目"劳育实践基地建设，培育特色劳动文化。"学院+项目"实践基地是北京化工大学特色劳育品牌，是依托各学院的学科优势，结合新校区"学生多、面积大、管理服务事项多"的特点，建立的劳育实践平台。学生通过付出劳动参与校区管理，真正成为了学校的主人，从而实现校区共商共建共治共享的治理格局。学生在参与校区管理的同时可以进行劳动体验、专业实践、科研训练，发表论文。目前，新校区陆续打造了以环境类专业学生为主的"柳湖护卫队"和"荷塘先锋队"项目，参与校区水系环境治理；以生物类专业学生为主的"化育百草园"项目，开展中草药种植；以机电类专业学生为主的校内"宏德共享单车"项目，开展校内废旧自行车回收利用工作，近10个项目。基地建设的阶段性成果被人民网、光明日报、中国教育报、北京电视台等多家国内主流媒体报道，引起广泛反响。工作上的创新表现让李新亮连续两年荣获校机关"创新之星"荣誉称号。

难忘母校，感谢师恩

作为一名北农校友，当年做学生时的点点滴滴都让李新亮魂牵梦萦，他时刻关注北京农学院发展的变化与成就。学校的专业结构不断优化，基础设施和实验室条件不断改进，为广大学子搭建了成长成才的优质平台。在他眼中，北农老师认真负责，善于挖掘学生潜能，读研究生期间自己曾被老师委以重任，担任了兼职辅导员，正是这一宝贵经历，使他增长了信心，历练了沟通协调的能力，让后来的工作得以迅速上手、得心应手。作为一名北农校友，他非常感谢老师当年的信任与栽培。

访谈最后，李新亮学长说："我在这里留下了数不清的回忆，在这里留下了坚实成长的足迹，在这里定格了宝贵的大学时光。滴水之恩，涌泉相报；插柳之恩，终生难忘！我祝学校事业顺利，越办越好，桃李满天下。祝学弟学妹们能有一个快乐的大学生活，毕业都能找到符合自己心意的工作。"

访谈感悟

在这次寻访校友活动中，我收获了很多，同时也有很多的感触。我学会了如何与陌生人拉近距离，学会了如何鼓励自己更好地完成计划，我一定要将这次学到的东西运用到今后的学习工作中。通过访谈活动，我对于自己所学的专业以及个人发展的前景有了明确的认识。学长是我的榜样，也是我今后奋斗的方向，我会更加努力学习，认真实践，努力成为一个素质较高的人，一个勤勤恳恳的人，一个热爱本职工作和永不放弃学习的人。

采访人：邵文雅

管理服务

199

　　他有一颗"小初心"，作为一个农技推广干部，跟老百姓和畜牧业打了十余年交道，在基层历练中，他深入农村，推广技术，落实项目数20余个，创造效益近千万元。作为一个滑雪爱好者，他深入钻研滑雪技术，被组织抽调至区冬奥综合处工作，承担起"大使命"。延庆区世界级大事面前，他没有推辞，面对巨大的业务挑战，他深入学习，踏实工作，顺利完成了工作转型，成为延庆区筹办冬奥的骨干力量。带着对滑雪和冬奥的热忱，他考取了瑞士国家职业滑雪指导员证书，通过区冬奥滑雪战队选拔，参加了高山滑雪国内技术官员（NTO）培训班，通过了高山滑雪国家级裁判员考试。在2022年北京冬奥会和冬残奥会中，他高质量、高水准地圆满完成高山滑雪速度项目赛道团队工作，为冬奥贡献了一份力量。

陈琛：从一名兽医到高山滑雪国家级裁判

　　陈琛，男，2008年毕业于北京农学院动物医学专业，考入了延庆区农业农村局，2019年10月从区农业农村局借调至北京冬奥会延庆赛区筹办领导小组综合处，负责属地保障等工作。

　　2015年7月31日，北京申办冬奥成功，成为唯一一座举办冬夏两季奥运会的城市，举国上下一片沸腾，延庆更成为三大赛区之一。陈琛切身感受到祖国变得越来越强大，自豪之情和激动之心难以言表，为响应国家关于发展冰雪运动的号召，他觉得是时候学习一项滑雪技能了。说练就练，陈琛置办了双板、头盔、滑雪服，来到万科石京龙滑雪场，开

始了自己的第一次雪上"起飞"。"刚开始没有什么经验，摔跤摔到怀疑人生。但那时候想要提高滑雪技术，全靠摔倒摸索经验。"说起自己在初级道上练习的场景，陈琛很是感慨。

陈琛像着了魔一样，每天结束正常工作，就利用手机 APP、滑雪书籍、网上视频自学一些滑雪技巧。靠着胆大心细和一股不服输的韧劲儿，他不断打磨技术，克服恐惧心理，一次次从高处俯冲而下，练习身体平衡、腿部力量、反应速度……加入延庆区滑雪协会后，他和各路大神一起切磋，在初级道上苦练基本功一个雪季，滑雪水平逐渐提升，逐渐掌握了犁式转弯、平行式转弯、刻滑转弯等高级技巧，滑雪技能大幅度提升，如今他每个雪季都要在雪场滑雪 30 多天。

有人可能要问，这么频繁地滑雪，还能干好本职工作吗？当时，陈琛任职区农业农村局下属的畜牧技术推广站站长。工作中他踏实肯干、讲求创新，曾获得系统内"先进个人""优秀共产党员""延庆区优秀共青团员"等称号，并荣获全国"农牧渔业丰收奖"一等奖，他负责的奶牛早期孕检技术推广为延庆区奶牛养殖带来上千万经济效益。2017 年在他的带领下，经过严苛的评选，区畜牧技术推广站被全国总站评为"基层畜牧（草原）技术推广示范站"。2018 年他被抽调到局机关工作，作为畜牧科负责人，主抓全区畜禽退养工作，两年内累计入户 1000 余次，退养 643 户，减少了畜禽养殖污染，荣获 2018 年"首都环保先进个人"荣誉称号。

2019 年 9 月，陈琛被推荐到冬奥会延庆赛区筹办领导小组综合处工作，从一名滑雪爱好者变身成为一名冬奥建设者，他按捺不住心中喜悦，同时感受到身上多了一份沉甸甸的使命感和责任感。冬奥是一场硬仗，综合处的各项工作标准要求极其严苛，加班加点成了

管理服务

工作常态，除此之外还要不断学习来适应新的工作，虽然工作离滑雪近了一步，陈琛却很少有时间去雪场了。

综合处是推动全区冬奥保障工作的重要部门，其中对整个领导小组负责工作的任务清单进行梳理是一项复杂、细致且重要的工作，任务清单是指导各部门按照时间节点保质保量完成工作的纲领性文件，首次接触这项工作对陈琛来说是一项巨大挑战。他提前利用休息时间查阅学习了电脑上已保存的所有关于任务清单的相关材料，总结了好的经验做法，对其中不会的方法上网研究学习、向同事请教。在收集整理三处十二组一团队上报材料的过程中，他逐一审核分析，找出重要的信息和时间节点，设计制作任务清单表格，将其中的几十个部门、上百项的任务梳理填入表格，形成任务清单初稿，表格中内容、标准、时间、处组、单位、人员等信息，横竖错综复杂地交织在一起，看得让人眼花缭乱、令人崩溃，只是简单浏览一遍就需要1个多小时的时间。为了更好地完成任务清单，陈琛对上百行数十列近四千个格逐格检查，反复向领导、同事请教。任务梳理时间紧迫，白天向各领导、部门征求意见，晚上修改完善，第二天再进行反馈，经常工作到深夜12点后才离开单位。通过认真细致的工作，他先后梳理制作了《高山滑雪世界杯外围保障重要节点任务表(99项)》《十四冬属地保障任务清单(49项)》《北京冬奥会延庆赛区筹办工作领导小组2020年筹办任务清单(111项)》《延庆赛区2020年重点工作折子工程(37项)》《2020/2021延庆赛区系列测试赛和测试活动筹办场馆团队(64项)和延庆区(38项)任务对照清单》5个重要的任务清单，为冬奥筹办领导的决策、任务推进和日常督查做出了积极贡献。

在向北京市汇报的工作总结中，陈琛主动承担了制作PPT的工作，从整体构思到每一张图片位置、每一个文字的大小都进行了反复完善修改，前后修改四十几稿，最终完美地完成了工作汇报。在综合处工作中的每一张表格、每一个通话、每一项任务都会间接地反映冬奥比赛的每一个环节，陈琛常把自己想象成冬奥比赛中的运动员，任何一个技术环节都马虎不得，只有反复修改完善工作内容，才能达到最优状态。与此同时，陈琛还为单位推荐使用了自动转换文字录音笔、电动订书器等先进的办公产品，替代了单一重复的劳动，节省了人力，提高了整体工作效率。尽管这里的工作非常辛苦，但由于是干自己喜欢的事，更是为家乡出一份力，陈琛一点儿也不觉得苦和累。

延庆区正在大力普及滑雪运动，作为一名中坚力量，陈琛觉得应该发挥自己的辐射作用。2019 年，区人力社保局组织培训瑞士体系滑雪指导员，他非常想参加，滑雪协会为他争取了一个名额，他白天在雪场刻苦训练，下课后立即返回单位加班加点完成各项工作，有时凌晨才回家。在没有耽误工作的前提下，他顺利考取了瑞士国家职业滑雪指导员儿童证书和一级证书，持证上岗后，带动了更多身边的人参与滑雪，普及滑雪的知识和滑雪对身体的益处，尤其是滑雪的安全注意事项等。在延庆区大众双板大回转滑雪比赛中，陈琛取得了第四名的好成绩。之后他又顺利通过了延庆区冬奥滑雪战队选拔测试，积极参加队里的各项志愿活动。在综合处的大力支持下，陈琛有幸参加了高山滑雪第三期国内技术官员（NTO）培训班，他从一名滑雪运动的爱好者，到冬奥保障的工作者，再向冬奥比赛的参与者迈进。在培训中，他认真学习理论知识，珍惜实践机会，把训练当成奥运赛场，在零下 20 度的环境中一站就是四五个小时，寒风吹透全身，他在恶劣的环境下咬紧牙关坚持了下来，并以优异的成绩通过了高山滑雪国家级裁判员考试，成为延庆屈指可数具备冬奥会高山滑雪比赛 NTO 资格的本地人才。

2022 年初，他接到了奥组委通知，成功入选北京冬奥会 和冬残奥会高山滑雪 NTO，

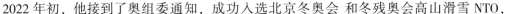

进入闭环后，他每天凌晨四点上山，下午五点下山，先后参与了速度、技术赛道团队，插B网，平整赛道，制作冰状雪，持续工作五十余天，为各国运动员提供了高水准的奥运赛道，为冬奥会和冬残奥会的顺利举办贡献力量。

在陈琛的带动下，他的家人、朋友和同事越来越多地加入滑雪的队伍中。他认为延庆的普通老百姓、滑雪爱好者，也是延庆展示给世界的一张名片。作为一名中国的 NTO，北京冬奥会和冬残奥会的历练为陈琛的人生旅途留下了一段美好的回忆。

访谈感悟

不论身居哪种岗位，学长为祖国建设添砖加瓦的初心和使命未曾改变，认真严谨、热情细致，是我们大家都可以学习的榜样。

采访人：陆华浓　李嘉宝　林琪欣

有人说生命如歌，那是因为她历尽山河，也有人说人生无河，那是因为她尝尽甘苦波折。

王依祎：扎根一线讲奉献，为民服务赢民心

王依祎，女，2007 年毕业于北京农学院食品科学与工程专业，现任北京市朝阳区人民政府建外街道副主任。2008 年获北京奥组委授予的"北京奥运会、残奥会优秀志愿者"称号；2017 年获首都城市环境建设管理委员会授予的"2016 年度首都环境建设突出贡献个人"称号、首都综治委授予的"2013—2016 年度首都综治工作先进工作者"称号。

她先后作为工委机关党总支青年委员、机关支部书记、机关团支部书记，负责各项党内、团内事务及 35 岁以下青年论坛活动；以基层志愿者的身份在安贞街道代理团工委书记负责共青团工作；以朝阳区正式招聘的第一批社区工作者的身份在小关街道惠新里社区负责党建工作，后抽调至小关街道组织科负责党建、人事等工作；2010 年通过统一社招公务员考入安贞街道安监科，负责执法检查及科室规范化建设；2015 年作为城建科副科长分管科室内勤、工程档案、政民互动、二级闭环系统、老旧小区综合改造、物业管理和燃气安全等工作；2018 年作为民生办卫健科长统筹部门爱国卫生、公共卫生、计生关爱以及12345 接诉即办工作；2021 年走上建国门外街道办事处副主任岗位，分管民生保障及疫情防控工作。

十数年光阴，在重压下锤炼自己

从 2007 年"好运北京"测试赛到 2008 年奥运会（残奥会）再到 2009 年国庆阅兵保障，王依祎牵头对接城市志愿者 4 个蓝立方站点及 800 名志愿者，作为朝阳区明星志愿者获奥组委颁发的十佳志愿者称号。疏解整治促提升行动中，她牵头街道开墙打洞工作，从 2015 年的 8 户到 2016 年所有主要大街 147 个商户再到 2017 年街道全域 660 个小区内住户的开墙打洞综合治理工作，全部按时保量完成。她主动探索"大城市病"治理工作规律，在三年的"开墙打洞"综合治理工作实践中，强化社会动员，在苗头中化解矛盾，未出现一起维稳事件，由此获"2013—2016 年度首都综治工作先进个人称号"。创卫（创建国家卫生区）期间，作为牵头科长，她负责街道创建国家卫生区工作，面对区级专班 10 个工作组、8 个行业专业 184 项具体指标，统筹协调街道各部室，对标对表注重落实，圆满完成国家级验收。疫情期间，王依祎坚守战"疫"一线，作为疫控专班科长开启连续战斗的工作状态，综合协调、数据处理乃至密接转运均亲自上阵，强化健全联防联控机制，引导群众共筑群防群治的防控战线。

艰难困苦，玉汝与成

回想 2019 年年末，一场突如其来的新冠肺炎疫情打乱了无数人的生活。在那个本该阖家团圆的除夕夜，全体中华儿女的心与武汉紧紧联系在一起。之后不久，北京也出现新冠病例，意味着北京的新冠疫情防控战正式打响。主管民生工作与疫情防控的王依祎在第一时间冲向了战场。

"当时确实很难，因为一开始我们对这个病毒也不是非常了解，加上时间短、任务重，就会有很多的问题。但我是共产党员，所以我一定得保证人民群众的生命安全。"王依祎回忆道。这是一场与病毒的赛跑，流调溯源、核酸检测、医疗救治、社区防控以及物资保障，环环相扣，牵一发而动全身。如何协调各方工作成为首要问题，好在王依祎凭着以往丰富的工作经验顶住了压力，兑现了自己对人民群众的庄严承诺。正是因为有着像王依祎这样怀着为党分忧、为国奉献、为民造福的责任感的人，广大市民才能享受安静美好的生活。亦如歌中所唱："谁说站在光里的才算英雄。"

大道行思，取则行远

马克思曾言："人民群众是历史的创造者，是社会发展的决定力量。"习近平总书记亦强调："以百姓心为心，与人民同呼吸、共命运、心连心，是党的初心，也是党的恒心。""民生连着民心，民心关系国运。"对于民生工作，王依祎也有着自己的思考。

她说："民生工作是一项非常微妙的工作，一方面，民生问题表现为衣食住行、生老病死、安居乐业，可以很具体；另一方面，民生问题与经济社会发展的大局息息相关，也可以很宏观。"

民生问题是个错综复杂的问题，而王依祎亦在工作中找到了民生之"道"。

"把群众的事当作自己的事，想群众所想，急群众所急，只要是群众的矛盾纠纷，我都会全力化解。"

"每个治理步骤都尽可能动员更多群众参与，让问题发现在身边、解决在身边、参与人在身边、监督也在身边。通过身边人、身边事的变化，实现一进一退、一入一出、一松一紧，即社会动员方法进，行政手段退；社会力量入，行政力量（部分）出；自治氛围宽松，政民关系不再紧张。虽然辖区大面积进行综合治理，但未发生重大群体上访事件，有效维护了社会稳定。"王依祎坦言，只有把人民放在心中最高的位置，从发展全局的高度看民生，才能更深刻地认识到，解决好人民群众普遍关心的突出问题是践行新发展理念的重要支点，是深化供给侧结构性改革的重要抓手。破解民生热点难点，既是百姓受益的过程，也是创造新的增长点、提高增长潜力、推动经济发展的过程，是利国利民的好事。党中央之所以多次强调"抓民生也是抓发展"，其现实意义正在于此。

青矜之志，履践志远

虽然走上工作岗位多年，但说起大学生活，王依祎还是感到回味无穷。"那是我最无忧无虑的时候，也是我塑造自己人生观的时候。在这里我树立了为人民服务的志向，并且为之付出努力，现在也走在实现自己人生目标的道路上。"她希望学弟学妹们能够珍惜在北农的时光，保有独立思考的能力，找到自己热爱并愿意为之奉献的事物，而不是浑浑噩噩地糊弄自己的人生。

访谈感悟

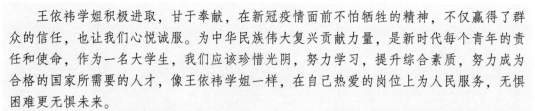

王依祎学姐积极进取，甘于奉献，在新冠疫情面前不怕牺牲的精神，不仅赢得了群众的信任，也让我们心悦诚服。为中华民族伟大复兴贡献力量，是新时代每个青年的责任和使命，作为一名大学生，我们应该珍惜光阴，努力学习，提升综合素质，努力成为合格的国家所需要的人才，像王依祎学姐一样，在自己热爱的岗位上为人民服务，无惧困难更无惧未来。

访谈者：令狐羽珮　张家瑞　高可欣

我始终记得自己的热爱。——肖硕

肖硕：情系"三农"显担当

肖硕，男，2010年毕业于北京农学院动物医学专业，现任通州区农业农村局科长。自参加工作以来，连续十一年被评为优秀公务员，曾3次荣立个人三等功。

回首往昔，感慨良多

流水的时光，卷走易逝的年华。回忆母校的生活，恍如昨日，那些朝气蓬勃的面孔总是在肖硕的脑海中浮现，那些孜孜不倦的身影仿佛就在他的眼前，那些奋斗和努力的场景如烙印一般深深刻在他的心间。"在这里，我得到了不可多得的资源，我收获了知识，增长了见识，锻炼了意志，磨炼了品质；在这里，我获得了充足的历练，这些经历使我更好地走向社会，让我能够以积极的心态去应对一切困难。毕业后，我时刻以身为北农人而感到自豪，始终以北农'厚德笃行、博学尚农'的校训和精神自勉自励，在工作中取得了很多成绩。"

肖硕说："大学承载了我们最宝贵的青春年华，记录了我们成长的点点滴滴，是我们人生最重要的一站。"

肖硕认为，大学五年中学习专业知识仍然是首要任务。动物医学作为北京农学院开设的国家级特色建设专业，配备了最为严苛的教师队伍、最为高端的实验场所，从而使每一位在校生拥有较高的专业水平。相较于计算机、法律、经济等学科，动物医学打破了传统

的理念，自己既然选择了这个专业，就要心甘情愿地为之付出，以更加认真、严谨、踏实的态度去学习书本上的专业知识，同时通过涉猎更多的专业书籍、报纸、杂志，加强对专业知识的真正理解和积累，以提高自己的专业素养为目的进行学习，丰富自己，从而达到学以致用的目的。他感慨地说："走上工作岗位后，我感觉自己的专业知识相比于其他学校的毕业生而言更显得扎实，这大概都得益于此吧。"

谈到综合能力培养，肖硕分享了自己的体会，他认为，大学是培养和锻炼人的地方，作为生活在这个群体里的学生，必须要学会如何处理人际关系，学会如何提升自己处理事情的能力。"在这四年中，我把正常的学习安排好后，参加了各种各样的活动，在课外时间去做过兼职，不断挑战自我、充实自我，帮助自己积累社会实践能力，提升自己适应社会的能力。我曾担任过动科系团委副书记；作为微笑志愿者协会创始人，担任了第一任会长。组织活动、社团活动、志愿活动是充实的，虽然不轻松但是很满足，面对工作，我始终充满着热情和期待，我懂得了包容、理解、沟通的重要，懂得了如何与他人融洽相处；在能力上得到了锻炼，学会了团队协作，学会了承担责任，这都为我今后实现人生价值打下了坚实的基础。"

不忘初心，方得始终

从迈出大学校门的那一刻起，肖硕就决定以后的工作还是本专业，于是他毅然决然选择了报考通州区农业农村局，从事本专业工作。公务员考试最为艰难的一项便是面试，至今肖硕回想起来，当年面试的场景仍历历在目。"当天我提前来到候考室，屋里已经来了7个人，通过他们的聊天，我知道他们都是中国农大的学生，有研究生有本科生，这7个人也不避讳我，在那边侃侃而谈，说这次肯定是从咱们几个人里选了。当时的我只有一个想法，为自己、也为农学院争口气。"最终肖硕凭借自己扎实的专业功底、丰富的社会实践经验，以面试第一的成绩考入了通州区农业农村局。

工作之初，他最常听到的一句话就是：北京农学院，理论比不过中国农大，实操比不过北京农职院。当时肖硕都是笑着怼回去："可我们理论比北京农职院强，实操比中国农大强。"话虽如此，他却将这件事记在了心里，如何打破他人的偏见、赢得信任和尊重成为他努力的目标，为此他认清自我，更加拼搏努力，勤奋学习，别人付出十分，他就付出二十分、一百分，面对同事，他以诚相待，用心沟通，面对考验，他以顽强的毅力和恒心与之斗争。最终，刚符合提拔条件的肖硕，就被提拔为通州区动物卫生监督所副所长，负责畜牧科全面工作，后又调任通州区农业农村局负责畜牧、水产、种业的全面工作。

在肖硕看来，每个人都有自己的梦想，即便这个梦想距自己很遥远，但是成就梦想的信念、品格、意志、气度不会改变，他坚信，只要坚守一颗初心，尽自己最大的力量，就一定能够有所作为。

面对工作，踏实前进

大多数人在工作之初都会产生疑问，到了新的工作岗位上，应该做些什么？如何去做？怎样做好？肖硕说："答案只有一个——实干。""实干"是一种精神，是一种信念，是一种态度。

对于肖硕来说，完成上级交办的各项任务，服务于农，就是最终目标，围绕这个目标

所做的努力，都是实干。从事畜牧、水产、种业工作，要吃得苦、耐得烦、沉得下心，在工作中不等待、不观望、不浮躁、不犹豫，认清自己的定位，踏踏实实干活，脚踏实地，少说多做，务实扎实，真抓实干。同时，深入基层、深入实地，不断学习、不断创新，这样，才能提升自己、不断前行。

面对艰苦条件，肖硕努力克服，亲身参与多次实地踏勘，针对相关场所进行检查，结合区域实际，积极与相关单位、部门做好对接，准确掌握需求，推动整体部署，确保工作顺利进行。有些工作时间长、任务重，他就利用私人时间加班加点，快速应对各项突发事件，从团队中学会解决问题的方式方法，确保任务圆满收官。

从弱冠到而立，从年轻气盛的青年到成熟稳重的中年，从最初到现在，肖硕始终心存感恩，不悔坚持，无惧挑战，付出努力，即使前方的道路困难重重，他仍尽自己最大的力量影响着身边的人，践行着今天他为北农而骄傲、明天北农为他和他们而自豪的承诺。

访谈感悟

"三农"工作必须深入田间地头，是份"苦力活"，但在肖硕的眼里，服务"三农"是一份很有幸福感的"美差"。凭着一身过硬的专业知识和深厚的"爱农"情怀，肖硕为广大农户和涉农企业提供服务，助力实现农民增收、农村增效，他在平凡的工作岗位上做出了不平凡的贡献，他的事迹和精神永远值得我们学习。

采访人：李旭　何淼　李雪瑞

下至房前屋后的花园种植、城市公园的设计，再上到大尺度的区域规划。其所承担的任务，往小了是对个人情操的陶冶，往大到城市绿色空间的布局，再大到对区域环境产生良性的影响。无论未来的居民是否能认识到，但风景园林确实将直接间接地影响或引导我们的生活。

作为一名风景园林专业人，从事风景园林设计是了解和探索整个世界的一个强大武器。因为风景园林，她广结良师益友；因为风景园林，她的生活异常充实多彩；因为风景园林，她意识到基础不仅仅是专业上的，更应该建立在个人底蕴、综合素养上。

韩雪：专业学习是未来工作的坚实基础

韩雪，女，2009年毕业于北京农学院风景园林专业，现任北京市东城区公园管理中心园林发展科副科长，先后负责东城区园林绿化改造项目设计、立项、建设等相关工作。2017年，在职取得北京大学建筑与景观设计学院风景园林硕士学位。多年来，主持完成了多项规划设计项目，参与了十余项市、区重点绿化建设工程项目工作。2019年被评为首都绿化美化先进个人。

夯实专业基础、不断求知创新

"我当时在学校学的是风景园林专业，在学习方面老师给予了我很多很多的帮助，尤其是建筑学、植物学的老师们。实地调研学习是最让我记忆深刻的，这些实地的探究学习让我们从实际出发，了解了园林建筑与植物的实际应用，园林专业的学生就是要多看、多思、多悟，才能将知识进行转化，进而设计出符合时代特色、场地需要与人的需求的作品。虽然我现在主要进行项目的管理，但是仍需要不断学习和创新，才能适应园林事业的时代发展。"

韩雪认为随着科技的发展，目前平面图设计和效果图一般都采用电脑制图，但是作为一个设计师，扎实的手绘功底不可或缺，如何把自己的创意和灵感记录和描绘出来，如何用画笔及时地与客户交流沟通，也成为衡量设计师们专业度的重要标准。

韩雪回忆道："手绘图的作业当时是每周任务最重的，经过系统学习训练，我的手绘能力提高了许多。手绘是表现个人设计思路和理念的关键，不论是构思设计方案的研究型手绘还是设计成果部分的表现型手绘或者效果图，只有在大学时期勤加练习和思考，才能在今后的工作中更好地应用。"

园林事业发展要满足时代和人民的需求

韩雪认为，从传统造园到现代风景园林学，其发展趋势可以用三个拓展描述：第一，服务对象方面，从为少数人服务拓展到为人类及其栖息的生态系统服务；第二，价值观方面，从较为单一的游憩审美价值取向拓展为生态和文化综合价值取向；第三，实践尺度方面，从中微观尺度拓展为大至全球小至庭院景观的全尺度。

在韩雪心目中，风景园林学科的发展前景与时代背景和国家命运息息相关。21世纪，可持续发展已经成为全人类的共识，气候变暖、能源紧缺、环境危机是人类面对的共同挑战。科学发展、生态文明、和谐社会已经成为中国可持续发展的基本策略。习近平总书记一直十分重视生态环境保护，十八大以来多次对生态文明建设作出重要指示，"绿水青山就是金山银山"。由于风景园林学科以协调人与自然关系为根本使命，以保护和营造高品质的空间景观环境为基本任务，因此它的发展前景十分广阔。

龙潭中湖公园，即北京游乐园，是北京一座有着二十余年历史的老牌游乐园。2010年停止经营活动后，一直在对公园进行规划研究工作。自2018年开始，韩雪作为龙潭中湖项目立项及成本管控的负责人，开始参与项目的建设与管理。

龙潭中湖公园项目建设面积约39万平方米。前期按照"百姓参与、共商共建共享"的理念，进行了两个阶段的民意征集。公园在建设过程中，充分尊重现有陆形水系，保留和利用现有大树5000余株，保留现状景观和设施20余处，通过设置雨水花园、铺设植草沟和透水铺装的形式最大限度实现雨洪利用，将施工拆除的建筑废弃物打造成石笼墙，在营造景观的同时减少渣土外运，通过多种建设手段实现现有资源的再利用。园区建设突出"静自然、智海绵、亲湖面、野芳草、境文脉、零外运、隐建筑、悦民心"的八大亮点，呈现"三环十二景"的景观格局，为百姓打造了一处自然宁静、生态野趣的绿色休闲空间。

龙潭中湖项目开工后，韩雪按照市发改委的相关要求严格把控，从每一个细节入手控制投资，做好过程中的成本控制。2020年7月，北京市委书记蔡奇来到龙潭中湖公园调研，对项目的建设给予了高度评价。2021年9月，龙潭中湖公园正式开园，吸引了多家媒体争相报道，得到了群众的一致好评。

韩雪认为，龙潭中湖公园项目是首都核心区的一处城市综合性公园，该公园在设计的利旧赋能、更新亮点营造方面做得很有特色。由于原有园区植被、现状景观条件较好，设计中尊重原有园区结构特色，保留和改造，再利用的设计内容也较多，同时项目紧扣新总规"双控四降"的要求，秉承"绿地增量、建筑减量"的原则，通过改造，园区绿地面积从原来的 17 万平方米，增加到约 20 万平方米，建筑规模从原来的 2 万余平方米，下降至 1.19 万平方米。从这个项目中，可以看到其符合新时代的生态文明特色、顺应原有的城市肌理、尊重群众的使用需求、传承历史文化资源，这些都是设计师在设计前期需要着重思考的重点，只有找准了设计的切入点，才能设计出让社会、群众满意的绿色空间。

调整心态，全力以赴

自风景园林专业毕业后，韩雪从事过设计、项目建设管理等相关工作。初入工作岗位，她也会迷茫、困惑，而调整好心态，明确自己的目标才是最重要的。"结合单位的需求和岗位的要求，自己要心里有目标，要从更长远的、更高的角度去思考问题。"这是韩雪的人生经验。她说："大学时代是最美好的，也是短暂的，要在短暂的大学期间培养好逻辑思维能力、解决问题的能力、克服困难的勇气和换位思考的能力，到了工作岗位上才会对各项工作游刃有余。"

访谈感悟

此次访谈活动是我们学习新闻采访的一个良好开端，从理论培训到实践访谈，我们从中学习到了许多知识和经验。在优秀校友的采访过程中，我们不仅锻炼了写作、采访、交际能力，也对自己的工作甚至人生有了更明确的规划。韩雪学姐的事迹激励着我们，她的人生感悟启发着我们，我们会认真规划学习和职业生涯，不断拓宽知识面，加强专业素养，更好提高就业竞争力。

采访人：张弈　佟瑶　张一然

管理服务

学如弓弩，才如箭镞。学问就像弓一样，是发力的；才华像箭头一样，是刺穿的。有了弓，再有了箭，还必须有方向。方向就是见识，有了见识做引领，再有弓发力，然后有箭去穿刺，才能够一举中的，射中目标。

任翼：增强本领，实干立身

任翼，女，2011 年本科毕业于北京农学院国际学院，食品科学与工程专业、英国诺丁汉大学硕士，现在北京大学第一医院工会办公室工作。大学期间，曾担任国际学院学生会主席、学校学生会文体部部长，连续三年被评为校级"三好学生"，并获得校级一等奖学金。2013 年 6 月到北京大学第一医院工会办公室工作，2016—2020 年连续被评为北京大学"优秀工会干部"，2017—2020 年被评为北京大学医学部工会"优秀工会干部"和"优秀信息员"，2020 年荣获北京大学第一医院"年度先进个人"和"优秀共产党员"荣誉称号。

学生时代，学习是主业

早在采访前，任翼就分享了她在北农的很多感受。"北农作为一所都市特色的农林高校，校园环境是非常美的，也是非常适合学习的。国际学院的老师们对我们的严格要求和严格管理，对我们未来的学习生活工作都起到了积极的作用。"

在交谈中，任翼回忆道："我记得上学的时候，大家对学校'以农为本、唯实求新'的办学理念和'厚德笃行、博学尚农'的校训精神，只是能理解字面意思，并不能深入地体会

参加"我为群众办实事"活动

校训精神的内涵，后来在英国上学的时候，学习和生活的压力，才让大家切实体会了什么是厚德笃行。"

"在英国上学期间，大家开始并不觉得有什么特别，但是差不多两个月以后，思念家乡的感受变得特别浓烈，同时课程学习的难度和密度也随之而来，如何安排好学习时间、怎样更好地生活，成了我们当时面对和思考的问题。这时候，'厚德笃行'这四个字，就像是人生指南一样，破解了我们心中的困惑，启发我们只有踏踏实实地学习，开开心心地生活，把所学的知识融会贯通，回国后才能实现自我价值。"

"万事万物都有一个发展过程，每个人也都有一个历练和成长的过程。学生时代，最主要的任务是学习，知识储备是干事创业的前提和基石。不管在北农，还是在英国，把专业知识牢牢掌握，才能再说后面的工作和生活。不然，等到真的步入工作阶段的时候，做事情会心里没底儿，到那个时候再想重新学习，也会力不从心。"

任翼用"腹有诗书气自华"来形容她的学生时代，她希望大学生能把学习作为责任，把学习作为生活态度，把学习作为精神追求。这样，人生才能够有深厚的积淀来保驾护航。

步入工作，适时调整好心态

说到专业和就业的联系，任翼最先想到的就是英语问题。因为国际学院是中外合作办学，所以在英语方面的专业性肯定比其他学院要强。真正到了工作上，其实不难发现，英语好真的是一个非常有用的软实力。当然，最关键的还是要多见人、多见事，积累更多的社会经验。

对于同学们都比较感兴趣的留学生活，任翼分享了她自己的感受："以我个人的感觉来讲，哈珀亚当斯大学整体还是很好的，坐落在一个非常安静的英式小村庄里，整体的环境和氛围都非常适合学习，容易让心静下来沉下去。"针对一些学生顾虑出国会有不适应以及想家的问题，任翼认为，这是对自己的一个很好的考验机会。独自国外求学，更应该明确目标，保住底线。同时，这也是让自己学会如何面对和排解情绪上问题的好机会。当然，学生之本在于学业，争取在学业上不挂科，对之后的申请研究生也很有帮助。

对比校园生活的单纯，任翼认为工作岗位充满了挑战。"步入工作，需要面临的不仅仅是工作本身，还会有人与人之间的相处、工作与家庭之间的协调、上下级之间的配合等。在完成本职工作的基础上，如何开拓创新、如何提高效率、如何将所学知识与工作融会贯通等，都是值得思考和探究的。"

任翼说她刚开始工作时感到很不适应，因为生活的节奏变化了，心态变化了，位置也变化了，但是经过一段时间的自我调整，还是慢慢适应了。知识、认识，是从干事中、从实践中获得的。不论工作会面临多大的困难，只要坚持不懈地努力、只要方向是正确的，最后都能够实现目标。江和海要靠一滴一滴水的积累，高山要靠一抔一抔土的累积，任何工作也要从一点一滴做起。

"伟大梦想不是等得来、喊得来的，而是拼出来、干出来的。"任翼说，作为一名中共党员，也要时刻加强政治理论学习，提高自己的政治修养。在新时代要有年轻人的新作为。实干是最响亮的语言，是赢取事业胜利的根本保证。人的青春只有一次，每一代青年都有自己的人生际遇和使命。"我们可以把自己身上的使命和任务缩小到我们每天可以做得到的事情上，因为小的任务很出色地完成了，那么大的任务就不会难。"

访谈的最后，任翼寄语母校和在校的同学们："希望北农越办越好，希望国际学院越来越强，希望学弟学妹们可以学有所获。也预祝同学们在日后可以顺利出国，收获不一样的体验。"

访谈感悟

大学对于每一个学生都是一个独一无二的舞台，在这个舞台上尽自己最大努力去追求的同时，更应该明确自己的初心，这既是对自己的选择负责，也是对自己的未来负责。

采访人：张然

不管身在哪个岗位，工作职能任务如何变化，首要在于务实，夸夸其谈、眼高手低都成不了大事。踏踏实实做事，总会有机遇，正所谓是金子总会发光的。——刘兴明

刘兴明：靠勤勉务实迎接挑战

刘兴明，女，2012年毕业于北京农学院风景园林专业，同年考取中国林业科学研究院硕士研究生，开展城市林业方面的研究，现在从事工程管理工作。

大学时光，是人生的一笔财富

"学校老师对学生的引导式教育让我记忆犹新。"回忆起在校生活，刘兴明很怀念。"当时市里有一个红色'1+1'党支部共建活动，我作为党支部书记，想去组织好这个活动，但因为没有组织大型活动的经验，有些犹豫。我把自己的想法和辅导员老师沟通后，老师鼓励我按照自己的想法写一个活动方案，之后不厌其烦地与我沟通活动细节，帮我申请活动经费，最终活动呈现出来后比我最初的想法要丰富很多，也取得了北京市第一名的好成绩。老师的逐步引导让我在活动组织过程中不断思考，激发了自身积极性，这段经历也让我在之后做事中更有章法了。"

毕业十年的经历，让刘兴明感慨，终身学习、不断提高是每个人必修的课题，她认为在大学期间掌握自主学习能力将会受益终身。她说大学里没有人会耳提面命去要求你做什么，需要自己不断为自己确立目标，并制订执行方案。这个目标一定要具体可行，它可以是通过四级考试，可以是参加一次专业竞赛，只要不断通过自己的努力去达成一个又一个

目标，就会逐渐掌握一套属于自己的自主学习方法。"我最怀念当初每天泡在图书馆里的生活，每天按计划学习，累了就看一些兴趣类的书或是坐在沙发上歇一会儿，时间都由自己安排，这种生活节奏在工作以后是很难有的。"学姐感慨道。

刘兴明说，作为大学生，学习之余，一定要把生活过得丰富多彩。在校期间，学姐参加过很多次志愿者活动，比如参加国庆 60 周年游行方阵、春运期间在火车站做志愿引导服务、去养老院陪老人包饺子……她在活动中体验生活、认识社会，不断拓展自己的认知边界。她说，北京的学生在这方面有很多机会，各种大型体育赛事、社会活动很多都在京举行，很多都面向在校大学生招募志愿者，这些经历将是人生中很特别的体验。此外，北农还有话剧社、骑行社、魔术社等社团组织，它们的活动都组织得有声有色，建议大家利用业余时间参与一些社团活动，在丰富生活的同时还能结识很多朋友。

考研，只是一种选择

进入大三下学期，很多同学都面临着就业还是考研的选择。"当时很多同学为了增加就业筹码开始出去实习了。"回忆起当时选择，刘兴明记忆犹新，"我当时也开始投简历，但因为无论是工作经验还是专业能力都非常有限，很多简历都没有回应，能选择的工作岗位不甚理想，于是准备专心考研，打算先提升专业能力再考虑就业。幸运的是后来在林科院读研期间，我跟随导师参与多个省、市级森林城市规划项目，开阔了视野，为就业奠定了很好的基础。"

针对本科生毕业后考研还是直接就业的问题，刘兴明认为，这需要在全面认识自身的基础上做出选择。有的人通过读研提升了专业能力，拓展了人脉，使自己迈上了新的台阶；有人毕业后在工程一线摸爬滚打，积累了大量工作经验，成长为行业专家。考研只是能力提升的一种途径，而不是最终目标，切忌为了考试而考试。不论选择哪一条路，都要踏踏实实去努力，坚信自己选择的就是最好的，不要摇摆不定，在迷茫中耗费青春。

踏实努力，找准工作路径

大学是人生中以最多机会和最低成本去探索不同领域的阶段，也是对人生选择最重要的一个阶段，即回答"我想要什么"。"记得在大二的时候我选修过一门职业规划课程，当时的一项作业是访谈两位目标职业的从业者，了解目标职业相关信息。我当时的目标职业是做大学辅导员，但在访谈过我的辅导员老师，了解到很多这个职业中我看不到的信息后，发现这份工作并不适合我，就改变了当初的想法。"刘兴明建议学弟学妹利用大三下学期的社会实践，多去几个感兴趣的公司做一段实习生，亲身感受职业现状，让自己的人生方向不断清晰。

谈及工作后的体会，刘兴明说："我最大的体会就是要拥有好的心态，把最普通的工作用心做。记得刚进入工作岗位时，由于缺乏工作经验，我被安排在综合岗位上，实际工作是负责采购办公用品、安排值班、写工作总结等。开始时我在心态上有些不平衡，觉得自己学习能力不差，学历不低，凭什么给别人"打杂"。在这种心态下，我没有用心思考如何将这些"杂事儿"做好，反而让自己陷在事务性工作中，整个人很疲惫。后来在前辈的指导下，我了解到，我负责的工作虽然琐碎，却是最快能拉近与同事关系、了解单位业务的岗位，做好了一样可以出彩。于是，我积极调整心态，把各项工作以思维导图的形式进行全面整理，为每项工作制定了工作方式和时间节点。比如以往都是同事们缺什么办公用品口头告诉我，我来采购，每次采购审批报销等程序下来，都要至少一周的时间，往往这项程序没结束，新的采购需求又来了。于是我制作了一张采购需求表，发在工作群中，请有采购需求的同事随时填写表格，每月定期汇总，统一采购，把自己从简单重复的工作中解脱了出来。"

从刘兴明的工作经历中，让人感受最深的是她勤勉务实的工作作风。为做好一项园林景观工程，她曾冒着大雨实地前往京外的苗圃号苗。作为建设单位的一名工程管理人员，她坚持深入工程一线巡查工地。在一次和工人的交流中，了解到某段已施工完成的道路基层与面层厚度不符合设计要求，她立即联系监理人员，责令施工单位整改，保证了工程质量。她说："有些问题只有勤跑现场才能发现。工程管理某种程度上是一个讲良心的职业，很多问题在表面上根本看不出来，可能交付多年以后才会出现"后遗症"，我们要本着对业主负责的态度，最大限度地种好一草一木，盖好一砖一瓦。"

尽管已经离开母校多年，但在刘兴明心目中，北京农学院是自己梦想启航的地方，她时刻关注着北农发展变化中的点点滴滴。她坚信自己在前行路上一定能时刻秉承艰苦朴素之志，牢记求真务实之本，体现自我价值，实现人生理想。她也祝愿北农桃李满天下，明天更美好。

访谈感悟

有目标，有理想、有信念乃做事之根基。在锻炼中成长，在磨炼中成才，作为北农人，我们要践行"艰苦奋斗、勤于实践、崇尚科学、面向基层"的光荣传统，不忘初心、方得始终。

采访人：孙浩然　张雨然　柴静

管理服务

"人生如逆旅，我亦是行人。"要具备扎实的专业根基就应孜孜以求、一以贯之，保持"山外青山楼外楼，强中自有强中手"的进取心态。日积月累方能瓜熟蒂落，厚积薄发方能行稳至远。

曹郭莹：注重积累，不负韶华

曹郭莹，女，2012 年毕业于北京农学院园林专业，后进入北京源树景观规划设计事务所工作，现于西城区园林绿化局下属事业单位就职，从事林保相关工作。

培养学习能力，夯实专业基础

大学阶段最重要的就是学习能力的培养，每个人的工作岗位不同，所学课程知识不一定能够全部用得上，但是上学时培养的学习能力却会受用终生。曹郭莹结合自己的亲身感受分享了她对学好大学课程的体会。"我在北农学习和生活了四年，收获太多了，感觉每门课程都对自己有帮助，学习的软件和课程都很实用，有些课程当时看似用途不大，但是实际上都会在今后发挥潜移默化的作用。"她说，进入设计公司，大多会从画最基础的施工图开始，对一名设计人员来讲，画图的关键首先是要会使用软件，可是很多刚刚毕业的大学生不能熟练掌握 CAD、SU 等软件，导致很难短时间内胜任工作。如果上大学时认真听老师讲，记录笔记，记忆快捷键并熟练掌握，然后在毕业设计中加入软件的使用，经常练习，经常实践，就能使自己比他人更快速地进入工作状态。她回忆道："有些课程似乎不相关，但实际上非常有用，比如园林史，做设计的时候，很多都需要从园林史上去了解、去构思，与园林建筑等相结合。"她清楚地记得，为了做好一个设计，公司老板曾经带她们花费了一周的时间去逛苏州园林，感悟苏州园林的文化底蕴。园林史是园林专业的必修课，到南方实习是园林专业的实践课，所以再访苏州，让曹郭莹强化了她对古典园林博大精深文化的理解，也深刻感触了课程学习的重要性。她说，每门课程的安排都很有意义，每个知识点都对我们有帮助。

"园林不仅仅是设计，还需身体力行地一起营造值得浪费的光阴。因为造园是满足你心里的天和真，其间有光明，自然可以温暖周边，园子有爱还怕没有公共价值？园林是活出来的，不是设计出来的。造园很难，难在认知！自己的认知；合作的认知；体系的认知；社会的认知……"这是一位园林前辈对曹郭莹说的话，这段话激发了她对园林设计的热爱和乐趣。如今，对于走上林业保护岗位的她来说，很多知识都是全新的，需要重新学习和记忆，知识虽然不同，但学习的方法却是相同的，读书的感受是相同的，向前走的脚步是一样的，四年的学习经历和学习能力，让她有信心前行。

参加社团活动，培养兴趣爱好

曹郭莹认为，大学的时光非常宝贵，必须珍惜每一分每一秒，除了学好专业之外，一定要多参加社团活动。"参加社团活动，可以提高自己的沟通能力和与人交往的能力，还可以培养自己的兴趣爱好。"她说，主动学习一些东西、积累一些东西，对自己个人的发展都会有很大帮助。无论是班级活动、还是志愿者活动，都是很好的学习机会，在活动中，我们可以培养自己分析问题、判断问题和解决问题的能力，可以培养与他人合作处事的能力，此外，还可以帮助大家开阔视野，交到朋友，培养情趣，甚至找到自己事业发展的机遇。她建议大家，要珍惜当下，多多参加实践活动，在活动中提升自身的能力。

园林行业前景光明，园林人应笃实前行。

"还记得上学和刚毕业的时候我们抬头看树木，是为了辨识，是为了认树，看是什么品种；后来做植物设计的时候抬头看树，就变成了欣赏树木形态，挑选树木，看树形，构思哪棵树更能表达设计理念，更合适放置在园子中；再后来抬头看树，就变成了看看树木有没有遭受病虫害的侵扰。这一系列的转变让我感受到无穷的乐趣。"工作在变化，知识的广度在增加，曹郭莹看问题的视角也在变，她从对一棵树的观察中思考园林专业的发展，她认为，自己所从事的园林专业前途光明，绿水青山就是金山银山，园林学子未来的发展是非常广阔的。园林专业好比一个很大的蛋糕，可以切分出无数的小角、小方向，在哪一个方向耕耘都能有机会取得一番成就。"我们不知道未来是怎样的，需要什么，但是怀揣热情，坚定地向前，总有一片光明在前方。"

采访最后，曹郭莹对母校表达了祝福，她希望母校越办越好，涌现越来越多的人才，愿每一名校友都能在自己热爱的天地发光发热，为母校增光。

访谈感悟

每个人每天都在谱写着属于自己的生活篇章，或欢喜，或悲哀。可爱的曹郭莹学姐用她的经历告诉我们，大学生活应该如何去谱写才不会愧对这宝贵的光阴。只要不停下积累的脚步，注定春暖花开，不再迷茫。

采访人：史学腾　闫景瑜　孟子荷

青春，一个闪光又绚丽的字眼，像早上八九点钟的太阳，充溢着无限的激情与期望，满载着无限的生机与阳光。它是作家耀眼的语言，是战士沸腾的热血，是明星在舞台上热情洋溢的歌声，它令多少人陶醉，又令多少人向往！奉献的青春会闪光，拼搏的青春最耀眼，努力的青春最宝贵。一样的青春，不一样的路；一样的青春，不一样的光芒！我的青春我做主。

彭明森：青春似火逐梦燃

彭明森，男，2013年毕业于北京农学院园林专业，现任职于北京植物园。作为基层单位团委书记，他主动作为、创新形式，组建青年突击队，打造团建品牌项目，提升志愿服务效能，凝心聚力，为植物园事业发展贡献了青春才智。作为新时代青年党员，他积极投身世园会建设和冬奥会筹办工作，克服困难，冲锋在前，奋战在一线。因工作成绩突出，他先后获评2017年北京市公园管理中心先进个人、2018年海淀区优秀团干部、2019年延庆区总工会世园冬奥最美建设者、2020年海淀区第十七届五四青年奖章。2018年主持的项目《花海点兵 铸守绿魂》荣获团市委机关战线团建项目十佳案例。

举旗定向、勇立潮头，做永葆初心使命的"北植人"

初心如虹随党赤，青春似火逐梦燃。"北植青年"是彭明森常会提到的一词，这源于自身岗位的工作属性，更源于根植其内心深处的使命烙印。了解植物园历史的朋友们都知道"十名青年上书毛主席建立北京植物园"的故事，历史的记忆中有很多这样的故事，也正是

这一桩桩老一辈植物园人催人奋进的故事，堆砌出了"新北植"的初心。

2017年，彭明森亲自组建了一支具有"老北植"精神传统和"新北植"时代使命的青年突击队伍。在彭明森带领下，北植青年突击队结合植物园自身建设发展等实际问题，围绕生态文明美丽中国建设和喜迎十九大等重点工作，开展了"瞰北植·做大西山的绿色卫士""花海秋点兵""绿水青山樱桃沟"等行动，亮剑公园急、难、险、重任务，带动青年职工艰苦奋斗，奉献植物园，按期圆满地完成了每一项具体任务，增强了大家归属感、荣誉感和自豪感。特别是在抗击新冠病毒战疫中，他带领青年团员青年坚守工作岗位，号召团员为前线医务工作者捐赠"暖心盒子"。当疫情防控工作重点转向公园等室外场所时，他带领青年突击队开展"战疫巡护"行动，积极引导公众合理安全游览，相关事迹在中国共青团、学习强国等平台媒介相继刊发。

奋发有为、勇于担当，做生态文明理念的践行者

2019年初，彭明森以"北植青年"的身份参与了北京世界园艺博览会的运行建设工作。在行前动员会上，他提到："很荣幸能够代表156名北植青年参与世园会工作，我定不辱使命，牢记嘱托，不负韶华，冲在前线，勇挑重担。"

2月25日一抵达延庆世园会现场，他便争分夺秒投入一线的服务工作中，夜以继日地熟悉园区建设情况以及整体运行方案；3月5日进驻中国馆，他在"四馆一剧场"中任务最艰巨、工作最繁重的地方，作为运行管理部现场下沉人员，每日编写派驻日报，积极做好运营方案与落地实施的衔接，同时深入了解现场建设情况、摸排隐患、查找问题。

场馆服务，必须在提升整体服务质量上下功夫。他统筹发挥办公室中枢作用，及时做好信息的上传下达，为现场决断提供信息支撑，发布了中国馆信息162期。他积极做好非紧急救助、咨询答疑及意见收集工作，推动开展公益讲解活动，了解不同人群的观览需

管理服务

求，形成了具有中国馆特色的讲解服务。为做好炎炎夏季的防暑降温工作，他亲自到现场协调，连夜赶建 450 平方米遮阳棚，解决大客流前排队区遮阳问题。为确保展览展示效果，向公众提供沉浸式体验，他主动与参展方协调在客流量较少的时间段开放展区，降低广播提示频次，提升馆内体验感。世园会运行期间，他始终秉承"以游客为中心"的理念，带领运行团队一同微笑服务、精细服务、主动服务，想游客之所想，急游客之所急，全面提升了优质化服务水平。

功崇唯志、业广唯勤，做新时代新征程的逐梦人

回想起在北农的四年大学生活，彭明森走过最多的路应该就是田径场旁的"杨树路"，那里连结着教室和寝室，充盈着同窗好友的欢声笑语。彭明森在北农接受了系统的专业训练，打下了扎实的专业基础。他说，很幸运有着刘建斌老师和侯芳梅老师等诸多优秀教师的专业指导，他们以身立教、学识渊博、和蔼可亲，带领广大园林学子走进园林之门，正是一次次的专业实践，提升了同学们对园林的认知能力，也使他们真切地意识到了"厚德笃行，博学尚农"的实质精神内涵。

求学期间，彭明森曾负责园林学院新闻中心工作，多次组织参与暑期社会实践，参与大学生记者团文字采编和《军中的足迹》一书的编写，是国家励志奖学金、校级奖学金的获得者。

身为学生的彭明森是优秀的，走出校门，步入工作岗位的彭明森同样也是出类拔萃的。彭明森认为，刚刚步入社会参加工作是一个阶段，这一过程中最为重要的就是角色的

转换，包括思想的变化、习惯的养成等，要主动求变，主动补短板、强弱项，主动学习，主动探索新的知识领域和业务领域，为胜任不同的岗位需求做好铺垫和准备。

他建议现在的青年学子：第一，要坚持并热爱学习，提升学习的能力，要多读书、读好书；第二，要坚持并热爱运动，要有自己喜欢并且能够持之以恒的运动项目；第三，寻找自身兴趣和学生社团组织的结合点，勇于尝试，敢于破冰，调整新角色，让自己走出"舒适圈"，以青春之名，敢于试错，让自己的大学生活多姿多彩，进而"破茧成蝶"。一次活动策划，抑或一段文字撰写，都会是一股无形的能量，帮助自身成长！

彭明森也为北农留下一段祝福及期望："嫩芽展绿曳于空，北农青年勇逐梦。"希望北农人携手前行，在乡村振兴战略、生态文明建设、美丽中国建设等重大历史任务中躬身草木林间，砥砺奋进，干出辉煌业绩。祝愿母校早日建设成为一所行业领先、卓越一流的高水平应用型现代农林大学。

访谈感悟

满受损，谦受益。正如学长所践行的那样："以青春之名，敢于创新探索，进而'破茧成蝶'"。学长的经历成功向我们诠释了什么是"厚德笃行，博学尚农"的北农人。

采访人：孙浩然　柴静　张雨然

管理服务

227

"穷理以致其知，反躬以践其实。"科学研究不单是书斋里的创造，更是实践经验的凝结。作为一名"三农"领域的政策研究员，她时刻牢记强农兴农的重大责任，经常奔赴在"三农"一线，干在实处、走在前列，坚持把论文写在祖国大地上。

张莹：情系"三农"的研究员

张莹，女，2012 年获得北京农学院农业推广专业硕士学位，并在之后获得中国农业大学管理学博士学位。历任农业农村部农村经济研究中心社会文化研究室助理研究员，农业农村部农村经济研究中心社会文化研究室副研究员，2020 年作为中组部、团中央第 20 批博士服务团成员，赴新疆伊犁州伊宁县挂职，任县人民政府副县长。现担任农业农村部农村经济研究中心社会文化研究室副主任、副研究员。主要研究方向为农资市场分析、农业产业经济、乡村文化与治理等。先后主持及参与国家社科、自科、农业部软科学等项目近 30 项，发表文章 30 余篇，出版著作 4 部，参编 5 部。相关研究成果获省部级以上领导批示 13 次，获优秀论文奖项 3 次。

我们如约来到张莹学姐的办公地点，学姐很热情，亲自下楼接我们，因为是临时办公的地方，学姐便带我们找了一处空旷的房间，我们的访谈也在学姐亲切的话语中开始了。

争做新时代的"三农人"

"我现在从事的'三农'政策研究工作，是为农民谋幸福、为乡村谋振兴的职业。主要

工作任务是根据全面实施乡村振兴战略需要，围绕农业农村部党组和各司局工作，加强调查研究，查找突出问题，研究相关对策，撰写政策调研报告、课题研究报告、政策性文件和理论文章等，为领导决策当好参谋助手。"

2018年机构改革后，农业部调整为农业农村部，统筹管理"三农"，工作范围广了、业务要求高了，难度也大了。作为农业农村部的"三农"高端智库，张莹和同事们的研究课题很多都是以前没有研究过的，也会有不少急难重的工作任务。"比如前段时间交办的乡村医疗卫生体系建设研究、乡村民宿建设研究、宗教问题研究等多项课题，时间紧、要求高、任务重，前期又没有相关研究基础，压力特别大。"为此，张莹加班加点，下载学习相关文献，制订研究方案和研究提纲，搜寻相关领域专家，召开研讨会，听取专家老师们的意见建议，选取典型地区，开展调查研究，了解基本情况，多点带面，撰写研究报告，圆满完成了一项又一项任务。"比如农资市场监测预警，2021年农资价格持续攀升，农民种粮成本进一步增加，各级领导对这个情况都很关注。我作为农业农村部农产品市场分析预警团队农资首席分析师，深感责任在肩。"为此，张莹加强监测调度，监测数据由月报改为周报，重要的信息甚至日报，及时研判形势、总结上报、对外发布。仅农资市场监测预警这一项课题，一年就拿到了9次省部级以上领导批示。

张莹还曾作为中组部、团中央的博士服务团成员去西部锻炼，挂任新疆伊犁州伊宁县副县长，分管农业农村局、林业和草原局、水利局、供销社、粮食和物资储备局，联系妇联、共青团，主要抓乡村振兴、水资源保护、粮食、供销、农牧业生产、林草、自然区保护工作。"原来我主要从事'三农'政策研究，工作成果大多是调研报告、课题报告、政策性文件和文章，对在县里要干什么一无所知。为了更好地适应角色转变，我认真学习中组部、团中央和农业农村部对干部挂职的有关政策要求，虚心向前辈请教，向县领导学习基层工作经验，很快就明确了自己的工作定位，就是下乡入户了解民情民意、利用专业知识帮助地方工作、积极献言献策。""在县里一年，我走遍了全县 20 个乡镇(场)，深入农户、家庭农场、合作社、农业企业，走访农村基层干部，系统调研'三农'政策在当地的落实情况，全面了解基层干部和农民的困难诉求和期盼。完成了多项县委县政府政策性文件、规划、汇报材料的制定修改工作；推广县域"疆选"电商平台，参与直播带货，有力拓展了县域农副产品销售渠道，平台累计销售额超 100 万元；组织并参与多场培训班、线上专题讲座，较好发挥了智力援疆作用；搭建爱心传递与沟通交流平台，组织爱心捐赠活动，推动本县成为农业农村部'根在基层'青年干部调研活动连续跟踪调查点；积极为脱贫攻坚挂牌督战包联乡镇、村想办法、出主意，协调解决了贫困户建院墙缺砖块水泥问题；组织开展了农村妇女、青年创业就业培训、家庭矛盾纠纷调解、基层团建等一系列共青团、妇联活动，提升了群团组织影响力和号召力；顺利完成县委县政府交办的新冠肺炎疫情防控工作任务。通过一年多的锻炼，我丰富了世界观、人生观、价值观，更加理解了到边疆去、到国家需要的地方去这句话的意义；充分体会到边疆当地干部的辛苦，坚定了从事'三农'工作的初心、信心与决心；积累了实践经验，增强了思考、分析、解决问题的能力。"张莹如是说。

回忆母校，心怀感恩

"北农是个环境优美、安静的校园，学校宽敞明亮、绿树成荫，是个能让人安心学习的地方。"张莹回忆道，"在北农遇到了我的导师何忠伟老师，带我接触了农业经济管理研究领域，我本身就是从农村走出来的，对'三农'有感情，通过在北农的学习调研，对农业经济管理产生了极大的兴趣。"张莹感到北农对自己来说是个转折点，使她坚定了从事"三农"工作的信念，也坚定了继续读博丰富理论功底的决心。她建议在校期间要把专业的理论知识学好、学扎实，多参与学院老师们的课题，多向老师、师兄师姐们请教，尝试发表一些文章，也要结合暑期多参加社会实践和基层调研积累经验。

"很多时候，我们可能并不知道自己未来是毕业后直接工作还是考研，社会实践可以帮助你更好适应本科毕业后直接工作的氛围，参加暑期的调研也可以提升个人业务能力。新阶段"三农"工作重心历史性转向全面推进乡村振兴，"三农"发展前景广阔，有国家政策支持、有社会力量参与，并且乡村十分缺少人才，需要更多大学生去基层，带领农村发展，带领农民致富。"

访谈感悟

　　"三农"是现今国家发展的重点，作为农经专业的学生，我也会更加心系"三农"，正如学姐所说，国家需要更多大学生走向基层，带领农村发展，带领农民致富，我们要争做新时代的"三农"人。

采访人：赵芸翊　吴梦娇　王若冰

回忆过往，北农的时光依然历历在目，岁月风雨十余年，曾经意气风发的少年已展翅翱翔。与万千怀揣梦想的园林学子一样，他扎根园林行业，为园林事业增光添彩。

李铁彪：默默付出的辛勤工作者

李铁彪，男，2014年毕业于北京农学院园林学院，园林植物专业之后考入北京农学院林学专业在职研究生，现任职于北京市昌平区园林绿化局。

回忆点滴，园林永不褪色

谈到对园林这一专业的理解，李铁彪讲到，园林专业涉及的面儿比较庞杂，专业性也很强。其他专业的学生在教室上课的时候，园林学院的学生可能会走入公园进行实地操作，这正是其特殊所在，即需要经常去贴近自然，贴近园林，不能闭门造车，不能局限于教室和校园。

回忆起自己的恩师，李铁彪最想感谢的就是冷平生老师。完成毕业论文需要和导师充分的沟通，确定研究方向和调查计划。在李铁彪毕业论文即将答辩的时候，赶上了新冠肺炎疫情的暴发，由于不能面对面交流，冷老师便采用线上视频和语音的形式，每次沟通都要1~2个小时。"疫情可能耽误了在校的学习生活，但是我们农学院的老师们并没有把同学们的学习放下任何一点儿，就算是在家也会把对学生认真负责的态度保持下去，他们的敬业精神，温暖了我们每一个学生的心。"

丰富自身，充实校园生活

大学的生活是丰富多彩的，有各种各样的社团和学生组织。作为一个过来人，李铁彪感到在社团里最重要就是锻炼每个人的社交能力、组织协调能力和合理计划安排时间的能力，这三点同样也是以后步入社会需要的。采访中，李铁彪建议同学们在大一、大二时间充足的时候，可以适当地多参加社团组织与学生活动，从中可以找到志同道合的好朋友，不管在学习和生活中对自己都是一个帮助，可以使自己更好地融入大学的生活。而到了大三、大四的时候，应该把主要精力放到未来职业规划上面，要有效平衡学业与活动。

李铁彪在日常工作中观测、记录数据

提前规划，坚定未来方向

李铁彪认为，毕业后的选择要提前规划。现如今，网上有一句话很火——"宇宙的尽头是编制"，事业单位、公务员岗位这样的工作比较稳定，但相对而言有些枯燥。正如一枚硬币的两面，学长认为这个事儿也确实存在两面性。在李铁彪看来，枯燥是因为还没有对所从事的工作进行全面的了解。初来乍到一个单位，每个人都会有一个熟悉的过程，经过这个过程，完成从被动接受工作到主动思考工作的这一转变之后，就不会枯燥了。当然，一个行业的重要性有时也会受到国家大形势与发展战略的影响。

"我刚入职的时候，园林行业还不是那么炙手可热，自习近平总书记提出'两山'理论

进行城市森林资源调查

后，感觉园林行业的存在感瞬间就被提升到了非常高的一个位置，我当然也会越干越有劲，越干越自豪"。

潜心入微，践行园林精神

工作之初，面对从未实际上过手的工程工作，他不断进行实地学习，通过一次次地走，一次次地看，逐渐摸索总结出工作规律：搜集资料，了解政策，与施工方沟通，向老同志询问，逐步对工程概况进行全面了解，在此基础上利用自身掌握的业务技能有针对性地自学，不断拓宽知识领域。他认为细节决定成败，作为园林工作者只有潜心入微，时刻保持着对行业领域的敏锐感知，与时俱进，创新推进，才能称得上专业。

在参加工作的八年里，他的工作涉及了园林的诸多领域，其中在园林绿化工程方面先后参与并负责了昌平区西部环境整治提升项目、昌平新城滨河森林

公园(七标段)项目、昌平区京津风沙源治理二期工程2016年项目(困难立地台地造林工程)等园林项目建设管理工作，在园林绿化养护方面先后负责昌平城区养护范围内的绿化养护及植物病虫害防治工作，期间参与保障第五届至第七届北京农业嘉年华活动园区植物病虫害防治的工作。在负责养护及植保工作的期间参与编写出版了《昌平林业昆虫》和《节日花坛设计》。此外，还负责过永安公园的管理工作，妥善解决了接诉即办工作中公园游客的需求，并推动公园老旧设施的改造更新工作，全心全意为公园游客服务。几年间，他利用工作之余撰写并发表多篇林业相关论文，提升了学术能力。

这么多年的积淀和成长，他没有天花乱坠地吹捧和大张旗鼓地宣誓，而是不宣不扰、俯首前行，不管是冰天雪地还是刮风下雨，不管是天寒地冻还是春暖花开，他总是无怨无悔，兢兢业业，多少个春夏秋冬，他用青春诠释着园林精神，对他来说园林不仅仅是一项工作，同时也是他的爱好、他的事业，更是他为之追随的梦想。

勇于担当，磨砺人生信仰

2019年对于李铁彪来说是激动并且难忘的一年，经昌平区园林绿化局推选，他参加了庆祝中华人民共和国成立70周年群众游行活动，期间他克服训练场地路途远、孩子小等诸多困难，兼顾本职工作和走方阵训练，放弃大量个人休息时间，经过近四个月的努力训练，在2019月10月1日当天，他顺利完成了庆祝中华人民共和国成立70周年群众游行任务。

2021年，他又被推选参加了庆祝中国共产党成立 100 周年大会及 2021 年烈士纪念日向人民英雄敬献花篮仪式。新冠肺炎疫情暴发后，他积极主动参与社区的防疫执勤等工作，为党员群众树立了榜样形象。这些成绩的背后，离不开他敢担当、负责任的态度，更离不开的是他作为一名共产党员过硬的政治信念。

黝黑的肤色、利落的打扮、沉稳乐观的性格是李铁彪的"标签"，他爱岗敬业、积极奋进，不畏艰苦、开拓进取，用实干诠释初心，以出色的工作能力和担当作为的党员形象为园林事业增光添彩，践行园林精神，时刻牢记为事业奋斗的使命，在园林道路上留下了一个个坚实的印记。

访谈最后，李铁彪对母校表达了感谢，并引用习近平总书记的话寄语在校的同学们："青年的人生之路很长，前进途中，有平川也有高山，有缓流也有险滩，有丽日也有风雨，有喜悦也有哀伤。心中有阳光，脚下有力量，为了理想能坚持、不懈怠，才能创造无愧于时代的人生。"

访谈感悟

大学是一个让人向往的地方，大学是一个让人成长的地方。我们或许会在某个时候感到些许迷茫，但也要知道未来的路就在前方。规划未来，更要脚踏实地。默默付出，砥砺奋斗的园林人，终将绘制出不一样的一抹"园林绿"。

采访人：史学腾　闫景瑜　孟子荷

在校期间，她是北农的青春榜样，毕业后她响应国家号召，到祖国最需要的地方奉献自己的青春和知识，她就是食品工程学院2012级校友孟亚丽。

孟亚丽：奋斗的青春最美丽

孟亚丽，女，2016年毕业于北京农学院食品科学与工程专业。毕业后响应国家号召，通过"青春梦、南疆行"援疆项目到新疆工作，现任职于新疆维吾尔自治区阿克苏地区乌什县阿克托海乡。

难忘的求学经历

孟亚丽于2012年考入北京农学院，就读于食品科学与工程学院食品科学与工程专业，在校经历丰富，曾担任班长、班主任助理、辅导员助理等，也参加了许多课外活动，曾担任北农毽绳社副社长，在2014年北京高校毽绳比赛中获得个人第三、团体第三的成绩。在担任班长期间，她不仅自己成绩名列前茅，还当过老师的助理，充分发挥了老师和同学之间桥梁纽带的作用。这些经历对她走上工作岗位后，能够恰当地与他人沟通、协调事务，推动工作开展提供了帮助。

回忆校园生活，孟丽亚感慨担任辅导员助理的经历对于其自身能力的提高起了重要作用。"刚当上辅导员助理的时候，我简直就是一个电脑小白，很多电脑操作上的东西都不太懂，经常会问老师一些问题，辅导员张明婧老师和罗蕊老师都非常有耐心，经常教我一些电脑办公软件使用技巧，大大提升了我电脑办公软件的操作水平。"

　　孟亚丽说，辅导员老师们经常手把手教她如何应对工作中的困难，一步一步地带着她学习，让她从不懂到懂。除了课堂上的知识外，还教了她一些工作中的经验和技巧，让她受益匪浅，回想起和老师相处的点滴，她清晰地记得老师曾经讲过的话："就是因为你不会才到我们这里来学习，要是你什么都会了，也就没有必要到我这里来学习了。"这句话一直激励她到现在，即使岗位身份发生转变，那份谦虚好学的态度也一直保留至今。

　　孟亚丽在大学期间非常忙碌，除了自己所在职位的工作以外，她还参加了很多实践活动、课题研究等，每天早出晚归，充实自己，锻炼自己。抚今追昔，她觉得自己当时的苦没有白吃，那些经历都非常有意义。

选择援疆

　　2016 年正值孟亚丽的毕业季，面对就业的压力，她一直不知道该如何选择。这时张明婧老师给她打了一个电话，问她："有一个去新疆当公务员的机会，你愿不愿意去建设边疆？"接到电话后，她征求家人的意见，得到了全力支持，她的男朋友崔鹏伟（现在的丈夫）还用习近平总书记的话勉励她："现在，青春是用来奋斗的；将来，青春是用来回忆的。"

　　孟亚丽最终下定决心："作为一名中共党员，我要用自己有限的青春去建设边疆，为祖国做贡献。"

　　刚到新疆时，孟亚丽和一同去新疆工作的同学们接受了三个月的岗前培训，这段时间的学习，为她在乡镇开展工作打下了良好基础，也为她适应这里的生活提供了一定缓冲过渡。在培训期间她积极学习了解新疆知识和习俗，尤其是维吾尔语。为了更好掌握维吾尔语言和民族习惯，她经常与教授维吾尔语的老师交流沟通，充分地了解本土的风土人情和民族禁忌，为与当地群众沟通交流做准备。毕业时由于学习成绩优异和学习表现突出她荣获了岗前培训班"优秀学员"称号。

在亚曼苏乡，孟亚丽先后从事过脱贫攻坚、人大换届、妇代会改革等工作，对基层工作的性质有了更多更细致的了解。为了更好地完成繁重的工作任务，她主动向身边领导、同事学习，摆正自身位置，真抓实干、走访入户、察难解困，全力融入基层。在入户走访过程中，她发现吐尔逊古丽大姐家中有两个孩子都在距离较远的 3 村幼儿园上学，因为没有交通工具，接送孩子很不方便，想要将孩子转到距离较近的中心幼儿园。在了解了她的实际困难之后，孟亚丽帮助她写了转学申请，通过与村委会沟通，与乡文教办协调，成功将吐尔逊古丽大姐的女儿转到了中心幼儿园上学。问题解决后得到了吐尔逊古丽大姐的深切感谢，她激动地拉着孟亚丽的手说："谢谢你帮我解决孩子就近上学的问题，为我们家解决了一个大问题。"也许在旁人看来这是一件工作中的小事，但在群众眼中，事关孩子教育，却是天大的事。工作中她牢记共产党人是为群众办实事的队伍，解决好群众的所急所想就是践行共产党人的初心和使命。

工作期间，孟亚丽在组织安排下到阿克苏地区参加了半年的维吾尔语培训班，取得了维吾尔语中级证书，为更好开展群众工作打下了语言基础。之后，又到县委组织部干部监督室、信息调研室进行了跟班学习，通过系统的学习，她的组织协调能力、文字写作水平等都有了较大的提升。

孟亚丽现在为阿克托海乡党委委员、纪检书记、监察办公室主任。角色的转变，岗位的调整，孟亚丽身上的责任更大了，肩上的担子也更重了。纪检工作是专业性比较强的工作，对于没有从事过纪检工作的孟亚丽来说，难度非常大，为此，她凭借当初在干部监督室跟班学习的基础，一边学习组织纪律条例，一边不断向纪检岗位的老领导请教，白天忙工作，晚上学理论，为顺利开展工作夯实了理论基础。期间，她与同事们同工作，共奋战，入村开展谈话走访了解情况，在她的带领下，其所在乡的纪检工作走到了全县前列，得到了县纪委领导的高度评价。

回首往事，孟亚丽分享了她到新疆工作的体会："到新疆工作，谈不上有多大困难，最主要的还是繁重的工作内容和精神的压力。"作为乡镇公务员，她没有精确的任务分工，上面千条线，下面一根针，所有的事她都必须亲力亲为，在基层工作的她把自己变成了多面手。除了工作压力外，背井离乡带来心里的孤单也是一个对她的严峻考验，来新疆之初想家、想父母、思念家乡的痛苦成了孟亚丽抹不去的记忆。幸运的是有边疆美丽的风景，有热情好客的维吾尔族人民，有丈夫和孩子的陪伴，有来自五湖四海为理想一起奋斗的年轻同事们，孟亚丽很快适应了新疆的生活和工作。

如今，孟亚丽已经在乌什县扎下了根，看到自己努力带来的新变化，她心中充满了自豪感和成就感。当初的那些困难，现在已经变成了印象深刻的回忆，她曾说在新疆这五年，是披荆斩棘一路走过来的，工作中受了委屈、被繁重的任务压得喘不过气时，不止一次想过退缩，但每次在打退堂鼓的时候，就想起来新疆前辅导员老师的谆谆教导和殷殷嘱托。与她一起进疆的同学——如今的丈夫，更是经常用他们报名援疆时的誓言勉励她，令她克服困难，坚定信心。"到艰苦的地方去，到祖国最需要的地方去"是她和所有援疆学子的誓言，正是有像她和他们这样的年轻同志响应国家号召，在国家政策的指引下，边疆地区才取得了翻天覆地的变化，看着这一切，她很庆幸当初自己的选择，跟着国家政策走始终是对的。

珍惜光阴，终有收获

孟亚丽的专业领域是食品科学与工程，但是显而易见，她的专业和工作不对口，这是在求职道路上令许多大学生感到困惑的地方。孟亚丽认为，选择与自己专业对口的工作当然是好的，但是如果不对口，也不要有太大压力。她建议在校大学生对于自己现在所选择的专业应该认真对待，不能三天打鱼两天晒网；在校期间应多参加一些课外活动、实践活动等，开阔自己的视野，提高思维能力。诸葛亮语："夫学须静也，才须学也，非学无以广才，非志无以成学。"说的正是这个道理。

孟亚丽认为北农的外部环境，师资条件等都是非常优秀的。她印象最深的是北农的两排银杏树，翠绿嫩黄，让学校充满生机。学校的老师也都非常敬业，耐心地教导学生，真正为学生考虑，让学生开拓出属于自己的园地。她真诚希望北京农学院越办越好，继续培育更多的优秀学子；期望学弟学妹们努力认真，多一些刻苦，少一些安逸，充实自我，积累经验，夯实基础，朝着自己的目标前进。

访谈感悟

"击石乃有火，不击元无烟。人学始知道，不学非自然。"孟亚丽学姐的故事更加印证了这个道理：只有击打石头，才会有火花；如果不击打，连一点儿烟也冒不出来。人也是这样，只有通过学习，才能掌握知识；如果不学习，知识不会从天上掉下来。学姐在上学期间早出晚归，谦虚好学，丰富了生活，充实了自己；在支援边疆期间，积极学习语言，努力融入基层，自学理论知识，不断武装自己，从未在学习道路上停歇，这种精神和态度值得每个人去学习。

"万事须己运，他得非我贤。"想要成长就必须去实践。孟亚丽学姐在大学期间担任多个职位，参加各种活动，从实践中积累经验；步入社会后更是从基层做起，为群众服务，到祖国最需要的地方去，建设边疆，贡献自己。

"青春须早为，岂能长少年。"奋斗的青春最美丽，趁着青春年少的时候，一定要努力有所作为。作为北农学子，我们应向孟亚丽学姐看齐，响应国家号召，为人民服务，努力学习，充实自己，参与实践，积累经验，珍惜时光，不负青春，不负韶华，不负梦想，不负未来。

采访者：许羚　郭晓敏　高可欣

既然身处农业院校，就更应该具有浓厚的乡土情怀，把在北农学习到的知识运用到现在乡村振兴的实践当中，尤其是服务于现在首都的农业发展。——林楠

林楠：立足专业，殊途同归

　　林楠，男，2018 年毕业于北京农学院社会工作专业，现为中共北京市委研究室四级主任科员，主要负责起草文件、文稿，围绕全市工作大局和市委的工作部署开展调查研究，提供意见和建议。

　　林楠是北京农学院文法与城乡发展学院 2018 届社会工作专业毕业生，本科毕业后考入中国社会科学院大学读研，硕士毕业后考入中共北京市委研究室工作。在校期间成绩优异，大学四年排名专业第一；曾担任院学生会主席、班级团支书等职务；曾获国家奖学金、中国青年报青春榜样、北京市三好学生、北京市优秀毕业生、北京市优秀基层团干部等荣誉。

回忆母校，做合格的北农人

　　提到在校期间印象深刻的一段经历，林楠学长讲述了他参与筹备的运动会开幕式，当时的主要工作是协助老师组织开幕式八分钟的表演。

　　"确实很辛苦，但是也很令人难忘。"他说道。运动会是每个学院轮流承办，十年正好轮到文发学院，学院领导老师十分重视，开幕式涉及组织协调等各项工作，刚刚大三的学长也倍感压力。"当时还面临着紧张的学业，以及很快面临的考研备考，心里其实压力蛮

文法与城乡发展学院 2018 级校友林楠工作照(一排左二)

大，我也从来没有组织过这么大规模的活动的经历，心里有点没底。"学长说道。但是随着工作的逐渐展开，通过各位领导老师以及同学们的共同努力，一切工作都紧张有序地进行着。开幕式八分钟的表演是整个开幕式的重中之重，学院准备的节目是手语版《国家》，涉及上百人，大多数同学没有手语基础，所以每天都要训练，但许多同学有畏难的情绪，参与训练的热情并不高。学长和学院老师就一起去做各班班长以及同学们的工作，鼓励同学们积极参与。经过大家共同的努力，正式表演时，几百人的手语表演整齐划一，温馨又感人，这让看台上的学长深感震撼，也深受感动。

回忆母校的生活，学长说："大学四年是我人生中最快乐、印象最深的一段时光。"他不仅学习到了专业知识，还提高了综合能力，塑造了正确的世界观、人生观、价值观，这得益于北农的各位老师们。谈到老师，学长说："一个老师对学生的影响是巨大的，可能会在无形中改变一个学生的命运，不只是老师传授的知识，还有老师的一言一行、传递的观念，都会不断影响学生的三观。"

谈到给在校生的建议，学长说，就自己的体会而言，除了专业课的学习之外，建议大家学好英语和计算机。这两门学科都会对以后的工作生活有巨大的帮助，也许能让自己有更多的机会。除此之外，要培养自己的独立思考能力，要对社会上的新闻热点保持独立思考的能力，不跟风、不盲从，真正能够辩证、理性地看待一切。

调整心态，做优质的毕业生

关于大学生应该如何规划自己的未来，学长认为大家可以根据学校特色、专业前景、

文法与城乡发展学院 2018 级校友林楠培训照片（左一）

自身情况去制定自己的职业发展规划。每个阶段都有自己应该做的事情，大一可以多参加各种活动，感受大学氛围，同时不要挂科，培养对专业的兴趣；大二、大三应该考虑清楚自己未来发展方向并开始着手准备；大四就是各种备考或者找工作。学长说："你所选择的专业应该是你能从这个专业当中获得成就感、满足感，并且愿意去从事相关的工作的专业"。

谈到本专业社会工作，学长的第一句话就是"我很感谢我所学的专业，它改变了我整个人"。学长说："从职业发展的角度，也许社会工作专业并不像法律、金融、计算机专业一样火爆，一样前景广阔，但是从人的全面发展的角度，从让你成为一个更幸福的人的角度来看，社会工作专业会让你收获满满。这个专业可以让你变得更有同理心，增强你的共情能力，让你更加包容、平和。如果我们真的能把这些专业特质内化于心，会对我们的工作生活都有很大的帮助。"关于对北农精神的理解，他说："我们的校训是'厚德笃学，博学尚农'。我们既然身处农业院校，就更应该具有浓厚的乡土情怀，把在北农学习到的知识运用到现在乡村振兴的实践当中，尤其是服务于现在首都的农业发展。"

说到毕业，学长说，"大学四年其实时间是很快的，当你身处其中时并不觉得，但是当回过头来看时却发现一转眼已经到了毕业季。现在高校毕业生每年超过 1000 万人，竞争是十分激烈的，所以大部分学生选择继续读研深造，一方面是继续学习深化，另一方面也是延迟就业时间，等到自己做了更充分的准备，再投入就业浪潮中。现在的社会越来越'内卷'了，这是大家的一个共识，从考研和考公越来越火热就可以看出。所以考研对于大多数人来讲是一个比较好的选择。"关于考研备考，学长建议大家可以早点着手准备，多搜集院校和专业信息。"考研是一段辛苦的旅程，除了良好的学习方法，更重要的是坚持。"

管理服务

学长说道。

认真踏实，做坚毅的材料人

谈到现在的工作，学长说自己目前的工作主要是文稿起草和调查研究。写材料是一件辛苦的事情，5+2、白加黑是家常便饭。刚进入单位的时候，他还不太适应这种节奏，但是当看到身边同事的工作、精神状态，能够连续几个月不休假，数年、数十年如一日地坐得住、沉得下去，学长也被这种精神所感染。经过一年多的磨炼，学长也融入了这种工作节奏和氛围当中。"有段时间为了完成一个大稿子，连续一个多月没有休息，在办公室连续工作 30 多个小时，对材料不断修改打磨，虽然当时觉得很累，但是完成材料的时候还是觉得很开心。"除此之外，对于一篇文稿来说，不出现任何字词和标点符号错误是必须的，因此文稿校对工作就成了一项基本功。为了校对一篇文稿，学长会通过各种方式，除了逐字逐句地校对，还会大声念出来，采用读校的方法，有的重要文稿可能要校对很多遍。有时候为了防止看不出错误，需要几个人来共同校对一篇文稿，大家一人读一部分，对于文稿工作，努力做到"精精益求精、万万无一失"，学长说道。

"我始终记得刚入职时大家讲研究室的精神是'特别能吃苦、特别能战斗、特别能奉献'，并且一直把它作为我努力的方向。"入职不到两年，学长参与了新冠肺炎疫情防控、建党 100 周年庆祝活动、北京冬奥会冬残奥会等重大活动的文稿服务保障工作，得到了很多锻炼。"我很喜欢我的这份工作，因为它可以把我的所学运用到工作当中，因为调查研究也是我们一项重要的工作，能够学以致用还是感到很幸运的。"

访谈最后，学长建议大家在选择工作时，不一定非要把自己的热爱当作未来要从事的职业，因为当工作久了，那份热爱会逐渐消退，但是要找到一份你感兴趣的，能够从中感受到自己价值的工作，并且坚定不移地走下去、深耕其中，最终会收获自己想要的。

访谈感悟

作为当代大学生我们应该学会规划自己的未来，要立足本专业，展望未来自己的工作。正如林楠学长所说："保持好奇，保持热情；学你所学，爱你所爱；立德立言，无问西东！"

采访人：刘帅　殷璐瑶　王宁

幸福是需要很多人守护的，现在守护我们的人渐渐老去，而我也应该去守护他们了，如果有可能，我想在雪域高原度过一生，做好一名国门卫士。　——祖鲁合玛尔·亚克亚

祖鲁合玛尔·亚克亚：卫国戍边，无悔选择

　　祖鲁合玛尔·亚克亚，女，2020年毕业于北京农学院法学专业，现任中华人民共和国新疆出入境边防检查总站卡拉苏出入境边防检查站民警。

　　高考失利给了出身农村家庭的祖鲁合玛尔一记重拳，灰暗曾一度侵蚀了她的内心，而北京农学院犹如一道亮光，照亮了祖鲁合玛尔的内心，让她冲破了阴霾，重新树立了信心，找到了努力的目标和人生的方向，明白了不负青春、不负韶华的意义。在北京农学院读书期间，学校各级领导和老师们在学习上为祖鲁合玛尔提供帮助，在生活上给予她很多关心与照顾，这些"良药"慢慢抚平了她内心的创伤，让她渐渐看到了希望。

　　谈及在北京农学院的学习生活，祖鲁合玛尔脸上露出了明媚的笑容，她说："每位老师都是值得我们学习的好榜样"。令她印象最深刻的是她的毕业指导老师——左明。左明老师学识渊博、风趣健谈，还对许多事情有着自己独到的看法和理解，每每同他交流，她不仅能在知识上有巨大收获，更能在人生方面得到不一样的感悟和见解。

　　在北京农学院，祖鲁合玛尔同样遇到了一群有趣可爱、志同道合又充满正能量的同学，也正是这群小伙伴，让她懂得了一个道理：无论面对多大的难题，只要不放弃，大家一起努力想办法，都会迎刃而解。说到舍友时，祖鲁合玛尔脸上的笑容更加灿烂明艳了，她说，温暖的舍友情也给了她很多积极的影响，是这群可爱的人，让她体会到了集体生活的温馨，感受到了帮助别人、快乐自己的美好过程。

　　在校期间，祖鲁合玛尔担任了三年的学生干部，这段经历使她变得更有责任心，也提

管理服务

升了她人际沟通和处理实际问题的能力。同时，祖鲁合玛尔还积极参加了很多社会实践活动，包括加入校青协支教队伍去贫苦地区开展支教活动，加入知心姐姐团队，参与"聆听他人的故事"活动，开导少年少女等，这些难忘的经历让她的人生经验和履历更加丰富，思想和认知更加开阔。

为了减轻家庭的负担，祖鲁合玛尔在大二的时候做过兼职，这个经历也令她收获颇多。当谈起兼职方面的建议时，祖鲁合玛尔说，做兼职要建立在不影响学业的基础上，如果有考研意向，就应该投入更多的时间在学习上，如果大学毕业后有就业的打算，也可以适当地去尝试一下兼职，看看自己适合哪一类的工作，为以后的就业积累经验，明确方向。

作为一名来自新疆的大学生，毕业后回到家乡还是留在内地，是祖鲁合玛尔面临的一个重大抉择，但她没有犹豫，坚定地选择了返回家乡，奉献自己的青春力量。在家人的支持下，祖鲁合玛尔考上了国家公务员，成为新疆出入境边防检查总站卡拉苏出入境边防检查站的一名人民警察。其实，在报考公务员的时候，祖鲁合玛尔的内心是忐忑的，那一年她既要参加毕业实习，撰写毕业论文，还要做好考试准备，经常利用午休和周末时间加班学习，虽然很累，但她没有怨言，默默坚持着自己选择的路，最终得到了回报。

祖鲁合玛尔结合自身的经历表示，毕业后不管是继续深造，还是去基层工作，抑或选择支援偏远艰苦地区，都很有意义。继续深造，能更加深入系统地学习专业知识，从而走上更高的平台，拥有更多选择机会；去基层工作，虽然辛苦，但能学到很多书本上没有的为人处世之道，可以在感受基层人民的生活中快速成长；而选择支援偏远艰苦地区，到国

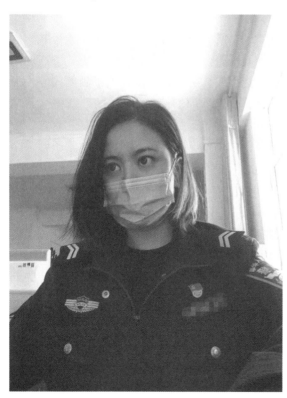

家最需要的地方贡献自己的一份力量，为自己的人生增添一抹别样的色彩，这也会成为人生最值得骄傲的事情。

吃苦不怕艰苦，缺氧不缺精神。尽管帕米尔高原自然环境十分恶劣，但是祖鲁合玛尔从来没想过放弃，她始终在坚守着自己那颗扎根高原、奉献青春的初心。

谈及梦想和祖国的联系，祖鲁合玛尔眼神更加坚定，她表示，人都是在成长中进步的，来到帕米尔高原，海拔高了点，风雪大了点，气温低了点，氧气稀薄了点，自然环境苦了点，但这更磨砺人的意志。有国必有边，有边必有防。作为边防民警，守卫祖国边疆，这既是工作，也是祖鲁合玛尔努力为之奋斗的梦想，而这梦想之源，便是祖国，她坚信帕米尔的雄鹰，能始终展翅翱翔。

回望过去，祖鲁合玛尔说，求学的那段时间是她最难忘的经历，在一系列国家新疆农牧民地区惠民政策的优待下，她完成了初中、高中及大学的学业。祖鲁合玛尔感慨道，没有党和国家，就没有今天的自己，所以在学成之后，她义无反顾地选择了大西北，选择了帕米尔高原，选择了戍守边疆。祖鲁合玛尔还说，北农给过她的最宝贵的礼物，就是教会了她坚持不懈，正是这种难得的精神让她咬牙熬过了考公务员的那段艰难日子，让她在新警培训期间以第一名的成绩圆满结业，让她始终以坚定的信念扎根在祖国最需要的地方。

采访最后，祖鲁合玛尔再次感谢北农对她四年以来的栽培，感谢北农老师对她的指导教育，在那里她不仅学会了知识，也充实了经历。对于有警察梦的学弟学妹们，祖鲁合玛尔建议："毕业后，可以考虑移民管理警察这个警种，但一定要学好一门外语，要做好不能长期陪伴家人的准备，远离大城市，卫国戍边。"

访谈感悟

任何不能消灭我们的，都将使我们变得强大。求学路上少不了挫折，我们正处于人生旅途的花季，应该明白学习的重要性，树立远大志向，以坚强和努力去战胜困难，以勤奋和智慧取得成功之果。要时刻保持谦逊的态度，学习他人的优点，正如祖鲁合玛尔学姐所说，每一个老师都是值得我们学习的榜样。要积极参加实践活动，不断从实践当中得到锻炼，这样才能提升自身的能力，用所学的本领报效祖国、报效家乡。书山有路勤为径，学海无涯苦作舟，希望同学们立足当下，把握好大学时光，努力学好专业知识，做到不负青春，不负韶华！

采访人：焦书萌　朱梁怡

企业创业

在未来的一段时间里，京城的 CBD 核心区，是一个充满机遇和挑战之地。通过汇集资源，以融媒体思维为中国的工美匠人们赋能，让工匠们学会拥抱新互联网的风口，展翅高飞，这就是杨旭及其团队的工作方向。他所在的公司即新媒体时代进行流量制造和变现模型设计的专业机构。这些听起来很流行的词汇，也许会让即将踏入社会的学子们颇感兴趣。

杨旭：辉煌源自拼搏，创新成就未来

杨旭，男，1986 年毕业于北京农学院农学专业，现为源棠科技公司工美商务运营总监。

这注定不是一次平凡的访谈，听说杨旭学长是个风趣幽默的人，三十多年前在北农就读时，就是学校的活跃分子，特能侃。这让我很好奇，想去探个究竟。

采访时间约在了一个暖暖的下午，在京城著名的"大裤衩"对面的富尔大厦 29 层。学长说这是最好的时刻，西边的阳光充满了办公室的每一个角落，温暖而舒适，让人惬意得只想享受放松的聊天。

学长在楼下的大厅里迎接了我们，一眼看上去远比同龄人年轻。他的面容被帽子和口罩遮住，露出的那双炯炯有神的眼睛令人印象深刻。一听说话口音，就知他是典型的"老北京"。杨学长虽是奔六之人了，但依旧动作麻利，十分干练。他很热情，让我那初见的忐忑心理在开场的几句玩笑中消失得无影无踪。我们无形中没有了年龄的落差，也没有了陌生的拘谨，更像是一对久违的朋友，在阳光的沐浴下饮着清茶，开始了我们的畅谈。

学长告诉我，他现在从事的是当下最时髦的抖音主播的商务培训及官方抖音号的代运营工作。在接近花甲之年还追求风口行业，真不简单。我从学长身上看到了一股子冲劲！

母校，是一生所爱的地方

北京农学院，是一个让北农学子充满美好记忆的地方。杨旭说，母校，留给他太多的故事和美好的回忆；对母校的深情，已融入血脉，成为他生命的一部分。在北京农学院植物科技学院校友回忆录《我们一起走过的岁月》一书中，曾收录了他的一篇短文。在文中，记录了他大学时代的学习、生活片段，还有一些鲜为人知的感人故事。

杨旭毕业后的这三十多年来，身上一直还保留着学生时代直言快语、率真开朗的性格；生活中也从来没有离开过农学院的影子。毕业后，在海淀区居住的农学院一部分同学，每年新年都举行聚会，这已经成了传统，从不间断。不同专业、不同年级的校友聚在一起，回忆往事、畅谈未来，交流思想、沟通感情，建立了纯洁的友情。"是农学院让我们结缘，是农学院教会我们为人处世的道理。我们都很关心母校，每次聚会都会谈起母校，时刻关注着母校的发展变化。经常有同学回学校看一看，还与母校的老师们时常进行

工作业务上的合作。"

令杨旭记忆深刻的是食堂边上的三排小平房。那个平房小院落，曾给他们这些不同院系、不同年级的同学们创造了从相识、相知到成为一生朋友的机缘。现在回想起来，杨旭认为这些"平房"其实与中国传统四合院文化中的人际文化是相通的，它孕育了"家"的情怀和"亲戚文化"。

如今，再回学校，那个平房小院早已不复存在，那里建起了楼房。在杨旭眼中，今天的农学院，环境更美，条件更好了；路边的银杏树，从杯口粗已经长成了盆口粗。每年秋季，金黄色的银杏路就是一道亮丽的风景，吸引着许多人拍照留念。当年电影学院的摄影棚已经改造成了体育馆，有篮球馆、排球馆、羽毛球馆、跆拳道馆、健身房等，成了体育教学以及师生体育训练和比赛的场所。食堂里各功能区域设施整洁，管理规范；饭菜品种繁多、齐全；没有了饭票，需刷卡付费，再也不可能有排队买饼时趁着断电偷拿几块饼的机会了。杨旭在校时曾是举重队队员，他最羡慕的是现在学校的健身房。他笑说当初若有现在的条件，他准是"肌肉男"了。

每次返校，杨旭都能感觉到农学院日新月异的变化。他说，农学院是一个生机益然、朝气蓬勃、充满友爱、有"家"的味道的美丽校园。他看到青春洋溢的学弟学妹们，看到他们志愿服务时认真周到、端庄有礼、自信得体的样子，相比他们那一代年轻时傻、黑、粗的样子，由衷地感慨时代变了，长江后浪推前浪。

农学院已不是当年那个朱辛庄夜幕下漆黑的玉米地包裹中的孤岛，而是一所现代化的高等农业学府。但当年在那个光秃的大地上、昏暗的灯光下，有师兄师姐们青春的岁月和沸腾的生活，不眠的夜晚和奋斗的足迹，农学院走出了相当多的优秀人才。

灯光不在亮度、地域不计偏僻，只要自己心中有明灯、有梦想、有理想、有好学的精神，每一个人都是未来生活的强者和主宰！

杨旭感慨地说，回想在农学院的四年大学生活，最大的遗憾就是读书太少了。当时课后大量的时间都用在看《当代》《十月》等文学杂志了。年轻时，还是要多看经典书籍，多读历史书、哲学书、中外名著，将终身受用。

事业，是一生无尽的追求

1986 年杨旭大学毕业，被分配到北京市海淀区农村工作办公室工作。然而他不甘寂寞，从政府机关自动离职，然后闯荡于京城。东四的街边、西四的胡同里，都曾有他的身影。他说每个人几十年的职业生涯中，都会有精彩的高光时刻，但在人前风光的背后，都有着辛苦的付出。

1992 年进入北京百龙绿色科技有限公司时，杨旭是随电视剧《编辑部的故事》一起走红大江南北的、爆款百龙矿泉壶的销售公司头排人物，拥有产品的市场分配权。当时每日繁忙异常，各商场的业务人员从早到晚排队堵门抢购。在那个夏季的夜晚，忙碌了一天的他独自坐在灯火阑珊的西单街头马路牙子上，吹着冰啤酒，享受着热闹过后的安静。看着路上都想早点回家的行人匆匆过往，此时的他心中突然涌现出几分孤独与惆怅。与大千世界相比，每一个人都是那样渺小与孤单。看着远方楼宇中闪烁的家的灯光，他感悟到一切都是浮云，唯有家才是每一个人最重要的港湾。

1997 年，杨旭又开始涉猎建材家装领域，与朋友成立了北京市齐生合商贸中心。他从国际建材展会上敏锐地捕捉到了一个未来建材家居市场中的新品——壁柜门。通过反复的研发试错，终于达成了自己设计、自己开模的目标，同时在首创完成了在铝型材冷覆膜工艺基础上的批量化组装生产。杨旭成为中国建材市场壁柜推拉门中国品牌第一人，在东北建材市场壁柜门圈内，被朋友雅称为"中国壁柜门之父"。他在门窗领域细分市场的居家内装柜门、隔断门行业中风生水起地干了十年。他说能取得如此成就，与他思维的敏锐有很大关系，同时也得益于数年的百货营销经历。进入新赛道，也算术业相通。

2007年，在贵人同时也是校友的帮助指引下，杨旭又转行踏入了房地产领域，在万通系(万通房地产股份有限公司及关联公司)中征战了十余年，做到了项目基金公司执行总裁的职位。他认为，作为一个职业者要有很好的适应力、应变力，无论是好事还是坏事，都要做好经历和历练的准备。职业发展过程就是人生的一种积淀过程，每一次挑战都是一种磨炼和成长。

没学过法律的他，曾主持过项目标的数亿资金的一系列企业债务纠纷的调解、诉讼工作，曾经在一年中面对数百名员工的解聘工作。每天面对群访、仲裁、法庭，化解各方积怨，那真是一种别样的经历。

他说，他虽然是学农出身，却自认为是一个理工男，喜欢技术、产品、创造，更喜欢和"物"打交道，并能从中获得发现物与物关联的乐趣。他的梦想是通过科技创新做一款实用产品。他和他的伙伴们已经有了构思，并准备努力付诸实践。

杨旭分享了他多年秉承的几个理念，"是金子总会发光""吃亏是福，多干活累不死""时刻保持一个学习的心态，用老板心态打工"。正是因为他有着如此待人处事的理念，才使他能在多个跨界领域中坚持不断拼搏奋斗，做出较好的成绩。

"人生没有终点，活着就要努力，就要学习。我快乐，我动力十足！让我们一起出发！"——这就是杨旭豪迈的感言！

访谈感悟

通过这次采访的机会，我对未来的考研与就业更有信心了。学长从农学专业毕业，但始终认为自己是个理工男，毕业后勇于逃出舒适圈，主动离职，不断在理工类工作上创造辉煌。我现在的专业也是农学，但心里总是对理工科有种向往。学长的出现，无疑给了我一种无言的支持，无论自己现在身处什么境遇，未来的幸福都能够通过努力来成就。

采访人：韩雪莹

企业创业

253

提起唐文杰的名字，不论是在当地百姓口中，还是在我们学校的优秀毕业生名录中，他给人的印象都是一名成功人士。可是很多人往往只看到他的外在成绩，却没有看到他成功背后所付出的艰辛和努力。

唐文杰：时光不负少年志

唐文杰，男，1987 年毕业于北京农学院果树专业，获得农学学士学位，现任北京京西北发展集团有限公司董事长，曾历任两届北京市人大代表、延庆区人大副主任、北京京西北发展集团总裁、延庆区工商联主席、延庆区民间商会会长、民主建国会延庆支部主任。

我们如约来到唐文杰学长位于延庆的办公楼。走上三楼，就看见学长已经站在办公室门口等候，一见面就有一种如沐春风的感觉。学长热情地招呼我们走进他的办公室，并亲自为我们泡茶、赏茶。我们的访谈就在品茶中开始了。

学以专，学以致用，重视综合能力的培养

回忆起在母校的学习经历，唐文杰十分感慨。他说："记得第一次踏进母校的大门，路两侧的大杨树枝叶茂盛，阳光洒在树叶上，灿烂极了，一派勃勃生机扑面而来，像极了我们意气风发的年华。在八十年代的时候，考入大学学习的机会很难得，大概只有百分之几的样子，大学生被称为天之骄子。所以那时候大家都很珍惜来之不易的学习机会，在学校学习期间大家都很认真，要努力把专业知识都学到手。平时没有逃课、翘课的现象。偶尔有事也一定会请假，过后也要找同学、老师把落下的课程再补上。那时候的业余生活也不像现在这么丰富，没有手机、电脑。所以，课余时间除了参加一些文体活动，打打球、跑跑步，很多同学大多数时间最喜欢去的地方是学校的图书馆，那种学习的热情真可以说是如饥似渴。除此之外，我们经常去校外果园实习，夏天还好，风吹日晒都问题不大。难熬的是冬天，我们要在三九天去农村果园实习，学习剪树。记得 1986 年冬天，我们去大兴沙窝村，晚上住农村大妈家里，白天去果园剪树。当时是寒冬腊月，冰天雪地，气温低到零下十多度，时常刮起大风，我们全班二十二个人，无一掉队，坚持半个月，大家不怕苦，不怕累，在雪地上，在树上，一干就是一天，手脚冻肿了，脸冻红了，很艰苦，但是我们没有怨言，全班都坚持下来了，圆满完成了实习任务。所以说，在学校学习和实践不仅能锻炼自己吃苦耐劳的品德，同时也能培养团队精神。"

唐文杰毕业时被分配到了延庆县果品生产经营中心，先是做了几年的技术员，后来又当了果树基地站的站长。在当技术员时，深入乡村基层，用所学知识帮助不少乡村引进、改良果树品种，指导果农对果树进行修剪和病虫害防治。有时候遇到自己解决不了的难题，他还会回学校把自己的老师请到乡下进行更专业的指导，给了农村集体和果农很大的帮助。在果品生产经营中心工作的几年，实现了从专业研究到实践应用的转变，实现了大

学毕业生到农村用自己的专业知识为农村带来改变的理想。

关于大学学习期间都应该学什么的问题，唐文杰有着自己的独特见解。他说："大学期间学好专业知识固然重要，但是更重要的是要做有理想、有抱负、有格局的人。社会不断地发展，人们的需求也不断地提升，我们所学习的专业知识很有限，所以说我们的业务能力也很有限！想做对国家有用的人才，必须根据国家的发展需求，树立自己的工作目标。所以大学期间，要爱国，要关心国家大事，要树立为天下苍生而读书的思想，要有大的格局。其次是培养自己的吃苦精神，读书很苦，做事也很辛苦。我们读书不仅是学习专业知识，更主要的是培养持之以恒的精神，天下大事想做成很难，除了工作的目标正确外，更主要的是不畏艰难，百折不挠，有韧劲，永不言败，不断探索，身心努力，才有可能在自己有限的生命里做点事情。"

顺应社会发展，做自己喜欢做的事

谈到后来转行从事的房地产行业，唐文杰说："这件事情说起来有点偶然。我在果品公司工作几年以后，1996年组织把我调到永宁镇去当副镇长，后又任命为永宁镇企业总公司的副总经理，做经济工作。到了1999年，国家放开了房地产市场，允许民营资本进入，我觉得这是个朝阳产业，很有发展前景。与此同时，国家鼓励干部下海自己创业。于是，我就根据政策，办理停薪留职，注册成立了京西北房地产开发公司，这一干就是二十多年。事后很多朋友都说，你当年创业一定吃了不少苦，很艰难吧。其实我觉得这个工作是有难度，但对我来说一点也不苦，创业时虽然有很多挫折和困难，但因为我很喜欢这种创业性质的工作，所以做自己喜欢的事，再难也很快乐。如果你不甘平庸，想做出一番事业，你会发现，只要你能认准目标、持之以恒、百折不挠，在你付出艰辛的努力以后，一定可以实现你的人生价值。对于我来说，更愿意挑战和享受这个努力的过程。"

唐文杰认为，选择就业和创业的领域，除了考虑专长和兴趣，更重要的是紧跟时代发展

企
业
创
业

和国家需要。回顾自己创业的经历，一开始并不是很顺利，遇到了很多困难，因为国家配套政策、市场等方面都还不太成熟，但是只要坚持做下去，困难总能解决，也就一定能迎来光明。另外，当企业做到一定规模的时候，不要盲目自信，要不断审视自己所从事的行业。当国家的产业政策发生调整或者市场发生了重大变化的时候，要及时调整产业布局和产业结构，不能墨守成规，一条路走到底。所谓"变则存，不变则亡"，就是这个道理。

针对一些同学们担心农林专业毕业不好找工作、就业难，因而对专业学习缺乏热情的问题，唐文杰也谈了自己的看法。"现在国家提出了乡村振兴战略，要大力扶持'三农'，中央每年发布的一号文件都是与乡村振兴、发展农业及农村有关的，而且现在的农业不再是过去的传统农业，而是用生物技术和信息技术'武装'起来的现代农业。观光农业、规模化养殖、产业化种植、体验农业等一批新型业态的出现，丰富了人们的生活，满足了人们不同类别的需求。同时随着城市绿色生态景观得到的重视和深度开发，农业、园林、环保、园艺景观设计人才已成为城市建设的新宠。这些新型产业形式需要更多有理想、有抱负、有思想、有文化的新鲜血液加入，给我们这个传统得不能再传统的行业注入新的生命力。'三农'领域，广阔空间，大有作为。"

这是唐文杰对"三农"青年才俊的勉励。

访谈感悟

　　学长在大学毕业、取得农艺师职称以后，没有停止学习的脚步，而是根据工作的需要继续学习，先后参加了清华大学举办的房地产经理培训班，进修了法律研究生和长江商学院 EMBA 课程，并取得了工商管理硕士学位。我们在羡慕学长的成功、财富、荣誉的同时，更对他创业的艰辛历程和不屈不挠的精神感到钦佩，他丰富的学识和对社会的深刻见解更让我们折服，唐文杰学长的经历给了我们很多有益的启发。

采访人：孙若冰

深耕园林三十载，商海沉浮几多晴。匠心专业铸品质，回报社会忆初心。

余文：因热爱而执着，因执着而卓越

余文，男，1990 年毕业于北京农学院园林专业，在园林行业积淀十余年后辞去了国企的职位，于 2001 年创立北京世纪立成园林绿化工程有限公司（以下简称"世纪立成"）并担任董事长。

稳扎稳打，善作善成

回忆起创业之初的点滴，余文的目光仿佛穿越回过去。世纪立成由余文和三五位兄弟联手创办。要想赢得市场的认可，就必须拿出过硬本领。在成立之初，公司只是承接一些花卉租摆、草坪铺设、苗木供应等零散的绿化项目，因为没有丰厚的资源支持，只能一步一个脚印，艰难前行。但余文从未想过放弃，因为他热爱着自己所选择的园林事业。凭着一股不达目的誓不罢休的拼劲和对精品园林的执着追求，他带领兄弟们一路摸爬滚打，终于在 2008 年，公司开始承接一些高端地产景观项目，自此开启了事业发展新篇章。

在余文看来，公司的成功绝非一蹴而就，而是得益于其一直秉持的核心理念的驱动，那就是"立志欲坚不欲锐，成功在久不在速"，在全体员工的努力拼搏下，才有了今天的世纪立成。回想起公司的发展历程，余文强调，世纪立成的成功建立在市场化的基础上，坚持稳中求进。

专注高端地产景观

通过公司全体员工的不断努力、大胆尝试，世纪立成已研发出专属自己的施工工艺，并在此基础上打造出不少精品项目，其中，荣获中国风景园林学会科学技术奖金奖项目 1 个，荣获 IFLA 国际大奖项目 1 个，荣获北京市园林绿化行业协会颁发的精品工程奖、优质工程奖等一系列项目共计 20 多个。所获荣誉表明了国家对园林行业的重视,对世纪立成的认可,也是鞭策其不断创造更多精品工程的强大动力源。

同时,世纪立成所坚守的精细化的工程管理理念及高品质的服务理念,赢得了广大客户的信赖,并与多家知名地产商,诸如龙湖、中海、万科、金地、旭辉、中南等企业达成战略合作,大大提高了市场占有率。作为园林公司,世纪立成始终抱着做学问的态度来对待整个景观行业,力求做好传承与研发,力求深耕细作、稳扎稳打,正因如此,每年都有应接不暇的项目储备,也激励着世纪立成矢志不渝致力于打造高端精品园林景观,为客户营造倾心悦目的生活空间,为首都生态文明建设贡献自己的绵薄之力。

然而,地产景观要求甚高,也一直面临反季节施工难题,对此,世纪立成总结了十二道工序来解决反季节施工带来的困扰。世纪立成的工程和养护是分开的,工程公司在工程结束后交付给养护公司,在项目施工过程中,养护公司要发挥"诊断医生"的作用,在技术上达到成熟标准。世纪立成的养护公司极少使用营养液之类的药品,而是更多采用成熟的技术手段来进行栽培移植管理,树种成活率非常高,这也是对从业者的最好回报。

目前,在世纪立成内部运营体系支持下,形成了以地产景观工程、市政工程、外接养护为主的经营业务,与之匹配的还有不同的保障措施及技术队伍,内部分工明确,同时,公司还在不断探索拓展新业务,培植更多新业务的增长点。如今,世纪立成的业务范围以北京为中心,已辐射至天津、河北、山东、山西、陕西、宁夏等多个省(直辖市、自治区),形成了区域化的发展布局。

2016 年 10 月 29 日，中房联盟走进龙湖景观高峰论坛，与世界著名景观设计大师、日本一级建筑师、日本当代三大景观设计师之一佐佐木叶二合影。

此外，世纪立成十分注重新技术的研发，积极响应国家号召，主动与外部资源强强联合。与国家自然科学基金面上项目合作，公司苗圃基地被选定为"国家自然科学基金面上项目六环外试验地"，同步开展植物生长季的采样工作；与北京农学院等多家院校开展校企合作，成立"研究生联合培养实践基地""北京市乡村景观规划设计工程技术研究中心"，深入探索产教结合新模式，有效整合教育资源和企业资源。

作为国家高新技术企业，世纪立成成立二十余载，致力于打造集"绿色、智慧、生态、文化"为一体的城市景观生态系统，既不沉溺于眼前的鲜花与掌声，更不被过去的苦涩困难牵绊，而是凝心聚力，团结一致，奋力向前冲，这也是余文恪守的信条。

商海茫茫，千舟竞发，自信使世纪立成在这个竞争与发展同在、机遇与挑战并存的环境中蓬勃发展，工匠精神让世纪立成学会了精益求精和追求卓越。自成立以来，世纪立成始终关注企业、客户与员工等不同价值主体的可持续发展，一直致力于成为受人尊敬的百年企业，推动"景观生态"行业健康发展。

寄语园林专业学子

作为北京农学院校外导师，余文还承担起了研究生培养计划相关工作，目前，在他的指导下，已有三届硕士研究生完成了毕业答辩，顺利走上了工作岗位。

他希望广大同学珍惜青春，满怀豪情，将来能够自信地离开象牙塔，开启人生新篇章，脚踏实地，勤勉工作，为社会多做贡献，早日实现人生价值。

　　2015 年 7 月 17 日，世纪立成作为北京农学院"研究生联合培养实践基地""北京市乡村景观规划设计工程技术研究中心"，举行签约挂牌仪式。

访谈感悟

　　通过与学长的交流，我们不仅深入了解了园林行业的现状和发展前景，而且对创业的艰难有了深刻的体会。创业是一件很不容易的事情，需要知识的积累、时间的积淀和完美的机遇，所有人都看到了学长的成功，但成功背后的执着与付出只有经历的人才可以体会，所有的成功都不是偶然的。作为园林学子，我们应学习学长脚踏实地、坚忍不拔的工作作风，珍惜当下校园生活，努力夯实专业基础，多学习多积累，脚踏实地，勇攀高峰。

采访人：张奕　张一然　佟瑶

她毕业时作为在校的唯一优秀毕业生，曾受到了当时的国家主席江泽民的接见。在近三十年的工作历程中，她不求名利与回报，以饱满的热情和专业的业务能力对待工作，在自己的岗位上发光发热。她就是中国农业银行北京市分行工会副主席张燕。

张艳：踏实工作，积极进取

张艳，女，1992年毕业于北京农学院农业经济管理专业，现任中国农业银行北京市分行工会副主席、工会工作部主任。曾任农行北京分行团委书记、东城支行副行长、分行大客户部总经理、东城支行行长、分行机构部总经理、大兴支行行长。1992年，她作为优秀毕业生被母校直接推荐到农行北京分行工作，当年作为应届党员毕业生，曾和各大院校优秀毕业生一起得到时任国家主席江泽民的接见。在近三十年的工作中，她坚守着自己的初心和原则：真诚做人，踏实做事，诚信待人。

暑期的北京，即使是清晨，仍感觉闷热异常。采访小组三人按照约定时间提前抵达了访谈地点——一个位于农行北京分行附近的小咖啡馆，点上一杯咖啡，静静地等待张艳学姐的到来。准时，学姐出现在我们面前，相互问候后开始了我们的访谈。虽然对于我们来说是暑期，但是对于在银行工作的师姐而言，每天都是繁忙的工作，访谈过程中不断有工作电话，但能感觉到她不仅没有厌倦，反而很享受工作中的快乐！她说：人生必然要经历各个阶段，这是客观发展规律，不是规划出来的，但却是努力出来的！把握学习机会，享受奋斗过程，成就快乐人生！

大学时代：学习知识强基础

说起大学时代这个话题，学姐侃侃而谈，似乎一下子把我们带回三十年前的校园。"那时候，学校为了帮助新生尽快熟悉和适应大学校园生活，各班除了有班主任，还给安排了班主任助理，都是大四的学长，有什么问题都能得到解决……老师和同学的关系都很

好，班主任、老师都很负责任，虽然他们的年龄都不大。"学姐从初中开始住宿生活，而且一直是生活委员，到了大学也是生活委员，每月为同学们换饭票、领粮票，她说："生活委员是服务同学的，从中我学会了照顾自己，学会了帮助他人。"到了大三，学姐开始担任系学生会主席，她说这项工作使她收获很大，组织协调、沟通配合能力大大提升，这为她在工作10年后担任农行北京分行团委书记奠定了坚实基础，有趣的是，她还与上一届系学生会主席同名。学姐告诉我们，学生时代要多参加社团、学校活动，有机会还要多参加社会实践和志愿者活动，这对自己成长和工作后尽快适应社会都会有很大帮助。

学生时代，学姐不仅喜欢学习，还爱运动。她小学是校田径队队员，每天清晨都在体育老师的带领下，和哥哥姐姐们一起围着鱼池跑一个半小时，跑了多少千米她没有计算过，但她记得从小学到初中每年都参加校运动会800米、跳高、跳远比赛，高中、大学期间更是每天操场上都有她跑步的身影，无论春夏秋冬。她说她50岁还挑战了半马，完赛后，她很是兴奋，觉得自己还很年轻！

学姐一直微笑着，言谈举止富有朝气，的确不像50多岁的人。她认为健康的身体是快乐工作、幸福生活的基础，没有健康就什么都没有。学姐告诉我们要选择一项自己喜欢的运动，让每天的学习、工作、生活都充满活力，充满激情！

学姐说，学生时代的回忆是美好的，每个阶段都有老师们的无私付出和培养，都有同学们的真挚友谊和帮助，特别是在大学期间，不仅使她学习到了与工作领域相关的专业知识，更使她学习到了做人要真诚、做事要严谨。现在通过微信，她和老师、同学都有联系，不定期还有聚会。学生时代的住宿生活使大家就像一个大家庭一样，师生情、同学情似父母、似兄弟姐妹！

步入社会：不辱使命勇担当

学姐说她们这一代人是伴随着改革开放成长的一代人，也是改革开放的受益者。1992

年毕业那一年，国家对应届毕业生的就业政策由原来的统一分配调整为双向选择，毕业生可以自由选择工作单位。她和另外一位同学一起在学校推荐下走进了中国农业银行北京分行的大门，报到后被分配到丰台支行，在那里她工作整10年。

20世纪90年代初考研的不是很多，国家也还没执行公务员制度，大学毕业生到政府机关、事业单位的比较多，看到他们一杯茶、一沓报纸、一支笔，学姐说她还是更喜欢银行工作，每天都要学习不同的业务，每天都要面对不同的客户，还是很有挑战性的。不过那时候的银行和现在也不一样，所有业务都是用手工记账、算盘算账，为了账簿整齐好看，工作闲暇就要练习写阿拉伯数字，为了工作效率高、准确就要练习打算盘。学姐说，那时候在银行网点工作的多数是银行学校的职高生，他们是科班出身，在学校学的和在银行工作的内容几乎完全一样，对于不是科班出身的学姐来说很有难度，但她还是通过一年多的练习参加了业务技术比赛，成为储蓄组长，还完成了步入工作岗位的第一篇储蓄存款趋势分析的调研文章，大学练就的学习能力和统计、会计、货币银行等专业知识在工作中使她小荷露出尖尖角。

此后近10年时间，学姐在支行团委书记、支行办公室主任、分行团委书记岗位工作，虽然远离银行主体业务，但是学姐认为无论是在支行办公室的时光，还是在分行团委时光，都令她很有收获、很有成就感。收获是：综合能力和永远年轻的态度。成就感是：为青年成长搭建了平台，团委工作在总行考核保持第一。身为团委书记的她每年都会给新入职员工讲课，引导他们积极参与、勇于实践。她用自己的团委经历告诉行里从事青年工作同事们，有为才能有位。

她从没向组织提过要求，但她坚守做事的原则：踏踏实实、认认真真做好每一件事，不求最好但求更好。

企业创业

在东城支行当副行长期间，她第一次接触中石油、神华、中海油、烟草等这样的国有大企业，也第一次接触房地产企业和国际业务，她明显感觉到业务知识的不足，为更好地服务东城支行的客户，为基层网点多提供帮助，她一方面主动学习，另一方面借助外脑，邀请分行相关部门负责人协助对接和沟通业务。三年里，她为中石油、烟草公司上线了现金管理系统，解决了他们在集团管理中的难点问题；为神华完成了首笔跨境融资业务；创新了农行系统内部联合贷款、一对一理财等，推动了各项业务的融合发展。她本人也连续被评为分行优秀经营管理者、优秀共产党员。她说东城支行副行长开启了她银行人的新征程，不仅是业务上的新起点，更是工作上的转折点。

随后，她辗转大客户部、机构业务部、支行行长各岗位，每一次成功对接业务她都会欣喜，每一次完成战略签约她都会兴奋，每一次为客户或员工解决问题她都会欣慰，每一次的每一次过后，她又都会回归起点，满怀激情为下一次冲刺。这就是张艳对待工作的态度，也是她看待人生的态度。

对于大学生在未来选择工作时到底是注重薪酬还是行业的发展前景，抑或是自己的兴趣爱好，张艳学姐则认为因人而异，三者很难兼顾，需要有所取舍。有一份自己感兴趣的工作是最好的，但有时候是工作后靠着责任培养兴趣爱好。现代人每天工作和生活都要面临很多事情，要在工作、家庭中扮演不同的角色，履行不同的责任，这就需要把必须做的培养成自己的兴趣爱好，激发自身的潜能，拿出属于自己的激情，这样就会轻松工作，快乐生活。

采访到最后，张艳学姐用习近平总书记在庆祝中国共产党成立100周年大会上的讲话，对母校的学弟学妹们献上了寄语："新时代的中国青年要以实现中华民族伟大复兴为己任，增强做中国人的志气、骨气、底气，不负时代，不负韶华，不负党和人民的殷切希望！"

访谈感悟

不忧虑一无所有的现在，不畏惧不可预测的未来，坦然前行，努力奋斗，去迎接那一场春暖花开的盛宴。要真切感受人生的喜乐，需要你"亲力亲为"的努力，在波折中，实现自我的提升，时刻记住，这世上，唯一靠得住的"靠山"只有你自己。

采访人：李冶镆　王乃莹　甄宇淞

相信自己！

相信学习的力量！

相信努力总会为自己带来美好的明天！

虽然毕业后进入保险行业，但叶晓旻始终没有中断与农业的缘分。

叶晓旻：我和农业的缘分

叶晓旻，男，1994 年毕业于北京农学院果树专业，现担任江泰保险经纪股份有限公司市场部总经理。

因缘际会，青春记忆中烙上了北农生活的印记

叶晓旻和农学院的缘分，源于北京市高考招生第一次使用计算机调档。32 年前，在昌平六亭饭店（当年高考招生集中办公地）发生的各种因缘际会让叶晓旻来到了北农。他还清晰地记得到北农报到那天的情景。接同学的校车（一辆大通道公交车）停在东四十条立交桥的东北匝道旁，后面停着一辆用于放行李的小货车。当他把行李放在车上后，负责接学生的老师对他说："同学，能交给你一个任务吗？"他很诧异地答应道："当然可以。"原来老师是想让他负责押运货车，于是他愉快地接受了来到北农的第一个任务。就这样叶晓旻在北农的第一天在搬运中开始了，用现在的岗位套用，他就是个"快递小哥"，而且是个快乐的志愿"快递小哥"，并因此被部分同学误以为他是学校的老师。在主楼前的报到处，他认识了李梅老师、高瑕红老师，并继续充当了一天的志愿者。

叶晓旻回忆道，他对农业是陌生的，对农村环境是陌生的。记得当时北农南门外是北郊农场的一片玉米地，从 345 路公交车下来，要沿着玉米地一直走进来。刚开始感觉那段路很长，记得很多女生还不太敢晚上走那段路。陌生的环境给城市长大的他很大冲击，开始根本不适应这里的生活，"是老师们的亲切关怀让我们这些第一次离开家的人逐步适应了学校的学习、生活。"

开学不久，进入金秋时节，也是老天爷帮忙，银杏叶一夜之间全部落地，像是在道路上铺上了一层厚厚的金黄色地毯。同学们迎着朝阳从宿舍去上课，身后的道路上还是满满的落叶。极致的美景让叶晓旻毕生难忘，可惜那时候相机还不普及，没能留下影像。校园西北角的小鱼塘是冬季滑冰的好去处，现在也消失了。校园内原生态的地方也很多，传言电视剧《聊斋志异》在校园里取过景。还有北门外的小树林，也是人烟稀少，故事多多。

回忆往事，叶晓旻感慨万千。北农的学习离不开农业实践。基础课的沤肥实习经常让大家吃饭都不香，烈日下在果园里松土、剪枝，每年都会脱一层皮。最令叶晓旻难忘的是第一次种植蔬菜的经历，老师让学生每人自主种植一亩菜地，种子由老师提供，学生负责田间管理，劳动成果也由学生自己处置。"当时，同学们热情高涨地开始了自己的第一次农业生产，每隔一天组织大家去浇水、施肥，从小白菜刚出苗不久的间苗开始，一点一点

看着菜苗长大变成能吃的蔬菜，内心欣喜万分。最令人头痛的是蔬菜销售，同学们轮班采收和摆摊，在校园里吆喝着把最鲜嫩的小白菜卖给老师，周末蹬着三轮车到沙河农贸市场摆摊卖菜(当然我们卖不过周围的菜贩子)，最后在大批量收获时全部卖给了食堂。蔬菜种植充实了我们的班级经费，各种活动再也不用收班费了。班级活动的交通费、住宿费等均由班费承担，提高了同学们参加活动的积极性，也增强了班级凝聚力。"

大学四年，叶晓旻和同学们一起不仅学到了扎实的专业知识，还参加了吕梁地区的扶贫教学，参观学习了淄博张店的村办企业，亲身参与了京郊的农业建设等实践活动，增加了对农村的直观认识，丰富了对农业的全方位认知。

不忘初心，人生道路上牢记农业从业者的使命

刚毕业时，叶晓旻并没有从事农业方面的工作。2000 年，一次偶然的机会，他加入了中国第一家保险经纪公司，并从业至今。

虽然离开农业行业很多年，但是一直没有忘记北农。在北农的学习经历让他对中国的农业农村有了基本了解，在后来的工作中，凡是和农业及农村有关的事情他都会特别关注。

国家为了扶植农业更快更好地发展，政策性农业保险制度于 2007 年登上历史舞台。这一由政府主导的金融保险工具为农业的发展起到了保驾护航的作用。随着新型农业的快速发展，新型农业主体对保险的需求不断增加。2014 年叶晓旻在工作中又和农业发生了交集。当时是一家投资农业的公司在经过多方论证后，决定在东北经营 10 万亩玉米种植生产。但气候等不确定性因素让决策者一直犹豫不决。辗转中公司找到叶晓旻，希望他能帮助制订一个适合他们的保险方案。于是叶晓旻就又回到了农业领域，又有了跟北农老师们继续学习的机会。

叶晓旻清晰地记得，2015 年 10 月，东北刚刚下完第一场大雪，为了完成保险理赔环节中的测产工作，植物科学技术学院赵波、王志忠两位老师亲赴一线，在近百千米范围内实地查勘。根据现场实际情况，反复勘测、论证，调整测产方案，最终制订出双方认可的有效实施方案。为了抓紧时间，提高效率，两位老师不顾天寒地冻，每天早出晚归。为了测产的准确性，在 20 厘米积雪中，踏雪而行，深入地块，积雪湿透了鞋袜。东北的黑土

地黏性很大，在地里走一会儿，鞋底沾满了泥，非常难走，但老师们坚持在每一选点处下地块，保证测产工作的严谨性和公正性，回到酒店后，晚上还要继续完成剩下的工作。老师们就像下乡的技术员一样，随时给参与这项工作的其他人员普及农业知识、测产知识，他们"走一路，讲一路；干一点，教一片"。叶晓旻深有感触地说："在一起工作的 14 天中，我感觉仿佛又回到了校园，感受到老师的教学精神没有变，老师的工作面貌没有变，可以科学授课，也可以躬身下地。对我而言是一次再教育的过程，也让我看到北农在三十年的发展中，教学提高了，科研提高了，硬件提高了，但精神没有变，为农业俯身一线的内核没有变。在当下社会中，显得更加难能可贵。"

近几年，在北农老师的指导下，叶晓旻在玉米、小麦产量保险、养殖保险和遥感测产领域，均有开拓和尝试，积累了非常宝贵的经验。他深有感触地说："北农的学习经历为我的事业发展奠定了十分重要的工作基础，30 年中始终助力我成长，激励我前行。毕业就改行的我更没想到会再次回归到农业领域，这是多么奇妙的事情。"

访谈感悟

保险是自己的工作，农业是一生的缘分。虽然学长学农有一定程度的巧合，但这正好证明了学长与农业的缘分匪浅。从几十年前踏入农学院的一刻起，学长再没停止与农业的交流。鼓弄菜园，下地勘测，无论是骄阳烈日之下还是寒风暴雪之中，学长始终没有停下脚步。进行保险与农业信息相联系的相关工作，改行后还能与当初大学所学的知识相遇，是一种特别的际遇。

采访人：韩雪莹　李昕芮　辛雨濛

企业创业

要想达到令人满意的学习效果，必须具备坚实的基础。基础不是一天就可以打好的，它需要一个艰辛的积累过程。"不积跬步，无以至千里；不积小流，无以成江海。"等到"积土成山，积水成渊"之时，也就是学有所成之时。学校里获取的教育的价值主要在于训练思维并使其适应以后的学习和应用。他人传授的知识远不如通过自己勤奋学习所得的知识记忆深刻。自己掌握的知识会成为一笔完全属于自己的财富。

裴育公：学习是一生的习惯

裴育公，男，1995 年毕业于北京农学院林学专业，获学士学位。毕业后在中国林业科学研究院城市林业研究室工作，1996 年获院级先进工作者，1997 年获部级优秀团员称号。2000—2002 年就读于北京林业大学工商管理学院，获得工商管理第二学士学位，2007 年考入北京林业大学园林学院风景园林专业，2010 年毕业获硕士学位。现任浙江中亚园林集团北京分公司总工程师。

往事回首，友情永不褪色

在北农读书期间，让裴育公感触最深的就是师生之间的情谊。

"我认为那会儿受益最多的是同学之间和师生之间的关系。在良好的氛围中，我度过了 4 年快乐和充实的大学生活。"

高考的时候，裴育公有很多学校可以选择，但是有些学校没有住宿条件，有的学校不在北京，而他非常想体验一下独立生活的感觉，所以选择了一个既能住宿又在北京的学校，就这样，他来到了北京农学院成为 1991 级园林系的一名学生。裴育公的家在市区，其他同学大多来自北京郊区县，一起生活了一段时间，他感觉来自郊区县的同学非常纯朴和真诚。他深有感触地回忆道："一开始大家还有点拘谨，很快我们就融合到一起，无话不说，一起运动、学习。有一阵子流行到录像厅看港台片，大家甚至一起骑车到校外录像厅看录像。就这样，大家的关系很快就从同学变成了哥们儿。"

桃李之恩，念念不忘

在裴育公心中，印象最深的是当时的系主任赵祥云老师。他介绍道，赵祥云老师是从西北农大调到北京农学院园林系工作的，主要教授他们花卉学。他说："赵老师治学严谨的工作态度，让我受用终身。"

还有一位让裴育公记忆深刻的老师是教树木学的高润清老师。他回忆道："高老师上课时对植物特性的熟悉程度如数家珍，特别是又长又难记的拉丁文，总是信手拈来，就像在念自己孩子的名字，简直就是一本活字典。"

受前辈老师的熏陶，裴育公养成了主动学习的习惯。

从不放弃学习

裴育公毕业后分配到中国林科院，但是后来没多长时间他就离开了。他说："小时候的理想是当一名科学家，到了林科院之后，感觉现实与理想的差距还是挺大的。"

裴育公学的是园林专业，而当时林科院发展的重点是林业方面。裴育公感到所从事的工作一方面不够饱满，另一方面和自己的兴趣爱好差距比较大。

在理想与现实的纠结中，裴育公发现随着房地产市场的发展壮大，景观园林的市场需求越来越大。为了能学有所用，他毅然放弃了体制内安稳的工作，应聘了一家房地产公司的景观设计岗位。

在应聘新岗位的过程中，裴育公发现自己在学校学习的知识远远不能适应新岗位的需求，所以他选择了继续深造，分别于 2002 年和 2010 年在北京林业大学取得了经济学学士学位和风景园林的硕士学位。

谈起自己的学习经历，裴育公感慨道："在外人眼中，北京农学院和 211、985 院校相比，很难称得上名校，但是在具体工作中文凭不是关键因素，工作态度和实际能力则是最重要的。如果说在大学收获的知识是一大片，实际应用则是一条线，工作中不可能把所有学的东西都用上，只能选择一个方向去攻关。不管是不是名校出来的都一样。或许在校期间学习能力、储备的知识有差别，但是在工作中如果放弃学习的步伐，就一定会落后。"

学习是一生的事，不是短短的四年，大学毕业并不意味着人生的定型。裴育公认定，只要付出努力，不断钻研，就可以不断提高。

研究生毕业后，裴育公又到了国际知名的景观设计公司——贝尔高林（香港）景观设计有限公司工作。在贝尔高林工作的九年中，彻底颠覆了他之前对园林景观的理解，他接触到了国际前沿的设计理念，参与了国内许多优秀项目的设计，取得了令人瞩目的成绩。济南、沈阳、天津绿城全运村，宁波九龙湖项目、成都中大项目、北京金茂府项目、青岛星雨华府项目、大连明秀山庄项目、北京泛海国际项目、哈尔滨万达广场、青岛万达影视城、北京世园会都留下了裴育公的身影。

如今已经成为业内专家的裴育公担任浙江中亚园林集团北京分公司总工程师职位，他带领一群年轻人仍战斗在园林景观的第一线。

寄语北农学子

裴育公建议北农青年学子，第一要学好本专业的知识，为走向社会打好基础。很多知识看似眼下无用，但这是一个厚积薄发的过程。第二要找准定位，在大学四年要确定发力点，为之努力，这样才不至于迷茫和虚度光阴。另外要把理论与实践相结合，不要怕苦怕累，要眼勤、手勤、腿勤、嘴勤、脑勤，放低姿态，从实践中寻找方向。

裴育公希望北京农学院要把拳头专业做深、做强、做大，早日名列高水平应用型大学前茅，希望广大北农学子脚踏实地，珍惜难得的大学生活，为今后走入社会做好准备，让自己的人生道路不留下遗憾。

访谈感悟

不积跬步，无以至千里。不积小流，无以成江海。正如学长所说，只要你付出努力，不断钻研，就可以不断提高。

采访人：史学腾　闫景瑜　孟子荷

吃过麦当劳快餐的人都知道，在任何一家麦当劳店，你所得到的汉堡都是一样的。这就是麦当劳的连锁标准化管理。麦当劳的人力资源管理也同样有一套标准化管理模式，包括如何面试，如何挖掘一个人的潜力，等等。王蕾便是这个领域的佼佼者。

王蕾：在麦当劳成长

　　王蕾，女，1995年毕业于北京农学院农畜产品加工及储藏专业。1995年7月入职北京麦当劳食品有限公司，现任公司人力资源部高级经理。曾先后获得中国区杰出餐厅经理奖、中国区最佳团队奖、美国汉堡大学校长、中国区HR杰出贡献奖、中国区合规贡献奖等荣誉。

怀念母校的一草一木

　　"时间过得真快啊，转眼离开母校已近三十年。在这三十年间，我从一个对未知的校外世界充满好奇的大学生，到担任公司重要的行政管理人员，经历过坎坷、艰辛，也经历过坦途和欢乐。"不经意的开场白，让人感受到，王蕾对母校深深的想念之情。

　　王蕾大学一年级就曾担任系宣传部部长，大学二年级担任校女生部部长。"我特别怀念在学校里与老师、同学真诚相处的时光，怀念清晨在校园的林荫路上大声念英语，怀念下晚自习后跟舍友打闹的情景，怀念跟同学一起组织合唱团、迎新晚会，甚至怀念考试时紧张的心情……"王蕾还谦虚地说，自己当时在学校并不是很优秀，因为大家都不是很熟悉，所以大一的时候被推举为学生干部，这样接触学校教务的机会也会多一些。王蕾对当时学校的教务工作提出了赞扬，并称在做学生干部的时候，自己得到了很好的锻炼，组织能力有了很好的提高，这都与教务老师、班主任的帮助分不开，他们严谨的工作态度和处理事情正确的价值观，对自己有着非常积极正面的影响。

入职麦当劳

走出校园，王蕾入职了北京麦当劳食品有限公司（以下简称"麦当劳"）。

20世纪90年代的麦当劳，可以说是世界零售行业先进管理企业的代名词，在连锁企业中是"巨无霸"级的存在。良好的工作环境、较高的工作标准、先进的管理经验、前卫的营销理念，使刚毕业的大学生对其产生了浓厚的兴趣。

"走出校园，步入社会，才深深体会到，外面的世界确实与众不同。"王蕾不无感慨地说，"我们每个在校大学生，早晚都要走出校园，走入社会，这么多年的职场生涯，我也有了一些自己的体会。借这个机会，也想跟诸学弟学妹们分享一下。"

体会之一：在校期间要注重能力的培养

"我们每个人因为能力和机遇的不同，无法都成为名人。但作为社会的一分子，能够持续为社会发展尽一份力，则是我们每个人都应当努力去做的。我的第一个体会就是大学期间，专业固然重要，但更重要的是要重视对自己能力的培养。"

王蕾认为，每个大学生基本上都希望在毕业以后能够找到跟专业对口的职业。但社会竞争日趋激烈，很多毕业生未必能够如愿以偿，毕业后"专学专用"固然很理想，但"专学不专用"却越来越常态化。"我们应该怎么看待这种情况？其实在大学期间，我们就应该有这个思想准备。我们选择了专业，在学习这个专业的过程中，我们会付出各种努力，如基础课程的学习、专业课程的学习、专业技能的培训、知识面的拓展、专业实习等，还要经历无数次的考试、考核及完成最终的论文答辩。这些看似程式化的过程，其实都是在对我们的能力进行着潜移默化的锻炼。"

体会之二：不管遇到什么困难，一定要"坚持"

王蕾讲道，走出校门后的大学生，会面临很多自己以前并不熟悉的业务，甚至有些场景会颠覆自己之前的认知。不管是业务模式还是业务内容，都需要能够在最短的时间内熟悉并掌握。这期间还要面对较为复杂的人际关系，处理同事之间、上下级之间的各种琐碎事情，会觉得好像突然脑子不够用了。"但是不用着急，这种情况很正常。"王蕾笑了笑说，"我在第一个体会中提到的能力就派上了用场，而剩下需要你做的就是坚持。"

"我非常有幸参与并完成了2007—2008年麦当劳全球奥运项目。2008年奥运会，麦当劳作为主赞助商之一，在鸟巢开设了四家餐厅，提供奥运会在鸟巢场馆各项比赛的运动员、工作人员及观众的餐饮服务。"

2008年北京奥运会，麦当劳总公司启动了奥运会麦当劳全球激励计划，在全世界麦当劳系统内部挑选近2000人来北京参加这次盛会。北京麦当劳公司作为东道主，自然承担了与麦当劳有关的所有奥运会工作。当时王蕾作为北京麦当劳公司人力资源的主管，她和自己的团队需要面对全世界麦当劳系统内来自40个国家近2000人的来京认证工作及北京300名麦当劳参与者的招募及培训工作。这项工作对于王蕾是全新的。每个人背景资料的审核、通关事项、落地接待、业务展开等各项工作都要符合北京奥组委的各项要求规定，同时还要在短时间内在北京招募到足够人数的合格的麦当劳员工参与者，并对其进行相关培训、制订激励计划。

"这项工作的重要程度和复杂程度是我们之前没有遇到过的，压力之大可想而知，我都曾经一度感觉似乎不可能圆满完成。但我当时只有一个信念，就是坚持，坚持，再坚持，我当时在想，不就一年的时间吗，豁出去了，集中自己所有精力，全力以赴，我相信最艰难的时刻往往就是最重要的时刻。"团队所有成员彼此协同，配合默契，最后圆满完成了麦当劳奥运会服务支持项目，团队员工满意度达到97%以上，招募的员工参与者保留率为95%，这些优秀的参与者后来有很多都成为麦当劳公司的骨干力量。

真情寄语

麦当劳是王蕾毕业后的第一份工作，也是她目前一直在从事的工作。时至今日，她依然激情满满，每天紧张地做着相同但又不同的工作，不时应对突发的事件。王蕾的心态是积极的，精神是乐观的。

王蕾认为，麦当劳作为20世纪90年代就进入中国的世界大型零售食品服务业连锁企业，为在校大学生及刚毕业的大学生提供了很好的社会实践和就业机会。麦当劳较高的工作标准、先进的运营管理经验、及时和充分的培训，都会为刚步入社会的大学生较好地完成从校园到社会的过渡。

她真诚地希望学弟学妹们，珍惜在校期间学习的机会，积极积累经验，历练情商。在校期间多汲取正能量，远离负面和偏激思维。多读书，读好书，对社会的各种现象学会从多方面辩证地去理解和思考，树立正确的价值观。

对于即将步入职场的学子，她建议大家要努力调整好心态，勇敢乐观地面对现实与理想的落差。在数据满天飞的快餐年代，年轻人更需要"匠人精神"，要本着务实的态度去完成每一项工作。

"中华民族历来有敬业乐群、忠于职守的传统，不管身在哪个岗位，夸夸其谈、眼高手低都成不了大事。踏实做事，诚信做人，你一定是那颗能发出耀眼光辉的金子。"

访谈最后，王蕾饱含深情地说道："让我再一次真诚地感谢母校对我的培养，衷心地祝愿母校能持续不断地为社会培养出更多杰出的人才！也祝愿学弟学妹们敢于有梦想，更勇于去实现！"

访谈感悟

在校大学生不仅要重视每门课程的学习，更要珍惜在校期间能力锻炼的机会。当你走出校门时，也许一时无法找到专业对口的职业，但只要你善于学习，勇于突破，肯定可以在竞争激烈的社会环境中走出一条属于自己的成功之路。

采访人：许羚　马海国　高可欣

企业创业

在人生中，每一次的尝试，都是人生的突破；每一次的交流，都能更好地认识自己；每一个小小的经历，都会改变自己的一生。世界上从来都没有白费的时光，所有的努力都会在不经意之间让自己惊艳，而这大概就是对做一个合格的普通人的最好诠释。

张海鑫：做一个合格的普通人

张海鑫，男，1996 年毕业于北京农学院企业管理专业，现任多家企业人力资源顾问。历任万达商业地产人力资源部副总经理，亚马逊中国招聘经理，诺华制药招聘经理、总部人力资源经理。

第一个转系、转专业的人

高中分文理科时，由于家长担心学文科毕业后的就业面太窄，张海鑫最终报了理科班。

刚考入北京农学院时，张海鑫先是进入食品工程专业学习。面对大量的理工科专业课，他学习很吃力并且缺乏兴趣，与此形成鲜明对比的是高中时一直优秀的文科成绩。于是经过多方面的了解，他认为更加适合自己的是经贸系企业管理专业。

就这样，张海鑫找到了经贸系的系主任，说明了自己的想法，并递交了关于转系、转专业的申请。由于北京农学院之前从来没有过转系、转专业的同学出现，院方并没有这一方面的经验，但是从院长到系主任的各位老师都对学长的这一特殊情况非常关注，为此还召开了一个专门会议。经过反复商讨，最终在新学期开学的时候，他成功地转入经贸系企业管理专业，开始了新的专业学习，他也成为北京农学院历史上转系、转专业的第一人，还在新学期结束时拿到了奖学金。

这次与众不同的求学经历，对张海鑫的触动非常大，他几乎是在不抱任何希望的情况下，得到了农学院老师们贴心的指导和实实在在的帮助。老师们不计代价无私帮助一个曾经选错了专业的孩子回到他热爱并擅长的专业方向上来，让他深深感动，而老师们扎实、务实、朴实的工作态度，也深刻影响着他的人生。就是从这个时候开始，助人成长的志向在他心中悄悄扎下了根。

勤工俭学

张海鑫的第一份工作是在大学期间获得的。在完成学业的同时，他还在一家市场调查公司做了三年多的兼职，独立负担自己的生活费之余还能贴补家用。

市场调查有街头访问和入户访问两种，要接触形形色色的人，而且主要是陌生人，所以如何快速获取被访问对象的信任就成了最大的挑战。几年下来，张海鑫的沟通能力得到了很大的锻炼，对社会也有了初步了解。

因为学校在昌平，而公司在北师大，每次做项目时，张海鑫都需要骑自行车从昌平到北太平庄，领取问卷和派发物品并参加完培训后，再骑车到公司指定的街访地点或入户访问的居民小区，严格按照公司规定，一户一户地完成访谈任务。每次做完当天的访谈，天早就黑了，他整理好沉甸甸的访谈问卷，再骑回昌平。

临近考试时，做项目的学生会比较少，因此问卷的佣金也会高一些，于是每到考试前基本上就是连轴转了。张海鑫经常是深夜骑车赶回学校，稍微睡上几个小时，次日上午复习备考，到了下午再骑车去做项目。虽然很辛苦，但这份工作从零开始，锻炼了他的沟通能力、观察能力和与人合作的能力，也让他形成了沉稳踏实、深入细致的工作风格，对他毕业后快速融入社会并完成从大学生到职业人的转型大有帮助。

从自己成长到助人成长

大学毕业后，张海鑫把进入外企工作确定为自己努力的目标。为了准备英语面试，他买了好几本书，每一道面试题都认真准备，反复练习，有时说梦话都是在讲英语。经过层层选拔，他如愿加入宝洁公司人力资源部，从一个应聘者转身变成了一个招聘人员。在工作中，他得到了非常多的职业培训，并开始有机会逐步去实践大学时确定的职业方向。无论是校园招聘还是社会招聘，或者是员工发展计划等其他工作，只要是公司交给的任务，他都会认认真真、全力以赴，积极地去学，努力地去做。在每一件工作的小事上，张海鑫都会抓住机会，极负责任地深入研究公司每一个部门的运营模式、业务流程，再运用最先进的选拔技术去甄别人才、发现人的优势，最终实现优秀人才与优秀企业的完美匹配。为了便于开展工作，张海鑫把家搬到了公司旁边，白天工作，晚上就在办公室学习原汁原味的人力资源理论知识。几年下来，他掌握了大量世界一流的招聘理念、方法与技巧，并初步形成了自己对于人力资源工作的整体认识和努力方向。

在施耐德电气公司，张海鑫独立负责东北、西北、华北和北京总部的招聘工作，常年保持三天北京、四天外地的工作方式，最忙碌的时候连续九个月一天都没有休息，虽然出差去过中国绝大多数城市，但是对这些城市的印象只有机场、酒店和出租车。这段时光对他来说是非常重要的，持续大量的全国性招聘迅速使他从一个有知识的职场新人成长为有技能的招聘专家，自己识人用人的能力也从以前懵懵懂懂的感觉变成了扎扎实实的本事。

工作之余，张海鑫还组织公司的 IT 部门与中国领先的几家招聘网站深度合作，一起开发了应聘申请跟进系统，实现了从广告发布到在线申请、简历收集及数据分析等一系列自动化的功能，虽然已过去二十年了，当年忘我工作的场景还历历在目。

在诺华制药公司，张海鑫成为全国招聘经理和总部人力资源经理。他建立了一个高度专业化的招聘团队，并带领团队成员通过内部人才培养和外部招聘为中国的组织和部门持续提供适合的人才；通过对高级管理人才的寻访、选拔和录用，增强公司在华的业务战略实施能力；根据不同部门的具体情况设计最适合的招聘流程，帮助业务部门经理有针对性地选择适合的招聘工具，灵活运用多种方式积极寻访优秀人才。也是在这家公司，张海鑫开始负责人力资源管理的全模块工作。

在亚马逊中国公司，张海鑫从零开始重建了中国区的招聘团队，成为一个五十人团队的管理者，他的组织和管理能力也得到了切实的锻炼和提升。五十个招聘人员都是在学长的亲自选拔、悉心培养、密切关注和贴身指导下迅速成长起来的。根据公司业务需求和组织架构，结合每个人的不同特长，他将他们分成七个团队，每个团队服务于一个业务部门或业务集团的一个部分，提供快速、精准的专业服务。每天，张海鑫都是白天工作，晚上下班后给团队成员做培训，带领大家复盘，找差距，想办法，在实战中提高他们的专业技能。也是在这几年的工作经历中，他越来越确定自己真正感兴趣并且擅长的事情——助人成长。为了帮助在中国的业务部门面试官系统提高面试技巧，张海鑫还主动联系美国西雅图总部的招聘专家，虚心请教，认真学习，最终被认证为亚马逊公司独有招聘课程的特级讲师，这样的特级讲师全球只有七位，而亚洲只有张海鑫一位。接下来，他在完成日常繁重的招聘工作之余，还持续培训了超过四百名经理，认证了六位讲师。

在万达商业地产集团公司，张海鑫负责集团副总经理级以上高管高职人员的全面人力资源管理与服务。也是从这家公司开始，他的关注视角从外资企业转向中国的优秀民营企业。万达的管理非常务实和落地，工作效率高。具体到人力资源工作上，就是对于合法、合理、合规的时效性与精度要求堪称极致。每一个任务从一开始就确定了预计完成时间，而且是与业务部门的项目进展严格匹配的，不允许更改。如果时间到了而任务没完成，就换个人去完成。在这里，张海鑫每一天工作都像是现场直播，必须一条过。什么叫执行力？没有任何借口同时又配备全球顶级资源的万达工作模式，就是执行力的最好解释。张海鑫很欣慰的是，他在外企十几年学到的知识、练就的本事，最终用回到了中国人自己的企业里，并在万达淬火、锤打、百炼成钢。

近几年，张海鑫在多家企业担任人力资源顾问，以独立的身份参与公司的日常管理会议和讨论，针对与选人、育人、用人有关的问题发表看法、提出建议，并用自己最擅长的教练式辅导的方式持续提升企业中高层管理人员对组织优化、团队管理、培训发展等人力资源相关问题的解决能力，最终实现企业文化在日常管理上的落地。

寄语：做一个合格的普通人

复旦教授梁永安说过："对任何一个学生来说，你如果只是以出人头地为目的的话，其实你给自己找了一个非常偏狭的道路，就是你再想在今后的生活里面干得比 90% 的人还要好，那是很难很难的。我们整个教育，都应该转移到一个什么方向上来呢，我们今后的任务就是做一个合格的普通人。"

一个普通人，要对生活有清醒的认知，热爱世界，热爱万物，热爱众生，能够不断寻找自我、认识自我，然后踏踏实实地去寻找到一个自己内心喜欢又有时代价值的事情。

张海鑫说："一个人一辈子能够做好一两件事就很好了。在这个过程里面，发现自己是可以改变的，同时也能通过自己做的事情帮助到别人，发现这个世界也是可以改变的，这个就特别好。"

做好一两件事，证明自己能改变，也通过自己做的事情改变世界，这听起来就像是什么极其伟大和不朽的成功人士干的事，但实际上，普通人就可以。只要你认认真真地做好普通人的每一件事，过好普通人的每一天。张海鑫希望：北京农学院的学子们，能够踏踏实实，不断地寻找自我、认识自我，做一个合格的普通人。

访谈感悟

做一个合格的普通人，关键在于对自己有一个很明确的要求和认知，不好高骛远，在此基础上勇于尝试，勇于突破自己，才能够创造自己的美好人生。

采访人：刘毅

从国内食品行业专业媒体的主编，到全国各地马拉松赛事的赛事总监——一文一武，看似两个风马牛不相及的工作，却完美地融合在了一个人的身上。

魏公铭：愿把健康送给更多人

魏公铭，男，2000 年毕业于北京农学院食品科学与工程专业，曾任中国食品报社科技版主编、主任编辑（副高级职称），北青网食品快消板块负责人，《生活时代》期刊主编，现任北京中锐体育产业有限公司赛事总监，负责国内多场城市马拉松赛事运营、组织工作。

"其实，无论是耍笔杆子，还是做体育赛事，相通之处，都是让身边的人更多得到健康！"魏公铭对这样的选择做出了这样的诠释，虽然已经人近中年，但他的脸上依然有着青年人一般的笑容，"可能是一直坚持运动和健康生活方式的原因吧。"

记忆中的校园生活，德智体全面发展

1996 年，带着一丝青涩，魏公铭走进了农学院的校园。从初期的陌生、好奇，到慢慢熟悉适应了大学的学习和生活。一方面，热爱的专业带来知识的海洋，不断从中汲取着养分。另一方面，自主的大学生活也仿佛打开了一扇大门，和导师和同学们一起不断去探索更新更广阔的世界。

"那个年代的农学院虽然软硬件都不像现在这么完备，但学风很正，在图书馆、自习室、实验室中，刻苦钻研、努力学习的同学很多。令我记忆深刻的是，那个时代同学们都非常热爱体育锻炼……"学校良好的体育氛围让魏公铭印象深刻，"操场上、足球场上、篮球场上，永远都有爱好运动的同学们在挥洒汗水！"这一点，似乎和当今学生们都不太愿意走到户外参与锻炼，似乎更愿意从手机和网络中寻求快乐的方式有所不同。

对青年大学生而言，参与体育锻炼益处颇多，运动使人浑身充满活力，在塑造强健体魄的同时锻炼了身体、磨炼了意志，这样才能有更充沛的精力投入学习中。同时，运动中同学们还会培养起良好的团队合作精神。这也在日后的工作学习中都产生了很好的辅助效果。

岁月如梭，不知不觉离开母校已二十余载，在多个工作岗位上奋斗多年。在谈到对大学学习和生活的理解时，魏公铭不无感慨地说："在学校里学到的专业知识，是支撑起我前十几年职业生涯的基础；但后面十多年的工作生活中，用到的则是在大学里掌握的学习能力和综合适应能力，另外就是在那时养成的良好的锻炼习惯，也让我的职业生涯有了做更多、更大胆尝试的机会。"魏公铭还特别强调："更重要的一点是，大学还教会了我要行得正、走得直！要多方面辩证地去理解和思考问题，解决问题。不要小看这一点，在任何职业生涯中，甚至我们的生活道路上，这一点永远不可忽视！"

媒体行业十五载

食品科学与工程专业，一个典型的工科专业方向。从学校毕业后，魏公铭却进入了中国食品报社，当了一名记者、编辑，一个完完全全的文科性质的工作。二者似乎只有"食品"二字尚有关联。

"其实，报社当时编辑和记者有两种构成——中文或新闻专业、食品相关专业。我自然是属于后者，也就是技术派。"魏公铭回忆起刚开始工作的时候，不无幽默地介绍起来。"要问为什么一个工科生选了一个文科的工作？其实这和家里不无关系。父亲是学中文的，也是老师，教授中文专业，家里两个姐姐，一个在报社，一个在出版社……上学的时候，虽然学理科，但是爱看书，作文基本每次都会被老师选作范文，同学们都开玩笑给我起个'作家'的绰号。没想到最后真的干上了'耍笔杆子'的工作。这么说来，我的工作选择基本属于正常发挥！"

在中国食品报工作了14个年头，魏公铭基本一直负责全报社最具有"技术含量"的版面——食品科技版工作，成功策划"国家'十一五''十二五'科技成果看台"及历年"国家科技奖励成果系列报道""科博会专题报道"等栏目，采写文章多次在"中国产经好新闻"评选中获奖。

2014年，魏公铭从中国食品报社来到了北青网工作，战斗的阵地还是他所熟悉的"食品快消"行业，唯一的不同是这片阵地相较于相对传统的媒体行业，更加市场化，更趋近于消费群体。

"其实无论是专业性很强的行业报，抑或是贴近于消费群体的大众媒体，其实媒体人要做的事情永远是，将最客观真实的新闻和事件展现在受众面前。"魏公铭介绍起媒体行业的时候，还似乎带着媒体人的那份使命感。"其实这么多年媒体工作，最让我自豪和欣慰的是，不会因为一些社会上的不良风气，去改变自己的初衷；或为了一些利益，去写一些有失偏颇的报道或文章。这看似平常的职业操守，其实对于某些所谓的'媒体人'，未必真能做到。"

体育赛事领域显身手

离开了打拼 15 年的媒体行业，离开了熟悉的食品圈，魏公铭完成了一次几乎 180 度的转折——进入了一家体育赛事公司，做起了马拉松赛事的运营工作。一般人听了这一文一武两个工作方向都会觉得好奇，为何有如此大的跨度？

"其实在学校的时候就非常热爱体育运动，健身锻炼这么多年，即使工作时都没有停止过。不过大多时候都是'玩'的心态居多。但是 2008 年，作为奥运志愿者参与了北京奥运会的赛事活动，尤其是在为马拉松项目服务之后，深深被这项运动的魅力折服。加之随着年龄增长，体重也开始增加，于是从那时开始了长跑这项运动。没想到，这一跑，就跑成了'专业'，更是跑出了自己新的职业方向，甚至改变了我的人生轨迹……"

经过两年多的训练，魏公铭已经从一个跑步"小白"，变成了能够完成全程马拉松的业余马拉松爱好者。"将爱好与工作结合是一件很开心的事情！在报社的后期，已经开始通过跑步资源，将食品行业的客户资源嫁接到了马拉松赛事之中。"2014 年北京马拉松当中，魏公铭策划的李锦记、下一代儿童发展基金会和北京马拉松携手公益跑——奔向"味"来圆满成功，这也让他对这个新的行业有了更新的认知。

随着马拉松行业如火如荼地发展，2015 年，魏公铭毅然来到了一个全新的行业——路跑赛事运营行业。

初尝新行业，随着新鲜感和激情褪去，更多的是不适应和缺乏专业度带来的阵痛。哪

怕已经是一个高段位业余跑者，也尝试过商业运营小规模赛事和商业合作，但真正参与到赛事运营工作之中，更多体会到的是从零开始的艰辛。

"不过，身边的人有时候开玩笑，能跑下马拉松的人真的很可怕，没有什么事是他们干不下来的……"魏公铭略带幽默地描述起刚开始这份工作时的艰苦。"专业度不足就多向田径协会的老师和裁判员们请教，没有经验就向有办赛经验的同事取经……"从最初的赛事专员，到一项赛事中负责一个板块，再到独自负责一项赛事的全部运营工作，魏公铭用了 3 年时间。丽水、宁波、海口、上海、唐山、沈阳、汕头……全国各地都留下了魏公铭举办赛事的足迹。

在办赛的足迹遍布全国的同时，他并没有停下跑步的步伐。从开始跑步至今，魏公铭已经在全国乃至世界各地参与马拉松赛事近百场。"最初是为爱好参赛，从步入这个行业

企
业
创
业

开始，再去参赛还有新的任务——用一名跑者的视角和多年参赛经历审视不同赛事的优点和缺点，取其精华结合到自己所办赛事的项目管理之中，力求将赛事做到尽善尽美，同时也能在同质化严重的赛事当中实现创意创新，让赛事脱颖而出。"

截至2019年，魏公铭所做的多项赛事，已经荣获了中国田协颁布的"金牌赛事"荣誉，其中，汕头马拉松更是获得了国际田联"铜标"赛事的荣耀。

"从事路跑行业多年，难的不是几乎常年在外出差带来的异乡之苦，难的不是加班熬夜赶方案带来的艰辛……最难的是经过无数次的淬炼，仍能做到不忘初心、保持着一颗跑者执着的心。始终坚持将健康的心态、健康的赛事带给更多热爱健康的人们！"

尾声

受到疫情以及甘肃白银事件等客观因素的影响，马拉松赛事也随之按下了暂停键。"路跑行业经历了一个超乎寻常的快速发展期，随之而来的也有很多未能解决的问题。遇到一些极端事件，自然无法消化。任何事物都要经历发展的阵痛，这一过程不会缺失！"魏公铭谈到这里，似乎多年的工作积淀已经让他宠辱不惊。"无论今后依旧从事这个行业，抑或开拓新的发展方向，可能这辈子离不开的一件事就是——把健康带给身边更多的人。无论是健康的饮食、健康的运动习惯，又或是健康的生活方式……无论如何，认准方向，不忘初心、方得始终！"

访谈感悟

坚持初心，热爱事业，魏公铭的品质值得我们学习。他从事着自己热爱的职业，能在自己热爱的岗位上熠熠发光，这都得益于他在北农校园里的刻苦学习与积极锻炼，更为他日后的工作提供了很大的帮助。在工作中他能摒弃不良社会风气，坚守初心，他用自己的行动给更多人带来健康。作为当代青年，我们应强健体魄，锤炼意志；作为北农大学生，我们应努力学习，打牢专业基础；作为食品专业学子，我们应向魏公铭先生学习，找寻自己所爱，并为之坚持。人生路上，我们会经历种种，有苦有累，有坎坷有艰辛，但我们要始终坚持所爱，愿我们不忘初心、砥砺前行，迎接属于自己的美好未来！

采访人：曾嘉然 马海国 高可欣

农业龙头企业一头连着农业和农民，另一头连着工业和市民，在农村一、二、三产业融合发展中不仅处于前延后展的便利位置，还具有推进三产融合发展的内生动力。北京顺鑫集团便是这样一家龙头企业，刘博便是这家龙头企业中的一员。

刘博：让农业龙头企业助力乡村振兴

刘博，男，经济师。2003年毕业于北京农学院农林经济管理专业，2013年北京农学院农村与区域发展专业研究生毕业。自大学毕业以来，历任北京顺鑫控股集团有限公司战略投资部经理，北京顺鑫石门国际农产品批发市场集团有限公司经理。现任北京顺鑫建设科技集团有限公司党委副书记、经理。

脚踏实地，心怀责任

来到刘博学长位于北京市顺义区后沙峪的办公地，这里是一个极具现代气息，定位为国际金融起步区和国际人才社区的区域。一间不大的办公室就是刘博学长日常工作的地方，非常简约质朴。办公桌上摆着很多书和几摞文件。"毕业以后就养成了阅读的习惯，对碎片时间是一个很好的利用"学长笑着说道。可以看出学长的眼神中透露着坚毅笃定，就像他一直坚持的事业一样。

在顺鑫农业战略投资部时，正值集团制定"四·五"战略，是企业关键的转型期，他围绕集团战略发展大局，积极创新战略管理机制，密切关注集团外部发展环境，认真研究产业特点及规律，有效推动了战略重点工作的开展和产业投资项目的落地，促进了顺鑫集团"四·五"战略取得良好开局。

在石门市场时，管实体不同于做战略做管理，尤其大型农批市场，每天面对的都是各种复杂情况，熙熙攘攘的人流、商户、几百名员工背后是数不清的民生和社会责任。学长发现，农批市场上连民生下接百姓，都是一份沉甸甸的责任，他快速完成角色转变，找准工作着力点，认真研究国内外先进农批市场商业模式，积极推进石门市场农产品供应链服务模式转型升级，为保障北京市农副产品高效流通，贡献了力量。

2021年，迎来了刘博比较大的一次挑战，从农批市场转行进入建筑企业，角色转变之大，刚开始时给了他不小的困惑。从最初的顺鑫集团总部战略投资部到顺鑫石门农批市场再到今天的新城镇建设运营服务商顺鑫建科，跨过了完全不同的行业，看似转变巨大，实则内在联系仍然十分密切，它们都是在以大农业为战略框架下的产业集团。有了这个思路，顺鑫建科在产业规划时就定下了在大农业背景下的产业发展路径，比如可以通过在乡村振兴、美丽乡村等领域的深耕细作，发挥顺鑫建科全而精的产业链条优势。刘博认为，只要解放思想、拓展思路就能把挑战变成机遇。

保持学习，不忘初心

"对企业的管理，首先要做好服务，做好服务可是一项相当有学问的事，都说打铁需要自身硬，自身如果学习不够，掌握的知识还没有服务的对象丰富，那服务起来肯定不能达到良好的效果，这里就无从谈起管理二字了，所以学习还是永恒的主题，做好服务的同时再把握好服务与管理的关系，那么企业管理起来自然得心应手。"

刘博回忆起在象牙塔的那段学习时光，目光变得清澈，"那段时间真的是弥足珍贵，比起企业要处理各种繁杂事务而言，作为学生，能够一心朴实地学习机会很少，现在很多企业都倡导建设学习型企业，整个社会也在建设学习型社会、学习型组织，学习这个永恒的话题常谈常新，良好的学习习惯是做好事情的前提，这也跟我们北农博学尚农的校训相和。"

刘博在工作中也始终坚持高标准、严要求，注重打造学习型团队，连续三年带领部门取得总部优秀部室称号，得到了领导和同事的肯定。

他认为知识是触类旁通的，除了专业和研究方向外，还需要多涉猎一些与此相关的内容。就管理而言，是靠"计划、组织、领导、控制"四个关键环节来实施。无论是战略管理、市场管理还是建筑企业的管理，都可以通过以上四点实现。

心系北农

毕业以后，为了感谢对母校、导师的培养之情，他积极为母校实习基地的建设提供力所能及的贡献。希望母校未来发展得越来越好，桃李满天下。

对于师弟师妹，他建议要把自己当作社会人，以高标准来严格要求自己；另外应该积累动手能力，锻炼良好的心理素质，要时刻保持自信，遇到困难不要轻易退缩，要勇敢地去挑战；最后，要对自己有一个定位，不能眼高手低。对于毕业生找工作的问题，他认为寻找什么样的工作要因人而异，不管干什么工作都要做到脚踏实地，认真地做好每一件事情。

访谈结束前，刘博介绍到："顺鑫的企业文化就是'心'"文化——用心、放心、同心，我们希望用'心'文化凝聚更多人，一同为我国农业现代化、产业化做出我们农业人的贡献。"

访谈感悟

作为一名涉农高校的毕业生，学长的经历很好地诠释了北京农学院的"服务北京，立足三农"特色，在工作中，学长发挥自己的专业技能所长，坚定信念，戒骄戒躁，不断学习，充实自我，在拼搏奋斗中展现了北农学子的风采。

采访人：王若冰

企业创业

　　转眼，毕业已20年，大学学习生活的点滴仿似昨日。老师的和蔼可亲，同学的团结友好，均历历在目。虽远离校园，但多年来"厚德笃行"的北农校训却始终激励我一路前行，坚定做永远的"北农人"——杜进军。

杜进军：坚定信心，笃定前行

　　杜进军，男，2003年毕业于北京农学院工商管理专业，历任唐山曹妃甸发展投资集团有限公司办公室副主任，中油曹妃甸石油销售有限公司副总经理，唐山曹妃甸发展投资集团有限公司企业管理部部长等职务，现担任曹妃甸国控投资集团有限公司副总经理，高级经济师。

　　当前疫情反复，我们访谈杜进军学长，还有些小费周折。经过核酸检测等防疫程序，我们驱车来到赫赫有名的河北省唐山市曹妃甸工业区，眼前的景象使人为之一震，原本的带状小沙岛和大海浅滩，如今已变成200多平方千米的国家级经济技术开发区和京津冀协同发展示范区，包括首钢在内的众多北京企业已搬迁至曹妃甸。学长已早早在楼下迎候我们。走进学长的办公室，办公桌堆满各种文件，知道学长工作很忙，我们的访谈便随即开始。

感恩母校，争做优秀

　　杜进军老家在甘肃农村，父母都没有文化，能到北京农学院上大学，完全是因为"北农缘"。杜进军是1999年参加高考，当时恰逢建国50周年大庆，那个年代信息很闭塞，报考志愿完全依靠个人的感觉，选择北京农学院也是为了近距离感受50周年大庆，看看"大世面"。对报考的专业也不是很了解，他回忆道，当时还闹出了笑话，天真地以为，工商管理专业毕业后就是去工商管理局工作。杜进军深知农村孩子上大学的不易及父母的艰辛，所以面对大学校园生活，他并没有"躺平"，而是依然努力学习，先后获得大北农奖学金、北京农学院学习之星、北京市三好学生、北京市优秀毕业生等荣誉。但他说，这些荣誉除了自身努力之外，还有母校给予的帮助、老师的谆谆教诲、同学的关心友爱。

杜进军在努力学习的同时，也积极追求思想进步，读大一时就向学校党组织提交了入党申请，经过培养，大二加入了中国共产党。另外，他也参加学校的社团组织，参与各种活动。2003年临近毕业时又赶上了"非典"疫情，同学们都不能返校，杜进军成为学校与同学之间联系的桥梁，帮助系里做了很多工作。

坚定信念，努力考研

大学的美好时光总是很快。转眼面临毕业，这时横在杜进军面前有两条路可选，第一是找工作就业，第二是考取研究生。找工作就业相对比较容易，而考研之路需要努力且有一定风险，在此之前系里还没有师兄师姐参加过考研。但杜进军为了进一步深造，最终选择了考研。

然而考研之路并不顺利。他说，当时报考了首都经贸大学企业管理专业，在自己看来，包括老师们都认为，考试一定能成功。但命运却与之开了个玩笑，在总分及其他单科成绩都较高的情况下，英语单科差一分没有上线。面对这种结果，学长当时也是万分沮丧，感觉无颜以对。接下来的路该怎么走，又是一个十字路口。杜进军很快调整状态，坚定信念，一定要考取研究生。在坚强信念的支撑下，他一边工作一边复习，参加下一年度的考试，第二次报考中央财经大学企业管理专业。要说很多事情难以解释，或者只能违心地说是命运的安排，第二次考研成绩出来后，同样在总分及其他单科成绩都较高的情况下，英语单科差了四分。杜进军几近崩溃，想无论如何也不能越考越低啊！所以当时他申请了查看英语试卷，查看后果然有一道题被判错，找回来两分。即使这样，英语仍差两分。面对这样的结局，他也只能认命，最终选择了调剂，经过努力，调剂到云南大学企业管理专业，到了美丽的春城昆明，开始三年的读研之路。

笃定前行，敬畏职业

2007 年研究生毕业，在很多同学都还在努力寻找工作的时候，杜进军先后被当时的河北理工大学、昆明理工大学及中国石化云南石油分公司录取，他最终选择去中石化工作。工作一年后，因家庭原因，杜进军来到了曹妃甸这片待开发的热土，一待就是十多年。这十多年间，他经历了从一名普通员工到集团领导的转变。

曹妃甸国控投资集团有限公司，资产近 2000 亿元，业务遍布多个领域，是曹妃甸规模最大的企业。任何事情都不可能一蹴而就，任何人也不可能随随便便成功。作为一个异乡人，杜进军在单位没有任何资源和背景，但他坚信，只要脚踏实地，努力强大自己，笃定前行，兢兢业业工作，做好每一件事情，就一定能够有未来。他一步一个脚印，从部门员工到主管、部长再到集团领导，每一步都很稳、很扎实。他说，"不论处在那个岗位，干什么样的工作，都一定要敬畏自己的职业，要有忧患意识，没有任何事情是应该的，没有人说这个岗位就应该是你干或只能是你干，很多工作他人都可以替代，一定要用敬畏的心态去努力工作，勤勉工作，只有这样才能取得成功。"

杜进军现在分管很多子公司，每天工作都很繁忙，但精神状态很好，工作热情饱满，而且平易近人，没有领导架子，这或许是工作取得成绩的另一个秘诀。

访谈感悟

学长的经历好像书本故事，似乎很难在其他人身上复制。但支撑学长走下去的就是信念，这也是学长想通过他的故事来勉励大家的："做事一定要目标明确，坚定信念，不气馁、不放弃，就一定能成功。尤其是当前仍处在疫情期间，就业形势不容乐观，很多同学选择了考研，更是要努力坚定信心。"

采访人：甄宇淞

万变不离其宗，了解事物的根本，从小事做起，从实事做起；机会永远留给有准备的人！

朱保灵： 专业是根　跨界是路　创新是本

朱保灵，男，2004年毕业于北京农学院农林经济管理专业，现就职于南京欧卓科技有限公司。

走进农学院

作为一个农民的孩子，在农村长大，朱保灵很爱自己的家乡。同样，他相信知识改变命运，相信通过自己努力可以改变面朝黄土背朝天的生活。他清楚地记得，那是2000年春天，背着行囊和希望，在沙尘暴的陪伴下踏入了心目中神圣的首都北京，走进了北京农学院固安分校。

困难与希望并存，机遇与挑战相伴！既来之则安之是当时最能自我安慰的话。

学校多数是北京生源，每到周末校园都静悄悄的，因为北京的同学们全回家了！虽然和自己心中的理想学府差距太大，但他还是选择留在了北农！同样，北农也选择了他！他认为，他是幸运的。

老师是同学们的领路人

2000年春季学期，学校在资源有限的情况下，为首届春季招收的外省市学生安排了最优秀的教师，经管学院的江占民老师、刘芳老师、田淑敏老师、杨为民老师、沈文华老师等都是朱保灵的任课教师。教务处长安幼山老师亲自为安徽班的学生制订了不同的教学计划，因材施教。在老师们的带领下，同学们根据个人不同情况制定学习目标，明确学习方向。老师们和同学们共同生活，共同学习，亦师亦友。"从小事做起，从实事做起，因为做和不做是两种完全不同的结果，对应两种不同的心态。特别是新思想、新事物，要勇于尝试，不怕失败。"老师的谆谆教诲让朱保灵始终铭记于心。

社会实践是为了让学生更早地认识社会，了解社会，提高适应社会的能力。正如江占民老师所说的，既要锻炼好你的笔杆子，同时也要锻炼好你的嘴皮子，这是你踏入社会的两大法宝！老师们利用自己的资源，为同学们寻找社会实践项目。朱保灵清楚地记得，胡宝贵老师和企业商谈让同学们给企业做市场调研来锻炼他们适应社会的能力，还得到不少生活补助；刘芳老师利用周末带领同学们踏入农庄，了解都市农业；刘瑞涵老师让蔬菜走进课堂，等等。在老师们的带领下，朱保灵和同学们一点一点实现自己的学习目标，既学好自己的专业知识，同时兼顾社会实践，努力掌握各种技能。他本人还连续四年被评为优秀班干部，得到老师和同学们的一致认可。

在学校的细心呵护和同学们的努力下，朱保灵和他的同班同学毕业后为北农交上了一份满意的答卷。当年他们的考研人数创了北农历史新高，如今他们都已成为各行各业的骄子和栋梁，如任职中冶集团财务总监的彭先建、任职宁波相山航天科技城航天科技集团财务总监的李长征、任职北京中闻律师所律师(合伙人)的程久余、任职考研数学辅导名师的王贤文(王博)、任职艺和天下出版总经理的李奇……他们在每一个工作岗位上勤勤恳恳，努力工作，为国家发展和社会进步做着北农学子应有的贡献。

创业与发展

在一次偶然的机遇中，朱保灵了解到了传感器芯片，经过市场调研，他深入了解了当时的传感器芯片的发展现状，确定了自己的创业目标。从销售到研发，他在国内传感器市场开辟了属于自己的一片天空。当然，所有的一切都不是一帆风顺的。2008年最艰苦的时候，销售收入不够发工资，更别提开发及其他费用。但通过市场调研，他发现磁性传感器市场有非常大的市场，前景非常好。国外很低端的芯片在国内都可以卖很高的价。困难终会过去，冬去春来，在国家对芯片发展的大力支持下，经过不断的努力和对目标的坚持，现在他终于拥有了自己品牌的霍尔传感器——OH 系列霍尔，并拥有自己芯片设计的专利，产品销往 20 多个国家和地区。还在德国和加拿大成立了分销处。

永怀一颗感恩的心

学校是一片净土，老师是一支蜡烛，是学生心中的灯塔，照亮着学生人生的方向。

"在告别母校后，我们每个人都会在不同的地区、不同的行业、不同的岗位上演绎着不同的精彩人生。但我们每个人的成长都离不开老师的辛勤培养。我们的老师把最美好的青春献给了党，献给了祖国！我们之所以有今天的成就，离不开母校的培养，离不开谆谆教诲的老师们！所有的一切从不敢独享！至此我们每个人都应常怀感恩之心，铭记终生！"朱保灵如是说。

访谈感悟

通过对朱保灵校友的采访，我深感做事要勇于尝试，不怕失败，特别是面对新思想、新事物，要敢于创新，敢于突破。万变不离其宗，了解事物的根本，从小事做起，从实事做起。既要学好自己的专业知识，又要兼顾好社会实践，努力掌握各种技能。

采访人：甄宇凇

企业创业

以端正的态度和勤勉不懈的努力，不断提高自我。

以执着的信念和踏实勤奋的工作，不断证明自我。

以朝气蓬勃的活力和永不言败的追求，时刻感染自我。

以实干者的名义，她披挂上阵、横戈跃马，在设计的战场上，始终保持着冲锋的形象。

她工作刻苦，忠于职守，时常加班夜战，卧眠办公室的行军床。

她知识丰富、业务过硬，以精心精致的设计展现风景园林人巨大的创造能量。

韩蕊： 脚踏实地攀高峰，勤恳实干践于行

韩蕊，女，2004年毕业于北京农学院风景园林专业。清华大学城市规划硕士，清华大学及建设部重点培养的青年设计师，亚洲资深园林景观规划设计师，北京市及河北省园林设计专家库专家，北京北林瑞格园林景观设计有限公司创始人，CDG 西迪国际设计机构董事/景观规划中心负责人，曾获金盘奖年度金盘人物，担任过金盘奖专家评委。

忆母校：扬帆起航的地方

"我们的班主任叫侯芳梅，侯老师对我们非常好。以前上初高中可能只是学习，但是大学就不一样了，老师更像是一个母亲，所以我们跟侯老师的感情很深。"韩蕊回忆道。"那时候大家都很爱学习，除了学校组织的项目，我们还会自发地去考察一些项目，有时候还会去部属学校比如北京林业大学、清华大学去蹭课，现在回想起来觉得大学时光是非常难能宝贵的"。

韩蕊对自己的目标与未来方向十分清晰，同时也在课余时间努力提升自己。选择园林设计专业是她的一个梦想，所以没有像别人那样懵懂，从高一开始就想考建筑专业，来到了北农风景园林，这恰好是和建筑设计相关的。想学什么东西、达到一个什么样的目标、什么样的水平、这个行业里有哪些大师、有哪些优秀的院校……，韩蕊在高中时期心里就非常清晰，所以上大学期间，从大二就开始去林大蹭课，除了选自己的课程之外，所有想学的知识都去其他学校主动学习。

勇攀登：征程路上学无止境

刚刚毕业时，韩蕊去了北京林业大学朱老师的工作室，她说："其实当时想法很简单，在那里既能复习考研又能工作。"

谈到企业的工作，韩蕊分享了许多自己的经验。"应届毕业生肯定都是先从助理开始做起，助理都会有一个比较长的实习期，一般是三个月到六个月，需要看公司情况，但其

实也不用太担心，每个人步入社会都会有一个过渡期，我觉得学校和公司工作的内容其实差不多，也是去做图做方案，但是责任会变得很不一样，在学校做不好是耽误自己，在公司则是既耽误自己又会耽误团队，还会影响公司效益。"

　　韩蕊提及，在工作期间所用的知识都要去积累。"学校其实教会的就是一个入门的方法，在这个行业里，想继续做下去，想有自己谋生的一技之长，其实都要去学习，要在工作时学新的东西。如果去设计院，有一半人可能会去后期组（负责画施工图和现成维护的组），到了后期组会有人带领，这都是一个经验积累的过程。"

　　对设计而言，韩蕊认为后期比前期要容易。前期方案是靠灵性，教不出来，要靠自己领悟。后期属于技术活，认真努力占大部分，是一个经验的积累，因此后期的工作会比前期相对容易一些。

　　韩蕊分享了一些自己当前的一些日常工作。如今身为公司领导的她，繁忙已成常态，她的时间可以用"三个1/3"来形容。第一个"1/3"，来往穿梭于各种评选活动，担任专家或评委，还要承担一些讲座活动；第二个"1/3"是公司管理，公司的人员结构、财务的管理、设计师的培养、招聘架构的搭建；第三个"1/3"才是设计部分，虽然韩蕊已经很多年不去亲自做设计，但仍需监督和把控项目组的工作。

　　工作只是生活的一部分，韩蕊还喜欢旅游和摄影。

　　"以前上学的时候我有很多爱好，现在由于时间关系，一些爱好都被埋没了，以后有时间了再去延续吧。现在保留的可能就是摄影了，有时候出差会拍一些好照片，有时候会录一些小视频。"

　　对于风景园林的昨日、今昔与未来，韩蕊有着深刻而清醒的认识。"随着行业的细分，整个行业的设计水平和要求都比以前要高了很多。"

　　韩蕊认为，当前的风景园林可以分为三个方向。

企业创业

一是生态方向。涉及水土保护、森林、河渠、海绵城市等领域。这同国家生态保护战略契合。

二是城市增绿。中国城镇化发展带来的绿化需求给风景园林专业提供了前所未有的机遇。

三是地产方面。地产是一个非常大的园林板块，从 2008 年到现在，经历了最巅峰的时期，现在进入了沉淀和稳定期。

致未来：做认真努力的风景人

"公司就是很直白的一个社会，在公司工作任务完成不好、不负责任，就要对自己的不负责任和自己的能力欠缺买单。"

韩蕊认为，在工作中要吃得苦，要永远有一个谦虚好学的态度和对工作的热忱之心。风景园林是一个比较好的行业，这个行业里的人相对单纯，这个是非常难得的，而且这个行业领域的人还能保持几分执着。

对于选择风景园林设计专业的广大学子，韩蕊建议大家珍惜在学校难得的时光，在学习上要付出 100%的努力。结合自己的工作经验，她给在校生推荐了几款对设计专业用途较大的电脑软件，如 PPT、CAD、PS、Sketchup、犀牛、Revit 等。她说，这些软件都是工作中最基本，也是必须掌握的。

韩蕊说，"学校如今建设得越来越好了，希望学校发挥好平台优势，为学生多多提供实践的机会，多请一些有实战经验的企业家、行业代表同学生交流，让大学生更早去了解行业未来前景。"

访谈感悟

与韩蕊学姐的交流，让我们深入地了解到了风景园林专业的现状和发展前景，她的事迹让我们感动，她的经历给了我们启发，这次访谈将会对我们的人生选择、工作定位和思维方式产生积极影响，我们将会以韩蕊学姐为榜样，珍惜光阴，努力学习，夯实专业基础，为助力园林事业发展积蓄能量。

采访人：刘铭玥　王子龙　龚蒨

"于道各努力，千里自同风"。从走进校园，到步入工作岗位，他始终努力勤奋，坚持"三敢"理念走向巅峰，成为大家心中的领头羊！

郑宇：争做永远的领头羊

郑宇，男，2007年毕业于北京农学院动物医学专业。曾先后担任北京市第五肉类联合加工厂网络部部长、人力资源部部长，常务副总经理；北京二商大红门公司通州公司党支部书记、工会主席；北京二商大红门肉类食品有限公司人力资源部部长；北京二商肉类食品集团有限公司总经理助理等职务。

积极主动，发展兴趣

郑宇学长提到，在大学期间他参加过学生会工作，学到的最特殊的技能就是勤奋。虽然他起初没有打算加入学生组织，只是想把专业知识学好，将来找到一份好工作，但是在学生会招新的时候，信息部的学长学姐们非常想邀请他加入，同时他也会一点相关知识，于是就凭借兴趣进入了信息部。学长说，现在回想起来，当时在学生会学到的东西真不少，比如人际交往能力、写作能力、组织能力等。因为学长比较喜欢集体活动，当时学生会开展的乒乓球、羽毛球比赛等文体活动，他都积极组织并参加，慢慢地练就了一身较强的组织能力，在毕业后的工作中大有用处。

不忘初心、忠于企业

当被问及毕业后是否换过工作单位时，学长自豪地说，他现在的工作就是毕业后的第一份工作，自己也是一个对企业比较忠诚的职工。当时学长入职的北京第五肉联厂，就是现在北京二商肉类食品集团有限公司的下属企业，刚入职的时候是做化验工作。做化验工作需要自己采样品，五肉联公司是一家以生猪屠宰为主营业务的企业，所以生猪一进厂就要采猪尿，做瘦肉精检测。当时学长只是一心想把工作做好，认为别人能做的

事情，自己一样可以做好，一点也不怕脏、不怕累，反而认为基层的工作最能锻炼人。当时企业的领导非常重视大学生的培养，还安排学长到北京市专业食品检测中心带薪学习，通过学习，他积累了很多食品检测经验，对自己以后的工作有很大帮助。学长说，大部分毕业生步入工作岗位后，由于缺乏经验，很多任务难以完成，但是不要沮丧，一定要结合在学校学习的理论知识，再通过实践锻炼，慢慢提高综合素质，才能成为独当一面的行家里手。

勤奋踏实，勇于创新

郑宇走到今天，成功的秘诀就在于始终践行"三敢"的理念——敢学、敢做、敢教。

敢学，就是要在工作中把行业知识学习好，掌握牢固，不仅仅在基层的时候要抓紧学习，不管在哪个岗位、哪个阶段，都要注意加强学习，郑宇学长在五肉联当常务副总的时候也经常穿着工作服到一线学习，这种精神难能可贵。第二是敢做，学长工作近

14年，挑战尝试过很多岗位，以竞聘五肉联人力资源部部长为例，学长就是怀着挑战自我的心态去参加竞聘的，也正是这种敢尝试、敢挑战的心态，才使他一步步往前走得更远。工作过程中，曾经的一位领导送给学长16个字："事前准备，事中控制，事后总结，持续提高"，这16个字寓意深刻，也揭示了成功的秘诀。第三是敢教，学长担任第五肉联人力资源部部长之前身兼三职：信息组组长、网络部的部长和客服中心主任，他之所以能放心地离开这三个职位去人力资源部任职，就是因为他在这三个部门时都培养好了接班人，可以保证自己之前的工作能够顺利交接。学长总结到，人才培养意识很重要，未来不管是在学生会，还是在工作当中，如果要想进步，要想发展，就要敢教，适时培养好自己的接班人，这样才会有更多的机会去挑战更多的岗位，得到更快的成长进步！

回顾母校，懂得感恩

当聊到对北农的初印象时，学长侃侃而谈，十四年前的校园场景还历历在目。他回忆到，刚来北农报到时，感觉校园的绿化做得特别好，绿地面积特别大，因为来得比较早，学长和父亲就逛了逛校园，来到荷花池附近，有很多同学在早读，让他印象深刻。提到曾经的恩师，学长激动地说，老师们对他影响很大，比如指导他撰写毕业论文的崔德凤老师，对自己毕业帮助很大；系书记张永红老师，说话和蔼可亲，平易近人；教授食品卫生检验检疫的孙英健老师，因为与自己的工作内容接近，毕业以后还经常联系，孙老师几乎每年都会带着北农的学生到他们企业参观学习，有的时候学长还会跟学生们一起聊一聊专业知识、职业生涯规划等。学长说，同学们毕业以后走入社会，如果遇到困难，可以去学校找老师们寻求帮助，老师们都会毫无条件地伸出援手。

展望未来，寄语学子

学长建议在校的学弟学妹们，在学校一定要学好两部分内容：第一是要掌握好专业知识，每一门学科都有它的特点，都有它的核心知识点，一定要把核心内容学深悟透，才算掌握这门课程，真正有所收获；第二是要掌握好学习的方法，虽然学习的专业知识在工作中不一定能全部用到，但是遇到不懂的地方，没接触过的新知识、新领域，就要知道去哪里找，知道怎么去学，特别是要知道先学什么、后学什么。学长补充到，"步入社会，进入一个行业领域后，你会发现，工作中很多内容是书本上没有的，比如行业内的一些不成文的规定，只能在工作中学到，所以一定要在学习的同时，注重实践。"

访谈感悟

从校园时代参加学生会工作，到后来进入职场扎根基层，再到成为北京二商肉类食品集团有限公司总经理助理，郑宇学长一直秉持着敢学、敢做和敢教的理念。他说，只有我们主动学习，勇敢实践，自己的优点才能被别人发现，我们还要主动去教授他人，把自己学到的知识奉献出来，自己才能更快进步。"主动"这个特质是很多工作岗位需要的品质，也是我们在校大学生最需要努力的地方。成功的道路并不拥挤，但是能坚持下来的人不多，要争做领头羊，主动向前看，主动往前冲。

做一个主动的人是我们未来努力的方向，争做领头羊是我们在北农学习生活中和未来职业生涯中的必备信条，我们会努力向着领头羊的目标前进！

采访人：霍相羽　杜方煜　康婧如

最近经常听到一个词:"返乡创业青年"。他们来自农村,又从城市归来反哺故土;他们重拾儿时的乡土记忆,感悟乡村的独特与价值;他们抱有一腔热情与专业技能几经兜转回到她的身旁,守着这方热土与乡情,精雕细琢,从而抵达内心最深的殿堂。北京千寻文旅发展有限公司的创始人刘乐就是这类人。

刘乐:从离乡到返乡

刘乐,男,1983年出生于平谷区马昌营镇王各庄村,2006年毕业于北京农学院园林专业,现为壹隅千寻系列民宿负责人。

"当年离开乡村,我是全家荣耀"

"小时候,村里人普遍的思想是,越早离开农村越好。"坐在自己创业开办的"壹隅千寻民宿"内,刘乐捋捋蓬松的头发,自返乡以来,他每天都起得特别早,经常没时间打理自己。

这是平谷区马昌营镇王各庄村,1983年,刘乐在这出生。与鲜有锄禾耕田经历的其他80后不同,刘乐10岁以前在泥土与机器轰鸣中长大。记忆中,春种秋收时刘乐都跟着父母下地干过农活;冬藏时让他印象最深的是洗澡,因为北方的冬天想洗个热水澡很难,而他经常做的就是跟着父亲去北京森达纺织厂花一块钱洗个热气腾腾的澡,每每忆起他都觉得温暖无比。逢年过节,父亲总是在纺织厂值班,而他就陪在父亲身边。屋外,寒风凛冽,屋内的一物一件都成了陪他长大的玩伴。童年总是无忧无虑的,田野、树木、花草、昆虫。等长大了一点,家教很严的父母,告诉刘乐两件事:一是他要在寒暑假到父亲开办的纺织厂帮忙;二是要努力考出去,先去平谷县城,再去北京市区。

"我们那一代都是这样。"刘乐的姐姐、同乡、同学,都在努力实现走出去。12岁,小学毕业,刘乐考取了平谷二中。"这在村里是很荣耀的事情。"到了中考,当时平谷没有重点中学,平谷优秀学生的首选是市级重点高中,刘乐选择的是离家较近的通州区市级重点中学潞河中学。很可惜,差三分,刘乐与潞河中学擦肩而过。他至今都记得自己的中考分数，587 分，"潞河中学的分数线是 590 分"。3 分之差，让 15 岁的刘乐，远赴门头沟，去读那里的市级重点高中大峪中学。

从东北郊的平谷，到西南郊的门头沟。刘乐当时需要乘公交、换地铁再换公交，单程 100 多千米。"说实话，很苦。"带着荣耀考进市重点的刘乐，面对着很多现实难题，之后的求学之路，也是有坎坷有收获，随后刘乐考取北京农学院，攻读园林景观设计学位。毕业后，进入地产行业，从刨坑挖土开始直至任职远洋集团景观总监、景观规划设计院副院长。行业内还担任行业协会副会长、常务理事、赛事评审等职务。

"不光是乡村需要我们，我们也需要乡村"

"我要回家，回平谷。"谁也没想到，刘乐会在 2020 年初，做出这个惊人决定。"我爸妈不理解，我爱人不理解，我姐也不理解，所有人都不理解，而且是强烈反对。"

现在回想起来，不理解太正常了。

决定返乡前，刘乐事业成功、家庭幸福。他自己的小家在东四环，姐姐是公务员，家在东五环。爸妈想他们了，开着车一个小时就进城了。他们也经常约着一起，回平谷看爸妈。

"可爸妈没让我回来创业。"

2020 年初，疫情突袭，居家办公的刘乐，像往常一样梳理着工作总结。只不过，这次时间充裕，他有了充分思考的时间。经历了房地产红利期的刘乐，回看自己前半段职场生涯，在外漂泊了 25 年，从事地产行业近 15 年，"个人和行业发展都到了一个天花板，也算是个瓶颈，很难再有突破，我想在家乡重新发挥价值。"

返乡创业，这是他当时脑子里最坚定的想法，却换来所有亲友坚决的反对。他首先做通了妻子的工作，然后从乡村文化的传承入手。他收集村里的老物件，开放了平谷区第一家民间投资的民俗博物馆——平谷千寻乡野民俗馆。镇里、区里开始关注这个年轻人，他的故事也登上了区里的报纸和电视台。爸妈开始慢慢理解刘乐的想法。"民俗馆的开放让他们相信了闲置的厂房是可以再次焕发活力，重新创造价值的，我爸把他的厂房交给了我，并开始帮我把想法变成现实。"

"千寻是宫崎骏《千与千寻》动画片的元素，他营造的那种家庭氛围感多么温暖与感人，而宫崎骏本人的那种匠心精神让人钦佩，值得学习；况且寻是古代的长度单位，八尺为一寻，千寻那不就是代表我们走过的路，经过了千万次的找寻；同时千寻也意味着'壹隅千寻'和所在的我们的家乡的未来是不是也能够如此的有生命力？"

在这里，一边是刘乐精心收集的老物件，一边是会客厅，旧与新的对比，一点都不跳跃、突兀，反而给人一种精致高级的体验感。

"这真的感谢大家伙儿的信任与成全。"刘乐真诚地说。"他们是懂我的，也是他们一点一滴地帮我做到现在这个样子。"

"当然，雏形已有，但是不止于此。我们还想把更多的文化、艺术元素融入其中，比如眼前的这些盆窑合罐。因为我们村旧时叫盆窑村，后来由 3 个自然村合并为王各庄村。村里曾经的 4 座古窑虽已不在，但家家户户还能找到盆窑器皿，我想把这些告诉来到这里的人，让他们看见我们平谷属地独具特质的历史文化，而盆窑文化最具典型。目前我们也

已经开始非遗的申请，顺利的话 2023 年就能申请下来了。"刘乐继续道。

　　每每谈及创业与所做的事情，刘乐脸上的笑容就消失了，取而代之的是认真、严肃和不苟言笑。"稍往远了说，我当然想让盆窑文化和我们的乡村技艺传承下去，让更多的人了解并喜爱这独属于我们区域、村落的特质文化。为此，我们已经迈出了一小步，那就是在旁边展厅里，专门请了老师傅一边给大家做盆窑文化讲解，一边带领游客体验。"是的，如果仔细看，你会发现，"壹隅千寻"旗下的院落、墙壁上处处有盆窑的印记。雕塑艺术品"新生"和系列画作"平行时空"，均寓意着老纺织厂的重焕新生、乡土民俗与当代艺术的碰撞，也象征着农村生产加工产业向文旅创新型产业的转型。这是当下的"壹隅千寻"，更是刘乐的愿景。"我希望，以后大家提到平谷的时候，不仅仅只是大桃，还有艺术宅居、文化创意、营地研习和最理想的生活。壹隅千寻的成长道路还很长，但是我们真的期待在不远的将来，会有一个桃花以外的更闪亮的平谷。"对未来，刘乐充满了期待与信心。

反观这一切，你会发现在刘乐的心中，孩子就该在大自然中随风奔跑，这才是打开童年的最佳方式；村儿就是那个充满了烟火气、人情味、文化底蕴的所在；理想的生活就是一屋两猫三餐四季，简单明了。

都说接受教育不是为了离开家乡，而是为了更好地建设家乡。眼前的壹隅千寻系列民宿和文创园，或许就是最好的诠释。

"我常常在思考，我的家乡，这生我养我的地方，有青山绿水，有瓜果飘香，有善良的乡里乡亲，如此美好却又不被人知。家乡这么多年为什么还是老样子，我能为她做点什么？返回家乡，或许是我们的终极梦想，有的人20岁抵达，有的人70岁抵达。好在，我在几近不惑之年，已然在路上了。"刘乐如此解释说。

隐约记得泰戈尔曾说过，"万水千山走遍，只有家门口草叶上的那颗露珠，最让我想念。"这句话用在刘乐身上尤为贴切。刘乐现在的壹隅千寻民宿，依托于老的纺织厂，将民宿酒店、乡村民俗、工业遗存等元素结合起来，已经渐渐得到认可。

"很多儿时发小、同学和伙伴也想回来，那我就先吃个螃蟹，给大家打个样儿。"刘乐笑着说。

由于刘乐在乡创上的突出表现，而今他的肩上又多了些责任，2021年底，他被选举为平谷区人大代表，"这一新的使命必将让我更加努力前行"刘乐说。

访谈感悟

学长的奋斗经历让我们震撼，也让我们钦佩。对家乡炽热的爱激励他回乡创业，勇往直前，这种执着的精神值得我们学习，虽然创业路上充满了荆棘与挑战，但也会留下奋斗与拼搏的青春印记，创业的路上会看到更多美丽的风景。

采访人：张奕　张一然　佟瑶

21世纪是一个"绿色"世纪，随着环保意识的增强，人们越来越崇尚绿色自然，对农产品从田间到舌尖的安全要求越来越高。具体到农业生产中，有机肥替代化肥是实施源头管控，发展循环农业、绿色农业的有效路径。刘子健便是这条路上的积极探索者、践行者。

刘子健：废弃物"变身"有机肥，助力绿色农业生产

　　刘子健，男，2006年毕业于北京农学院食品科学与工程专业，大学毕业后，曾任达阵（北京）体育发展有限公司种植管理部经理，现任北京奥格尼克生物技术有限公司总经理和北京尺木文创设计策划有限公司负责人，荣获2017年农村实用人才称号。

　　2021年的一个上午，当我们以学弟学妹身份打电话预约刘子健师兄时，他很爽快地接受了我们的采访："有时间，你们来吧！"一个小时后，我们到达了位于顺义李遂镇的奥格尼克公司办公室，学长很热情地接待了我们，整洁的衣着、自信的谈吐、明朗的笑容，平易近人，充满朝气与活力，这就是他给我们留下的第一印象。"不用太拘谨，就当校园里的学长和学弟学妹聊天，不要太紧张"，刘子健笑着说。我们原先紧张的心情立即平静了不少。

回首来时路，筚路蓝缕

毕业之后，刘子健依靠自身极佳的体育天赋和优势，进入了一家著名的外资棒球公司上班，担任部门经理，有着常人羡慕的工作环境和薪酬待遇。2011 年的某一天，老板对他说："咱们都不是太忙，闲暇时可以养一点鸡来赚一些副业。"老板要求鸡的品种必须是北京油鸡，但当时北京售卖雏鸡的地方很少，千辛万苦寻觅后，在窑店的北京农科院油鸡中心找到了货源。当时条件下只能晚上去进货，刘子健就开着小货车，晚上 11 点从公司出发，凌晨 3 点返回公司卸载雏鸡。每只鸡都要经过 6 个月的精心养护，只喂食粗粮和野菜，完全做到无公害。那段时间虽然累，但很充实，并且最后赢得买家的一致好评和赞许。"副业"的成功，也使绿色无污染、无公害概念首次印入刘子健的脑海中。

在长期养鸡的过程中，动物粪便堆集处理问题接踵而来。当时，农业农村环境治理一直沿用着一种简单粗暴的方式，农业垃圾多采用掩埋或焚烧的方式处理，这种方法既污染环境又不可持续。

作为一名有着农业院校背景的大学生，刘子健敏锐地认识到这些被粗暴对待的农业废弃物实际上是不可多得的绿色资源，是有机肥的优质原料。当时，刘子健所在的顺义区没有专门进行农业废弃物资源化处理的单位。"既然没有，那我就做第一个。"刘子健说。2013 年初，一心志愿服务家乡的刘子健毅然辞去外企高管工作，怀着一腔热血，和几个志同道合的朋友合资注册了奥格尼克公司，生产有机肥，服务绿色农业，开启了自己的创业之路。

创业不比就业，创业后刘子健才发觉每件事的开展都是那么艰辛和困难。没有资金，就将自己多年积攒的工资一分不剩地全拿出来，不够就再去募资；没有技术，就去各大院校求助，甚至远赴海外寻求破解技术难题的方法；没有工人，就率先垂范自己上阵，没日没夜地干活，直到累得筋疲力尽；没有市场，就亲自翻阅各种材料，走访和学习市场相关公司产品优势和特点，研究破解之道；没有客户渠道，就不辞辛苦地走乡串户为每个农户和意向客户解释自身产品的好处和特色……

回忆创业经历时，刘子健说："我已经习惯了面对难题，也习惯了解决难题。创业的路充满了风险和艰险，每当克服了一个困难，又会遇到新的困难，从来就不是翻过一个山头而后是一马平川的简单事。那段时间，有过迷茫之中的泪水，也有过失望之中的苦水，曾经一度出现资金链断裂，公司也一度面临分崩离析，但好在我和我的伙伴都在坚持，一直从未放弃，守得云开见月明。"

刘子健诉说着他这些年的改变，创业让他的心态发生了巨大的变化，性格也沉稳了许多。他说："创业之初的我，如履薄冰，兢兢业业，事必躬亲，亲力亲为；现在的我，已经不再害怕挫折和阻碍，时刻准备着去迎接下一次挑战。"

感悟当下事，笃行不怠

经过 8 年的磨炼和成长，刘子健带领他的奥格尼克在生产制造有机肥的行业里得到了长足的进步与发展。

目前，北京奥格尼克生物技术有限公司已经是一家致力于农林废弃物回收与处理、农林废弃物处理设备研发与推广、有机肥料研发与生产的中关村国家高新技术企业，占地面积120亩，拥有各类生产设备50余台。公司针对农林废弃物处理拥有专利共17项，引进并研发改造多种针对农业有机废弃物处理的设备，填补了行业空白。

2017年开始，刘子健团队对顺义全区的5.3万亩菜田废弃物进行回收利用，在全区设立了856个堆积点，年均处理菜田蔬菜秸秆12万吨，全年风雨无阻、无死角回收。将这些废弃物制成有机肥料，年产量2万吨左右，价值1000万元。北京市将此项创新工作总结为"顺义模式"，并向农业部申报政府购买农业公益性服务机制创新试点，获得农业部批复。

在菜田废弃物回收利用方案成熟后，刘子健又将目光投到园林废弃物的资源化利用上。2017年整年，刘子健带领奥格尼克团队找专家、访国外、选设备，一天不停歇，制定出一套成熟的园林废弃物综合利用方案。该方案将园林废弃物转化为一种环保、多彩、可美化环境的有机覆盖材料，用于裸露地表的覆盖。方案在顺义区李遂镇、木林镇率先进行试点，消纳处理了镇域内7.8万立方米的园林废弃物，为顺义创建全国文明城区、建设美丽乡村等中心工作贡献了力量。随着技术的成熟，刘子健及团队为北京世园会、顺义花博会、北京展览馆，以及北京市各大公园、种植园区、学校铺设了大量的有机覆盖物，在美化环境的同时向社会大众科普宣传有机生态的理念。

凭着专业的奉献精神与脚踏实地的工作态度，刘子健团队吸引了一批又一批科研院所与之合作，共同研发农林废弃物利用新技术、新模式。公司承担过国家重大科技研发项目，如"十三五"国家重点研发计划项目"黄淮海集约化养殖污染防治技术装备产品工程集成与应用"和"秸秆炭化技术工艺与生物炭应用基数研究"；也承担过顺义区自主科研项目，如顺义区科技三项费项目和首都"创新券"项目。通过这些科研项目，企业攻克了技术瓶颈，全方位提升了企业的科技创新能力。

展望未来日，云程发轫

虽然，刘子健和他的奥格尼克已经取得了骄人的成果，但刘子健始终保持着清醒的头脑。他说："当下的成功，只能代表过去。我们正处于一个信息化时代中，稍微一个满足和停顿就可能导致万劫不复，尤其是作为一个企业的领导者和管理人，时刻要有一种危机感，时不我待，时间永远都在大浪淘沙，淘汰一些守旧、落后及不思进取的人和企业，因此现在的成功只是向前走的一个开端而已，未来才刚刚开始。"

对企业的发展，刘子健在脑海有着清晰的规划。将来的奥格尼克公司要在当前的基础上，跳出传统意义上的乡村范畴，向大农业、多元化、复合式的目标前进，企业不仅仅要在生产和制造有机肥的领域深耕，还要做大田农业的服务商，做农业科普的输出点，做观光和休闲农业的示范基地，做蔬菜瓜果的线上线下供应商，等等。未来，公司所有的板块和分支既要独立成为单元模块，又要相互有机结合成为联合体或上下游供应链，好比在一个百亩的果园里，施肥全是有机肥，树上结着可以采摘的果实，树下养殖着可以售卖的生态绿色"溜达鸡"，果园内有着休闲观光场所和休憩餐饮地，等等。在刘子健的设想中，他

企业创业

的企业要能够在大农业的现代化思维里打造一个内部的大闭环循环生态环保绿色产业链，进而提高企业在行业的独特性和竞争力。

寄语传真情，催人奋进

采访最后，刘子健结合大学和社会经历，分享了自己的成功经验：第一，在学校学好自己的专业知识，这是毕业后在社会和工作中的立身之本；第二，跳出舒适圈，多参加一些社会实践，以便更快地适应社会，同时增加对自身优点缺点及行业的深层次了解；第三，无论面对任何困难和绝境，都不要忘记自己是"北农"人，忠于自己的内心和想法，发挥北农人坚持不懈的韧劲和吃苦的劲儿。

关于自身创业，刘子健特别强调说道："创业选择不能盲目，一定要去很多公司去见识或转转，身临其境，了解他们的标准和运营方式。"走过很多路，经历很多后，再创业就会很稳固。他祝愿每个北农的创业学子都能够一步一个脚印、踏踏实实走向成功。

访谈感悟

在从事农业的道路上，刘子健学长一路艰辛曲折，一路风景如画，一路动人心弦。从他的身上，我们看到：坚持把一件件小事做好，就做成了大事业；坚持把不起眼的事做好，就做成了非凡的事；坚持在一件事上精耕细作，就做成了高精专深的事。农业是大有可为的行业，农学专业是可以有所作为的专业。学好本领，服务"三农"，建功"三农"，我辈需更加刻苦坚韧、奋发向上。

采访人：赵翔宇

一个人真正优秀的特质，来源于内心那种想要变得更加优秀的强烈渴望。在十几年的职业生涯中，她凭借着对市场营销的热爱、对客户和同事的真诚，一直保持学习和进步，走向事业和人生的辉煌，不负青春与梦想。

胡明宇： 充满真诚与热爱
不负青春与梦想

胡明宇，女，2007 年毕业于北京农学院市场营销专业。资深运营专家，达内集团高级电商课程创始人之一；曾担任民生银行、北京电信、伊利等企业特邀顾问，P&G 宝洁电商事业部运营总监、CCTV 中视购物产品经理、安徽电视台家家购物产品经理。现任小米集团高级总监、集团内训师，北京农学院经济管理学院硕士研究生校外指导教师。

在校期间，胡明宇曾担任北京农学院团委宣传部部长，多次获得"优秀团员""优秀干部"称号，获得院级三等奖学金，参加 ERP 沙盘模拟大赛获北京赛区第二名，不仅专业基础知识扎实，还具备极强的沟通、组织和协调能力。

步入工作岗位后，胡明宇积极勤奋，凭借"初生牛犊不怕虎"的劲头，工作成绩突出，很快获得领导和同事们的认可，并且提前转正入职。如今，作为运营专家的她，依然不忘母校的栽培，积极投身于学科实践中来，成为经管学院的校外辅导员。

忆母校，追梦人

2003 年初秋，胡明宇第一次踏入北京农学院大门，成为第一届市场营销专业的学生。作为首届学生，系里的老师们给予了他们无微不至的关爱，随时关心着他们的学习和生活。北京农学院是培养胡明宇成才的母校，也是她梦想开始的地方！

在担任经贸系团委宣传部部长期间，胡明宇的沟通、组织和协调能力得到了很好的锻炼，她认为，大学生要积极加入学生会或社团，多参加社会实践，因为做好学科理论与实践的结合是非常重要的。

让胡明宇至今难忘的事，是她大二期间参加 ERP 沙盘模拟大赛的经历。ERP 沙盘模拟系统是一个非常具有前瞻性和实践意义的系统，它会让你全面了解企业生产的各个环节，具有很多实际应用场景，尤其是企业进销存管理等。胡明宇至今还保留着她的沙盘模拟大赛获奖证书，当时参加比赛练就的技能，在工作中也经常用到，对她有很大帮助。

初生牛犊不怕虎

胡明宇认为，作为一名大学生，尤其是新生，需要尽快确认自己的目标，找到自己最喜欢和最擅长的一个领域，并从某一个细分项目入手，不断研究与探索。

企业创业

胡明宇毕业后的第一份工作是在安徽电视台家家购物做广告时段推销员，后来又做了招商，她每天都抱着一大本电话册，挨个打电话，既没有客户积累，也没有实践经验，完全从零开始。

唯有勤能补拙。那个时候胡明宇一天能打200多个电话，每沟通过一个客户，她都做好详细记录，便于后期管理和跟进。慢慢地，胡明宇有了自己的稳定客户。当时的部门总监看到了胡明宇的勤奋、努力和成绩，不仅在部门会议上表扬她，而且还特批她提前转正入职。一般情况下新员工需要三个月试用期，而胡明宇仅用了一个月就转正了。

初到小米集团时，胡明宇负责运营，也需要从零开始搭建团队，她平均每天要筛选几十份简历，面试十几位应试者。运营是个综合体，需要精通营销、设计、数据分析，还要了解财税法、物流、客服，对于这些内容，胡明宇在大学期间学习的课程都有涉及，这为她的职业生涯奠定了非常坚实的基础。

不忘初心、始终充满真诚与热爱

胡明宇最喜欢鲸，不是因为它是世界上最大的哺乳动物，而是因为鲸在遨游大海时从来不会迷失方向，既能快速下潜，亦能快速上浮。胡明宇就像鲸一样，在事业和生活的道路上永远不会迷失方向，既能下潜至海底修行沉淀，也能上浮至海面奔腾向前。回顾这十几年的职业生涯，胡明宇凭借着对客户和同事的真诚，对市场营销的热爱，一步步取得今天的成绩。

其实在这十几年间，胡明宇也并不是一路顺风顺水的，而是既有高光时刻也有低谷阶段，但她每每想到身为一名北农人，就应该有不服输、敢争先的精神。母校就像灯塔，指引着她前进的方向，正如北京农学院的校训"厚德笃行"，胡明宇时刻提醒自己要以德立身，也是凭借着这种精神，才造就了今天的她：做人如水，虚怀若谷；做事如山，坚定不移。

访谈感悟

　　通过胡明宇学姐丰富的工作经历，我深感作为大学生，要尽快明确自己的目标，找到喜欢和擅长的领域，积极勤奋工作。当下，要积极加入学生社团组织，积极参与社会实践，将理论同实践相结合，在工作中运用好专业知识，锻炼自身能力，提升综合素质。

采访人：柯博晗

企业创业

很多年轻人都有一颗事业心，或是创业梦，都会有要去实践的想法和冲动，但是必须清醒地认清一个事实，即我们永远无法赚取到认知以外的财富。赫晖学长告诉我们：选择重要，努力更重要，指南针和地图缺一不可。无论身在何处，都要保持不断学习，不单要提升自己的能力，更要提升自己的认知，学会审时度势。

赫晖：选择重要，努力更重要

赫晖，男，2009年毕业于北京农学院工商管理专业，毕业后创办了北京瓶盖晖餐饮管理有限公司，瓶盖晖也成为北京第一家国安主题餐厅。自主经营了8年后，赫晖却毅然决然关掉几家店面，转换赛道，于2018年投身于保险金融业，成为AIA友邦保险的业务经理，向新时代的保险企业家迈进。

赫晖分享了他的一些心得。他把生意分为三个层次。第一个层次，是拿自己的钱干自己的事；第二个层次，是拿别人的钱干自己的事，比如可以去VC或PE、众筹等拉资金；第三个层次，是拿别人的钱干别人的事。接下来我们就一起来了解他的创业路。

创业从餐饮起步

上大二时的一堂创业策划课让赫晖产生了要去创业的冲动。因为赫晖爱踢球，也是当时北农校队的一员，同时他又很喜欢吃烧烤撸串，所以当时在课上很有意思地做了个足球主题餐厅的计划方案。没想到事后真的得到了老师的肯定，于是就有了想试一试的打算。大三大四他一直在筹划，并不断学习。他特别提到了一本影响他创业的书《定位》，这本书在后来帮助他建立起了自己的品牌。2009年他从北京农学院毕业后，选择了创业，去实现他当时开足球主题餐厅的小梦想。

作为刚刚走出校门的学生，可谓毫无经验，吃了各种苦头，甚至为了节约成本，曾经在店里的卡座沙发上睡了3年。天道酬勤，不断地学习经营与实践，最终他通过微博营销，一步一步让餐厅积攒了一些人气，也在球迷圈中建立起了名气。北京电视台体育频道报道了他，一些美食节目也邀请他参加，甚至一些大赛的采访和直播也在他的餐厅内进行。球圈中许多有名气的人都来捧场，包括当时曾经的北京国安队球员杨璞、徐亮和曹限东都曾光顾过。2014年瓶盖晖的分店在回龙观开业，利用世界杯的节点，瓶盖晖微博一天的阅读量最高达到了58.4万。

创业的实践也让赫晖有了更多的总结和思考。在别人的眼里他是还算成功的，但自己有多疲惫只有自己知道。不能只顾着低头拉车，忘记了抬头看路，面对日益严重的同质化竞争和不断增加的各种成本和风险，赫晖意识到自己必须要改变。说到这个，赫晖提到一本书——《指数型组织》。他说这本书给了他新的启发。他觉得如果一家店一家店地开下去，不但是重资产的投入，而且风险一定是指数增加的。这段时间成为赫晖最难的时刻，

每天都在思考着何去何从。

谈到创业经历，赫晖分享了老鹰重生的故事。成年的雄鹰随着成长，它的羽毛会变得越来越厚重，转弯就会变得笨重，它的鹰喙（嘴）和爪子的指甲会变得越来越长，越来越弯曲，难以捕捉猎物和进食，如果这时它不做改变，那就唯有等死。那老鹰是怎么做的呢？老鹰首先用它的喙抵着粗糙的岩石，在石壁上一下下地摩擦，把老化的喙皮一层层磨掉，直到完全被剥离。然后静静地等候新的喙长出来。它会用新长出来的喙把指甲一根根拔出来。当新的指甲长出来后，它便把羽毛一根一根地拔掉。五个月后，新的羽毛长出来了，老鹰重新飞翔！它重新获得了 30 年的生命！

进入保险行业

赫晖感慨道，"能力不仅体现在能创造和拥有什么，而更体现在能承受失去什么。"2017 年，赫晖经过反复思考，毅然决定关掉了所有的店面，离开了最初的餐饮行业，选择加入了金融保险业——AIA 友邦保险。他认为，在中国，金融保险行业是一个传统的新兴产业，与发达国家相比，不论从保险深度还是保险密度来看，都是十分落后的。也由于中国的保险业曾走过弯路，所以这个行业的价值被严重低估了。在任何一个发达国家，保险业的体量都是极其大的，这也恰恰是一个商机。好的生意往往是很多人看不到、看不懂甚至看不起的，到最后便是来不及。这也是由一个人的眼界、涵养、认知、勇气所决定的。

赫晖分享了他在中国保险业众多公司中最终选择友邦的理由。他说自己不喜欢被别人安排工作，不愿意接受传统的坐班形式，更不想涉及复杂的人际关系。坚持创业才是自己

理想。而 AIA 友邦保险招募的就是各行业有能力的精英合伙人，在这里他自己依然是自己的老板，同时任何人的过往经验和资源并不清零。

优秀的企业并不是业务越多、触角越多越好，而是能够深耕专业领域，并始终坚持长期主义。国内很多的企业只追求利益，什么赚钱做什么，做不到一心一意，所以他选择了100多年来，一直深耕于人寿领域的纯外资香港企业 AIA 友邦保险。这家公司于 1919 年始创于上海，经历过世界战争、全球金融危机却依然屹立不倒生机勃勃，与大陆的保险公司仅仅在中国能立足相比，AIA 遍布中、日、韩等亚太 18 个国家，有更全面的国际化培训体系与孵化机制，在这里能更加赢得尊重，更好地转型。

他分析道，现如今中国人口老龄化日趋严重，还伴随着少子化等问题，同时再加上疫情防控的常态化，大家越来越重视自己的健康与养老，不论从外部环境来看，还是从国内政策来看，保险行业都无疑是这个时代的风口行业。

"没有成功的企业，只有时代的企业。我们时刻需要审时度势，顺势而为。"他说道。

对未来的思考

赫晖回顾自己的创业经历，感慨幸亏在 2017 年、2018 年主动求变并提前做出了转型，也是顺势而为转换了职业赛道，否则今天的他一定是凶多吉少了。他用亲身经历深刻理解了"生于忧患，死于安乐"的道理。在任何时候都不要放弃学习，放弃提高自己的认知水平，乔布斯曾说：keep hungry, stay foolish——好学若饥，谦卑若愚。

和后来创业中的旅程相比，赫晖印象中的大学生活每一帧都是值得怀念的，特别是在夕阳西下的时候，在操场上能和同学们一起踢踢球跑一跑，那种无忧无虑的校园生活最让他留恋。

谈到能否给同学们的就业一些帮助和思路，赫晖觉得大学生在年轻时应该多读书，不仅是课本知识，更应该多看一些管理类、创业类、心理类的书，并且大胆地把自己的梦想定得大一点，梦想有的时候不一定是用来到达的，而是用来支撑前行的灵魂的。他建议青年学子不要盲目创业，更不要盲目投资，如今是"轻创业"的时代，不要不计成本地冲动。尽量去找一个试错成本很低且能学到知识、能提高与人沟通能力的行业。

访谈最后赫晖祝母校越办越好，为中国的"三农"培养越来越多的人才，让学生为社会创造更大的价值，也同时欢迎学弟学妹们未来带着自己的理想来找他。

访谈感悟

前行的路上，学长一步步地走向梦想，一步步靠近梦想。正如学长所说要把自己的梦想定得大一些，虽然梦想不一定能够实现，但他是支撑你的灵魂的，不要安于现状。我们年轻人要有朝气蓬勃的壮志，积极进取，拼搏向上，努力实现自己的梦想。

采访人：曹瑞杰

企业创业

回忆大学时光，往事历历在目，岁月风雨十余载，曾经腼腆内敛的少年已成长为计算机行业的中流砥柱。和千千万万的北农学子一样，他感恩母校栽培，发扬北农精神，在工作岗位上不断追求卓越。

刘纪雷：锚定目标定位，实干成就梦想

刘纪雷，男，2010 年毕业于北京农学院计算机科学与技术专业，现担任阿里巴巴集团前端技术专家。

听说要进行校友访谈，刘纪雷学长专门请假回了学校。刘纪雷与上学时变化不大，除胖了一些外，还是一样的腼腆而又内敛，说话时声音不高但条理清晰，朴素的穿着透露出他的务实。我们的访谈在刘纪雷学长热情的笑容中开始。

回忆母校，做合格的北农人

即使已经离开北农校园十年之久，刘纪雷聊起北农并不太需要回想，好像还是在校生一样。他很自然地说道："我认为北农拥有自由开放、轻松愉悦的校园氛围。像学校的图书馆、电子阅览室等一些平台，都是一个完全开放的状态，非常方便大家学习。"

刘纪雷在校时与同学们相处得很好，可能正是这种笃厚的同学情谊，为刘纪雷在校期间创业打下了基础。他和几位同学一起组建了一个小团队，各司其职，有搞开发的，有做设计的，也有撰写文档的，甚至还有跑市场和处理财务工作的。"现在想起来，觉得当时就是趁着年轻做点儿事，也带一点傻傻的那种感觉"，刘纪雷谦虚地笑着说。他很感谢学校，当时学校号召大学生投身创新创业工作，因此，刘纪雷的创业项目也获得了学校的大力扶持。

跬步千里，做勤奋的学习者

成功从来不是一件一蹴而就的事，刘纪雷所做的每一件事都在为后来的成功打下坚实的地基。从大一开始他就利用周末时间做兼职，比如做翻译、做打字员，提前感受走入社会的不易。他在大四时开始实习，到过雅虎公司，但那个时候他的实习内容不是做技术，而是做编辑。刘纪雷没有抱怨实习岗位和自己所学专业不对口，而是脚踏实地的认真干活。他认为，无论怎样的经历都是一种宝贵的财富，都能带来收获。

有些同学会说，在校学到的东西以后用不上，果真如此吗？刘纪雷为我们解答了这一疑惑。他认为，大学是一个自由开放的环境，如何学习全凭自己的选择。可以选择适合自己的道路，学习自己感兴趣的东西。但这并不意味着学校的课程一无是处，反之，学校的课程才是重中之重。万丈高楼平地起，不打好地基谈何发展。如果打算选择专业对口的工作，那么在学校接触的基础知识就是万丈高楼的地基。专业的好前景不代表自己的好前途，任何人的成功都不是一蹴而就的。夯实基础应是同学们在校期间的重要任务。

认真踏实，做优秀的社会人

刘纪雷坦言，步入社会工作十多年了，其实遇到过不少的困难，但人生不可能总是一帆风顺，这个时候务必要摆正自己的心态。工作期间总会陷入一个循环，从一开始的意气风发，慢慢地开始习惯进入平稳期，然后遇到困难陷入迷茫期，最后解决问题。大部分人都会进入这样的循环，保持乐观的心态，告诉自己困难总是会被解决的，这样才能不断地向前。

刘纪雷还谈到了如何平衡好工作与生活。他说："阿里有一句话是'认真生活，快乐工作'，而不是反过来。意思是说，工作之后你的大部分时间其实都是在公司里面度过的，所以要保持快乐，心情愉悦，工作才会高效。但是到了生活中，你要考虑你的家人，要认真对待家人。其实互联网公司也不像外面说的都是'996'，只是有时为了做好一些事情，你会很愿意花时间去研究。如何平衡好工作、学习和个人生活，是一种智慧。"

访谈最后，刘纪雷结合自身学习和工作经历殷切叮嘱北农在校生："确定好自己的方向，去学习一些自己感兴趣的知识，这对人生发展非常有帮助。这些帮助可能一开始并不明显，但是当大家步入工作岗位后，这些储备的知识就会逐渐发光发热。青年学子们，加油！"

访谈感悟

通过对刘纪雷学长的访谈，我们深刻感悟到成功其实都来自平时的日积月累。与其踌躇不前，彷徨度日，不如放宽心态，迈开大步去认真规划自己的人生，弥补自己的不足，相信通过努力一定可以走出一条属于自己的道路。

采访人：郭文　任婷　杜美姮

他在北农度过的四年大学时光充满蓬勃的青春气息，虽已毕业十余载，却始终心系母校，不忘初心，在工作和生活中努力践行"求真务实"的北农精神。

闫杰：学好专业，触类旁通

闫杰，男，2010年毕业于北京农学院计算机科学与技术专业，现任中智优力管理咨询（北京）有限公司CEO。

虽然毕业十一年了，闫杰仍会抽时间回到学校拜访他的辅导员老师，因而对学校的各方面情况十分熟悉。这份熟悉感让我们对闫杰学长的采访进行得十分顺利。伴着初秋和煦的暖阳，闫杰侃侃而谈，回忆往昔校园时光，分享工作生活中的思考和感悟。

回想起他在北农学习的点点滴滴，闫杰觉得所在班级和老师们对他的影响是非常大的。"虽然说当时那一届只有50多个人，但是我们非常团结，所有的同学参加各项活动都非常地积极。在我们后期参加创业大赛的时候，辅导员宁宁老师、院系的主任和副主任都给了非常宝贵的意见，帮助小团队一起完善整个执行方案，提供了很宝贵的建议，为后来团队获奖打下了坚实的基础。"

大三、大四时，闫杰学长和他的团队代表学校参加了北京市创业大赛。虽然对手都是来自清华、北大、北邮的学生团队，但闫杰带领的北农团队在比赛中丝毫不逊色，经过系列比拼取得了优异的成绩。更为关键的是，他们的创业项目不是为了比赛而比赛，而是投入运营了将近一年的时间。这个经历为他后来的学业和工作都提供了很强的指导性。

虽然闫杰现在所从事的人力资源行业与他大学所学专业关联度不高，但是大学期间的经历和所学课程带给了他深远的影响。他积极参加各种活动和比赛，积累了很多创业方面的经验，他认真学习大学课程，利用编程带给他的思维能力解决了工作中遇到的很多问题，这些都为他后来事业的成功奠定了坚实基础。

"我能感觉到我的思维比较清晰，因为是学计算机的，所以逻辑性相对不错，不管到什么时候我的脑子里都跟程序一样，我的架构是非常清楚的，我想这个是大学所学专业带给我的最大收获。而且，我现在和其他人聊到技术的时候是有共同语言的，因为我们的底层逻辑是一样的。"

正因如此，他希望北农在校大学生要利用好学校提供的资源和平台，充实自己，提升能力。

离开校园步入社会后，闫杰认为首先要有目标。"刚毕业的时候你要有一定的社会积累，作为选择目标的基础。另外就是任何时候不要放弃学习，不管是书本上的还是社会知识，一定要坚持学习，而且要敢于挑战、敢于尝试，有些东西是你不能选择的，能做的就是把每一件看得见摸得着的事情做到极致。"

闵杰表示，北农带给他最独特的气质就是脚踏实地，这对他后来的人生道路影响深远。在他看来，"北农精神"就是求真务实。北农人就应走自己的路，坚持走自己的路，这就是身为北农学子最好的选择。

面对新时代的北农学子，闵杰分享了自身经验和感悟。他提出，读大学期间，最应该为将来的事业与人生积累社会经历。所以大家应该多参加实习，包括学校组织的创业活动等。他现在经常跟员工开玩笑说，不会玩的人不会工作，不爱吃的人也不会工作。他觉得这是一个人综合素质的体现，而且也体现了一个人的精神面貌。

访谈最后，闵杰还就母校今后的专业设置和就业引导方向提出了自己的建议。他认为，要重视信息化和人工智能，因为这个领域已经成为当代社会各行业的底层架构。"我们要重视人工智能专业，相信这是未来农林方向发展的必然趋势，就像德国的工业4.0产品一样。"

访谈感悟

对于年轻人来说，人生处处是课堂，多在生活中锻炼自己就会更接近成功。正如学长所说，当代大学生应利用好学校平台提供的各种资源和机会，提升自己的眼界和能力，为走入社会积蓄知识和力量。同时，要重视综合素质的提升，努力平衡好学习和生活，实现德、智、体全方面发展。

采访人：郭文　任婷　杜美姮

由于主客观条件的限制，对于每个人，"想做"和"应该做"的事往往并不都有实现的可能。这时候，为了使自己的生命价值对社会有切实的贡献，必须做自己"可能做"的事。

陈慧君：享受创业，创享未来

　　陈慧君，女，2011年毕业于北京农学院动物科学专业，毕业后自主创业，现担任北京唯品乐文化传播有限公司总经理。

大学时光，坚实基础

　　2007年9月1日，陈慧君，一个来自农村的姑娘，带着家人的期待及自己对大学、对城市、对新生活的向往，拿着那张薄薄的但对于她及家人来说却沉甸甸的大学录取通知书，来到北京农学院动物科学技术系报道，终于，她成为一名让家人感到骄傲的大学生。

　　大学这四年，对于陈慧君来说，是最难忘的四年。在这里，她努力地汲取知识，增长见识，不仅结识了很多对她关怀备至的师友，更是为她今后的人生道路指明了前进的方向，从而完成了人生重大转折。

　　2007年10月，正逢学校图书馆成立新的社团——慧读社，面向全校招聘社长，陈慧君那时还是一名大一新生，一向自信勇敢的她，踊跃地向学校图书馆投了一份简历，经过层层选拔，竟然超越了很多师兄师姐，成为慧读社首任社长。朝气蓬勃的慧读社在这个年纪小小的社长带领下活跃于校园的各个角落并且频频开展校际联谊交流活动，也就是这个时期，她认识了同为文学社社长且已经开始创业之旅的未来人生伴侣。这一结识，注定就是一生的缘分，从此二人携手，自然地扬起了创业的风帆。

　　在校期间，他们成立了唯品乐礼品店，颇受广大学生和老师的关注，尤其是开学和毕业季，各种礼品订单接踵而至，使唯品乐礼品店成为口口相传的大学生创业代表。

　　随着小店一天天成长，在北京农学院和华北电力大学俨然成为一个小明星创业团队。在大学里，几乎都会有一门关于创业的选修课，在这个课程里，以陈慧君为组长的小组，以唯品乐为真实题材的创业论文，得到了老师的一致认可。

　　2009年，北京农学院组织了一次校级的创业大赛，陈慧君以创业代表身份参加了决赛，并针对唯品乐的经营做了汇报演讲，得到老师和评委的一致认可。

　　2009年末，学校社团定制了一批展板，唯品乐在这个新契机下，首次购买了一批写真设备，完成了它的第一个转型，由唯品乐礼品店转型为唯品乐图文店，从此唯品乐便与广告结下了不解之缘，服务于学校部分组织机构、各大社团，就这样，貌似一切都是水到渠成，她边读书边经营，每天忙忙碌碌，直到大学毕业。

初入社会，艰难抉择

2011 年，陈慧君顺利完成学业，迎来大学毕业的时刻，那时她的男朋友，也就是现在的老公已经大学毕业一年，他并没有像别人一样找工作，而是继续经营着自己的小生意，帮助唯品乐完成第二个蜕变，扩大了经营，开启了小型工厂，而陈慧君经过艰难抉择，选择了响应国家号召，回到农村去，成为一名大学生村官。

四年的村官之路，对于陈慧君来说，犹如续写了大学生涯，她依然是一边工作，一边忙着自己的小生意。转眼四年时光已过，到期的同事们有的选择进入国企，有的选择事业编和公务员，而她又一次陷入了两难的境地：一方面是家人为自己安排好的道路，好好找一份工作；另一方面是自己的小事业和老公迫切需要自己的回归。最终，她选择留在老公身边，帮他打理工厂，处理业务，助他一臂之力。

时间稍纵即逝，十年间，夫妻二人经历了无数次艰难险阻——工厂搬迁、资金链断、工人离职……也经历了无数的白眼和不理解。她迷茫过，无助过，黑夜里默默痛哭过，但是却未曾有一刻动摇过。她说，既然当初倔强地走上创业之路，如今就已经无路可退，唯有背水一战，勇往直前。一本书中写得好：没有在深夜痛哭过，不足以谈人生。这一路的心酸，不经历创业的人是很难理解的。

初得战果，斗志昂扬

回首唯品乐的风雨之路，虽然有磨难坎坷，但同时也伴随着感动，因为这一路，每逢关键点，总是有幸得贵人好友相助。2019 年，在国家棚户区改造的大形势下，原有的工厂需要拆迁，在父母的支持鼓励下，夫妻二人搬回了自己的家里，把一处闲置的房子改造成了小型工厂，条件可谓艰苦。那里原本是一处旧的养殖场，基础设施可以说完全没有，搬家又逢寒冬腊月，四壁透光，头顶露水。幸福的是，离家近了，一年的时间，父母亲眼看着他们的努力，看着他们的进步，终于在父母的眼里，陈慧君看到了久违的理解，这也让他们的斗志更加昂扬。

2020 年，对于陈慧君和唯品乐来说，是重要的一年，是划时代的一年，是终生难忘的一年。因为就在这一年，她收获了一份难能可贵的友谊，结识了一位如师如友的忘年之交，在他的支持与帮助下，公司喜迁新址，如今工厂占地面积一万多平方米，给足了他们发展空间。短短一年多时间里，公司资产翻了几番，同时收获了新一轮的优质客户。

如今唯品乐文化传播有限公司终于踏上了预期的轨道，拥有了自己成熟的工厂、稳定的销售渠道和硬核的生产安装配送团队，成为一个集广告物料制作、会议会展搭建、会议物料出租、设计制作安装于一体的大型广告会展公司。

不忘初心、砥砺前行

回首这一路，陈慧君无限感慨，因为这一路无时无刻不伴随着感恩、感动和感怀，过去的，哪怕细小琐事，她一样不会忘记，未来的，哪怕些许进步，她深知少不了过去的积淀。现在虽然看到了阶段性的希望曙光，但是路漫漫其修远兮，仍需艰难地去求索。要想让公司有条不紊地朝着更加正确的方向发展，带领员工去创造一个又一个的阶段性胜利，就必须不断地总结经验教训，不断地完善自我，唯有这样才能带着美好的回忆，带着对未来的憧憬，奔向那个期待的远方……

吾辈当自勉，后辈当自强

访谈的最后，陈慧君感慨地说道：没有岁月可回首，总觉得自己还年轻，踏上回忆的旅程才发现，奔四的年纪已然开始沧桑。她觉得，在众多的校友中，优秀的人有很多，而她几乎普通到像一粒尘埃。既来之则安之。她勉励自己的学弟学妹，既然自己选择了一条道路，不管它是艰难险阻还是惊涛骇浪，都要坚定不移地朝着预定目标奋勇前进。

访谈感悟

有这样一句话：这个世界除了贫穷和衰老不费力气，其他都需要努力。时间以同等的方式流经每一个人，而每个人却以不同的方式流经时间，如何让时间增值，是我们一生的必修课。吾辈当自勉，胜不骄败不馁，希望读到这篇文章的学弟学妹们在陈慧君的经历中略有所感，在漫长的人生之旅自强不息。

采访人：李旭

专业是立身之本，打牢专业基础方能行稳致远，拥有过硬专业，方能不惧风云变幻。

申震：学好专业，做专业事

申震，女，2012 年毕业于北京农学院国际学院食品质量与零售管理专业，在消费者洞察领域持续深耕 7 年，现任达达集团京东到家用户研究负责人。

感恩母校，争为新时代毕业生

回顾自己在北京农学院的求学经历，申震谈到自己从一个努力追求好成绩的"传统乖孩子"到理解学习不是大学生活的唯一，进而去参加各种实践活动，丰富生活和历练自己的"新时代大学生"的成功蜕变。她也坦言，这个成长过程里也曾遇到困难，感到迷茫，但是自己不断调整前进的方向，去适应大学的学习生活，收获自信。对于国际学院的中外合作教育模式，她表示，接受与中国常态化模式不同的英式教育，让她打开了眼界，改变了个人状态，性格也变得更加积极阳光、活泼开朗。她提到，在国际学院获得的各种学习实践机会是一份珍贵的礼物，给她未来的工作生活带来了许多益处。

"落红不是无情物，化作春泥更护花。"一位好的老师能够给学生照亮前方的路。在申震的求学路上，同样也有两位老师让她印象深刻：徐扬老师和郭传真老师分别在她的专业和生活方面给予了充分的帮助和支持。在专业上，她表示徐老师是自己商科的启蒙老师，在感兴趣的零售领域给予了自己指导。正是因为听了徐老师在零售方面的课程，让自己在大学期间就对零售、消费者行为产生了极大的兴趣，并且在大学期间就坚定这将会是自己未来长期的工作方向。而在后来的职业中，自己也一直与徐老师保持联系和学习，无论是在工作方向抉择还是专业知识在工作环境中的应用，都得到了很多帮助和鼓励，让自己一直在工作中一往无前。在生活中，郭老师就像是一个开朗健谈的大家长，无论是在学校还是日常生活中，都一直在鼓励自己去做各种尝试、突破自己、寻求成长。申震在国院学生会任学习部部长期间，需要组织各种有利于学弟学妹们融入国院生活、提升专业学习技能和能力等方面的实践活动，郭老师总会提供工作思路和指导帮助。也正是因为有老师们的持续鼓舞，让申震在大学期间不仅能以位列班级前三的学业成绩顺利毕业，同时还多次荣获了国内外学校的奖励及荣誉。

谈到在国际学院的学习和生活时，申震动情地说："很感恩自己在国际学院的学习经历。国际学院的中外合作项目创办时间早，理念和体系完整，在国内就已经让学生感受到外国的教育模式，这让学生出国的时候不适感几乎为零，就像是换个地方学习而已。而中外学习的不同之处在于，国外注重培养批判性和创造性思维，鼓励表达和输出各种各样的想法。多角度的思考帮助我去接受和理解不同的声音，眼界也更加宽广，格局更大。在可塑性强的时期接受不同的教育模式，对于人生的宽度、高度、广度都有长远的正向影响。

留学经历带来的价值是伴随一生的，是一份永远都值得怀念且历久弥坚的精神财富。"

破圈成长，持续在专业领域深耕

　　面对从学习到工作这一人生重要的转折点，申震毫不犹豫地选择了和专业关联性强、匹配度高的工作。自 2013 年硕士毕业回国后至今，她一直在市场研究和消费者洞察领域深耕，并持续在零售全渠道(线上+线下)领域中汲取经验和收获成长。先后服务过 30 个以上世界五百强品牌，如雀巢、玛氏、高通、戴尔、宝马、腾讯等，带领团队提供市场研究咨询方面的指导性建议，为品牌日常运营和战略决策提供相关支持，赢得客户们的一致好评和多客户的续约合作。

　　申震的性格决定了她不是一个安于现状的人，在成长的路上始终不断地为自己设立更高更大的挑战。2018 年，她成功实现转型，在中国领先新零售"O2O 平台——京东到家"做该领域内的用户洞察及市场研究深耕与商业指导，任用户体验研究部负责人一职。4 年来，她致力于将个人在市场调研和消费者洞察领域的经验迁移至京东到家，创立并发展适合京东到家所需的用户体验研究部。在这期间，她打造专业用研环境、持续对公司各部门赋能，搭建专业化用户研究团队，不断提升个人及团队在公司内外的影响力，赢得公司上下的一致认可，并多次荣获荣誉及晋升。

　　她表示，大学时期的理论知识和各方面能力的培养给她在工作方面带来了很多益处。

扎实的专业知识，较强的领导能力和很好的抗压心态，是她胜任工作，提升个人影响力的关键。谈到自己的工作，申震说："我十分喜欢目前从事的这项消费者研究工作，这也是我在大学期间就立志要长期从事的工作。由于自己本身对人的行为有很强的好奇心，而用户研究又能通过接触到形形色色的人，并且通过对人的态度与行为的大小数据分析在商业中变现，为公司带来收益和价值。用户研究的工作对人的成长有很强的可塑性，同时也充满挑战，能够让自己不断破圈，得到能力提升，通过挖掘自身的价值，最后得以持续性地成长。"

拥抱多元，是成为栋梁人才的基础

申震认为北京农学院国际学院的最大优势是多元化的教育，既培养学生严谨的理性思维和创新性的感性思维，又培养学生持久性的学习力，这些能力都将成为日后生活和工作的立身之本，会产生无穷无尽的收益。对于仍在求学阶段的北农国际学院的学子，她建议："首先，应该要积累和培养各方面的能力，提升综合素质，不断地充实自己。同时，也要认真享受大学生活，独立发掘个人潜能，抓住实践机会切实感受，了解自己，突破自己，不断成长。'若有光芒，必有远方'，在不断的努力中寻求自己、挑战自己，每位同学也一定能收获自己的那道耀眼的光芒。其次，对于即将出国留学的同学们，要保证自身安全，关注疫情，安全第一，留学后要尊重当地的风俗习惯，要多去看世界、感受世界之大和美妙，要了解不同地域的特色，多结交新朋友。就如'读万卷书不如行万里路，行万里路不如阅人无数'的道理一样，感受和体验生活之美也必将能助益自己今后的生活。最后，不要轻易放弃自己的专业，每个专业领域的学习都会带来独特的优势，要尝试与自身专业契合度高的工作，对于职业和专业要忠诚、要有虔诚的探索精神。"

在采访的最后，申震也留下了对母校美好的期待，她希望学校能够给学生们提供更多

企业创业

合适的实践机会，搭建与各种工作单位联动的平台，带来更好的学习资源。期待学校能够与已经踏入职场的毕业生们交流合作，让更加生动的社会案例走进课堂，融入课程，进而助益同学们提早接触和适应社会及职场环境，做好学校和社会之间的铺垫。同时，也祝愿所有学弟学妹们前途似锦，母校繁荣发展！

访谈感悟

从学姐的身上，我们能看到在外拼搏的艰辛，可以感受到北农人在社会建设中的努力，可以领略到大学生在学校中的生活乐趣，可以窥探自己的未来需要千锤百炼；只有挥汗如雨，才能笑看他人；只有热血沸腾，才能傲视群雄。作为年轻的一代，我们要敢于吃苦，勇于奋斗，谱写自己的未来！

采访人：孟鑫　孙怡文

心中有梦，动力不绝。有人说人生如梦，那么追梦的过程就是不断奋斗的人生；有人说理想如梦，那么追梦就是你价值的人生。在人生理应有梦阶段，勇敢地追求吧，因为梦想只属于全心全意为它付出的人。追梦在时间中沉淀，它会成为更加现实的存在。时间在追梦中永恒，它将成为更加宝贵的回忆。梦因人生而丰富，人生因梦而精彩。

丛容：做新时代的风景园林追梦人

丛容，女，2014 年毕业于北京农学院风景园林专业获得学士学位，2017 年毕业于清华大学建筑学院风景园林专业获得硕士学位，现任职于北规院弘都规划建筑设计研究院有限公司。

回忆母校，做合格的农学院人

丛容十分怀念在北农的校园生活，她回忆道："学校老师是大家的良师益友，老师们具有扎实的专业基础和学术功底，为人真诚、朴实。对同学们悉心教诲、宽厚、包容，培养了大家独立思考的能力和习惯，同学们在老师的教导中前进、成长。大学期间，设计课中，老师会根据每位同学的想法和理念进行指导，因材施教。同时，也身体力行地教导我们要保护环境，珍惜环境，树立正确的生态价值观。"

当谈及在大学校园里最难忘的事情，丛容说道："由郑老师带队去南方实习，在老师的解说和指引下，同学们更加深刻体悟到中华园林之美，中华文化之魄。开阔视野，激发创造力，也提高了集体凝聚力和团队活力。刘健斌老师在讲授园林植物课对于自然的热爱与对于知识的钻研精神，潜移默化地影响了每位同学，给同学们树立了积极的榜样。

在校期间的课余生活也是非常丰富，同学们对生活充满热情与好奇。舍友们学习制作章鱼小丸子、沙冰，并进行售卖，既增强了动手能力，也增加了社会实践的经验，这无疑是非常好的体验。"

"在各位老师的谆谆教导下，大学四年美好的时光充实而快乐，大家一起学习、锻炼，共同奋斗，做自己感兴趣的事情，勇于试错、勇于挑战、勇于拼搏，为未来的工作生活打下了坚实的基础。行万里路，读万卷书，脚踏实地，面向未来。"

奋勇向前，做勤奋进取的毕业生

丛容是风景园林专业的毕业生，离校后一直从事风景园林专业相关工作，在积累经验和提升技能的同时，逐步对专业产生了更为深刻的理解和看法，也遇到专业方面的瓶颈问题。经过认真的思考和反思，最终决定参加研究生考试。目标一旦明确，就需要付出加倍的努力，最终在不懈努力下，成为清华大学建筑学院景观学系硕士研究生。

对于风景园林就业所面临的困难与挑战，丛容认为不要被自身所局限。她说："风景园林人需要树立正确的生态价值观，同学们要关注对于生物多样性的保护，我们所处生态文明大背景下，保护与发展的时代命题需要每一个风景园林人研究、实践与探索。"丛容热爱旅行，热爱自然，在旅行中不断感悟山川之美，感受自然的力量与人类在发展中对于自然的影响。她认为风景园林专业是非常重要且前景广阔的专业，无论是大尺度的国土空间规划、生态保护规划、生态修复规划、生物多样性研究、耕地保护规划还是聚焦场地的景观设计、生态修复设计、棕地修复再利用等，都是风景园林人奋勇拼搏、努力向前的天地。

格物致知，做坚忍不拔的风景园林人

面对工作上的问题与挑战，她百折不挠、潜心钻研、不断学习。目前，她从事国土空间总体规划工作，主要负责土规板块内容，包括生态格局构建、生态修复布局以及耕地保护等内容。国土空间规划内容复杂全面，在某市生态修复与国土综合整治专题研究中，由于研究范围广阔，工作难度大，丛容每日加班加点、阅读大量论文与研究，主动学习，深入了解对于该板块的知识盲区，经过不断向同事、老师、同学的请教，以及与负责人的反复探讨，根据甲方和负责人的修改反馈意见，不断修改更新生态安全格局与整治修复相关内容，最终以高质量完成了工作任务。

在单位中，丛容还担任党支部书记助理，协助党支部书记开展党建工作。她秉承踏实认真的工作态度，顺利完成党组织交与的任务，获得了"优秀共产党员"的荣誉称号。丛容表示，将会继续提升自己的大局意识和奉献精神，用实际行动践行全心全意为人民服务的初心，奋力成为一名优秀的风景园林人。

访谈感悟

我们从学姐的经历中学到了很多，也收获了很多。在学习的路上，我们不能因为遇到一点点困难就放弃，而是应该一鼓作气，克服困难，勇敢前行，不断充实自己，做最好的自己，向既定的目标冲刺！

采访人：孙浩然　张雨然　柴静

人生就像掌纹，虽然弯弯曲曲，但是却永远掌握在自己手中。无论是学业还是工作，真正能绘制人生画卷的，只有我们自己。

李秀堂：充实自己，应对挑战

李秀堂，男，2016年毕业于北京农学院农村区域发展规划专业，研究生就读于中国社会科学院国际金融专业，在校期间先后担任社联主席、校办助理等工作；先后获北京市团委先锋杯优秀团员、校优秀学生干部等各类奖项；毕业后曾担任民生置业有限公司法律合规部助理、中国民生投资集团文化板块投资经理，现任职于农银金融资产投资有限公司，主要围绕已投项目进行投后管理，研究同行业项目投后赋能方案、公司治理方案，同时辅助参与行业研究。

回忆北农学习生活的点滴，李秀堂感慨万分。谈到学业，他多次提及专业课程覆盖面广，很多领域的知识都会有所涉及，从经济学到CAD制图，再从环境学到社会学，围绕区域规划这一专业领域，课程安排丰富多彩，一方面充实了自身的知识储备，另一方面为未来的职业发展道路提供了多种可能性。他提到，在校期间对经济、金融这两方面的知识非常感兴趣，学习宏观经济学、微观经济学等相关专业的课程，这为毕业后从事的相关工作打下了坚实的基础。

令李秀堂印象深刻的是北农就读期间参加了学院组织的夏令营交换生活动。经过半年的语言培训后，李秀堂赴美国派克维尔大学进行了为期一个月的暑期交换。赴美期间发生了各种突发情况，这段旅程虽一波三折但充满了有趣珍贵的回忆。谈起这段经历，李秀堂说道："非常感谢学校能够组织这样一次活动，整个交换生过程丰富多彩，首先通过前期语言的学习补足了自己的英语短板，同时也让自己养成良好的学习习惯，最重要的是开拓了自己的思维、培养了自身综合能力。印象特别深的就是因为航班取消，一行人在芝加哥机场滞留，还好在带队老师和同学们的共同努力下寻找到了住所，与美方老师成功接头。"在美期间，作为一名交换生不仅体验了美方学校的特色课程，也进一步提升了自身英语口语、听写能力。课程结束回国后，李秀堂在院系老师的带领下围绕"跨境高等教育"这一主题，编纂了相关文章并进行了发表。

在校期间，李秀堂还曾是社团联合会的一员，担任过社联主席一职，多次组织院校各类活动。李秀堂表示，自己很愿意去做这样的事，因为每当看到组织成果和大家的热情反馈时，自豪感都会油然而生。每个活动的背后都需要细致的规划，这不仅磨炼了李秀堂优秀的组织能力，也在无形之中提升了他的抗压能力和人际沟通能力。李秀堂也曾担任老师助理，参与北京农学院"更名大学"的准备工作，利用暑假期间对学院历史档案进行了系统性的梳理归纳，并协助校办老师组织召开了多次会议，这段助理工作经历也为他进入社会、接触工作打下了良好基础。

毕业后，李秀堂的第一份工作是在民生置业有限公司担任实习助理。秉承对金融行业的热爱，勤勉好学、积极主动的他在实习期间脱颖而出。随后他又加入中国民生投资集团，在文化板块任投资经理一职，负责多个行业板块的项目研究及落地、投后管理，参与的投后项目资产累计约 30 亿元。

立足在校期间积累的区域规划相关知识，李秀堂对地产类项目的前期调研、周边市场分析、产品定位、去化率分析等内容的学习掌握十分迅速。李秀堂提到，正是在校期间进行了大量的知识储备，才能让他在工作后很快进入投资经理角色，才能在评估项目时，站在城市设计、区域规划角度，分析项目优劣，为公司领导提供投资判断和决策支撑。在中民投工作的四年时间里，李秀堂陪同领导考察地产项目百余项，同时也协助其他同事研判了部分海外地产项目 10 余个，在各类大小项目中均提供了有力的支持，有效地完成了领导交办的各项任务。

2020 年根据个人职业发展规划，李秀堂离开中民投集团，加入农银金融资产有限公司，开展投后管理工作。投后工作主要围绕被投企业行业梳理、业务开展、财报分析、跟进上市进度等维度展开。两年多的时间里李秀堂详细梳理被投公司行业资源，结合公司自身的行业投资发展布局，对接行业有效资源落地。同时他定期梳理财务报表，及时跟进企业的原有业务情况及业务市场开拓情况，按照合作框架协议中约定的上市时间表，跟进被投企业上市情况，对于滞后问题及时与被投企业沟通。为进一步充实自身的学习，李秀堂攻读了中国社科院的国际金融硕士，进一步完善了自己的专业知识和业务能力。

谈到自身的成长经历，李秀堂多次提及，在步入社会后，社会环境与校园环境是截然不同的，每个人都会有自己的应对之道，要不断地精化自己的专业知识。诚然，社会远比学校复杂，毕业步入社会仅仅只是一个开始，要学习的东西还有很多。"活到老，学到老"，人生就是一个不断充实自己的过程。

访谈感悟

不是每个人生来就是天才，但我们依旧可以通过后天的努力成才。人生的道路很长，我们不知道的东西还有很多，所以要"活到老，学到老"。人生的画卷需要自己来绘画，或是精彩，或是平淡，这都取决于自己。不断学习知识，丰富自己；不断克服困难，磨炼自己，这正是我们应当向李秀堂学长学习的精神。

采访人：贾雨田　赵倩　郭仕鑫

人生规划要从大学开始，且看邸天昱的经历。

邸天昱：从求学到就业

　　邸天昱，男，2016年毕业于北京农学院国际学院食品质量与零售管理专业，现就职于中国旅游集团。大学期间，邸天昱担任院学生会体育部部长和篮球队队长，多次获得优秀学生干部称号，带领学院足球、篮球队取得了突破性成绩。

　　邸天昱在大学时担任了学院体育部部长，参与并组织了很多校园文化活动，因而对学生参与学生活动方面有很多独到的见解。他认为参加学生工作不仅能提高自身的组织能力，也能拓宽与同学们的交流机会，收获十分珍贵的友情。在学习方面，他建议基础课学习，必须重视平时的结业报告和各种考试；进入专业课学习后，必须要提早和老师沟通课题的研究方向，做到目标明确，有的放矢。

　　在谈及对所学专业的感受时，邸天昱讲道："我觉得食品专业是一个非常有前景的专业。民以食为天，谁也离不开吃，怎样让大家吃得舒服、吃得健康、吃得有品位，是食品专业学生的责任和使命，食品专业前途光明，食品专业毕业生大有可为。"邸天昱希望学弟学妹在校学习要勤动脑，多动手，特别要增加实验室操作的能力。他认为，食品专业的实验室就是"美味的摇篮"，能够激发大家对生活的热爱和学习的兴趣，每个学生都要亲身体验食品的制作过程，在过程中感悟生活的美好和自身的责任与担当。实验得来的知识，远比书本上读来的知识更加令人难忘。

　　谈及食品专业所对接的国外院校——哈珀·亚当斯大学，邸天昱详细介绍了该校的情况。他说，"哈珀·亚当斯大学的食品专业在英国排名十分靠前，学校对学生个体的成长非常重视。学校的住宿环境很好，八个人住在一起，每人都有自己的卧室，共用一个厨房、餐厅，还有大家共同交流的空间。学校周围没有娱乐场所，所以环境氛围很适合学

企
业
创
业

习。每周会有校车载着同学们到邻近的小镇去买一些东西。"邸天昱强调，留学生基本是自己照顾自己，所以对于长期处于父母庇护下的独生子女来说，会是一次很好的锻炼机会，想要出去留学，必须提前学会独立，适应社会。

作为一名大学生，仅仅完成学业是远远不够的，如何规划未来尤为重要。作为"3+1"合作办学的学生，大部分同学都面临考研的问题，有的选择回国考研，更多一部分则选择在国外继续申请读研。对此，邸天昱认为："英国读研只需一年，效率要比国内高。如果本科毕业后想增加一些实践经验，可以先回国实习一年。要想有更好的发展，建议大家还是要继续读研究生。在专业选择方面，可以重点考虑自己喜欢且擅长的领域，或者是前景发展好的、易于找工作的专业。"邸天昱结合自己的经历建议学弟学妹们，要积极主动寻找与自己专业相关的企业实习，实习的经历在英国很受重视。

邸天昱大学毕业后回国实习了一年，之后又申请了英国研究生，毕业后选择回国就业。他坦言，虽然很难选择一份自己喜欢的完美工作，但越早规划，越能找到匹配度高的工作，从而越能实现自己的价值。

冬奥会期间，邸天昱在中旅酒店兼任冬奥村餐厅运营保障经理，两个月的服务活动，他舍小家为大家，全力投入服务运营保障，既积累了经验，也赢得了口碑。

访谈的最后，邸天昱特别希望同学们在大学期间，做好时间管理，劳逸结合，收获满满。同时，也祝愿北农的学子都能有一个光明的未来！

访谈感悟

通过与学长的这次深度交流，我在迷茫的当下找到了前进的方向，也更加坚定了自己对大学生活及未来奋斗的决心。我们应该珍惜转瞬即逝的大学四年时光，脚踏实地，成为更加优秀的自己。

采访人：林家裕

激情、奋斗、永不停止，是张立桓人生的主旋律，正因为她知道自己真正所想，所以她才敢于不断开启人生的新篇章。从刚进入社会的"小白"到现在的游刃有余，张立桓一直在不断地努力，向自己的目标前进，去学习更多。

张立桓：多一些奋斗，未来才会多一些选择

张立桓，女，2019 年毕业于北京农学院 & Harper Adams University 食品科学与零售管理专业，研究生就读于英国利兹大学，现就职于京东集团。

说到学习期间对自己影响最大的老师，张立桓脱口而出："徐扬老师。"她表示，徐扬老师的课程非常有趣而且会伴随着大量的小组实践内容。"记得当时徐老师经常说，学食品和市场营销就是要多出去逛，了解市场和一些主流品牌营销案例。她的很多论文也会要求同学们以小组的形式，实地到商场考察后，结合所学的知识进行优劣势分析和营销发展建议。"她回忆道，"在整个过程中，不断锻炼了我们在工作规划、沟通、安排、分配、节奏把控和内部冲突处理等方面的能力，为后续工作积累了宝贵的经验。"

关于如何利用大学的学习生活提高我们的核心竞争力。张立桓指出，和其他学院相比，国际学院会更加注重学生学习能力的培养，也为学生提供了大量的学习实践机会。而提高能力的方法，就是在于多参加校内外各种活动项目，有意识地锻炼自己的学习和实践能力。与此同时，每次完成工作和任务后，要伴随着全面的复盘，查漏补缺，在下一次同类活动时争取取得更优异的成绩。与此同时，张立桓也表示，在学校学习的知识技能只是一部分，步入社会之后，还是需要通过不断学习了解工作内容来适应岗位，实现更好的工作产出。

对于国际学院的教学模式，张立桓也特别强调了其所具有的优势和独特性。"在经济日趋全球化的背景下，紧随世界高等教育的发展，北京农学院倡导跨文化教育，构建国际化人才培养的高等教育环境和平台，给学生提供跨文化教育学习的机会。"她说，"这里给学生提供了丰富的校内外实践的机会，极大地培养了我的自信心，让我在后续的事业发展中，不惧怕挑战，敢拼敢闯敢做梦。"

谈到毕业后的生活，张立桓也表示非常怀念大学时光，在校时可以和老师同学畅所欲言，但是进入职场就会发现，虽然可以认识全国各地的同事，但是与大部分人的交集仅止于工作，很难像学生时代一样。同时在大学期间，学生每天按照固定的时间表学习作息，偶尔遇到一些困难或者情绪低落的问题也可以和辅导员随时沟通，日常犯的小错误也大多会被包容。但是进入职场，每个人都会为自己的工作负责，遇到再困难的事情，再难过的情绪问题，也需要自己独立调整。

谈到所学专业和工作之间的联系，张立桓说："职场上由于公司业务的不断发展和变化，作为员工不可避免地会遇到被动的工作调整和变动，有时也会感受到空有一身知识和能力无处施展的苦闷，以及对全新陌生领域工作内容的恐惧感"。所以作为学生除了要学好自身专业知识外，注重培养良好的沟通交流能力，不断学习进取的态度以及强化个人思维逻辑也同样至关重要。

初入职场，经历过一次较大工作调整的张立桓结合自己的实际经验，提醒大家"要学习如何调整好自己的心态，减少学习工作中的负能量，以更成熟、理性和自信的态度来拥抱变化。最大化地利用学习资源，加强与他人之间的沟通交流，不断接触更多的本职工作和专业相关联领域的知识，提升个人核心竞争力，更好地适应职场和生活中的变化。"

回忆起自己从走出校门，到参与工作的这段经历，张立桓给了学弟学妹们很多职场建议干货，希望可以帮助大家尽快地适应工作，完成从简单的学生思维到优秀职场素养的过度和转化：

第一，不断学习，拥抱变化。

很多同学可能觉得毕业后就不用像大学时那么辛苦的学习了，其实并不是这样。步入职场，进入全新的工作圈子，人们常常会遇到各种挫折和困难，这时要及时意识到自己所学知识的局限性，保持谦虚好学的态度。勤于学习，善于学习，不断掌握新知识，积累新经验，增长新本领，提升自身竞争力，向全面复合型人才发展。专业的知识储备和强大的个人能力是打仗的硬本领，是陪伴你走过风霜雨雪的必要装备。

第二，培养时间价值意识，强化时间管理能力。

职场中很多工作都是以结果为导向，不会有人像大学辅导员和班主任一样耐心提醒你每项任务的时间节点。任务繁多的时候，养成良好的时间管理习惯就变得至关重要。在日常的学习生活中，可以强化时间管理的能力，列好每天要完成的清单，按重要性和紧急性分级，做到凡事有交代，件件有着落，事事有回应。

第三，有效沟通，提升学习及工作效率。

日常沟通时用结论+背景+原因等形式，让对方紧抓重点，不要兜圈子。与他人沟通时，要知道自己要什么，了解哪方面的问题，若话题扯远了，需要具有高效地把话题回撤的能力。团队沟通后，要及时总结本次沟通明确的事项，各项任务的时间线、责任人，下次对接时间，需完成进度等，保障工作高效推进和稳定落地。向上沟通时，遇到问题要随时反馈，但是尽量带着自己想到的解决方案让老师或者老板做选择题，而不是问答题。同时，不同选项也要列出利弊，明确表达出倾向性答案。

第四，树立良好自信心，勇于展现自己。

现实职场中，不仅要勤奋工作，更需要懂得展现自己。一定不要一味地埋头苦干，要学会如何适时地推销自己，展现自己优秀的一面。所以同学们在学校除了埋头苦学外，也不要忘了积极参加校内外的活动和项目，锻炼自己的沟通能力、独立思考能力、问题解决能力和勇于发表看法展现自己的能力。

在采访即将结束的时候，张立桓也寄语在校的学弟学妹们："希望大家珍惜在校的时光，同时也利用寒暑假时间，积极主动参加校内外实践活动和实习工作。不断地提升自己各方面的能力，为以后的学习生活打下更好的基础；梳理个人职业规划，为后续的工作助力。找工作时，也要多和老师以及往届的学长沟通，有效地利用学校的求职平台和校友资源。多一些奋斗，让自己不断地强大和成长，给未来更多的选择！"

访谈感悟

张立桓校友的经历带给我们很多收获，使我们更加珍惜校园生活，努力学习，为学校争光。大学是为未来打下基础的重要时期，有一个好的成绩，好的基础，是毕业后就业或是创业的重要因素。成绩固然重要，但除了成绩外，增长见识，扩大知识面，提升个人能力，培养良好习惯也是不可或缺的。只有这样我们才可以在毕业后去做更多的选择。

采访人：柴京奥　孙贺

投身公益

　　他是从位于朱辛庄的北京农学院走出来的兽医师，转变为摄影师，获得多项摄影大奖。他曾担任央视《天天饮食》《夕阳红》《我爱发明》等电视节目编导，他说自己是北京农学院"导演系"毕业的。

孙仲军：缘起朱辛庄

　　孙仲军，男，1989 年毕业于北京农学院兽医专业，中国音乐注册权协会会员，北京青山临水文化有限公司艺术总监，现承担中央广播电视总台农业农村频道、科教频道的多个节目编导工作，《北京日报》特约摄影记者。

　　我们来到孙仲军的工作室，他拿出一枚北京农学院的校徽，还有一本本大学时期的日记本，这些都是他当年上学时用过的，30 多年过去了，仍然当作压箱底的宝贝珍藏着。

学在朱辛庄，巧遇恩师点播

　　孙仲军从小喜欢美术，接受过美术私教，理想是当一名画家，因高考前母亲去世，悲痛中暂时封存了梦想，选择了就近就快上大学。1984 年 9 月，满怀憧憬的孙仲军来到位于北京市昌平区朱辛庄的北京农学院畜牧兽医系（今动物科学技术学院）报道，开始了北京农学院五年的学习生涯。

　　从小就将艺术细胞植根于灵魂深处的孙仲军，看到兽医专业与自己的理想大相径庭，感到非常迷茫，不知道自己的未来在哪里，自己的人生将会怎么样。回忆往事，孙仲军感慨地说，"北农有三位老师让我终生难忘，他们在我意志消沉的时候，给了我启发、鼓励和鞭策，也成就了我现在的事业，这三位老师就是我的三个班主任。"第一任班主任王晓霞老师在孙仲军迷茫无助的时候给了他鼓励，那句"既来之则安知，先学好专业，再寻求发展"的话让他茅塞顿开，为他顺利完成五年学业奠定了坚实的思想基础。第二任班主任滑静老师慧眼识人，根据孙仲军的特长因势利导搭建创作平台，开启了他学生时代宣传工作的探索之路。第三任班主任王惠川老师的毕业留言，"信心在，理想就在"的话至今都在激励着孙仲军勇往直前。

把握机缘，借力学习摄影

入学的第一天孙仲军就发现，在北京农学院的校园里，还有另外一个所大学——北京电影学院。张艺谋、陈凯歌等国际知名导演都是从这里走出去的，而孙仲军走进朱辛庄那年，陈凯歌已经走上黄土高坡，拍出了获得国际大奖的电影《黄土地》。

在朱辛庄这块黄土地上，孙仲军渐渐地点燃了自己追逐艺术的梦想。每当遇到电影学院学生在校园内上摄影实践课，他就躲在一边偷偷地学习，从小接受美术的训练，学起摄影得心应手。后来，他用假期卖水果挣来的钱，买了一台凤凰205照相机，当他第一次按动这台相机小小快门的时候，就开启了通往影视艺术大门的征程。

作为班里的宣传委员、畜牧兽医系的宣传部部长、摄影协会会员，孙仲军一步步丈量镜头的小快门到摄影艺术大门的距离，拍摄了数不清的学生毕业照、运动会、读书会、演讲比赛等学生活动场景的照片，其中最为珍贵的是1985年中国女排队员孙晋芳、陈招娣来北农做报告的重大新闻。

在学习摄影的过程中，孙仲军和北京电影学院摄影系的很多同学成为很好的朋友，如电视剧《梅花档案》摄影师孟凡，他们在一起玩摄影，甚至参加电影学院在校园内电影摄制，还一起拍摄了《湘女潇潇》。有些电影学院的学生曾一度误认为他就是摄影系的学生。学习摄影的经历为他走上艺术道路奠定了基础。

展露才华，用镜头话说农业

五年的专业学习，练就了孙仲军过硬的专业技能，毕业后在东风农场奶牛场工作的几年间，医治过不少病牛，工作成绩得到了领导和群众的普遍认可。为了追求梦想，孙仲军一边认真做好兽医工作，一边利用业余时间到处拍照。在东风农场，最多的动物就是牛，所以孙仲军经常从各个角度给牛拍照，用他自己的话说，"自己给动物拍的照片既有摄影家的艺术水平，更有兽医的专业水平"。1990 年，孙仲军拍的照片被刊发在《北京日报》上，他本人不仅用实力彰显了自己的艺术才华，也成为农场局和领导关注的焦点。为了充分发挥他的优势，农场调整了他的工作岗位，从此孙仲军改写了从业方向，成为东方农场宣传科的一名专职摄影师。用孙仲军自己的话说，"想不到，北京农学院学生会宣传工作的副业，成为我工作的主业了"。连续三年的宣传工作，孙仲军用相机拍摄了几千张照片，每一次按动快门，就是在丈量小快门到摄影艺术大门的距离，从朱辛庄到酒仙桥，他把自己对艺术的追求通过一张张照片呈现给了社会，用摄影家的视角了述说了农场的工作和生活，为人们了解 20 世纪 90 年代的农场搭建了平台。

不忘初心、逐梦成真

1993 年，孙仲军经过反复思考决心辞职求学，考入了北京师范大学艺术系影视制作专业。

在北京师范大学，孙仲军非常庆幸地遇到了新中国第一代女电影摄影师周坤老师，电影学院在朱辛庄办学时，周坤老师曾到校给张艺谋、陈凯歌等明星大腕讲过摄影课。回忆起往事孙仲军学长感慨地说，"我们有缘啊，都是一个'庄'里出来的啊！"

在北师大毕业实习期间，孙仲军曾担任央视《人与自然》节目摄影师，为了跟踪记录金丝猴的活动规律、生活习性，他在秦岭广袤的山野中、陕西观音山国家级自然保护区的原始森林及万丈山崖间，深入实地 20 多天，拍摄了金丝猴生活的精彩片段，为人们了解、认识金丝猴搭建了平台。北师大艺术系毕业后，孙仲军由一位从朱辛庄北京农学院走出来的兽医师，跨界成为摄影师，正式开始从事他喜爱的影视工作。二十多年来，孙仲军先后拍摄了电视连续剧《拯救行动》，编导了获得"五个一工程"大奖的大型文献纪录片《同舟缘》；担任总导演拍摄了中央统战部光彩工程 20 年成果片《中国梦，光彩行》，这些作品的骨肉中似乎总有一种"朱辛庄"的基因。1999 年入职中央电视台《天天饮食》栏目编导，先后与刘仪伟、林依轮、董浩等知名主持人合作。他给自己起了艺名叫"孙山"，告诫自己努力赶超，不要落后。

情系朱辛庄，难忘北农缘

尽管孙仲军成为央视编导，但他仍然是"身在曹营心在汉"，2009 年孙仲军担任《天天饮食》周末版特别节目主编，利用外拍机会，进入北京农学院校友担任主管的大兴老宋瓜园取景，借工作之便，将大兴西瓜成果展现在美食节目中，"变相"为校友的农业成就做了一次免费广告。

2000 年他担任央视《夕阳红》节目编导，跟踪记录中国文联主席冯骥才的杨柳青年画乡野调查纪录片《杨柳青年画及其传人》拍摄，顶风冒雪，走乡串户，采用的很多场景都是他熟知的农村乡野，荣获中国电视纪录片学术奖。

　　2019年底暴发新冠肺炎疫情，孙仲军在居家抗疫过程中创作了《蝙蝠之歌》，这首保护野生动物的公益歌曲，以第一人称蝙蝠的视角，呼吁人们保护环境，呵护野生动物，共同抗击疫情。《蝙蝠之歌》鲜明的主题，独特的词曲风格，被各大网络平台采用，孙仲军也凭此原创歌曲，加入中国音乐注册权协会。

　　在科教频道《我爱发明》节目中担任编导工作，孙仲军所拍的内容，总倾向于一个"农"字。十几年来拍摄了山东省临沂市垛庄镇农民发明的土乐器的节目《乐来乐好》，而且还为其中的歌曲《俺的那个发明》做了词。孙仲军说，"我见到农民格外亲"。

　　2015年，杨扬在申办冬奥会承办城市陈述时所用的背景图片的作者就是孙仲军，他以笔名孙山发表在《北京日报》的图片新闻。这张照片同年获得了北京市政府新闻办主办的"和谐北京"群众摄影大赛的优秀作品奖。

　　尽管改行做了影视，但孙仲军始终怀揣着回馈母校的梦想，尽可能地用自己所学的影视知识和技能为母校做些事情。2015年孙仲军以《北京日报》特约摄影记者的身份，多次报道了北京农学院刘凤华教授"药食同源"的科研成果。同年，策划并导演制作了刘凤华教授"药食同源"科研成果的电视专题片《五悦联盟的力量》。现在，孙仲军正在参与中央广播电视总台农业农村节目中心《三农群英汇》节目制作，他用镜头关注着在"三农"领域默默奉献、执着坚守、开拓进取的耕耘者、新农人，用镜头讲述着从朱辛庄走出去的北农人，勇于担当、攻坚克难、砥砺前行的精彩故事。

访谈感悟

　　从北京农学院兽医专业毕业到北京师范大学艺术系影视制作专业求学，再到摄影师、节目编导、摄影记者、词曲创作者，每一次改变都是一次跨越，跨越稳定不变的生活，跨越一成不变的自己，登上一座座高山去看更广阔的天地。

采访人：霍相羽　康靖如　杜方煜

在女儿的眼里，她是自己的妈妈，也是好多孩子的妈妈。在天使之家寄养的孤残儿童心中，她是最最亲爱的"天使妈妈"。邓志新，天使之家的创始人，曾经放弃令人羡慕的外企高管工作，全身心地投入孤残儿童救助。她说，自己从来没有像现在这样觉得充实、温暖。

邓志新：天使们的妈妈

邓志新，女，1991 年毕业于北京农学院农林经济管理专业，现为北京天使之家的创始人。曾工作于国家税务总局北京市分局和国际四大会计师事务所——德勤会计师事务所，2007 年作为天使妈妈发起人之一，创办了天使之家孤儿寄养点，而后将自己的生活和工作重心逐渐转移到救助患有先天性疾病和营养不良的弃婴上，十余年间，她从死神手里挽回了数百条鲜活的生命。

八月的北京，热浪奔涌，但这并不能阻挡我们采访的步伐。当我们走出电梯门时，邓志新老师早已在门口等候多时，她热情地邀请我们进入天使之家临时办公地点，几十平方米的房子，被两排文件柜所包围，里面放满了各类文件，而桌子上除去电脑也几乎被各类纸张文件所占领，可以说邓老师的工作很忙碌，生活很朴素。我们的采访在这朴素却不失温馨的环境中开始。

任职于会计师事务所

作为北京农学院经济管理学院的毕业生，毕业后的邓志新老师首先分配到国家税务局北京市分局，三年后，邓老师取得英国国际注册会计师（ACCA）和中国注册会计师（CPA）资格后，毅然辞掉国家公务员的职位，应聘于国际四大会计师事务所——德勤会计师事务所。

国际四大会计师事务所工作繁重，加班加点频繁，是社会公认的，所以会计师事务所肩负着外部审计这一重任，每一个审计人员既要具备良好的个人品质，同时还应具备较好的业务能力和身体素质。

"财务、审计本身就是比较烦琐的工作，面对那么多枯燥无味的账目和数字时常会心生烦闷、厌倦，以至于错漏百出，而越错越烦，越烦越错，因此必须调整好心态。只要你用心做就会得心应手，越做越觉有趣、越做越起劲。"

凭着踏实和坚韧，邓志新老师在德勤会计师事务所工作了7年，一步一步晋升到审计经理的位置。

创建天使之家

"天使之家"创办的起因要追溯到2005年1月。那时邓志新刚当上妈妈，像很多新妈妈一样，她也喜欢去摇篮网，查询育儿信息。就是在那里，她认识了另外几位志同道合的妈妈们，一起开始为救助病残儿童而奔波。原因很简单，"因为自己有了孩子，希望所有的孩子都能够像自己的孩子一样幸福、快乐。"

渐渐地，她们在摇篮网上的爱心救助越来越出名。2007年11月，河南一个志愿者给她们打来电话，说当地福利院发现有几个孩子急需手术治疗，有个患先天性心脏病加肺动脉闭锁的孩子，再不及时手术就会有生命危险，希望北京的好心妈妈们帮帮他们，将他们接到北京治疗。

怎么办？之前大家都是捐钱捐物给贫困家庭的孩子，毕竟这些孩子都有父母照顾，如

果把这些福利院的弃婴接到北京治疗，住在哪里？谁来照顾他们？手术费去哪里找？更大的问题是，病情治愈后，这些孩子怎么办？

但是孩子的生命容不得犹豫，果断的邓志新拍板决定了这件事，"当时不能多想，硬着头皮闭上眼睛，想太多什么事情也办不成。"大家凑了钱，开始分头找医院，找房子，找护理员，网上发帖寻找志愿者，征集家具和婴儿用品。短短三天时间，"天使之家"建立起来，无数的爱心妈妈们捐来了各种物品，网上捐款也让几个孩子的手术得以及时进行，孩子们的性命保住了。

兼职"天使妈妈"

"天使之家"刚刚起步的时候，头绪繁杂：一个不喜欢孩子的邻居，多次警告她们："不要让孩子哭！"甚至有一次拨打了 110 报警；护理员之间闹矛盾后一走了之；需要手术的孩子要联系捐款人和基金会募款，要联系医院要床位；账目需要整理并定期发布到网上；每天要回答网友和其他市民的咨询……

邓志新当时是安博教育集团的财务总监，天使之家的各种事情让她请假的次数越来越多，年底正是企业财务人员最忙的时候，邓志新常常白天忙"天使之家"的事情，晚上在单位加班到两三点。她的女儿只有 3 岁，对妈妈充满了抱怨，"妈妈，你为什么总是去天通苑？""因为天通苑的宝宝们都没有妈妈，很可怜的，妈妈过去看看，送点东西就回来。"女儿哭了，"我也要妈妈，妈妈只要他们不要我了！"

邓志新在社会责任、工作压力和家庭和谐三方面周旋，感觉到前所未有的疲惫。2008年 4 月，她作出了决定——辞职。

其实邓志新知道，自己并不应该在这个时候作这个决定。丈夫工作压力也很大，孩子还只有三岁，"天使之家"也急需用钱，如果她有工资的话，在紧急的时候还能自掏腰包救急。可为了能把这个天使之家办下去，她只能选择暂时辞职。

她把自己的手机号公布到网上，几乎每天都在北京各大医院、各种基金会和"天使之家"之间奔跑、忙碌。幸好之前有去外国人开办的孤儿寄养点做义工的经历，邓志新从那里学来的人员管理、婴儿喂养、志愿者探访等制度使得"天使之家"的运作越来越规范。而且邓志新也在短短几年的时间里，让自己成为婴幼儿养育和各种先天性疾病的专家。

救助弃婴和救助贫困家庭孩子有很大区别，对于贫困家庭的孩子，只需要筹款和医疗建议，剩下的孩子术前术后的照顾都是其父母的责任。但是对于福利院弃婴救助完全不同，他们每日的吃喝拉撒、医疗、安全甚至情绪和感受都需要工作人员们来负责，而拥有一个寄养点来专门照顾这些孩子显得尤为迫切。但是成立一个孤儿寄养点，要承担着来自经济、社会、法律等方面的巨大压力。

"但是时间容不得我们想清楚这些问题，如果我们再犹豫，几个孩子有可能很快就没命了，为了这些原本已经很可怜的孤儿，我们几个人通过几个小时的时间定下这个事情，三天之内就租好了一套三居室的房子"。

在志愿者的共同努力之下，2010 年开始，"天使之家"有了质的飞跃，步入了正轨：

护理人员、康复师都经过了培训，"天使之家"有了专职的主管和康复师、幼教老师，日常的规章制度建立起来了，几种大病的治疗有了定点医院，这些不幸却又很幸运的宝宝们一天天地健康成长。

社会上的爱心人士也对她们给予了支持：北京的一对年轻夫妻来到"天使之家"后，立刻捐出 6 万元，及时让一个孩子做了心脏手术；北交大的一个 MBA 班先后筹款共 2.6 万元；北京一个幼儿园在每年一度的圣诞慈善义演上筹款 3.4 万元；有 5 个人按月认捐、每月 1000 元……还有数不清的网友们捐来了几百到几千元不等，并寄来奶粉、纸尿裤、小被子、玩具等婴儿用品，甚至还有体重秤和电子体温计；有的家庭将手术后的宝宝接去寄养；周末来"天使之家"帮忙的志愿者更是不计其数。

在邓志新看来，从天使之家的起步和发展，可以看到社会在进步，公众慈善意识在提高，慈善环境在改善。

"现在比我们刚成立的时候好了很多，至少很多人听说我们这里之后，首先抱着的是一个积极的态度，愿意过来看一看孩子，也愿意来相信我们。不像我们 2007 年刚成立的时候，很多人根本没有来过，却直接把我们设想成骗子。"

作为弃婴生存状况改变的见证者，更作为致力于解决弃婴问题的实际参与者，邓志新认为要最终改善弃婴的生存状况还是需要政府的积极参与，"尤其要靠国家儿童福利保障政策、儿童医疗保障政策来实现真正的改善。我们可以理解很多家庭遗弃孩子的原因，但是如果国家的福利可以保障到他们，我们相信他们也不会选择遗弃自己的孩子的。"

访谈感悟

　　对于那些被遗弃的孩子来说，被遗弃是不幸的，而能被邓志新老师这样的爱心人士所关注，从而拥有一个暂时的家又是幸运的。"天使之家"就像他们生命严冬之中的一缕春风、一道暖阳，一点一点给予着他们温暖。目前国家也越来越重视未成年人保护工作，弃婴、事实孤儿的生存条件比十几年前有很大提高。我们祈盼更多如邓女士这样的爱心人士，加入弃婴的关爱中，让弃婴得以拥有和常人无异的生活。

采访人：李冶镆　王乃莹　甄宇淞

投
身
公
益

毕业近三十年，二十几年沧桑风雨路，弹指一挥间！董轶博士在不断地成长，不断地发展，从创业的艰难，到现在所拥有的骄人成绩！一直都在风雨兼程，求索砥砺！

董轶：平凡之躯，行非凡之事

董轶，男，1996 年毕业于北京农学院兽医专业。国内动物眼科专家，芭比堂动物医院连锁机构创始人兼 CEO。中国兽医协会宠物诊疗分会副秘书长、北京小动物诊疗行业协会副理事长。北京市宠物医师继续教育特聘讲师，北京市杰出青年兽医并获得兽医行业特殊贡献奖。曾多次到国外参加小动物眼科学的交流和学习，擅长动物眼科疑难病、各种复杂的动物眼科手术、动物白内障手术、动物青光眼和角膜疾病的治疗。

勇挑重担，把素质体现在岗位历练中

北京小动物诊疗行业协会的工作任务是促进小动物诊疗行业协调健康发展。协会工作千头万绪、内容复杂、任务艰巨，是个学习知识的大课堂，也是锤炼本领的大平台。2005 年，32 岁的董轶凭借良好的外事活动能力被推选为协会副理事长。任职后，他始终将"低调做人，高调做事"作为自己的人生格言，为协会的发展兢兢业业、任劳任怨。为了推进行业内的技术交流，特别是加强与国际的接轨，他每年都自费去国外学习，足迹涉及泰国曼谷，希腊罗格岛，美国凤凰城、拉斯维加斯、夏威夷等多地，特别是协助协会成功申办 2014 年 FASAWA 会议（亚洲小动物临床兽医师大会），向世界展示了中国小动物临床兽医师的职业风采。在协助北京市畜牧兽医总站完成宠物医师的继续教育工作上，他每年协助协会举办知识讲座 9 次以上，自己更是倾囊相授，在国内各种重要兽医会议上亲自授课达50 场次，为中国宠物眼科的发展培养了一批重要人才。2014 年 2 月，他出版了国内第一部兽医眼科专著《小动物眼科学》，并主译了《兽医眼科学》和英国兽医协会系列丛书《犬猫眼科学》。

心系发展，把承诺履行在医院管理中

董轶给人最直接的印象就是拥有强烈的事业心和责任感，他深知发展是解决一切问题的金钥匙，坚持用前进的眼光看待问题，用发展的办法解决困难。

自1999年创立北京芭比堂动物医院以来，董轶一直将"追求卓越医疗，提供优质服务"作为对顾客的承诺，始终做好医院管理工作。

一方面，着力打造新平台。2008年信贷危机爆发后，医院业绩一度走入低谷，医院发展步入了生死攸关的边缘。通过市场精心调查，他敏锐地觉察到了宠物眼科未来广阔的发展空间，果断地减少了传统行业的经营，将当时国内还处于空白的宠物眼科作为第一发展要务。到2013年，该医院已成立了3家眼科中心，成功挤入国内一流宠物医院行列。2015年，针对国家提出的"互联网+战略"，医院开始探索宠物诊疗行业新的发展空间。

另一方面，积极构建新机制。医院立足以人为本，把顾客是否满意作为一面镜子、一把尺子，想方设法为顾客提供满意的服务；积极创新用人方式、工作机制和员工管理制度，不定期利用每天下午组织员工进行业务素质培训，通过"内强素质，外树形象"，培养出一支个人素质高、业务能力强、作风过硬的专业队伍。通过多年不懈地努力，北京芭比堂医院成功地实现了从优秀到卓越的亮丽蜕变。2014年医院缴纳的税金由1999年的1万元增加到50余万元，解决就业岗位由1999年的8人增加到80多人。在芭比堂宠物医疗连锁机构担任负责人的18年发展历程中，董轶通过不断追求卓越的医疗品质和严格管理，赢得了广大客户的认可和信赖，累计服务客户人数达到80万，为行业的健康可持续发展注入了源源不断的社会正能量。截至2021年，芭比堂动物医院连锁机构发展到138家，

投身公益

解决就业岗位由 1999 年的 8 人增加到 2000 多人，企业缴纳税金由 1999 年的 1 万元增加到 3000 万元。

奋力开拓，把智慧融入技术创新中

常言道，"干一行，爱一行"，用董轶的话说，爱一行，还要钻一行。为了不断学习和掌握新知识、新技术，他抢抓一切机会，拼命广泛汲取宠物诊疗医学营养。2003 年起，他每年至少要去美国学习一个月，只为了能把最先进的医疗技术带回来帮助更多的动物。他还积极参加各种世界级大会，加强与国际高水准的交流学习，2007 年 10 月在美国夏威夷举行的第 38 届兽医眼科专业会议，他是第一个参加这类世界顶级眼科专家大会的中国人。在美学习期间，他还抽时间多次参加 AAHA 会议（美国动物医院管理年会），每天 8 小时课程，只能靠自己的翻译并记录，每晚还要工作到凌晨二三点来整理记录。2014 年 FASA-WA 大会上，他用纯英文向亚洲宠物圈同仁精彩的讲课获得了参会人员的一致好评。正是这种孜孜不倦的求教，使他迅速成为国内宠物眼科界的知名专家，北京芭比堂医院也在国内创出十余项之最。2006 年该院创建中国第一个动物眼科中心并于同年首次独立在临床成功完成犬白内障超声乳化手术；2007 年第一次在中国对犬的视网膜进行评估；2011 年在国内首次开展玻璃体切割手术；2012 年 3 月国内首创睫状体光凝术治疗青光眼获得成功。

清心敬业，把价值体现在默默奉献中

董轶始终将学习型人才作为自己的自觉追求，将学习研究摆在重要位置，坚持以学促干，以干促学，不断提高自身修养、企业管理水平和技术服务能力。平时不管工作多忙多累，他都坚持看书看报，时刻关心党和国家大事，认真学习习近平总书记系列重要讲话精

神，领会习近平总书记提出的系列新思想新观点新论断新要求，带头服从行业协会、主管部门的领导，自觉接受监督。作为医院的领头雁和协会的主要管理人员之一，他坚持当学生在前，做领导在后，时时保持虚心求教的态度。他以身作则，带头实干，经常加班加点工作，很少休节假日，赢得了员工和同仁们的真心敬佩。对待每项工作，他都始终保持着工作的激情，致力营造一种心齐气顺、融洽和谐的氛围。

2008年汶川大地震牵动了千万人的心，无数个家庭因为地震而破碎，无数的宠物也从那时起没有了主人的疼爱而流浪街头。凭着对这些小动物的那份真情，董轶与国际爱护动物基金会一行人赶去了重灾区绵竹开展了为期10天的动物救助活动，那年他36岁的生日都是在灾区度过的。事后，他笑着说自己收到了人生最好的一次生日礼物，那就是挽救了许多条动物的生命！

工作之余，董轶还始终立足于社会，积极参与公益事业，组织员工参加动物诊疗义诊活动，开展无主动物免费绝育手术。2014年，在他的倡议下，北京芭比堂医院率先成立芭比堂动物眼科救助基金，筹备资金用于流浪动物眼科诊疗。

总而言之，在董轶眼中，兽医师工作就是他的第二生命。站在新的历史起点上，董轶必将带领团队以更加雄健的步伐，奋力进取，为推进我国小动物诊疗行业健康持续发展、打造国际一流宠物医院目标大步迈进！

魂牵梦绕话母校

母校是董轶成长的摇篮。"参天之木，必有其根，环山之水，必有其源。"在董轶心中，母校是成长的摇篮，是心灵的港湾，是万里征程的起点。无论身在何处，心都是与母校紧紧相连。或许在记忆的相册里，还珍藏着恩师语重心长的谆谆教诲，封存着同窗依依惜别的浓浓情意和校园每一个角落里的别致风景。情到浓时已无语，千千心结绕灵魂。

回溯过去，踏遍青山人未老；面向未来，而今迈步从头越。董轶深信，在各位校友的关怀支持及互相帮助下，人生这艘经历世纪风雨又富有生机的航船，一定能驶向新的彼岸！以矫健的身姿，昂扬的斗志去搏击新世纪的风雨，乘风破浪，扬帆远航！

访谈感悟

沧海中的每一滴水，皆能折射太阳的光辉；一个个平凡的岗位，亦能反映人格的高尚。在新时代每个平凡的岗位上，都有人凭着一腔追求、一股热情、一种责任、一份忠诚，用平凡的自己，谱写着一篇篇精彩华章，彰显着兽医人无私奉献的博大情怀。

采访人：陆华浓　林琪欣　李嘉宝

他是央视《正大综艺·动物来啦》中侃侃而谈的教授；他是开通微博后积极发表动态与大家交流的"@国家动物博物馆员工"；他亦是在博物馆看着标本如数家珍的馆长。时光荏苒，他始终奔赴在科普前线。

张劲硕：奔赴在科普前线

张劲硕，男，2002年毕业于北京农学院园艺专业，现为中国科学院动物研究所博士、高级工程师，中科院动物所国家动物博物馆副馆长，国家动物博物馆科普策划人；兼任北京市朝阳区政协常委、经济科技委员会副主任，中国动物学会科普委员会委员，中国科普作家协会理事，中国动物园协会职业再教育委员会委员，中国科学院老科学家科普演讲团团员，国际自然保护联盟物种生存委员会委员、蝙蝠专家组成员，马拉野生动物保护基金会理事，云山保护理事，科学松鼠会资深成员。

张劲硕是中国哺乳动物新种——北京宽耳蝠的发现和命名者，策划并组织实施了众多科普活动，例如，国家动物博物馆主办的中国动物标本大赛、全国自然科学类场馆科普培训班、科普讲堂、博物馆奇妙夜、硕毅说吧、北京自然博物馆主办的博士有话说等。他兼任北京市多所中小学的课外指导教师，担任多项青少年科技活动活动评委；还兼任北京青少年科技俱乐部、北京四中等多所学校的课外指导老师，每年在全国各地大中小学校讲座近百场。近年来，他担任了中央电视台"东非野生动物大迁徙""我们与藏羚羊"等节目的直播嘉宾；常年做客北京人民广播电台、中央人民广播电台的多种节目，普及动物学知识，宣传保护野生动物。

　　他还是博物旅行、科普旅游的积极倡导者和实践者，曾先后多次带队前往英国、越南、肯尼亚、坦桑尼亚、南非、塞舌尔、马达加斯加、亚马逊（秘鲁）、尼泊尔以及国内的自然保护区开展野外科考体验活动。

　　多年来，他辗转于各类科普舞台，游走于大自然山川湖海，陪伴在形形色色动物身边，用自己的方法诠释了对事业的热爱。

有兴趣，遇伯乐

　　张劲硕从小就对动物有极其浓厚的兴趣。当别的孩子津津有味地看各种动画片的时候，张劲硕却偏偏钟爱《动物世界》，他会边看电视，边做笔记。一一记下里面出现过的名字的动物，然后再以其他的方式对这些动物做深入的了解，对于张劲硕的个人兴趣，父母对张劲硕的爱好大力支持，订阅科普杂志、购买相关图书，一点都不含糊。直到现在，提起童年时代看过的科普图书和杂志，张劲硕依然如数家珍。

　　"科普书中对我影响很大的有唐锡阳的《自然保护区探胜》和李子玉写的儿童文学《SOS！水怪》等。"张劲硕说道，尤其是《自然保护区探胜》，更是让他萌生了去各个自然保护区考察野生动物的心愿。

　　到了小学高年级时，张劲硕已经开始涉猎更为专业的动物学著作，比如《安徽兽类志》《中国鹿类动物》等。上中学后，除了科普杂志外，张劲硕开始订阅专业的《动物学报》《动物学杂志》《动物学研究》《兽类学报》等期刊。

　　大量的阅读使张劲硕在动物方面积累了深厚的知识基础。

　　"您知道《北京晚报》的《科学长廊》吗？14 岁起我就是那儿的作者。"张劲硕嘴角含笑，能听出他的得意。《科学长廊》是《北京晚报》的名牌栏目。张劲硕生在北京，从小就喜欢动物的他，和很多北京孩子一样，也是《北京晚报》的忠实读者，1993年，他开始撰写有关动物的科普小文，陆续在《科学长廊》上发表。这算是他最早有关科普的尝试。

为了获得更多科续方面的知识，满足自己的好奇心和求知欲，他还经常流连忘返于北京自然博物馆《大自然》编辑部，在阅读、交流、请教之余，顺便帮助那里的工作人员装信封、写邮编地址、打包。在这里，他遇到了人生第一个伯乐，当时《大自然》的主编王珏给了张劲硕一个接触相关工作的机会——帮《大自然》杂志做校对。一大本杂志，张劲硕要认真研读、查资料，这样一份工作，他坚持到了大学毕业，这对他后来进行科普工作、编辑科普文章产生了深远的影响。

张劲硕一心想要研究野生动物，但高考成绩，没能让他被心仪的专业录取，录取他的是北京农学院的园艺学专业。虽然张劲硕大学的专业与内心的兴趣并不吻合，但他始终坚持自己内心所爱，保持了自己的兴趣爱好。命运的神奇，正在于总是安排着隐约明灭的转折，只有坚持找寻，才能发现。张劲硕很幸运，这时，张劲硕遇到了人生中的第二位伯乐。

大学一年级的时候，他在《中国科学报》的科普周刊上看到了中国科学院动物研究所张树义研究员考察亚马孙野生动物的系列文章，这一看，便抑制不住内心的"洪荒之力"了。报上一则实习招募启示，为张劲硕打开了探寻"动物世界"的大门。张树义教授在招募启示中，道出了蝙蝠对于自然生态的重要性，并留下联系方式，期待感兴趣的爱好者一同加入研究。抱着尝试的心态，张劲硕志忑地给张树义写了一封表达自己心意的信，信里充分表达了自己对动物的喜爱，并表达了想要成为一名动物学家的想法。发出信件之后，张劲硕也没有想到，很快就有了回复，张劲硕至今还记得当时的情景——"那是大一上学期临近结束的一天，宿舍楼传达室的小喇叭响了，通知我去接电话，我来不及换鞋，穿着拖鞋从四楼小跑下楼。一接电话，是张老师！"让张劲硕更没想到的是，刚见第一面，张树义就把办公室钥匙交给了他，让他常来办公室看书。

就这样，19岁的张劲硕走进了中科院动物所，也真正走进了野生动物的世界。那之后几乎每个星期，还在读本科的张劲硕都会去中科院动物所的实验室，跟张树义教授和他的研究生们一起探寻蝙蝠的世界。"当时张老师时常开玩笑，说我是他的'客座学生'。"张劲硕开心地说。

于是，大学四年，乘坐小公共来往于北京农学院与中科院动物研究所成为张劲硕生活的常态。这个园艺专业的学生开始跟着张树义研究起了蝙蝠。他后来通过了研究生招生考试，成为中科院动物所研究生，一直读到博士。

揭开蝙蝠的神秘面纱

蝙蝠，很长一段时间都是张劲硕的研究对象。他和同伴们从东北走到西南，踏遍山洞，寻找着蝙蝠世界的秘密。他没有想到，一次在北京周边的考察，竟让他收获了最大的成果。

2006年，英国广播公司（BBC）正拍摄一部题为"美丽中国"的纪录片，他们找到了张劲硕的导师张树义。BBC想将张树义团队的研究对象食鱼蝙蝠、大足鼠耳蝠再次搬上荧幕。张劲硕跟着导师，带着 BBC 工作人员，来到房山霞云岭乡四合村。

张劲硕一行人在洞穴和隧道里拉起捕捉网，准备"捕获"大足鼠耳蝠来当"演员"。由于蝙蝠对栖息的洞穴环境非常熟悉，所以进入山洞后，常常会放松警惕，关闭"超声波"，因此，蝙蝠很容易"自投罗网"。抓到蝙蝠后，他们一般会把它们放进一个白色的小布袋内，让蝙蝠们先稳定一下不安的情绪。之后集中称重、测量、提取翼膜处的 DNA，以及采集蝙蝠的粪便。再使用专门的仪器"解读"蝙蝠发出的超声波，通过回声定位掌握蝙蝠的生活规律。

这次"抓捕"，张劲硕一行人意外地在一个废弃的隧道里，捉到了另一种蝙蝠。原本，这种蝙蝠被认为是已知物种"亚洲宽耳蝠"，但经过 DNA 比对，他们发现，这很可能是一个新物种。张劲硕在导师的指导下，开始对这个疑似新物种展开研究。

此前，宽耳蝠只有两个种，分别是欧洲宽耳蝠和亚洲宽耳蝠。但张劲硕发现他们捉到的这只蝙蝠，在头骨、耳朵外缘的耳突、牙齿和叫声的超声波特征等方面，均与已知物种有明显差异。经过数年的潜心研究，通过分子生物学、形态学和声学的综合比较，张劲硕证实了这是一个独立的新种，2007 年，张劲硕与老师张树义等并将相关论文发表在了美国《哺乳动物学》杂志上，并将其命名为北京宽耳蝠。此前，全世界已发现 1100 多种蝙蝠，但还没有中国人命名的种类，北京宽耳蝠，是第一个。

在许多人眼里，蝙蝠是邪恶和丑陋的，它们有着逐暗嗜血的本性，是古老传说中神秘邪魅的存在。而"非典"和新冠肺炎，又让蝙蝠成为众矢之的。张劲硕的眼中，蝙蝠，与这个世界上一切健康的、自然的生灵一样美丽。因为疫情，蝙蝠被捕杀，被掩埋，被"消毒"……这让他非常心痛。"偏见是愚人的理由。"张劲硕说出一句伏尔泰的名言，他不断地更新微博，希望能消除人们的偏见——

"处死冬眠的蝙蝠对人类健康和疫情控制毫无意义，蝙蝠几乎不会把身体的病毒或病原生物直接传播给人类。"

"在人和人之间传播的病毒只是源头在蝙蝠，实际上并不是同一种病毒！"

"蝙蝠不会主动咬人，只要不被蝙蝠咬，对人的风险几乎为零！"

…………

相比偏见带来的"错怪"，人类不知不觉对自然的破坏，更令张劲硕难过。

2004 年，张劲硕和导师来到湖北省宜昌市五峰县后河国家级自然保护区进行 SARS 病毒溯源研究，研究对象正是当年令人闻之色变的果子狸。

"那是一种有着美丽花纹，以野果为生的可爱动物。"张劲硕说，正是这种在野生环境下几乎与世无争的生灵，承担了不该有的恶名。果子狸只是病毒的中间宿主，在野生环境下，果子狸很难抓到 SARS 病毒的天然宿主——菊头蝠。

在不少热带国家和地区都有食蝙蝠的传统。"是人类，把本该自由自在的它们'囚禁'在混乱、肮脏的野生动物市场的牢笼里。"张劲硕说，如果亲眼见过那些屠宰时迸溅的鲜血和糙劣的污水处理方法，就会理解这种病毒的蔓延，"毫无疑问与人类活动密切相关。"

自那以后，张劲硕开始意识到科普的重要性，因为科普就是一个驱散误解、建立共情的过程，"了解，正是慈悲的开始。"

成为职业科普人

在张劲硕眼中，科普与科研同样重要，是他愿意用一生去追求的事业。2010年博士毕业，张劲硕选择来到彼时刚刚成立不久的国家动物博物馆，专门从事科普工作，他的生活也进入了一个全新的阶段。

专门的科普工作使得张劲硕不得不从对蝙蝠的专门研究中走出来，开始涉猎更为广泛的知识。读书、看纪录片、搜肠刮肚地琢磨如何以更有趣的形式做科普，成为他新的生活内容。

他要负责策划和组织馆里的科普活动，比如定期的科普讲堂、读书会、少年博物学论坛，还有强调体验参与的昆虫工作坊、博物馆奇妙夜等。

他走进学校，几乎每周都要去中关村一小、中关村中学等给学生们讲课。他进过社区，也进过各个图书馆、博物馆、图书大厦。

他还经常去北京人民广播电台等录制节目，讲解热点新闻事件中的动物知识。有时是刚下了这个直播，马上又得进行另一个直播。他作为嘉宾参与过中央电视台东非野生动物大迁徙的直播，也录过《走近科学》《绿色空间》等节目。他还时不时带着一队人走出去，像科学家一样去野外考察动物。有时，也会带队走出北京，走进广西崇左、云南西双版纳、甘肃莲花山、陕西秦岭等的研究基地和野外活动场所。这两年，张劲硕带队的足迹还到过肯尼亚、坦桑尼亚、塞舌尔和泰国。

科研和科普被张劲硕视为一生的事业。带着孩子们进行野外考察让张劲硕感触颇深。"到了野外，其实孩子的观察力、求知欲和好奇心都很强。当时在广西崇左白头叶猴自然保护区，我们让孩子们观察一个区域内的昆虫，孩子们甚至能找到工作人员没发现的昆

投身公益

虫。有些孩子展现出来的毅力让我们震惊,一个小女孩跟着我们爬过海拔 3000 多米的高山,连家长都直呼没想到。"

当然,张劲硕也不忘拿起笔,就好像当年给《科学长廊》投稿一样,写起了科普文章。数年间,张劲硕创作了《一百种尾巴或一千张叶子》《动物多样性》《脊索动物》等十余部科普作品,获得科技部、中国科协、中国科普作家协会、国家图书馆等多家单位的奖励。

虽然,现在张劲硕仍然对动物分类学研究难以割舍,但科普活动也同样做得开心。微博名称为"国家动物博物馆员工"的他已经坐拥 70 多万粉丝,更新了 6300 多条微博,在科普圈中的名气也越来越大。

对于曝光率的上升,张劲硕坦言自己也经历了一个调整的过程。"以前觉得,是不是应该低调些。可后来一想,既然你要做科普,就不要扭扭捏捏,就要走出去与公众、媒体打交道,强迫自己去说,即使不小心说错了被别人骂,也要去说。不仅传播科学知识,也传播科学理念。做科普时间长了之后,我更感觉到科学传播的重要性和紧迫性。很多科学问题,公众不了解,但很渴望了解。找到更多有趣的科普方式,影响更多人,这是我的目标。

读万卷书,行万里路

目前,张劲硕的藏书已经达三四万本,其中动物相关的占 60%~70%,其他自然科学甚至历史、哲学书都不少。除了在网络上购书外,张劲硕还骑着自行车在北京大街小巷找书店。正是这样大量的阅读,与对阅读不断地追求,不断地深入,不断地扩展,才为他之后为各大杂志编撰文章打下了基础。上大学时,张劲硕最喜欢的地方之一就是图书馆。

"多读书,多学习,在大学期间要利用好图书馆这个丰富的资源库,如果不知道自己

的兴趣所在，就在书中寻找。哪怕只是到各种博物馆参观，也要不断学习。"从张劲硕的言辞中能让人感受到他对书本的渴望。教材本身是"死"的，需要人从中挖掘"活"的东西。要想获得有用的"活"的知识，博览群书是公认的好方法、好途径。

独学而无友则孤陋而寡闻。"作为大学生，要重视与同学、老师之间的交流，不仅要在学校里读书交友，在学校之外，还有更广阔的天地，去社会上多了解，多观察，多掌握各方面的知识和信息，感受更多的环境，开阔自己的眼界。"

从本科到硕士、博士再到成为职业科普人，张劲硕既读有字书，也读无字书。这"两本书"，他都读出了味道。阅读泛黄有字书，在字里行间行走，与高手谈话交流，站在前人的肩膀上，博览中外古今学习动物的知识，不断积累。阅读流年无字书，行万里路，走遍亚欧非各地探寻动物的奇妙，历经沧桑，积淀智慧扩格局，底蕴深厚见识广。

因此，当机遇来临时，张劲硕能及时抓住，就不足为怪了。如今，他不断以新奇的角度带给大众科普的快乐，探寻更多有趣的科普方式，影响更多的人能主动探求、主动阅读，提升大众的科学素养，这就是他的追求。

访谈感悟

从翻辞海的孩子到现在的博士，人生没有白走的路，每一步都算数，对于我们来说，把握手中的机会，一步一步地靠近梦想才是当下该做的。访谈过程中，我能感受到张馆长本人的风趣幽默，我觉得这与他始终接触大自然有关，大自然的美好、纯净、神秘就像张馆长给我的感觉。我本人也很喜欢动物，听着张馆长对自己相关知识的介绍，我深深地被吸引着。听着张馆长对自己惊险的野外经历的分享，我也仿佛身临其境。动物的纯真与野性，危险与乐趣深深打动着我们在场的每个人，从张馆长的经历可以看出，生命是息息相关的，不管是动物还是植物，他们之间都存在着联系，我们每个人都应被科普，这是人与自然和谐的必不可少的途径。

采访人：孙若冰　胡蝶　韩雪莹

投身公益

一路前进，从未停止脚步，从初来北农，立志成就一番事业，到成长为优秀律师，仍继续砥砺前行，程久余用自己的行动书写了最多彩的人生。不忘初心、不断挑战，追求高远，永远心怀热枕。

程久余：不忘初心、追求高远的律师

程久余，男，2004 年毕业于北京农学院农林经济管理专业，现任北京市中闻律师事务所权益合伙人，律师执业 16 年，北京市律师协会国有资产法律专业委员会副主任，全国律师协会青年律师领军人才，北京市律师协会涉外律师人才，司法部涉外律师人才研修班学员，北京市东城区律师协会业务与继续教育委员会副秘书长，海南国际仲裁院等仲裁机构仲裁员，中国科协评审专家。

感怀师恩

在北京农学院上学期间，让他印象深刻的老师非常多。第一位是程久余之前的数学老师安幼山老师，安老师不仅数学教得好，也经常给予学生们人生方向的指引。可惜安老师退休后不就患病去世，甚为遗憾！

第二位是当时的系主任沈文华老师。沈老师经常鼓励班级里的同学，也给同学很多实际的帮助。

第三位是程久余的班主任刘芳老师，也是令他印象最深刻的老师。刘芳老师当时刚刚博士毕业，他们是刘芳老师的第一届学生。

还有很多老师，比如，王伟老师、江占民老师、刘瑞涵老师、匡远配老师、袁蓉老师、陈娆老师、田淑敏老师、何伟老师等。程久余记得有一次，去匡远配老师的宿舍，满宿舍都是书，这让他十分震惊，也让他坚定了努力学习的信念。后来程久余开启了人大旁听法学课程之路，并为转型进入法律行业埋下了种子。

应该说，当时学校和系里的很多老师都给了同学们很大的帮助，加上学生处给同学们安排一些勤工俭学的机会，让他们这一届学生完成学业，顺利度过了大学阶段。

程久余清晰地记得，自己入学后不久就开始担任了系会计模拟实验室的管理员，这份工作既通过勤工俭学解决了生活问题，又帮助他掌握了第一手的计算机技能；入学第一学期他组建了一个英语爱好者俱乐部的社团，参与组织了全校学生参加首届全国大学生英语竞赛；当年他是学校图书馆借阅图书排行榜上的前几名，从图书馆里借到类似张五常教授的《佃农理论》《新卖橘者言》这些经济学著作，阅读后使他茅塞顿开；他还是系经济期刊借阅室的忠实读者，《管理世界》《世界经济》《人大复印资料》等都是读完以后等待下一期的更新，这些都令程久余十分难忘。

学无止境，勇于挑战自己

程久余毕业后三次进修深造，先后在北京大学法学院攻读法律硕士学位，在清华大学经济管理学院攻读高级管理人员工商管理硕士（EMBA）学位，在澳门大学社会科学学院攻读公共行政管理博士（DPA）学位。

"我整个的求学过程是有脉络的，我是经济、法律、管理以及公共行政，走了这样一个闭环。我认为所有知识都是社会科学中互相交叉融合的，是可以联系起来的。"

对于他所学的法学专业，程久余也有独到的见解。"法学可以分成理论层面和实操层面。学习法学需要系统的逻辑思维和扎实的基础知识，以及在实践中不断求知进取。法学这个专业之所以吸引我，是因为法学是一个倡导公平公正的学科，我们希望尽自己的努力，去追寻社会公平正义。而当法律的个案公平与公共行政的整体社会公平相比较时，需要更高层次的学术支持，所以开始攻读公共行政博士"。

程久余还拥有上海证券交易所颁发的独立董事资格和科创板独立董事资格，也是中国证监会下属的资本市场学院与上海交通大学上海高级金融学院共同开设的第一期首席投资官课程学员和班委，持有证券从业资格、基金从业资格等专业资格证书，也是中国第一批持证的版权经纪人。

专业塑造优势

程久余带领律师团队在公司法、国有资产、网络数据、争议解决等领域耕耘了十余年，承办了高达百余亿标的的案件，长期服务中移动、中粮、中建、中央电视台、人民日报社、人民银行、农行、国开行、人保、人寿、交行数十家央企或中央金融企业及中央事业单位，事业单位改制九步法、国企混改及员工持股九步法等法律服务产品受到了北京市司法局、国资委、网信办等有关部门的认可，受邀为中国建材、中建等央企，北京市律师

投身公益

协会等各级律师协会，受邀为清华大学等大学机构做专业授课。

爱心助学

程久余与其清华经管 EMBA 同学一起共同发起设立 19E 公益助学基金百余万元，专项用于资助贫困地区学生，首批资助对象在贵州镇远县，已于 2021 年 4 月完成了首批资助的落地工作，19E 公益助学基金将长期资助有需要的人。

寄语后来人

对于大学生最应该的事情都有哪些，程久余给出了自己的分享。他说：

"第一，作为大学在校生，我认为应该大量阅读，广泛阅读能开阔眼界，也有助于拓宽专业的视野，追求更高的格局；

第二，大学的时候要锻炼出一个健康的身体，强身健体，为祖国健康工作五十年；

第三，大学时期要广交挚友，对工作、学习都有积极的影响。"

访谈感悟

对自己高标准严要求，不放松不骄傲，是我从程久余身上看到的优秀品质。不要停下前进的脚步，让自己投身于热爱，真正做到用自己所学去服务社会。有远大理想的同时要努力付出，必将收获属于自己的成就与辉煌。

采访人：存思羽

投身公益

只要内心没有喧嚣，即使身处繁华都市，也可以做到宁静以致远。"问君何能尔？心远地自偏"，一个人只有不甘平庸和堕落，时刻向往和追求美好的事物和感情，不断地打磨和完善自己，才有可能拥有不再平凡的自己。

郑丝雨：身在井隅，心向星光

郑丝雨，女，2009 年毕业于北京农学院社会工作专业，西城区睦邻社会工作事务所创办人，现任西城区睦邻社会工作事务所社会工作师（总干事），西城区社会工作者联合会副秘书长；同时还担任北京工业大学校外实习督导，安徽大学社会工作专业校外实习督导，西城区人才交流中心第五党支部书记，西城区妇代会代表，西城区第二届青年联合会委员。

她创立的睦邻社工事务所以社区社会工作和企业社会工作为主要业务方向，在西城区 7 个街道都设立了服务站点，服务覆盖近 30 个社区和 9 个商务楼宇工作站。经过全体员工的共同努力，事务所成为"全国首批城区社会工作实务创新基地""民政部企业社会工作实务基地"、北京市第一家由专业社工机构委托运营社区服务站的试点单位、2015 年全国百强社会工作服务机构、北京市社会工作实务实习实训基地。个人获得"2017 北京榜样"周榜样和"西城区优秀青年人才"等荣誉称号。

种下公益服务的种子

高中毕业的暑假，你在做什么？放松心情，畅游祖国大好河山？郑丝雨这个北京姑娘在这个假期顾不上自己，早早就去了社区给小朋友们上英语课。出生在雷锋纪念日的她，自小就投身公益，服务社区。后来考上北京农学院社会工作专业，这个坚持"助人自助服务弱势群体"理念的专业教会她运用专业的手法提供公益服务。

郑丝雨在校期间曾担任院学生会文艺部部长，并且在大一至大三年级一直参与兼职工作。工作期间，她友善待人、认真工作、身体力行，她认为担任任何职务都不意味着你比别人高贵，反而意味着你身上的责任更加重大，一个真正的学生干部永远是在为学生群体服务，而不是骑在同学头上作威作福。这也正是社会工作专业的价值体现。

大学二年级开始，这个热心公益的北京姑娘就在新兴里社区居委会开办社区老年大学，教授社区老年人拼音、英语、计算机等多门课程，很多社区的爷爷奶奶都亲切地叫她"郑老师"，社区老年大学一办就是两年，开展服务直到她完成大学学业。

毕业伊始，郑丝雨曾在某企业任职。一段时间后，她感觉这份工作虽然很舒适，但却不符合自己的志向，所以她毅然决然地选择走出自己的舒适圈，向着自己的理想前进。2010年底，在西城区社工委帮助下，大学毕业刚1年的郑丝雨成立了自己的社工事务所，用专业的手法为社区提供专业的社会工作服务。在那个社会工作就业前景并不景气的年代，郑丝雨的事务所账面上只有8万元启动资金和2个工作人员，她本人每个月也只有1380元工资，但是凭借着对社会工作的热爱，事务所坚强地生存了下来。发展到如今，事务所已经成为国家4A级民办非企业单位、全国百强社会工作机构，与中国社会工作协会合作创建"城区社会工作实务创新基地"，郑丝雨带领同伴们坚持不懈地将专业社会工作方法引入社区公益服务中，为大大小小的社区解决了停车管理、老小区准物业服务、居家养老、文化组织培育等众多难题，并逐渐探索一条专业社会工作的本土化发展道路。一人之力投身公益事业毕竟力量弱小，这个姑娘就带领一群人轰轰烈烈地投身社会公益事业。

直面挑战　锲而不舍

和郑丝雨接触的人都说："这姑娘，有股子锲而不舍的劲头。"正是这股劲儿，让她在社区里创造出很多的"不可能""头一次"。2012年，一个颇有挑战的项目摆在了郑丝雨面前——为某小区设计一个停车管理方案。老城区停车难是全国大城市面临的普遍性难题，鲜有可供借鉴的经验。但是郑丝雨决定接下这个颇具挑战的项目。

为了摸清车辆底数，炎炎夏日，她和同事们连续一周守在小区大门口，从清晨6点到深夜10点，每天16个小时，为出入小区的汽车拍照、抄牌号。最多的一天，他们记录了近400辆车。接下来的一个月，社工们跑细了腿儿，征求意见、提出备选方案，协调各方利益，再经居民代表们反复辩论、公示，让各方利益逐渐均衡，直到形成公约。

郑丝雨和同伴们拿出的最终方案，包含了错时停车、社区交通微循环、收费管理、外部车辆管控等多套措施，圆满解决了小区停车难题，得到了社区居民的一致认可。这份耗费大家大量心血的方案，获得了2012年国家民政部评选的社会工作优秀案例、北京市优

投身公益

秀案例等多项荣誉。

仰望星空脚踏实地

"想成为一名合格的社工，一定要在仰望星空的同时学会脚踏实地。"郑丝雨说，这是她现在最喜欢的格言。

创业的道路上不可能一帆风顺。有一次，事务所为某社区近万名老年人做需求摸底调查。当项目接近尾声时，委托方却突然宣布中止合作，并拒绝支付1万余元的项目酬劳。二十多名青年社工，辛苦奔忙了一个多月，挨家挨户访谈，用坏了两台打印机，完成了一万多份需求报告，从地面全摞起来近一人高——如今全都成了竹篮打水一场空。开内部总结会时，有人伤心地掉眼泪，所有人都禁不住抱头痛哭——不是为可怜的1万元，而是因为大量付出后的委屈和无奈。但擦干眼泪，郑丝雨却咬着牙做出了一个决定——把这项工作漂漂亮亮地完成。

她总是告诉同伴们："尽管在路上会碰壁、会摔倒，但重要的是我们在路上、正前进，我们会了解到更多实际情况，学到更多解决问题的方法，拥有更多克服困难的勇气。让今天的教训成为我们明天的财富。"

一位朋友说：这些年，事务所遇到的难题太多了，她又是总干事，整个所里哭得最多的人就是她；可是哭完了，她擦干眼泪，让笑容依然温暖每个人，在公益这条路上，越走越坚定……

幸福社区的"苹果树"

　　为老服务、居民互助、邻里守望、自觉自律、自我管理；有数条根系深深扎入地下：驻区单位、社区、政府、物业、社会组织。楼宇俱乐部起源于陶然亭街道粉房琉璃街社区一名热心居民提供自家房屋免费作为楼宇里老人活动场地的创意。

　　在街道、社区的指导配合下，郑丝雨带领社工们围绕这一创意，进一步整合了辖区老年餐桌、社区卫生服务中心、周边社会资源，同时为老人提供人际交往、精神慰藉等服务，发展出一套独特的"楼宇俱乐部"工作法：通过充分调动政府、辖区资源、俱乐部，动员居民自治的力量，一揽子解决老旧小区老年人的居家养老、精神慰藉和生活服务等困难，为社区老年人提供一个安享晚年的宜居社区。

　　2013 年，这一经验经新华社、《人民日报》《北京日报》《西城报》等媒体报道，被媒体誉为"缓解社会养老服务资源不足的有效尝试"，引起了社会广泛关注。在郑丝雨等一批青年社工的努力下，越来越多人对社工这一群体刮目相看。各社区从"不理解"，到"紧打听"，如今成了"抢着要"，争相与事务所签订服务协议，欢迎专业社工进驻自己的社区。

　　党的十九大明确指出了社会工作要在基层社会治理、脱贫攻坚、乡村振兴等领域中发挥重要作用。今天，郑丝雨的社工事务所已经初具规模，拥有 40 名专业社工，在全区 8 个街道的 50 个社区建立起楼宇工作站。用她自己的话说："我们终于开花了。"

　　睦邻社会工作事务所取得了全国百强社会工作机构、北京市最美社工团队等荣誉称号，在行业内赢得了一定的口碑和地位。除此之外，郑丝雨学姐还利用自己的空余时间积极投入

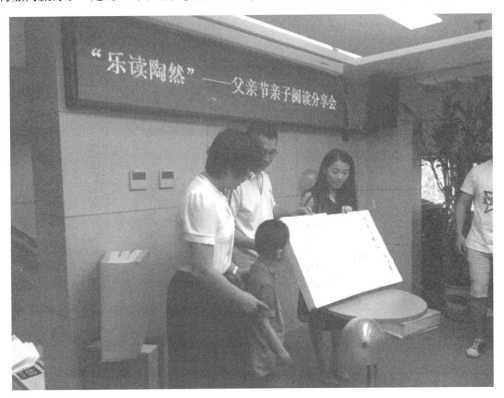

高校社会工作人才培养体系研究的工作中，经常走到高校中为学生们进行专业讲座、实习督导和论文指导，也被北京工业大学、北京城市学院等多所高校聘为社会工作校外导师。

2021年中共中央办公厅、国务院办公厅出台了《关于加快推进乡村人才振兴的意见》，文件中明确指出要在"十四五"期间，实现社会工作服务站在街道和乡镇的全覆盖，鼓励社会工作专业人才到基层服务，协助政府落实民生保障政策，畅通服务群众"最后一千米"。

在大好的形势下。郑丝雨满怀信心，憧憬美好未来，她要带领着越来越多的人投身社会公益服务事业，努力为我们营造更加舒适的社会生活环境。她也希望自己的母校能够结合专业优势去培养更多更优秀的应用型农村社会工作人才，为国家的建设发光发热，为乡村的振兴添砖加瓦！

访谈感悟

能力越大，责任越大。脚踏实地躬行，勤恳敬业开拓是不变的初心；在其位谋其事，置其身攻其业则是坚定的信条。身处社会，每个独立的个体都与周身的人或事有着千丝万缕的联系与羁绊，不仅要做一个于己而言优秀的人，更要做一个于社会而言负责的人。时刻保持谦逊，时刻丰富自己。优秀绝无止境，但要做到人生的优秀，不仅需要校园里亮眼的成绩，更需要步入社会后对于本职工作与专业的一腔热爱，热爱可抵岁月漫长。

采访人：朱梁怡　焦书萌

他，拥有一腔澎湃的热血，为追求事业奉献汗水；他，带着自己的理想，寻找青春岁月的光芒。

于寒：多面手律师

于寒，男，2011年毕业于北京农学院法学专业，现为北京市百瑞律师事务所刑事法律事务部主任、终极法律风险防控ICU主任、监事会监事，北京市海淀区律师协会刑事法律研究会会员，同时还担任北京电视台《北京您早》节目特约嘉宾、《法治进行时》节目特约嘉宾、北京人民广播电台新闻广播FM100.6《警法在线》节目特约嘉宾、交通广播FM103.9《新闻早班车》节目特约嘉宾、北京青年报法制栏目特约评论员。

广泛的兴趣爱好，生活中充满阳光

广泛的兴趣爱好是人生中、职业生活中不可或缺的因素。像律师这样一个工作强度高的职业，能够长期坚持下来是需要一定精神层面的放松才能保持对所从事职业领域的兴趣。

在于寒的北农学生生涯中，他曾担任青年法学会实践部部长、校轮滑队队长，创建了学校轮滑社，参与了校游泳队、滑雪队、麦田戏剧社等多个社团活动组织。

"大学期间一定要多参与社团活动，大学时的社团活动是人生中培育爱好和兴趣的最佳时期，在此之后的人生将逐渐趋向于家庭与工作，如果在大学期间没有培养出兴趣爱好的话，在之后的生活里将很难获得乐趣。"于寒说。

在工作之余，于寒还是 AASI 单板滑雪教练员、游泳救生员、游泳教练员、马术教练员、马术裁判员、轮滑教练员、滑翔伞飞行员、水肺潜水员、自由潜潜水员，这些运动有很多是于寒在大学期间了解并培养的爱好，最终也成为于寒工作之余的放松方式。

丰富的人生阅历

人生有很多岔路口，在经历过繁重的高考后，面对丰富多彩的大学这个岔路时，有人还在迷茫、有人正在任意挥洒着青春，而于寒已经提前规划好自己的大学生活。其实真正的大学不仅仅是在教学楼和宿舍之间，还有部分是在校园外的。

在大一时期，于寒做过许多兼职工作，不仅增加了生活收入还提前步入社会体验了人间冷暖；大二时于寒响应国家及学校号召，参军入伍，入伍期间执行多项重大作战任务，荣立个人三等功一次，大项任务嘉奖两次，优秀士兵两次，连嘉奖两次；大四时期，于寒选择到北京市第一中级人民法院实习，丰富自身专业的实务经验。

谈及大学时期的兼职工作与毕业实习时，作为学长的于寒说道："兼职与实习并不等于上班，在兼职时更多是为了挣些生活费并开拓视野；相对于兼职而言，实习在自己未来职业发展方向扮演着非常重要的角色。通过不断实习积累、慢慢摸索，能够学到更多专业领域中的业务内容，同时也去感知这份工作是否适合你。这是一个非常多样化的感知过程，不仅包括工作内容，还包括工作节奏、加班等因素。最后根据自身积累的宝贵经验，再去作出合适的个人选择。面对未来职业发展的选择，金钱则显得并不那么重要了。"

于寒毕业之后，第一份工作是在某大型房地产经纪公司法务部诉讼组工作。他独立处理涉及房屋类纠纷案件上百件，为公司挽回了上百万元的经济损失，参与制定的相关合同模板被各中介公司引用参考，形成行业标准。于寒表示这是他人生中最为重要的经历之一，在这个公司的历练中，他的能力得到了极大的提升，这是一个将理论逐步转换为实践的过程，也可以说是熟能生巧的必要过渡阶段。

在走出校园，步入社会投入工作之后，于寒最大的体会就是："学习是永远学不够的，知识是学不完的，我们能做的就是在有限的时间内用知识无限地武装自己。"

宝剑锋从磨砺出，梅花香自苦寒来

律师行业表面光鲜亮丽，但作为一名优秀的律师，背后却是夜以继日的艰辛付出。在职业初期，于寒律师付出了别人难以想象的努力，他每天研读案卷、法律条文并奔波于全国各地。事故现场、公检机关、法院政府，处处都有于寒律师的足迹。于寒经常是上班完成工作，下班也要惦记案件，为了保证质量和效率，于寒经常工作到凌晨，短暂的休息后他仍可以以饱满的精神投入第二天的工作中。繁忙的工作常常让自己的私人时间被挤压得所剩无几，不过于寒对此并不后悔也毫无怨言。因为他对这份工作爱得深沉。

工作之余，于寒还热心于公益事业。多次担任北京电视台"北京您早"节目特约嘉宾、"法治进行时"节目特约嘉宾，北京人民广播电台新闻广播 FM100.6"警法在线"节目特约嘉宾，北京市司法局"以案释法"律师宣讲团主讲律师等。他积极响应国家、政府普法公益号召，连续多年参加"村居行"等送法下乡活动，把专业知识落实于实践，始终秉持着一名法律工作者的奉献精神，为法律援助和法律宣传工作做出了大量公益工作。

以实际行动回馈母校

作为校友，于寒对自己的母校——北京农学院有着特殊的情感。2021 年 7 月，于寒被文法与城乡发展学院聘为法学系校外导师，这对于学校法学学科的发展与实践教学都具有

投身公益

373

重要的推动促进作用。同年 11 月 30 日，在我国第四个"宪法宣传周"活动之际，于寒回到农学院，作为第四十四期"尚农大讲堂"讲座嘉宾，为研究生带来了题为"法在身边"的法制知识讲座，就一些基本法律知识与同学们进行了交流、互动，向大家讲解了知法、守法的重要性，以身边常见的典型事例、社会热点事件为蓝本，剖析事件背后蕴含的法律知识，帮助同学们解答生活中遇到的法律问题，用曲折的故事情节结合课本上的理论观点，帮助大家更好地主动维护合法权益、自觉遵守法律底线。

采访最后，于寒作为一名北农学子深情地表示："希望母校能够越来越好，越办越强，也由衷地希望学弟学妹能够在大学时期从母校获得更多的专业知识，要能吃苦、要有强大的抗压能力，也由衷地祝学弟学妹们毕业后能找到更加适合自己的工作并有所获、有所成。"

访谈感悟

　　"吾生也有涯，而知也无涯"。正如学长所说的，我们需要在有限的时间里无限的用知识武装自己。大学的学习从不囿于课堂，从舍友到同学，从社团到学生组织，甚至在兼职、勤工助学中都能学到知识。在学习的同时努力将理论逐渐转换为实践，不断提高自己的能力。人无志不立，事无恒不成，找到属于自己的目标和方向去努力，给自己未来的职业道路打下坚实的基础。

采访人：朱梁怡　焦书萌

近年来，随着社会工作的迅速发展，社工机构运营者的年龄结构也变得丰富起来，"90后"的社工创业者陆续涌现，他们在多数同龄人选择积累财富的年纪，投身社工事业，甄建雷便是其中一员。

甄建雷：社工机构创业者的公益情怀

甄建雷，男，2017年毕业于北京农学院社会工作专业，一直致力于探索当下残障人群体社会工作专业服务，现担任北京市通州区心港残障社会服务中心主任；兼任中国残疾人康复协会社会康复委员会委员，北京市通州区社会工作者联合会理事、副会长；北京市通州区福乐温馨家园督导。

初遇良师，母校引导我走上人生道路

甄建雷出生在山东临沂一个普通农民家庭，经济条件不算好，从小贫苦的生活经历给他内心留下了很深的印痕，因此相对其他工作，他对"服务于人"的事情更感兴趣。他说："做社工工作可以让自己去感受、理解他人，并且与大家产生情感上的联结，给需要帮助的人带来精神与物质上的慰藉，我觉得这是门很深的学问。"

大学时期的甄建雷很喜欢思考问题，起初他填报的志愿并不是社会工作，而是被调剂过来的，但他一直为此感到庆幸。上大学前，他根本不知道社会工作专业是什么，所以他始终在不断探索"社会工作的本质是什么"。有幸他遇到了非常好的老师，带领他走出迷

茫，找到前进的路。也是那个时候，他开始思考"人与社会"，开始思考他的社会工作之路。

在甄建雷的北农学习生涯中，大一期间曾担任过文法与城乡发展学院学生会干事，为很多活动做过海报、宣传，大二时期又作为交换生赴中国农业大学进行了为期一年的交流学习。"去中国农业大学做交换生的名额最初是按照专业课成绩排名来的，我的成绩并不是最好，因为有其他同学不去，名额才给到了我。"甄建雷回忆道。

在中国农业大学求学期间，甄建雷遇到了很多优秀的老师。他经常主动向老师们请教，学到了很多不一样的知识，特别是学会了如何站在社会的角度去看待问题，因而对社会工作这个专业越来越感兴趣。

2017年毕业前夕，在老师的帮助下，甄建雷与两名同学一起开始筹备属于自己的社工机构，经过不懈努力，他们注册的北京市通州区心港残障社会服务中心正式成立了。

"因为学了这个专业，我觉得我必须要去尝试和实践，而正好又有志同道合的人一起，就去尝试创办机构了。我们机构的服务领域包括残障社会工作、青少年社会工作，我们的使命是让每个人都能享受优质的社会工作专业服务，我们的愿景是打破障碍人士与社会环境的壁垒，实现人与社会的融合。"甄建雷说道。

苦苦探寻，锻炼助人自助的实务本领

社会工作专业是实践性的学科，实务的本领需要在一线中磨炼。甄建雷大三的时候就开始参与社区工作实践，与服务对象建立关系，开展社区儿童和青少年的活动，获得居民

的信任，最后开展系统性的社区治理服务。他回忆道："最开始的时候，和别人说话都会有些紧张，不敢表达自己的想法，但时间久了，就会发现其实每个人都一样，只要勇敢地去做，就会获得成长。"年轻的社工学生，要有勇气去尝试，相信自己的能力，当战胜困难之后，就会有一种酣畅淋漓的愉悦感、成就感。

老郑是甄建雷这几年来一直陪伴着的一位服务对象，52 岁，患有智力残疾，家里堆满了垃圾，充满了跳蚤，人也睡在垃圾堆里，从来没有人进他的院子，邻居从他家门口路过都要提起裤腿。

"至今我都记得，第一次见他，穿着一个白色衬衫，衬衫上布满了血点子，满身都是拍死的跳蚤，脸上都是藓。"但是甄建雷坚信，人总是有追求美好的意愿，只是环境障碍限制了他。苦苦思索之后，他开始了漫长的个案管理服务，从建立信任关系、找到改变的起点，再到与案主达成共识，慢慢形成点滴的行动去督促、改变，两年后，老郑像换了一个人，家里收拾得干净了，每天去残疾人温馨家园活动，还会经常帮助别人。老郑的堂弟感动地说："在这个物欲横流的时代，遇到社工太幸运了，还有人愿意为了别的生命去付出，老郑真的是个正常人了！"

社工就是社会的维修工，在学校里学了很多本领、知识，然后走向社会中解决问题。甄建雷认为，社会工作专业的核心就是思考和实践"如何科学、智慧地助人"。上学的时候，老师教会了个案工作、小组工作、社区工作三大方法，但当遇到具体问题，真正哪个工具有用，怎么干预才算真正有效，需要结合实际问题来应用，甚至需要创新性的思维。在这个物质已经相对满足的时代，人性化的服务显得更为重要，而社会工作就是高度人性化的服务，所以是一个朝阳的专业。

立足实践，本质在于用生命影响生命

近些年，甄建雷针对通州区听障人士心理建设、社会融入方面所开展的服务项目，就取得了不错的成绩。甄建雷说，对于残障人服务，残联更多的是负责政策制定、办理证件、无障碍改造等行政工作。而灵活性、深入性的服务，需要交给社会组织来执行，很多残障人面临的问题是心理和社会环境障碍层面上的，该领域的工作也非常重要，而社会工作者能做的就是这一部分。

"看似是文化活动，其实是心理、行动上的支持，带给他们自信。"甄建雷说，有些听障人士因为自卑不愿走出门与外界接触，尤其农村地区，农村的听障人士很多除了与自己父母外没有任何交际，甚至连手语都不会。为解决这一问题，甄建雷带领团队来到各个乡镇，与管理部门对接，将当地的听障人士组织起来，分成小组开展线下融合活动。

"印象特别深刻，一个 23 岁的聋人男孩，第一次活动一直贴在妈妈身边，他听不到声音，也无法发音，不认识字，手语也没有学过，除了视觉和触觉，他已经没有和外界沟通的渠道了。但是每次看到带小狗样式的卡片，他就会特别高兴，不停地用手比画着。"了解到男孩的家里养了一只狗，他和狗的感情特别好，经常一起睡觉、玩耍，狗是男孩最好的朋友。感受到这份友谊，每次男孩表达，甄建雷都用真诚的眼神与点头来回应他，虽然看不懂男孩的意思，但是依然认真地听他说，男孩觉得甄建雷能够理解他，也变得越来越开

朗。甄建雷说："其实我们最重要的沟通渠道是心灵，只要用心去对待，很多人和事就能感受到。"

　　社会工作的中国化，道路漫长，但底蕴深厚、本土化的专业助人之路才刚刚启程，需要新一代学生们的刻苦努力、积极探索，需要新一代社会工作者们心怀希望、砥砺前行。甄建雷这样年轻的社会工作创业者，为社会工作发展带来了更多活力。他希望社会工作这门专业能够遍地开花，希望农学院开设的社会工作专业越办越好，越来越强，期待未来能有更多志同道合的同学加入，共同肩负起推动社工事业发展的责任。

访谈感悟

　　前路迷茫，但终点有一抹光，所以无须迷惘。当遇到挫折时，提高思想境界，仍然热爱所学，终将寻得那一抹光亮。正如学长所说的，做最真实的自己，万事求真，遇到难事不卑不亢。只有坚守本心，努力向上，才可以创造辉煌，在社会工作领域耕耘不止，心中有梦想，脚下有力量，肩上有担当。

采访人：贾雨田　赵倩　郭仕鑫

求学深造

新火试新茶，诗酒趁年华。在最充满激情的日子里，勇于攀登，提升自我于高山之巅，见大河奔涌，乐于探险挑战自我，于群峰之中，觉长风浩荡。在落子无悔的信念中奋斗，成为众人的榜样。

周波：敢于尝试，完善自我，修炼无悔青春

周波，男，2009 年于四川农业大学兽医专业获学士学位，2012 年北京农学院基础兽医专业研究生毕业，获硕士学位，目前河北农业大学博士研究生在读，团中央 2019 年全国青年马克思主义者培养工程国企班学员。

2012 年 7 月硕士毕业加入中牧股份从事兽医技术服务工作，曾任中牧股份生物制品事业部市场服务部技术主管、高级技术主管、中牧股份团委书记，现任中牧股份生物制品事业部市场服务部副经理，兼任中国农业发展集团团委副书记。曾获得北京农学院"优秀学生干部"，中牧股份"优秀员工"、中牧股份"技术服务标兵"、2020 年度中国农牧业风云榜"猪业技术服务精英"、中国农业发展集团"优秀共青团干部"、中央企业"优秀共青团干部"、团中央 2019 年全国青年马克思主义者培养工程"优秀学员"等荣誉称号。

回忆母校，充实难忘

周波学长回忆起母校，言语中充满了对母校的怀念之情。

"来到学校的第一感觉是学校很漂亮，很安静，学习氛围很浓厚，是一个学习深造的好地方，还有就是学校的食堂和饭菜都很不错，很怀念。"这是学长对校园环境的怀念。同时学长对自己在北京农学院求学时的经历也印象深刻，学长回忆道："研究生期间，我担

任班长和体育部长。比较有趣的一次经历是有一年我报名参加温网公开赛当志愿者，当时我们被分配到钻石球场，那是我第一次近距离接触国际体育赛事，那时候我感觉在北京念书挺好，有这么多拓宽视野的好机会，同时也让我内心产生了一个毕业要留在北京的念头。另外还有一个印象比较深刻的经历是，有一年我获得了学校的优秀学生干部，学校组织我们去陕西参加了为期一周的红色教育学习活动，在延安进行了一次非常深刻的党史学习教育活动，那也是我人生的第一次红色之旅，红色基因也从此根植于我的心中，为我后续的共青团工作奠定了很好的基础。"回忆求学经历的同时，学长还鼓励我们在校学习期间要努力学好理论知识、加强社会实践、丰富课外阅读，全方面提升自己，弥补不足。

提升自己，永不止步

学长从北京农学院毕业以后，仍在努力做更好的自己。学长说："为了工作的需要，我利用业余时间强化了专业英语的学习，参与过较多的国际交流，还有就是选择了继续深造，考取了博士研究生。"

学长一直加强着思想建设。2019 年他参加全国青年马克思主义的培训培养工程，进行了为期 15 个月的学习和实践，获得了优秀成员的称号。学长说："2019 年团中央开设了全国青年马克思主义培养工程第一期国企班，感谢公司给我学习和进步的机会。我作为中国农业发展集团的一名青年代表，有幸成为全国国企班的 60 名成员当中的一员。团中央第一书记贺军科同志在开班式上指出，青年政治人才要具有忠诚的政治品格、浓厚的家国情怀、扎实的理论功底、突出的能力素质，要忠恕任事、人品服众。我也常常对照军科书记的这六条标准来剖析自我、提升自我，也常常问自己还有哪些地方存在不足，也时刻告诫自己要严格践行，争做一名优秀的'青马人'。学习的最大收获是理想信念更加坚定了，

求学深造

学会了用新思想来解决工作生活中的各种问题，增强了作为央企青年的自豪感、责任感和使命感，更加坚定要做好本职工作，坚持岗位建功，为公司加快建成世界一流企业贡献我们的青春力量。"

面对工作，挑战自我

在中牧集团做技术支持是学长选择从事的工作。"我选择中牧股份很重要的一个原因是我一直所学的专业是兽医专业，而且我也非常喜欢这个专业，所以毕业之后期望从事和兽医相关的工作。中牧股份作为一个央企上市公司，作为中国畜牧业的龙头企业，是我们畜牧兽医专业毕业生向往的工作单位之一，所以能够成为中牧的一分子，我感到非常荣幸。"学长十分热爱自己的工作，同时也欢迎学兽医专业的学弟学妹加入中牧股份。

"在工作当中遇到问题和困难总是难免的，在成长发展的过程当中，越是要成长和进步，遇到的困难就会越大。我常用的解决困难的三部曲是读书、迈步和问路。读书，就是从书本当中去学习分析问题和解决问题的方法和能力。有句话我觉得讲得非常好，就是无论你的人生际遇中遇到了什么，都能在一本书中找到答案。迈步，就是要行动起来，要去践行，要去实践，要去验证，去验证你的方法是否可行，并做相应的调整。问路，就是要学会请教，一方面要学会向领导、师者、长者、前辈们请教，另一方面还要学会向身边的朋友去请教，俗话说办法总比困难多，高人指路、少走弯路。这三种方法结合起来，不断地灵活运用，不断地调整，总能找到解决问题的办法。"

指导后辈，提出建议

学长除了给了我们在学校里的建议，也给了我们不是北京本地的学弟学妹们建议："在当时我选择留在北京，是因为觉得北京有很多的工作机会，同时北京也很有吸引力，比如历史、文化、环境和包容性，都是很吸引我的地方。其实要想真正地扎根北京的话，压力是比较大的，京外学生会面临着买房、结婚、生活等一系列的压力。在选择回乡过一种相对安稳的生活还是在北京更具有挑战地生活这两者之间，每个人都有适合自己的选择，如果想留在北京，就需要去思考留在北京将要面临着什么，需要什么样的条件，应该做什么样的准备，而且要全力以赴去争取。如果在这个过程当中，发现很难达成或者家乡也有很好的发展机会，我们也可以选择回到家乡，那也是一个不错的选择。其实我想对学弟学妹们说的是，无论我们决定在哪里，无论我们是留在北京还是回到家乡，我们心里都要做一个清楚明白的人，要有明确的目标、明确的计划，这样我们在行动起来时就会不那么迷茫，人生才有更加清晰的方向。"

校友寄语

大学的时光是人生最美好的时光，学弟学妹们要珍惜韶华，不负青春，提高综合素质，锤炼过硬本领，将我们的青春和梦想融入时代的浪潮中，吹响"请党放心，强国有我"的青春号角。农业蕴藏着巨大的能量，有着广阔的天地，乡村振兴正需要大量的高端农业农村人才。做一名农业大学的学生，希望学弟学妹们做一名学农、尚农、爱农的北农人，做一名厚植"三农"情怀、扎根"三农"事业的新时代"三农"人。最后，也欢迎学弟学妹们来中牧股份做客，来了解中牧的事业和企业文化。

访谈感悟

人生如棋，落子无悔。人生就像舞台，我们每个人都是自己的导演，每一天都独一无二、不可复制。青春时代，我们有大把的机会去勇敢尝试、大胆试错，我们不妨去做最真实的自己，去做自己一直想做却没做的事，去说出憋在心底很久的话，去追随自己心目中的诗和远方。

采访人：霍相羽　杜方煜　康婧如

求学深造

她没曾想过自己会来到这么远的地方求学，但走出来之后，不一样的经历和学习资源，让她对自己的未来有了更多的期待，而前方的路似乎也更宽敞了一些。

刘静媛：勇于突破自我，圆梦公派留学

刘静媛，女，2015年毕业于北京农学院食品科学与工程专业，获得学士学位，2018年北京农学院研究生毕业，获得硕士学位。毕业后获得国家留学基金委提供的留学基金，前往丹麦留学。现在丹麦哥本哈根大学研读博士学位，是北京农学院首位获得国家留学基金委资助的研究生。

幸遇恩师与同学

刘静媛一直认为自己非常幸运，本科期间班上的同学都很友善，吕莹老师是她本科时的班主任。她十分喜欢吕莹老师，感觉老师人很好，很温柔，也很羡慕老师的生活状态，能兼顾家庭和事业，做着自己喜欢的事。这也是她读研时毫不犹豫选择吕莹老师作为自己导师的很大原因。在北农期间吕莹老师给予了她很大的帮助，吕莹老师对待学生很有耐心，对待科研也非常严谨，她说自己很幸运能遇到这么好的老师。同时，也非常感谢学院党登峰老师，党老师是她的入党谈话人，党老师总能在一些关键时候给予她耐心倾听和指引，那些谈话都使她受益匪浅。

谈到本科的生活，刘静媛说，从步调紧凑的高中进入大学后，为了让自己忙碌起来，她积极参加运动会，担任班干部，为班级甚至兄弟班同学开补课班做辅导，同时加入了学校的红十字会、青年志愿者协会及学院的学习部等。得益于丰富的学生组织活动，她的校园生活非常丰富。

从考研到读博

刘静媛说其实考研最重要的一点就是坚持，切忌三天打鱼两天晒网。她回忆当时其他科目考得还行，唯独数学分数不理想，做题做到最后，就开始算分了，算多少能过线。明确了要读博的想法后，便开始努力不再盲目。她认为，从事科研越早进实验室越好，本科的时候进实验室可以使自己更好认清自己，了解科研这条路适不适合自己。要充分利用好自己的时间，她说一旦荒废时间，自己就会很难受，心里就会感到自责。

取得公派留学资格

在研究生一年级逛校网时，刘静媛看到当时有个动物医学专业的学姐，毕业一两年后申请 CSC（公派留学）出国的公示。那时就跟自己的导师吕莹老师说自己也想公派出国，她自己形容说这大概就是榜样的力量。但当时的刘静媛心里并没底，好在导师支持她，相信她凭借自己的努力可以达成心愿。研究生期间刘静媛去中国农业大学交流，在实验室遇到了也在申请 CSC 的小伙伴，她心中的火苗再一次燃了起来。临近毕业，她的很多同学都已经确定好了未来的路，但是刘静媛还在苦苦地等待自己的申请结果。她也想过自己不成功怎么办，但是一向乐观的她认为工作迟早都会有的，自己已经明确了目标就不后悔。不过好在最后结果是好的，努力都有了回报。她认为自己成功的秘诀就是敢想敢做。

"只要想干，那就做好充分准备，备齐所有的材料，联系好国外的导师，做好自己所有该做的，尽人事听天命。做之前不要畏首畏尾，勇敢踏出第一步至关重要，在做的时候也不要中途放弃，既然决定了就要全力以赴。"

留学丹麦

在留学之前，丹麦的哥本哈根对于刘静媛来说是一个完全陌生的地方，她自己一个人来到异国他乡感到很不适应，幸运的是她遇到了一群热情友好的小伙伴，导师和同事都非常好，伙伴们互相扶持，自己所有的困难都可以跟他们寻求帮助，他们也都很乐意帮忙。刘静媛说："虽然外国人跟我们的语言不一样，文化也不一样，但是很多地方都是相通的。"让刘静媛深受震撼的是丹麦学界对科研工作的严谨，论文的每一稿，每个共同作者都会认真阅读给出反馈，尤其是第一稿和最后一稿，她在修改文章的过程中，除了写作技能有所提高之外，对文化差异也有了更深刻的理解。刘静媛深切感受到，上课时国外的学生很活跃，特别喜欢问问题，课堂充满学术氛围。结合自己的经历，刘静媛建议学弟学妹如果选择出国留学的话，就不要太包裹自己，应以友好的心态多跟国外的老师、同学、同事交流，不要辜负自己的留学旅程。

感恩母校

刘静媛曾在六十周年校庆时，作为当时的校园记者采访过优秀校友。她认为现在这种身份转变很神奇，就像一个轮回。就像她现在在丹麦上的一个课，开始作为学生听课，现在老师让她去代讲这门课。虽然身份转变了，但内核的东西是不变的，无论作为学生还是代课老师，无论是作为采访者还是今天被采访的校友，对她而言心境没有太大变化，都是要做好自己该做好的事。她认为北农培养了她，她就是一生的北农人，她的一举一动都与母校息息相关。她希望可以通过自己的求学经历，让处在迷茫中的学弟学妹更清楚自己想要什么，更知道该怎么做，哪怕只有一个人受到启发也是很好的事情。

她建议北农学子不论自己处境如何心中都要有一个概念，迷茫是每个人都会经历的，但是要对自己负责，对自己当下的时间以及今后的生活负责。不要陷入鸡毛蒜皮的小事或者情绪里，消耗自己、浪费时间，要心思干净地专注眼前该做的事。作为学生最主要的是课业，同时也要做好规划，把大学作为走向未来生活的一段缓冲，用好这段时间，学好专业的同时，多掌握一些技能，积累一些(科研或工作实习)经历；多跟过来人聊聊，汲取经验；多去图书馆，多看些书，多出去旅行，去体验生活，学会从不同角度看问题。最后她希望母校越来越好、亲爱的老师们工作顺利、学弟学妹们学业顺利，好好享受北农时光！

访谈感悟

在现实生活中，有很多人在一个领域待久了，就不再愿意做出改变。每天做着自己得心应手的事，却没有任何成长的空间，让自己在舒适的范围里沉沦。每个人心里都有一把尺子来衡量自己行或者不行。而这把尺子在保护我们不受到伤害的同时，也遮盖了我们向上发展的空间。舒适圈带来的安稳的生活，久而久之也就使我们没了梦想，失去了走在别人前面的能力。所以，在我们的人生道路上，无论什么时候开始，关键是要迈出第一步。像刘静媛学姐一样，对自己的人生做好规划，剩下的就交给不断的努力。经年累月的努力，最终一定会换来丰硕的成果，取得人生道路上阶段性的胜利！

采访人：王颖　樊雯

随着国内就业压力越来越大，很多高校应届生都开始考虑继续读研，然而国内考研堪比高考，想要脱颖而出，怎一个"难"字了得。这时候，出国读研变成了很多人的第二选择，但也免不了有人在这两者之间犹豫不决。刘舜轩校友的经历经验可供借鉴。

刘舜轩：调整心态，做自己未来的主人

刘舜轩，男，2019年毕业于北京农学院国际学院国际经济与贸易专业，2020年获得英国雷丁大学学习行为金融学，一等硕士学位，目前正在申请博士。

申研须及早

结合自己的读研经历，刘舜轩介绍了国内与国外研究生招生的区别，他认为主要区别在于国外申研不涉及"考"的问题，只需要提前去"申"就可以了。如果申请国外的研究生，只要大三、大四成绩过硬，雅思成绩也达到要求，加上一份相关行业的实习证明材料，就基本上没有什么大问题了。如果打算跨专业申研的话，还需留意所申专业是否需要 GRE 成绩或者有没有其他要求。刘舜轩回忆道："国外申研要趁早，我是从大三快结束时开始准备的，大四开学就开始递交申请资料了。"刘舜轩认为，国外申研，时间紧，任务重，各方面的学习强度也很重。如果想在国内考研究生，也需要早做准备。相较于国内考研而言，国外申研对于"3+1"合作办学的学生来说在申请节奏上更加合适。

求学深造

职业早规划

谈到职业选择，刘舜轩分享了自己的体会："越早开始职业规划越好，对于自己感兴趣的、想从事的行业和岗位最好能先较全面地了解一下，以确定自己是否真正地感兴趣或者适合，大家可以通过实习的方式来了解。我感觉可以多实习、多试错，学生的试错成本是很低的。"他认为，国际学院"3+1"项目的同学，大四这一年学习任务非常重，很难抽出时间实习，所以在大一、大二的时候就应该开始实习。另外，要根据自己的职业意向，在大一、大二时多考取一些证书，以增加自己就业的竞争实力。

关键的一年

国际学院"3+1"项目，即在国内读三年，国外读一年。最后一年，也是对学生考验最大的一年，环境不同、语言不同、生活方式也不同，如何顺利完成学业，刘舜轩为学弟学妹们提出了建议："要重视大四的 HRP，也就是毕业论文。因为这个分数的权重占整体分数的比例很高，如果毕业论文的分数足够高的话，在一定程度上可以拉高整体均分。根据我个人的经历，我最直观的感受就是 HRP 起着非常关键的作用。"

刘舜轩认为，国外有很好的提高英语水平的机会。比如英语辅导课，不仅可以获得英语写作上的一些很棒的建议，还能对行文结构、思路等有很大的启发。在英语学术写作上，他说："跟着老师走，学校发的纸质的和学校官网上电子的各种 guide 很有用，学有余力的话可以看看 Alice Oshima 的 *Writing Academic English* 一书，我从这本书中有不小的收获。"

访谈的最后，他说："想起北农时光，心里总是暖暖的。祝愿我的母校越来越好！祝愿过去、现在和未来的北农学子都未来可期！"

访谈感悟

对于每一个进入大学的同学来说，与其去焦虑自己该何去何从，不如从现在开始着手做规划。人生的道路就是不断选择的过程，不管做出哪种选择，都要对自己负责。别人的只能是一个参考，关键还是要看自己的选择。

采访人：张然　林家裕

求学深造

生活离不开化学，认识化学让生活更美好。因为对化学的热爱，他在求学的道路上继续选择化学专业，孜孜以求、毫不懈怠。那个具有严于律己的可贵品质，思想活跃，善于规划自己的少年正在执着地走向梦想的彼岸。

郭翊锋：从未停止努力的步伐

郭翊锋，男，2020 年毕业于北京农学院应用化学专业，同年考入北京化工大学化学学院攻读有机化学专业研究生，目前研究方向为光催化硫鎓盐介导的芳基官能团化反应，曾获北京化工大学研究生特级奖学金，并成为视觉中国和图虫网等图片社的签约供稿人。

严于律己，勇于接受挑战

郭翊锋 2016 年考入北京农学院生物与资源环境学院应用化学专业，严于律己的生活习惯贯穿了他整个本科阶段。从大一入学到毕业离校，郭翊锋从未放松对自己的要求，宿舍、操场、图书馆与实验室四点一线。令郭翊锋印象最为深刻的是考研前的阶段，每天六点四十就站在图书馆的楼下等待开门，边背书边吃早点，应该算对得起自己的青春。自入校以来，他从未有一天在八点后起床，不虚度光阴，不负韶华，好的习惯一直延续至研究生阶段。

学习仅仅是需要培养的一方面，除此之外，郭翊锋非常重视自己沟通与表达能力的培养。他自大一就主动为同学讲解数学与化学相关科目，后参加"朋辈辅导"项目继续为师弟师妹们讲授课程，把自己的学习经验毫无保留地分享给同学。考研结束后，大四下学期与研究生上学期他还为 2021 年参加北京化工大学考研的同学讲授有机化学科目。

"不光学明白，能给人讲明白才叫真的明白。"在为同学讲授的过程中不仅有助于沟通与表达能力的提升，更有助于深化知识的理解：研究自然科学不仅要知其然，更要知其所以然，在一遍遍的讲授过程中也加深了郭翊锋的知识理解。他说："正因为这四年有在台前做演讲的经历，我才能不怯场，清晰流畅地表达观点，这在今后是至关重要的能力。"

学无止境

学历固然重要，但它并不是用来装点门面的。通过不断学习，拓宽视野，追求更高的学历同样可收获求学动力。未来高质量就业对个人的专业能力素质有更高的要求，专业能力的高低，决定了求职者在岗位选择时的"不可替代性"。郭翊锋希望通过以读研的方式进行学术积累，能够使自己更上一层楼，继续攻读博士学位，期间的科研成果、论文专利以及各种竞赛和项目，都将是自己未来发展的强有力支撑。

兴趣爱好要一手抓。除平日学习外，郭翊锋还热爱摄影，今年已经是他拍照的第十一个年头，足迹也遍布国内外。摄影和做科研一样，想要做得好，就要潜心研究。他不断学习各类拍摄手法，翻看各类型照片，积累经验。热爱风光摄影的他，体会过在-30℃气温下徒步时的寒冷刺骨，经历过仔细规划却无功而返的辛酸；同样，也见到过红日从地平线升起时的壮美以及银河从头顶划过时的绚烂。摄影这条路同科研学习一样，一路的辛酸苦难只能往肚子里咽，不断前进，不断刷新成绩。优秀的人之所以处处优秀，就在于他将追求卓越作了了一种习惯。

考研攻坚

郭翊锋从考研大军中成功突围，自然也希望自己的点滴经验能同学弟学妹们分享，对

求学深造

有志考研的同学有所帮助。因此，进入北京化工大学后，他通过考核担任了一年考研专业课辅导。他认为：如果确定考研，一定要有明确的目标，包括专业选择，跨专业与否；另外学校的选择也至关重要，要不高不低，恰到好处。

如果确定要报考某学校某专业研究生，那就务必非常清楚地了解需要考哪些科目，详细了解考试范围、难度等。备考过程中，从确定好目标院校到暑期结束是段黄金时间，在该时间内要把专业课知识体系合理构建，务必把握好复习进度，合理安排时间。对于专业课，要非常熟悉课本，吃透教材，构建好知识网络。9~11月是巩固知识点、预热真题的阶段，把手中真题反复打磨，思考出题套路，揣摩真题的出题意图并找出对应的知识点，从而缕清脉络，融会贯通。后两月是冲刺阶段，经历真题磨炼后要回归课本，返璞归真，重新巩固知识点，从知识点角度看真题。

郭翊锋认为，保持积极乐观的心态同样重要。考研拼的是耐力，并非爆发力。"成功源自99%的努力和1%灵感。"坚持不懈才是考研的真正奥义。从报名到坐在考场完成全部科目考试的考生最多占总人数30%，这30%里付出的努力程度还参差不齐，因此，要相信自己的汗水不会白流。对于学弟学妹们，一定要稳住心态，胜不骄、败不馁，保持好的心情，及时调整情绪，以对得起自己这么长时间的努力。

送给北农学弟学妹的话

访谈恰值疫情波动不定，不得不在线上进行。虽然线上不如线下那样能够非常惬意地交流，但是郭翊锋学长的热情和善谈还是使采访进行得顺利。他非常信服法国著名化学家、近代化学的奠基人拉瓦锡说过的一句名言："在任何情况下，都应该使我们的推理受到实验的检验，除了通过实验和观察的自然道路去寻求真理之外，别无他途。"通过回顾自己在北农的专业学习经历，他感到生资学院的专业离不开大量的实验课程。因此，要重视实验课程，通过实验，感受这门学科的发展历程，培养对专业的学习研究兴趣，发现新的研究方向。选择化学，就注定要与实验为伍。

访谈感悟

人生处处是课堂、处处有学问，不光在书本上，在老师、同学身上也能学到对自己有益的东西。大学期间，既要学好知识，练好本领，还要了解社会，因此，要有明确的目标，合理分配自己的时间，劳逸结合，不要虚度光阴。

采访人：张春昱　李泊瑶　周立波

求学深造